2025

최신버전 반영
비대면 시험 대비 프로세스 제공

JN356008

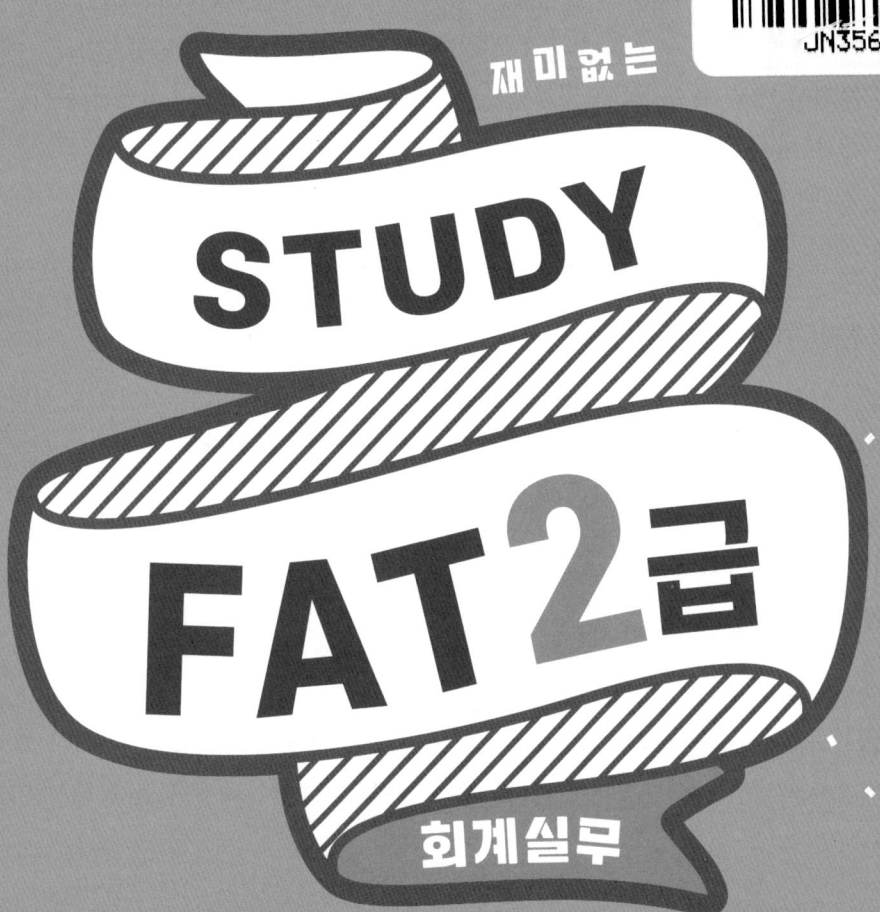

재미없는

STUDY
FAT 2급
회계실무

● 저자 ●
김재준 · 김성중 · 조문기 · 안형태 · 이정이 · 이유선 · 김민희

머리말 Introduction

본서는 회계실무 자격증을 취득하고자 하는 학습자들을 위해 집필되었다. 회계원리 뿐만 아니라 실무지식까지 익혀야 하는 학습과정이므로, 많은 노력과 인내심이 필요할 것이다. 그러나 이러한 노력과 인내를 통해서 성취한 열매는 그만큼 더 달콤할 것으로 생각된다. 본서를 통해서 많은 학습자들이 자격증을 취득했으면 하는 바램으로 집필된 본서는 다음과 같은 특징을 갖고 있다.

(1) 회계실무 2급 취득

본서는 한국공인회계사회 회계정보처리(FAT) 2급 자격증 취득을 목적으로 출간하였다.

(2) 비대면 시험 대비 프로세스 포함

본서는 한국공인회계사회 회계정보처리(FAT) 2급 자격증이 비대면시험으로 전환함에 따라 비대면시험을 대비할 수 있는 실무프로세스 내용을 포함하였다.

(3) NCS(국가직무능력표준) 능력단위 포함

본서는 NCS(국가직무능력표준)의 능력단위인 [전표관리], [결산관리], [회계정보 시스템 운용]의 교육내용을 포함하고 있으며 부록을 통하여 여러 자료를 제공하고 있다.

(4) 예제를 통해 회계원리(이론) 등에서 실기문제 보완

본서는 지금까지의 교재들이 이론과 실기를 연관성 없이 다룸으로써, 실기의 분개 문제 등을 해결하지 못하는 문제점을 보완하고자 회계원리(이론)의 예제 등을 통해서 이를 해결하고자 하였다.

(5) 증빙관리 보완

본서는 기존 교재들이 이론과 이론관련 문제들로만 구성되어 있는 것을 실무의 사용능력을 경험케 하기 위해 증빙관리 등을 보완하였다.

(6) 수업자료 및 NCS 능력단위 자료의 제공

본서는 기출문제 등의 자료는 물론, 최신 개정내용 등 많은 보조자료를 홈페이지(도서출판 배움, www.bobook.co.kr)를 통해서 제공할 것이다.

본서를 저술하고 출간함에 있어 저자들의 격의 없는 토론과 실무자들과의 많은 대화는 교재의 내용의 충실성과 실무(증빙관리) 등을 보완하는데 도움이 되었다. 그럼에도 불구하고, 내용의 부족한 부분이라든지 아직 다루지 못한 사안에 있어서는 지속적으로 개선 및 보완해 나갈 예정이다.

본서가 나오기까지에는 많은 분들의 도움이 있었다. 본서의 집필과정과 검토과정에서 많은 도움을 주신 분들에게 감사의 마음을 전한다. 또한 본서의 도서출판 배움 박성준 대표님과 편집담당 선생님들께 감사를 드린다.

2025년 저자 씀

Accounting Technicians FAT 2급

차례 Contents

Chapter 01 | 재무회계

Part 1. 회계의 기본개념 _ 35

    1. 회계 정의와 목적   36
    2. 회계정보이용자   36
    3. 회계의 분류   37
    4. 재무보고의 목적   37
    5. 재무제표 기본가정(회계공준)   37
    6. 회계연도   38
    7. 회계정보의 질적특성   38
    8. 발생주의와 현금주의   39

Part 2. 재무제표 _ 43

  제1절 _ 재무제표   44
    1. 재무제표의 목적   44
    2. 재무제표의 종류와 요소   44

  제2절 _ 재무상태표   45
    1. 재무상태표 개념   45
    2. 재무상태표 양식   45
    3. 재무상태표 작성원칙   46
    4. 재무상태표 구성요소   46
    5. 기초재무상태표와 기말재무상태표의 구성   51

  제3절 _ 손익계산서   52
    1. 손익계산서 개념   52
    2. 손익계산서 양식   52
    3. 손익계산서 작성원칙   53
    4. 손익계산서 구성요소   54

Part 3. 회계의 기록과 증빙관리 _ 63

- 제1절 _ 거래의 식별 및 측정 · · · · · 64
  - 1. 회계상 거래의 의의 · · · · · 64
  - 2. 거래의 8요소 · · · · · 64
  - 3. 거래의 이중성과 대차평균의 원리 · · · · · 65
- 제2절 _ 분개와 전기 · · · · · 65
  - 1. 분개 · · · · · 65
  - 2. 전기 · · · · · 65
- 제3절 _ 전표 · · · · · 66
  - 1. 전표의 의의 · · · · · 66
  - 2. 전표의 종류 · · · · · 67
- 제4절 _ 장부의 분류 · · · · · 74
- 제5절 _ 시산표 · · · · · 74
  - 1. 시산표에서의 오류 · · · · · 74
  - 2. 시산표에서 발견할 수 없는 오류 · · · · · 74

Part 4. 자 산 _ 79

- 제1절 _ 유동자산 – 당좌자산 · · · · · 80
  - 1. 당좌자산의 정의 · · · · · 80
  - 2. 당좌자산의 종류 · · · · · 80
  - 3. 현금 및 현금성자산 · · · · · 81
  - 4. 당좌예금 및 당좌차월 · · · · · 82
  - 5. 수취채권 · · · · · 84
- 제2절 _ 유동자산 – 재고자산 · · · · · 90
  - 1. 재고자산의 정의 · · · · · 90
  - 2. 재고자산의 종류 · · · · · 90
  - 3. 재고자산의 취득원가 · · · · · 90
  - 4. 할인, 에누리, 환출(환입) · · · · · 91
  - 5. 수량결정방법 및 단가결정방법 · · · · · 91
- 제3절 _ 유가증권과 투자자산 · · · · · 96
  - 1. 유가증권 · · · · · 96
  - 2. 유가증권 외 투자자산 · · · · · 98
- 제4절 _ 비유동자산 – 유형자산 · · · · · 101

FAT 2급

1. 유형자산의 정의	101
2. 유형자산의 종류	101
3. 유형자산의 취득원가	101
4. 유형자산의 감가상각	102
5. 유형자산 유지비용	103
6. 유형자산의 회계처리	104

제5절 _ 비유동자산 - 무형자산과 기타비유동자산 … 107
    1. 무형자산 … 107
    2. 기타비유동자산의 종류 … 107

Part 5. 부 채 _ 111

제1절 _ 유동부채 … 112
    1. 유동부채의 정의 … 112
    2. 유동부채의 종류 … 112

제2절 _ 비유동부채 … 113
    1. 비유동부채의 정의 … 113
    2. 비유동부채의 종류 … 114

Part 6. 자 본 _ 117

    1. 자본의 정의 … 118
    2. 자본의 종류 … 118
    3. 자본금과 인출금 … 118

Part 7. 결 산 _ 119

제1절 _ 결산정리분개 … 120
    1. 손익의 이연 … 121
    2. 소모품 정리 … 123

제2절 _ 정산표 작성 종합예제 … 128
    1. 기중에 발생한 거래의 분개 … 128
    2. 수정전시산표 작성 … 130
    3. 결산수정분개(12/31)와 정산표 작성 … 131
    4. 정산표: 수정후시산표 작성 … 132
    5. 정산표: 재무상태표와 포괄손익계산서 작성(1) … 132
    6. 정산표: 재무상태표와 포괄손익계산서 작성(2) … 132

Chapter 02 | 실기

Part 1. 기초정보관리(0203020115_14v2 회계정보시스템 운용) _ 135

백데이터 다운로드 및 설치방법	137
제1절 _ 프로그램 시작하기	138
1. 프로그램 실행	138
제2절 _ 기초정보관리의 이해	140
1. 사업자등록증에 의한 [회사등록]	140
2. 환경설정	144
3. 사업자등록증에 의한 [거래처등록]	149
4. 계정과목 및 적요등록	154
5. 전기분 재무상태표	159
6. 전기분 손익계산서	162
7. 거래처별 초기이월	165

Part 2. 회계정보관리(0203020111_14v2 전표관리)
(0203020114_14v2 결산관리) _ 173

제1절 _ 증빙관리	180
1. 증빙의 종류	180
2. 정규영수증 수취 특례	187
3. 계정과목별 지출증빙	188
4. 급여관리	190
5. 어음에 의한 자금관리	190
6. 통장거래정리	191
제2절 _ 전표입력	192
1. 거래 자료의 입력	192
제3절 _ 전표수정	232
제4절 _ 결산	237

Part 3. 회계정보분석(0203020115_14v2 회계정보시스템 운용) _ 249

제1절 _ 제장부조회	252
1. 일/월계표	252

FAT 2급

2. 계정별원장	252
3. 거래처원장	252
4. 합계잔액시산표	253
5. 전표	253
6. 분개장	253
7. 총계정원장	253
8. 현금출납장	253

제2절 _ 자금관리 254
    1. 일일자금명세(경리일보) 254
    2. 예적금현황 254
    3. 받을어음현황 255
    4. 지급어음현황 255
    5. 어음집계표 255

제3절 _ 재무제표 조회 259
    1. 재무상태표 259
    2. 손익계산서 259

제4절 _ 실무수행평가 따라잡기 263

Chapter 03 | 기출문제 풀어보기

기출문제 71회 비젼커피(회사코드 4171)	311
기출문제 73회 주토피아(회사코드 4173)	327
기출문제 75회 모든스포츠(회사코드 4175)	343
기출문제 76회 빙글빙글(회사코드 4176)	359
기출문제 78회 별별유통(회사코드 4178)	375

Chapter 04 | 부록

Part 1. 이론문제풀이 _ 393

    제1절 _ 예제 문제 풀이   394
    제2절 _ 연습 문제 풀이   405

Part 2. 기출문제풀이 _ 419

    기출문제   71회 비젼커피(회사코드 4171)   420
    기출문제   73회 주토피아(회사코드 4173)   427
    기출문제   75회 모든스포츠(회사코드 4175)   434
    기출문제   76회 빙글빙글(회사코드 4176)   441
    기출문제   78회 별별유통(회사코드 4178)   448

AT 자격시험 안내

AT(Accounting Technicians)자격시험 개요

1. AT 자격시험 신설배경

한국공인회계사회는 유능한 회계실무자(AT "Accounting Technicians")를 양성하여 투명 경제의 기반을 확립하고자 AT중 FAT 및 TAT 자격시험을 도입하였음.

본 자격시험은
- 이론에 치우치지 않는 실무중심의 인력을 양성하며,
- 전산·정보화된 회계 및 세무 실무에 즉시 투입 가능한 인력을 양성하고,
- 더 나아가 회계와 경영분석, 세무 컨설팅 등 다양한 분야에서 기업이 필요로 하는 인재를 양성하는데 기여할 것임.

AT 자격시험이란?
한국공인회계사회는 영국을 필두로 세계 여러 국가의 회계사단체에서 운영하고 있는 AT (Accounting Technicians) 시험 중 FAT와 TAT시험을 우선 도입하여 시행하고, 추후 그 결과에 따라 나머지 과목에 대한 추가 시험 도입여부를 검토할 계획으로 있음.

AT(Accounting Technicians) 자격시험의 구성
- FAT: 회계정보처리(Financial Accounting Technicians)
- TAT: 세무정보처리(Tax Accounting Technicians)
- MAT: 원가정보처리(Management Accounting Technicians)
- CMAT: 자금정보처리(Cash Management Accounting Technicians)
- PAT: 급여정보처리(Payroll Accounting Technicians)
- NAT: 비영리정보처리(Non-for-profit Accounting Technicians)

---

2. 자격신설의 목적

- 개인의 자질을 개발하고, 조직에 기여하는 회계실무자 배출
- 인재양성을 통한 고용창출과 기업의 회계인력 확보에 기여
- 평생 직업교육을 제공하여 환경변화에 적응하는 직업인 양성

3. AT 자격시험의 종목 및 등급

- FAT 2급
- FAT 1급
- TAT 2급
- TAT 1급

4. 종목 및 등급별 검증기준

종목 및 등급	검정기준
FAT 2급	• 회계기본 순환과정을 이해하고 증빙관리 및 상거래활동에서 발생하는 회계정보의 활용능력을 평가
FAT 1급	• 재무회계의 기본과정을 이해하고 전자세금계산서관리 및 부가가치세신고를 수행 할 수 있으며, 상기업에서 발생하는 재고관리 및 매출원가 정보관리능력을 평가
TAT 2급	• 재무회계와 부가가치세 수정신고 등의 수행능력과 소득세 원천징수의 전자신고를 통한 세무정보 분석능력을 평가
TAT 1급	• 제조업과 건설업, 도소매업 등 업종별 세무정보관리의 수행능력을 종합적으로 평가(부가가치세신고, 소득세신고, 법인세신고)

5. 종목 및 등급별 평가범위

종목 및 등급		구성
FAT 2급	이론(30%)	• 재무회계
	실기(70%)	• 기초정보관리, 거래자료입력, 전표수정, 결산, 자료조회
FAT 1급	이론(30%)	• 재무회계, 부가가치세
	실기(70%)	• 기초정보관리, 거래자료입력, 부가가치세, 결산, 자료조회
TAT 2급	이론(30%)	• 재무회계, 부가가치세, 소득세(근로소득 원천징수)
	실기(70%)	• 거래자료입력, 부가가치세관리, 결산, 원천징수
TAT 1급	이론(30%)	• 재무회계, 부가가치세, 소득세(원천징수), 법인세
	실기(70%)	• 거래자료입력, 부가가치세관리, 결산, 원천징수, 법인조정

AT 자격시험 안내

6. **응시자격** : 제한없음

7. **검정방법**
   - 검정방법 : 이론 30%, 실기 70% 동시진행 (※실기 프로그램: 더존 Smart A(iPLUS)
   - 합격기준 : 100점 만점으로 70점 이상 취득시 합격

8. **응 시 료** : 등급별 각 39,000원

9. **시험합격자에 대한 혜택** : 구직활동 지원
   - 시험합격자를 위한 별도의 구인구직 사이트 개설
   - KICPA 회원, 주요 경제단체, 고객회사와 연계하여 자격시험 합격자의 구직활동 지원 계획

10. **2025년 FAT 자격시험 시행계획**

구분	제79회	제80회	제81회	제82회	제83회	제84회	제85회	제86회	제87회
원서접수	2.6~2.12	3.6~3.12	4.3~4.9	6.5~6.11	7.3~7.9	8.7~8.13	10.10~10.16	11.6~11.12	12.4~12.10
사전테스트	2.18~2.22	3.18~3.21	4.15~4.18	6.17~6.20	7.15~7.18	8.19~8.22	10.21~10.24	11.18~11.21	12.16~12.19
시험일자	2.22(토)	3.22(토)	4.19(토)	6.21(토)	7.19(토)	8.23(토)	10.19(토)	11.22(토)	12.20(토)
합격자 발표	2.28(금)	3.28(금)	4.25(금)	6.27(금)	7.25(금)	8.29(금)	10.31(금)	11.28(금)	12.27(금)
시험등급	FAT 1,2급 TAT 1,2급	FAT 1급 TAT 2급	FAT 1,2급 TAT 1,2급	FAT 1,2급 TAT 2급	FAT 1급 TAT 2급	FAT 1,2급 TAT 1,2급	FAT 1,2급 TAT 1,2급	FAT 1급 TAT 2급	FAT 1,2급 TAT 1,2급

11. 비대면시험 응시방법

1 AT자격 비대면시험 수험자 가이드(요약본)

- 시험환경 / 부정행위 기준 / 카메라표준설정

구분	안내사항
수험자 필수 확인사항 (사전테스트 미완료자&본테스트 지각자 응시료 미반환)	① 시험전날 오후 6시까지 사전테스트를 완료하시기 바랍니다. (사전테스트 미완료 시 본테스트 응시불가) ② 시험시작 60분전까지 본테스트에 입실하여 감독관으로부터 신분확인* 및 환경점검을받으시기 바랍니다. (시험시작 20분전까지[KST기준] 미입실시 본테스트 응시불가) * 유효신분증(유효신분증이 아닌 경우 응시불가!!!) - [공통] 주민등록증, 운전면허증, 여권, 공무원증, 장애인카드, 임시신분증(주민등록증 발급신청확인서) - [중·고생] 학생증, 청소년증, 생활기록부 사본(학교장 직인 필수), 재학증명서(NEIS 발급분에 한하며, 발급기관 직인 필수) (신분증에 사진·생년월일 필수) - [외국인] 외국인등록증, 국내거소신고증, 영주증 ③ 시험시작 전에 Ⓐ더존교육용프로그램 SmartA(최신버전)과 Ⓑ등급별 수험용데이터설치파일을 순서대로 수험자 PC에 설치해두시기 바랍니다. (미리 설치하지 않고 시험시작 후 설치하여 소요되는 시간은 추가시간 미부여) ④ 시험시작 전에 스마트폰은 [화면켜짐상태유지], [화면잠금해제], [방해금지모드]를 설정하고, 전원이 OFF되지 않도록 충전선을 연결하시기 바랍니다.
비대면시험 진행절차	사전테스트 → 테스트 초대 메일 링크 접속 → 더존프로그램&수험용데이터파일 설치 및 사전점검 → 화상기기 화면 공유 및 웹캠 연결 → 유효신분증* 제출/휴대폰연결 사전(체험)테스트 실시* 수험자는 본테스트 1일 전 오후 6시까지 사전테스트 필수 실시 (사전테스트 미완료자 본테스트 응시불가) *수험자는 시험환경과 동일한 환경에서 사전테스트를 체험하여 비대면시험 방식에 익숙해지고, 시험당일 발생할 수 있는 오류상황에 대비할 수 있습니다. 본테스트 → 테스트 초대메일 링크 접속 (시험일 1시간 전) → 테스트 준비 (화상기기설정, 수험용데이터파일 설치) → [감독관] 수험자 신분확인 및 시험환경점검 → 시작시각에 [테스트 시작] 누르기

AT 자격시험 안내

구분	안내사항			
비대면시험 환경 권장사양 (주의!) 필수장비가 권장사양보다 낮은 경우 응시가 원활하지 않을 수 있으며, 이 경우 수험자의 귀책사유에 해당됨	**시험장소**			
	응시가능	정숙이 유지되는 1인1실의 독립공간(자택, 개인사무실, 스터디카페 1인실 등)		
	응시불가	2인이상이 동시 이용하는 공간불가(카페, PC방, 도서관, 학원, 학교 등) 단, 학원·학교 교실에서 1인만 응시하는 경우 가능		
	필수장비			
	구분	PC	스마트폰	
	운영체제	Windows 10 or 11 [MacPC, 태블릿PC는 불가]	Android 5.0 이상 iOS13.0 이상	
	CPU	QuadCore(4코어) 이상	-	-
	RAM	8GB 이상	-	-
	브라우저	크롬(Chrome 최신버전)	Chrome	Safari
	기타장비	마이크기능이 있는 웹캠, 모니터, 휴대폰거치대	-	-
	인터넷속도	50Mbps 이상 (유선권장)	50Mbps 이상	
부정행위 기준* 부정행위자는 경미한 과실의 경우당해시험을 취소하고, 중과실 또는 고의의경우 2년간 AT자격검정응시 자격을 정지	주변환경	• 시험 응시 현장에 응시자 본인 외 금지 (2인이상 응시 금지-공공장소, 카페, PC방 등) • 책상 위에서 시험 응시 / 모자, 마스크, 이어폰(헤드셋) 착용 금지 • 스마트워치, 디지털카메라, 전자사전, 통신(블루투스) 기능 있는 전자기기 소지 및 착용금지 • 듀얼모니터, 공학용 또는 윈도우 계산기, 태블릿PC 사용 금지 • 시험감독관으로부터 확인받은 A4백지 1장, 필기구 1개, 사칙연산용 계산기(&더존프로그램내 계산기)만 허용 • 책상 위에 허용된 물품 외 다른 물품 비치 금지(테스트 접속 전 깨끗이 정리 필수) • 휴대폰카메라는 수험자의 양손, 얼굴 측면, 책상위, 모니터가 보이도록 각도 설정 필수		
	응시중	• 시험중 자리 이탈 및 화장실 이용 불가 / 음료, 간식, 껌 등의 음식물 섭취 불가 • 타 사이트 접속 및 외부 프로그램 사용 금지(인터넷검색, 엑셀, 카카오톡, 줌, 공학용 계산기 등) • 의심행동금지(손을 화면밖으로 이탈, 시선을 모니터와 필기종이 외에 다른 곳을 보는 움직임 등) • 휴대폰 통화, 타인과 대화 또는 주변 대화 소리가 들리는 경우 • 응시화면(모니터, 웹캠, 스마트폰)이 모두 끊길 경우 • 감독관의 메시지와 지시에 응하지 않을 경우 • 컨닝행위(손바닥 필기, 참고자료, 컨닝페이퍼, 듀얼모니터 사용 등 모든 부정한 행위) • 문제 및 답안지를 복사/캡처/녹화/촬영하여 유출하는 행위		

구분	안내사항	
시험응시환경 (카메라화면표준설정)	웹캠화면	• 고사실 조명 밝기를 조절하여 응시자 얼굴의 인식이 가능하도록 조정 • 응시자의 얼굴 전체가 나와야 하며, 얼굴의 일부분이 가려지지 않도록 조정 (아래 그림 참조)
	스마트폰화면	• 응시자 좌쪽 또는 우측에 1m거리와 높이는 약 0.8m정도로 설치합니다. (아래 그림 참조) • 스마트폰은 가로로 거치하며 그림과 같이 응시자의 얼굴(측면)과 손, pc화면, 책상 위가 모두 보여져야 합니다

[시험 응시 환경 예시 / 감독관에게 보여지는 휴대폰 화면 예시 / 감독관에게 보여지는 웹캠 예시]

② AT자격 비대면시험 진행 매뉴얼

- 화상기기 설정 / 더존프로그램&수험용파일 설치 / 답안작성 / 장애해결방법 -

① 시험 접속하기

1) 크롬브라우저로 초대메일의 [응시페이지바로가기]를 클릭하여 시험프로그램 접속(메일 미수신시 스팸 메일함 확인)

   ※ 입실기준시간(입실가능시간 & 서버시간) 확인!!

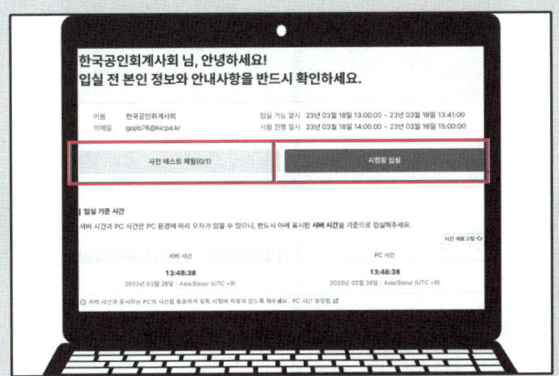

AT 자격시험 안내

② 안내 페이지 확인하기

1) 테스트 안내사항을 확인(시험시간 등 시험과 관련한 내용들을 꼼꼼하게 확인)
2) ② [이용 동의] 버튼을 클릭

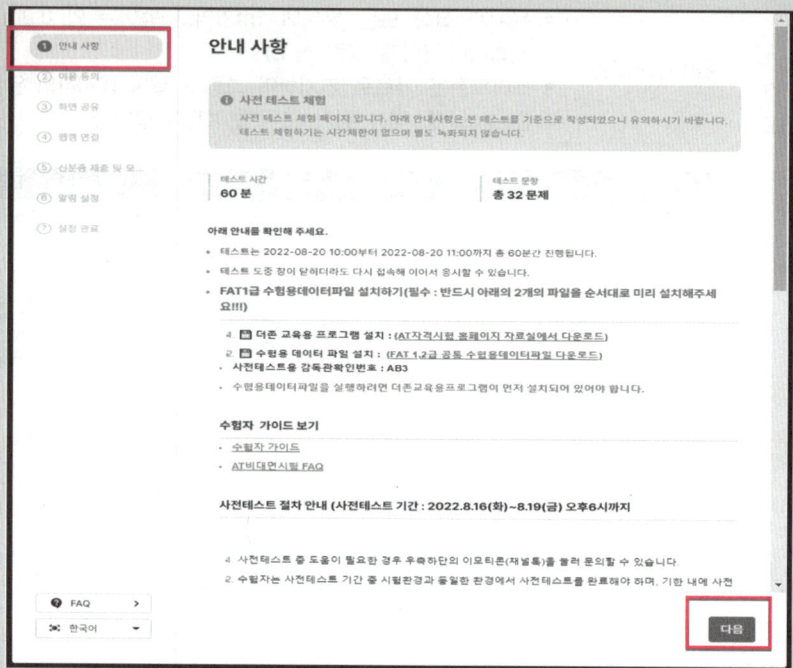

③ 시험규정 & ④이용동의_체크

1) 시험규정-유의사항 확인 후 [체크박스]를 클릭
2) 응시자서약과 개인정보수집동의 확인 후 [체크박스]를 클릭

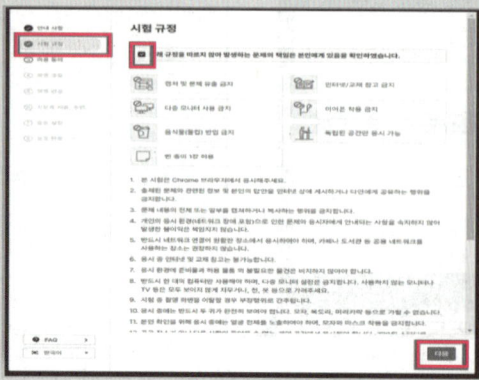
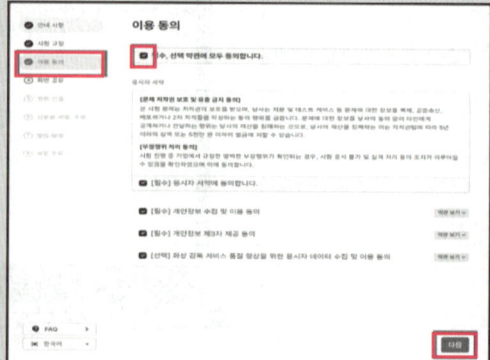

⑤ 화상기기 설정 (화면공유)

1) [화면공유하기] 클릭 > [내 전체 화면] 선택 > [공유] 클릭 주의!! 다중 모니터 사용 불가(1개 모니터만 사용가능), [내 전체화면] 외 '애플리케이션 창, Chrome 탭' 선택 시 부정행위 간주

⑥ 화상기기 설정 (웹캠연결)

1) [웹캠연결하기] 클릭 > 카메라&마이크 사용권한 [허용] 클릭

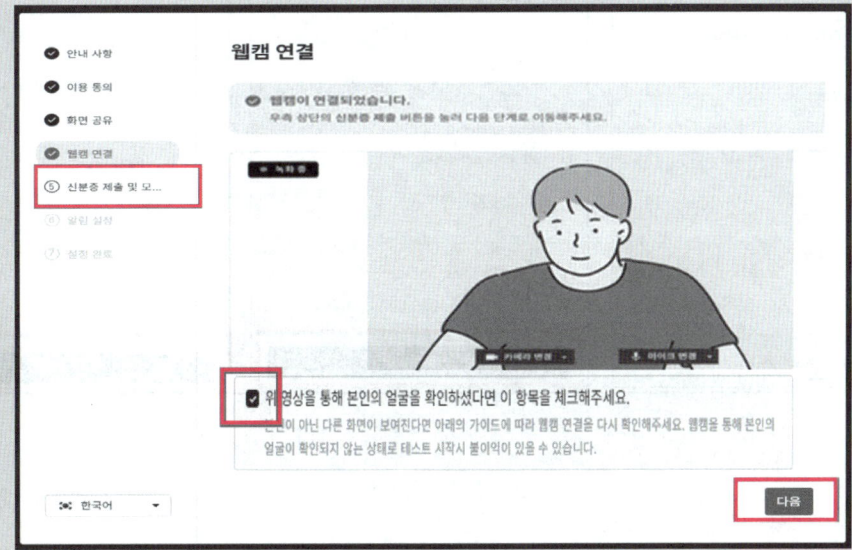

AT 자격시험 안내

⑦ 화상기기 설정 (신분증 제출)

1) 모바일카메라로 QR코드 스캔 > [모니토앱] 다운로드 및 실행

2) [신분증 제출방식] 선택 : 주민등록증, 운전면허증, 내국인여권, 외국인 등록증, 기타 신분증 中 클릭 > [신분증 촬영] 클릭 > [제출] 클릭

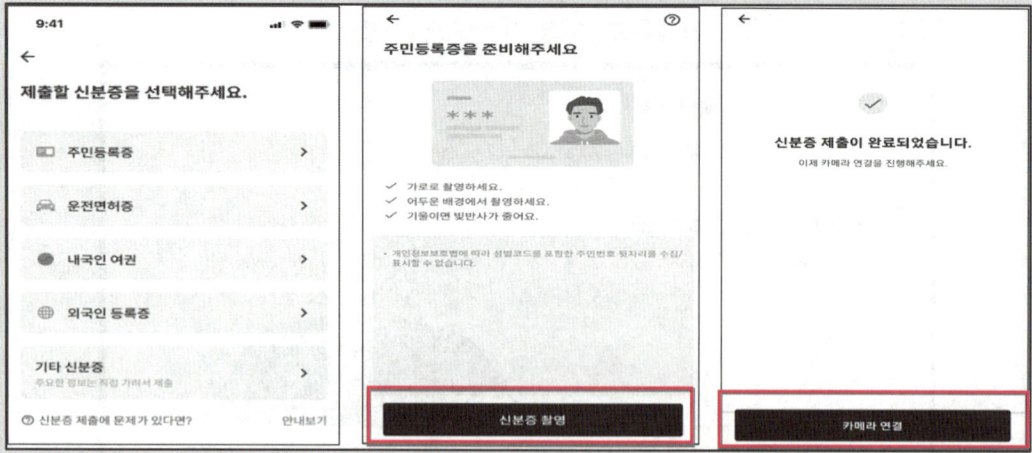

⑧ 주변환경 확인 (주변환경 촬영 후 업로드)

1) [주변환경 촬영] 전 사전안내 유의사항을 확인하고 안내문구를 숙지 후 촬영을 시작

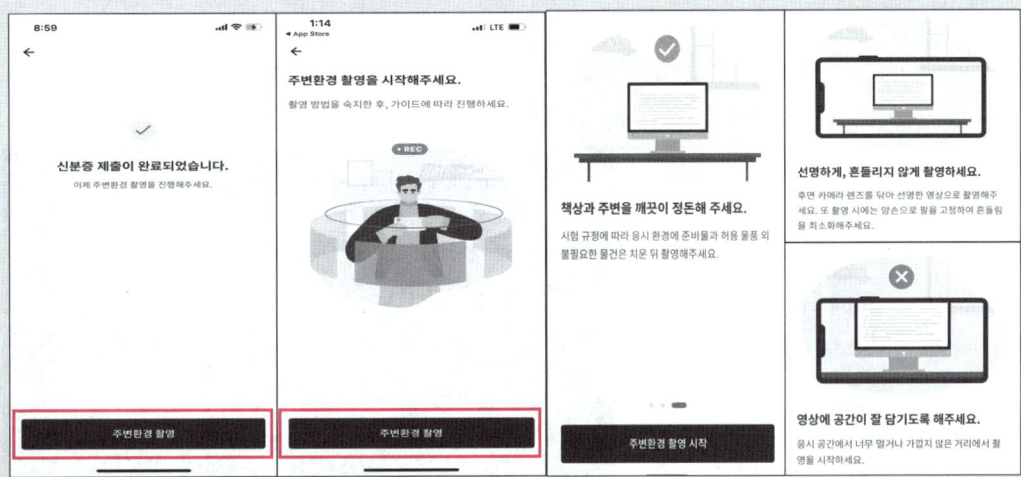

⑧-1 360° 촬영

1) 화면 중앙영역에 모니터 화면을 위치시킨 후 촬영을 시작, [캡처버튼]을 누르고 3초간 대기후 다음 단계로 이동
2) 정면을 기준으로 90°씩 방향을 전환하며 우측면→후면→좌측면 순서로 촬영

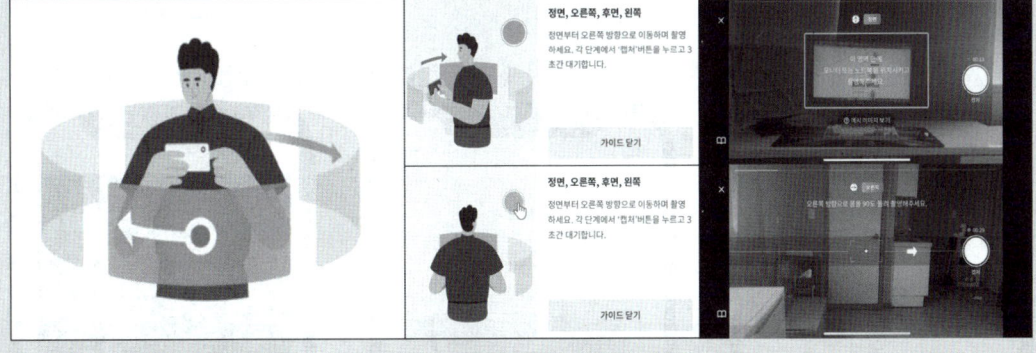

⑧-2 수직 촬영

1) 정면 노트북 또는 모니터를 기준으로 천장까지 수직으로 촬영 후 다시 정면에서 바닥까지 수직으로 촬영

★ 업로드 영상이 부정확한 경우 감독관은 영상재촬영을 요구하거나 수험자의 휴대폰카메라로 실시간 환경점검을 진행할 수 있음

⑨ 화상기기 설정 (스마트폰 연결하기)

1) 모바일폰을 가로로 거치대에 고정 후 [카메라 연결] 클릭 > 안내내용 숙지 후 [x] 클릭

⑨-1 화상기기 설정 (스마트폰 화면공유 연결이 안됐을 때)

1) 스마트폰 카메라/마이크의 연결을 거부한 경우나 화상연결이 끊긴 경우 새로고침 후 재연결합니다.
2) 연결이 잘 안되는 경우 PC화면의 [도움말]을 클릭하여 참고합니다

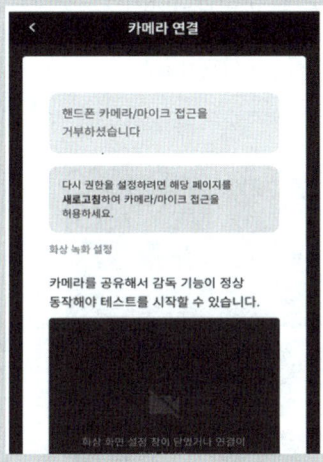 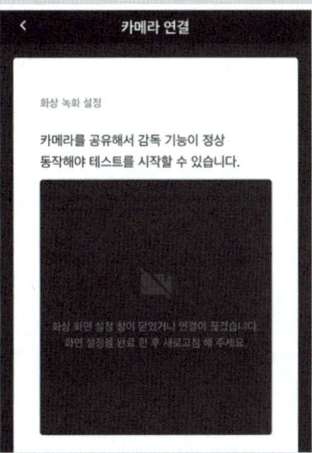 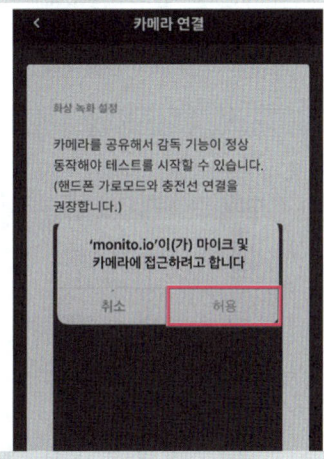

⑨-2 스마트폰 기본설정 : 화면켜짐상태유지 / 화면잠금해제

　모니토앱이 켜져 있는 상황에서는 모바일 카메라가 자동으로 켜짐 상태를 유지하므로, 해당 기능은 설정하지 않으셔도 됩니다.

AT 자격시험 안내

⑨-3 스마트폰 기본설정 : 방해금지모드 설정

Android

- 핸드폰 공유 설정 링크 접속에 필요한 크롬 앱 을 준비합니다.
- 제어센터를 열고 하단 이미지와 같이 방해금지를 활성화합니다.

iOS

- 핸드폰 공유 설정 링크 접속에 필요한 사파리 를 준비합니다.
- 제어센터를 열고 하단 이미지와 같이 방해금지를 활성화합니다.

⑨-4 스마트폰 기본설정

방해금지모드 설정 (IOS세부설정)1) 설정 > [집중모드] 메뉴로 이동 > [방해금지 모드]에서 [사람] 메뉴로 이동2) [전화수신허용]을 없음으로 변경하고, [반복적으로 걸려온 전화 허용]을 OFF 설정

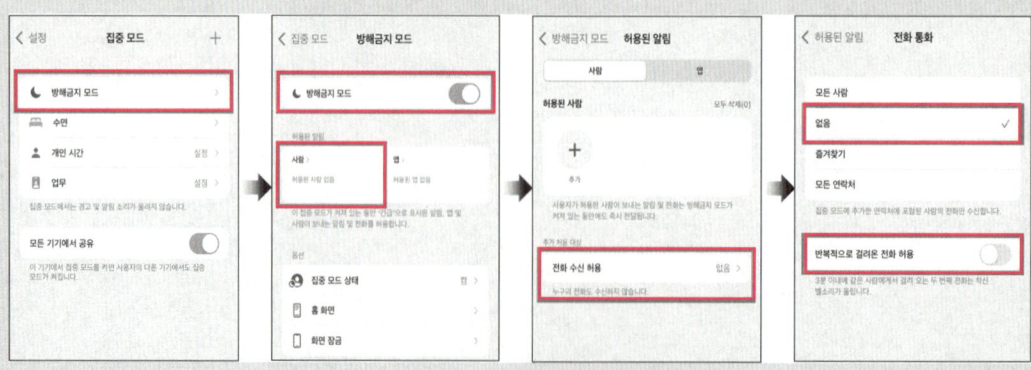

⑩ 브라우저 알림 설정 [Windows]

1) [알림사용설정] 내용 하단의 컴퓨터 설정 관련 내용을 읽고 안내사항을 따라 설정합니다.
2) [브라우저 알림]으로 전송된 인증번호 4자리를 입력합니다.
3) 권한 요청 창에서 [허용] 버튼을 클릭합니다.

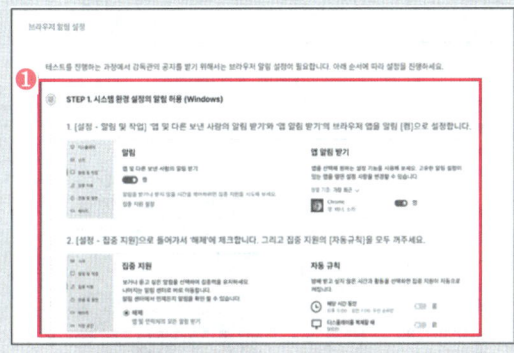 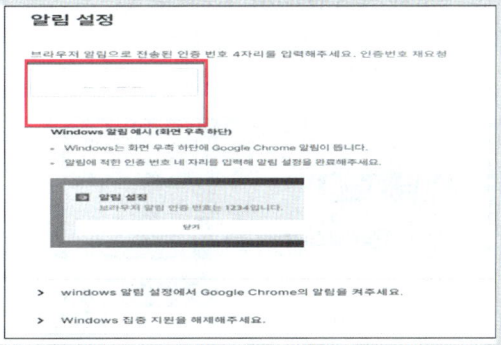

⑪ 화상기기 설정완료 : [체험시작] & [시험시작]

1) 화상기기가 정상적으로 연결된 경우 왼쪽 목록에 연결표시 ●가 보여집니다.
2) [채팅]과 [공지사항] 알림음이 잘 들리는지 확인합니다.
3) 응시자의 실시간 [화상연결상태]를 통해 응시에 원활한지 확인할 수 있습니다.
4) [체험시작] 버튼을 누르면 사전테스트를 시작할 수 있습니다. (시험당일에는 [시험시작] 버튼이 활성화됩니다.)

   ※ 화상기기가 정상적으로 연결되지 않은 경우 왼쪽 목록에 미연결표시가 보여집니다.

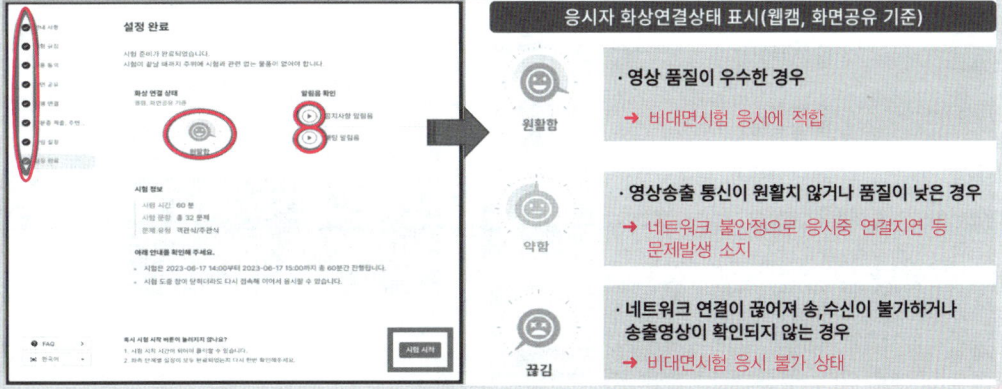

AT 자격시험 안내

⑫ 더존교육용프로그램(SmartA(iplus)) 설치전 응시용PC 사전점검하기

PC에 설치된 보안프로그램 사전점검

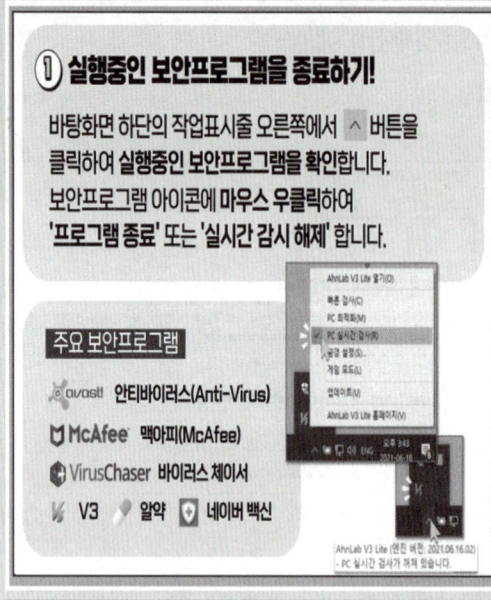

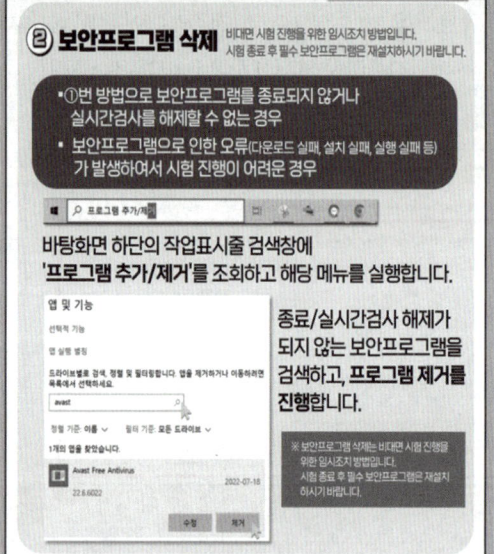

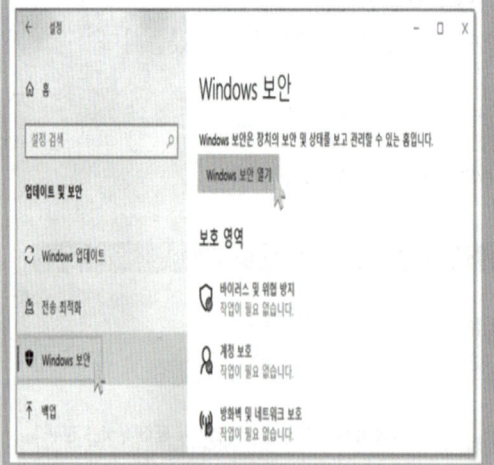

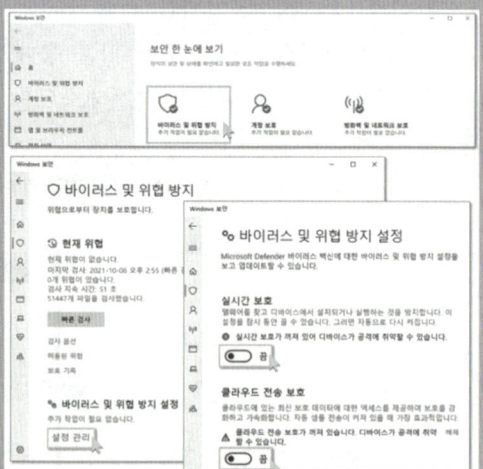

⑬ 더존교육용프로그램(SmartA(iplus)) 설치하기 [최신버전으로 설치 필수!]

1) AT자격시험 홈페이지에 접속 > 자료실의 [교육용프로그램]을 최신버전으로 다운로 드합니다.

❶ 다운받은 설치파일을 반드시 압축 풀기합니다.

❷ 설치파일에 마우스 우클릭하여 [관리자권한으로 실행] 버튼을 클릭합니다.

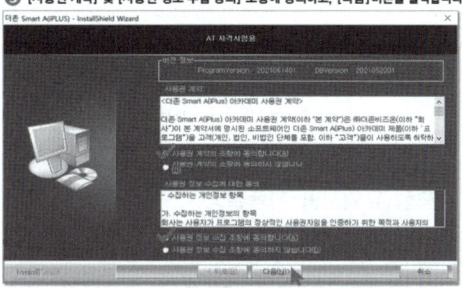

❸ [사용권 계약] 및 [사용권 정보 수집 동의] 조항에 동의하고, [다음] 버튼을 클릭합니다.

※ 프로그램 설치 중간에 아래와 같이 DB삭제여부를 묻는 창이 나타나는 경우 - [더존SmartA 교육용 프로그램]을 설치한 경험이 있어 기존 DB가 존재하는 경우로서, 시험용 DB와 교육용 DB의 경로가 다르므로 [파일을 삭제하지 않고 설치]를 선택

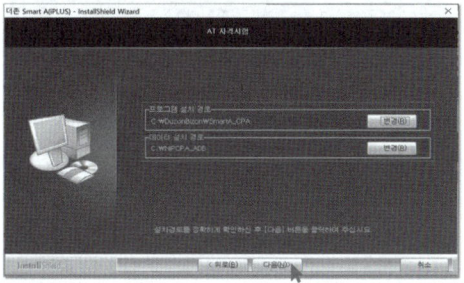

❹ [프로그램 설치 경로] 및 [데이터 설치 경로]를 설정하고 [다음] 버튼을 클릭합니다.

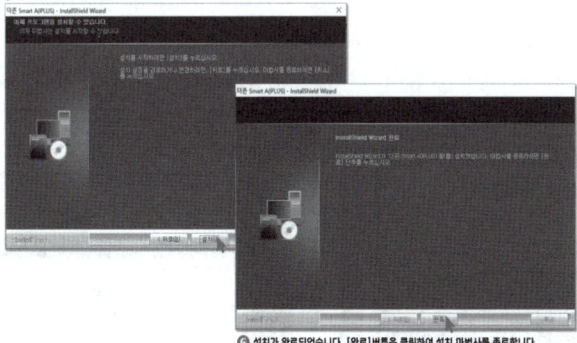

❺ [설치] 버튼을 클릭하여 설치를 시작합니다.

❻ 설치가 완료되었습니다. [완료] 버튼을 클릭하여 설치 마법사를 종료합니다.

※ PC에 기존에 설치된 [더존SmartA교육용프로그램]이 있는 경우 반드시 오른쪽과 같이 프로그램을 제거 후 다시 설치해야 합니다.

* 응시자는 최신버전의 더존교육용프로그램을 설치하였는지 반드시 확인 후 응시해야 합니다.
(구버전으로 응시한 답안이 모범답안과 다른경우 정답으로 인정되지 않음)

AT 자격시험 안내

⑭ 등급별 수험용데이터파일 설치 및 답안작성하기

1. ①안내사항화면에서 [수험용 데이터 설치파일]을 다운로드

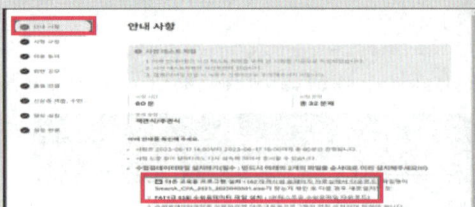

2. OOOX.exe 파일을 실행 → 설치

※ 더존교육용프로그램이 미리 설치되어 있어야 수험용데이터파일이 정상적으로 실행됩니다.

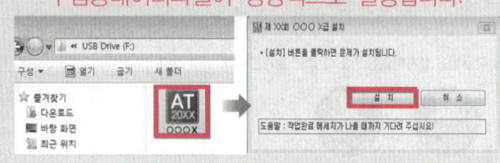

3. 수험생 유의사항 자동실행 → 정독 후 [확인]

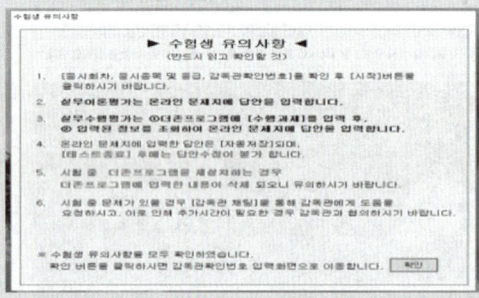

4. 로그인 화면 자동실행 → [감독관 확인번호] 입력 후 [시작]버튼 클릭
(시작버튼 클릭후 ENTER키를 누르지 마세요!!!)

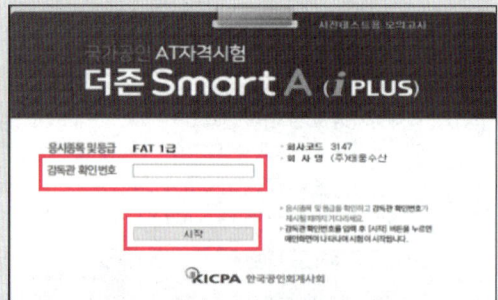

5. 실무이론평가 문제는 온라인 문제지에 답안을 직접 입력합니다. (보기 ①~④ 중 선택)

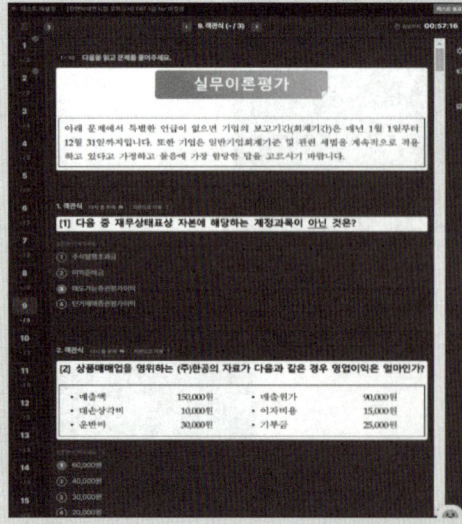

6. 실무수행평가 문제는 ①더존프로그램에 [수행과제]를 풀이 입력후, ② 입력된 정보를 조회하여 온라인 문제지에 [회계정보조회·분석문제] 답안을 직접 입력합니다.

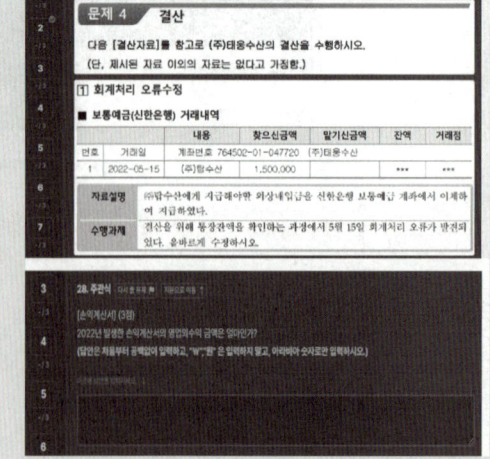

7. 실무수행 평가문제 답안입력 유의사항 (더존프로그램에 입력한 수행과제는 채점하지 않습니다)

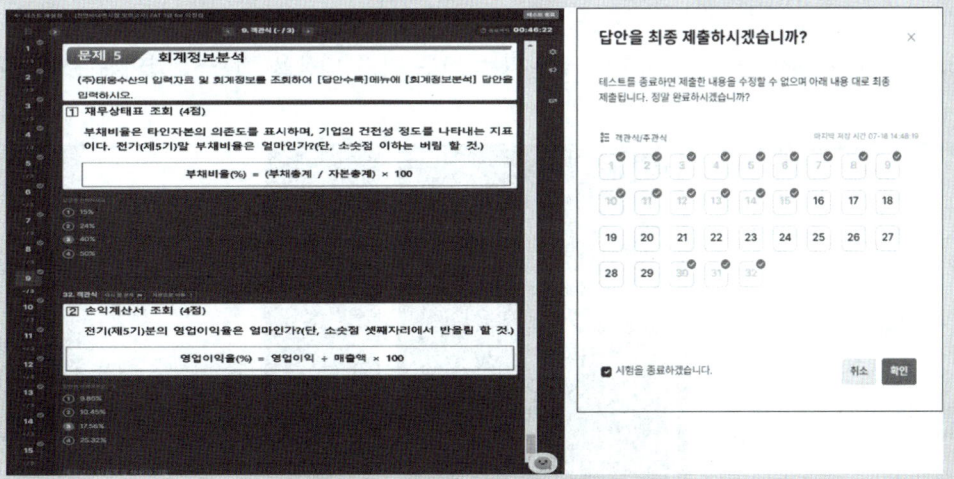

8. 모든 문제 풀이 후 온라인 문제화면 우측상단의 [테스트 종료]버튼을 눌러 시험을 종료할 수 있습니다. 답안을 모두 작성하였는지 확인하고, [시험을 종료하겠습니다.] 항목에 체크한 후 [확인] 버튼을 눌러 종료합니다.(파란색 ✓ 체크표시가 안되어 있으면 답안작성을 하지 않은 문항입니다.)
★ 수험자가 입력한 답안은 자동저장되며, [테스트 종료] 후에는 시험의 재접속 및 답안수정이 불가합니다.

AT 자격시험 안내

⑮ 화상기기 설정 or 더존교육용프로그램 관련 장애발생시 해결방법

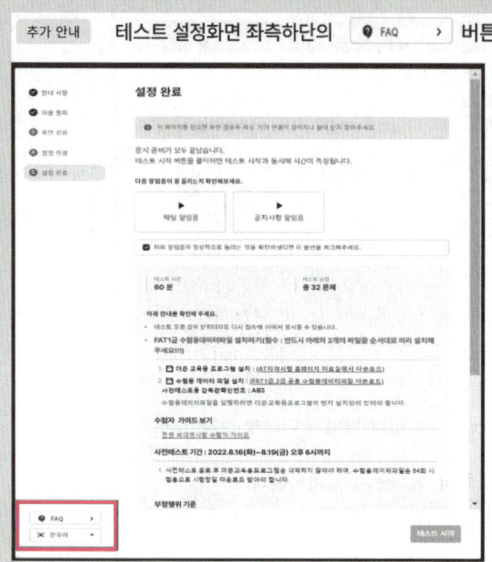

■ 감독관 장애문의하기 or 채팅하기

1. 온라인 시험 환경설정 및 더존프로그램 관련 문의사항이 있는 경우 우측 하단의 아이콘 을 통해 문의합니다.
2. 시험절차 및 문제 관련 문의사항이 있는 경우 [감독관 채팅]을 클릭하여 문의합니다.
3. 감독관 메시지 등 안내 사항이 전달되는 경우 관련 내용을 반드시 확인해주시기 바랍니다.

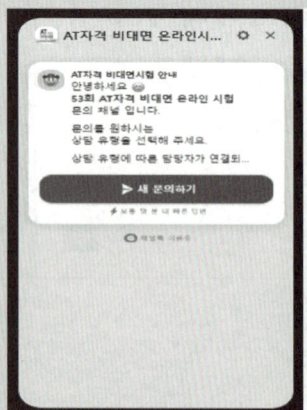

■ 시험화면에서 화상기기설정 확인방법

1. 정상적으로 모든 화상기기가 연결된 경우 오른쪽 메뉴에서 각 기기의 화면을 확인할 수 있습니다.
2. 화면이 정상적으로 보이지 않는 경우 바로 재연결을 진행할 수 있습니다.

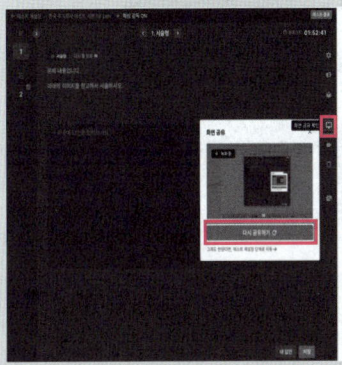 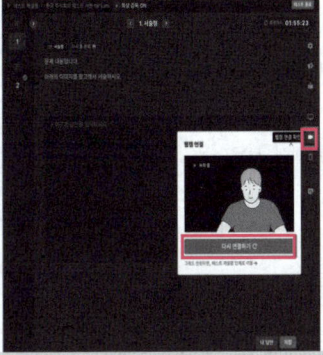 

■ 듀얼모니터 사용으로 시험중단시 해결방법

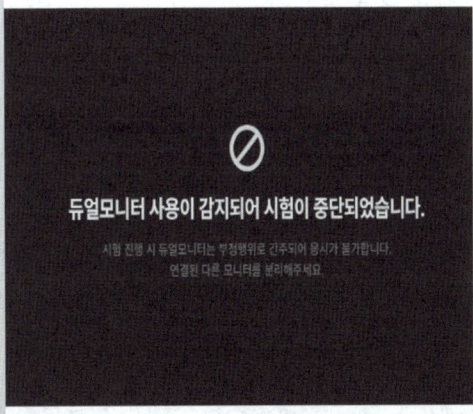

2개 이상의 모니터가 연결된 경우 시험장 입실이 불가하오니 주 모니터를 제외한 모니터의 연결을 해제해야 합니다.

데스크탑 컴퓨터 (desktop computer)

2개 이상의 모니터가 연결된 경우

주 모니터를 제외한 다른 모니터의 케이블 연결 해제

노트북 (laptop)

보조 모니터가 연결된 경우

- 보조 모니터의 케이블 연결 해제

or

- 보조모니터를 주모니터로 설정
  (설정방법 다음페이지 참고)

응시 중에 주 모니터를 제외한 다른 모니터의 케이블을 연결하는 경우에도 시험은 중단되며, 시험종료 후 녹화영상 판독결과에 따라 부정행위 처리될 수 있습니다.

AT 자격시험 안내

■ 노트북 사용 시 보조모니터를 주 모니터로 사용하기 위한 설정방법

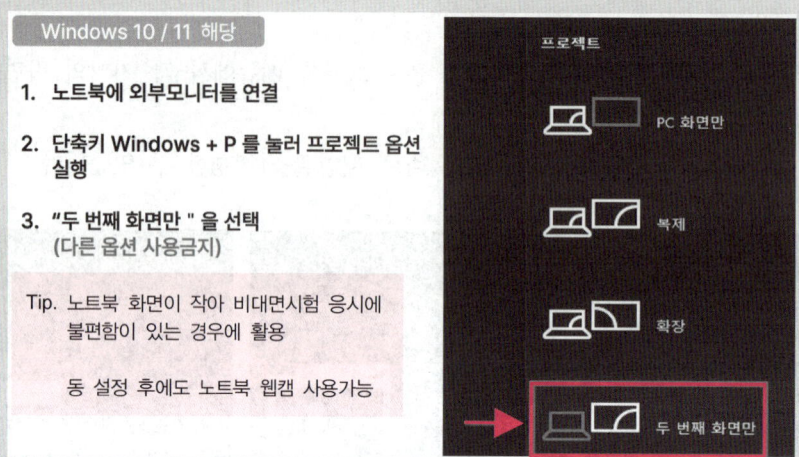

3 AT자격 비대면시험 (사전·본)테스트 실시 절차

① 사전테스트 실시하기

1) ①안내사항화면에서 더존교육용프로그램과 수험용데이터파일을 다운로드,설치 후 ⑧ 설정완료 화면에서 [체험시작] 버튼을 눌러 사전테스트를 실시합니다.
2) 테스트 체험 후 화면 우측상단의 [체험하기 종료] 버튼을 반드시 눌러야 사전테스트를 완료한 것으로 인정됩니다.
3) 사전테스트 완료 여부는 [체험하기 종료] 버튼을 누른 후 초대메일의 [응시페이지 바로가기]를 누르면 확인할 수 있습니다.

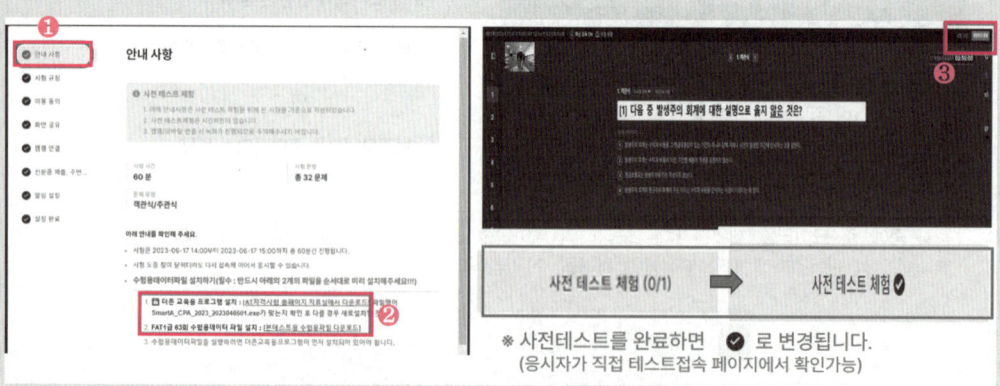

② 본테스트 실시하기

(주의!) 시험 1일전 오후 6시까지 사전테스트를 완료한 수험자만 본테스트 응시가능

★ 사전테스트 미완료자&본테스트 지각자 응시료 미반환

교시	등급	신분확인/환경점검	시험시간
1교시	FAT 2급 TAT 2급	09:00~10:00 (60분)	10:00~11:00(60분) 10:00~11:30(90분)
2교시	FAT 1급 TAT 1급	13:00~14:00 (60분)	14:00~15:00(60분) 14:00~15:30(90분)

테스트 접속 및 설정 (시험시작 60분전)	• 시험시작60분전에 크롬브라우저를 실행 후 테스트 초대메일을 통하여 본테스트에 접속합니다. • 화상기기설정 안내사항 숙지 후 사전동의를 진행합니다. • 화상기기 설정 / 신분증 촬영 및 제출 등을 진행합니다. • 안내사항화면에서 【등급별 수험용데이터설치파일】을 다운받아 실행합니다. ※ 더존교육용프로그램(최신버전)과 수험용데이터설치파일을 미리 설치하지 않고 시험시간에 설치하여 소요되는 시간은 추가시간 미부여
응시자 입실마감 (시험시작 20분전, KST 기준)	• 응시자는 시험시작 20분전까지 시험준비를 마쳐야 하며, 해당 시각 이후에는 테스트 접속이 불가합니다. 원활한 신분확인 및 환경점검을 위해 60분전에 입실하여 주시기 바랍니다.
신분확인 및 환경점검	• 테스트 설정완료 후 감독관의 신분확인과 시험환경확인을 위해 응시자는 착석하여 대기합니다. • 감독관은 신분확인 및 시험환경 확인을 위해 응시자에게 휴대폰 또는 웹캠카메라를 비추도록 요구할 수 있으며, 이때 응시자는 감독관의 요구에 반드시 응해야 합니다. ※ 시험환경확인사항 : 이어폰 착용, 손, 메모지, 계산기, 책상 위 금지물품, 다중모니터, 시험장소 등
테스트 진행	• 시험정각에 [시험시작] 버튼을 누르면 시험이 시작되며, [감독관확인번호]는 전체 공지사항으로 안내됩니다. • 더존교육용프로그램이 아닌 수험용데이터 실행 아이콘 을 더블 클릭 후 [감독관확인번호]를 입력합니다. • 응시자는 시험규정에 맞추어 응시해야 하며, 부정행위가 발견될 경우 시험을 일시중단하거나 종료처리될 수 있습니다.

Accounting Technicians
FAT 2급

Chapter 01
재무회계

제1장 _ 회계의 기본개념
제2장 _ 재무제표
제3장 _ 회계의 기록과 증빙관리
제4장 _ 자산
제5장 _ 부채
제6장 _ 자본
제7장 _ 결산

FAT 2급
Accounting Technicians

PART 01
회계의 기본개념

1. 회계 정의와 목적
2. 회계정보이용자
3. 회계의 분류
4. 재무보고의 목적
5. 재무제표 기본가정(회계공준)
6. 회계연도
7. 회계정보의 질적 특성
8. 발생주의와 현금주의

01 회계의 기본개념

1 회계 정의와 목적

구 분	내 용
회계 정의	회계 경제실체의 경제활동에 관한 정보를 이해관계자들에게 전달하는 과정을 의미한다.
회계의 목적	회계 경제실체의 경제활동에 관한 정보를 식별하고 측정하여 회계정보이용자에게 합리적인 의사결정을 할 수 있도록 유용한 정보를 제공한다.

2 회계정보이용자

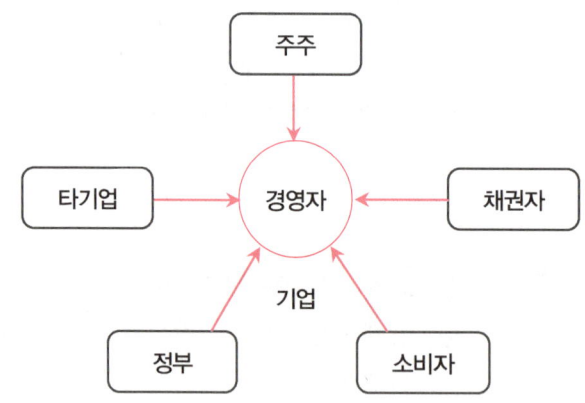

※ 외부정보이용자: 정보의 신뢰성이 중요
※ 내부정보이용자: 정보의 목적적합성이 중요

3 회계의 분류

구분	재무회계	관리회계
목적	투자의사결정	경영의사결정
대상	외부정보이용자	내부정보이용자
양식	재무제표	일정 양식 없음
작성기준	기업회계기준	일정 기준 없음
정보의 시점	과거정보	과거, 미래예측정보
보고주기	정기보고	수시보고

4 재무보고의 목적

가. 재무보고는 기업실체에 대한 현재 및 잠재의 투자자와 채권자가 합리적인 투자의사결정과 신용의사결정을 하는 데 유용한 정보를 제공하여야 한다.

나. 재무보고는 투자 또는 자금대여 등으로부터 투자자와 채권자가 각각 받게 될 미래 현금의 크기, 시기 및 불확실성을 평가하는 데 유용한 정보를 제공하여야 한다.

다. 재무보고는 기업실체가 보유하고 있는 경제적 자원과 그 자원에 대한 청구권, 그리고 경영성과 측정치를 포함하여 그러한 청구권의 변동에 관한 정보와 현금흐름정보를 제공하여야 한다. 즉, 재무상태, 경영성과, 현금흐름 및 자본변동에 관한 정보를 제공하여야 한다.

라. 재무보고는 경영자의 수탁책임 평가에 유용한 정보를 제공하여야 한다.

5 재무제표 기본가정(회계공준)

구분	내용
기업실체의 가정	기업을 소유주와는 독립적으로 존재하는 회계단위로 간주하고 이 회계단위의 관점에서 그 경제활동에 대한 재무정보를 측정, 보고하는 것이다.
계속기업의 가정	기업실체는 그 목적과 의무를 이행하기에 충분할 정도로 장기간 존속한다고 가정하는 것이다.
기간별 보고의 가정	기업실체의 존속기간을 일정한 기간단위로 나누어 각 기간별로 재무상태와 경영성과 등을 보고한다고 가정하는 것이다.

6 회계연도

기업은 회계정보이용자에게 일정기간마다 재무제표를 작성하여 보고하기 위해 인위적으로 설정한 기간적 단위를 의미한다. 기업회계기준에서는 회계연도를 1년을 초과하지 못하도록 하고 있다.

```
                1월 1일              12월 31일
                (기초)                (기말)
      20x1년    |     20x2년     |     20x3년
    전기(전년도)   당기(당해년도)       차기(다음년도)
```

7 회계정보의 질적특성

구분		내용
목적적합성	예측가치	정보이용자가 미래를 예측하는 데 도움이 되어야 한다.
	피드백가치	예측치를 확인 또는 수정할 수 있는 가치를 가져야한다.
	적시성	의사결정에 영향을 미칠 수 있도록 의사결정자가 정보를 제때에 이용가능하게 하는 것을 의미한다.
신뢰성	표현의 충실성	필요한 기술과 설명을 포함하여 정보이용자가 서술되는 현상을 이해하는데 필요한 모든 정보를 포함하는 것이다.
	검증가능성	합리적인 판단력이 있고 독립적인 서로 다른 관찰자가 어떤 서술이 충실한 표현이라는 데 대체로 의견이 일치할 수 있다는 것을 의미한다. 다시 말하면, 동일한 회계정보에 대하여 다수의 합리적인 회계정보이용자들이 유사한 결론을 내릴 수 있어야 함을 의미한다.
	중립성	재무정보의 선택이나 표시에 편의가 없어야 한다.
이해가능성		회계시스템을 통하여 산출된 정보가 가지는 의미를 정보이용자들이 이해할 수 있어야 함을 의미한다.
비교가능성		정보이용자가 항목간의 유사점과 차이점을 식별하고 이해할 수 있게 하는 특성을 말한다.
중요성		개별기업 재무보고서 관점에서 해당 정보와 관련된 항목이 의사결정에 어느 정도 영향을 줄 수 있으면 중요성이 있다고 할 수 있다.

8 발생주의와 현금주의

발생주의	현금주의
- 현금의 수입 및 지출과 관계없이 수익과 비용이 발생한 시점에서 인식한다. - 즉, 현금이 유입되지 않더라도 영업활동으로부터 순자산의 증가가 발생한 시점에서 수익을 인식하고, 현금의 지출이 없더라도 순자산의 감소가 발생한 시점에서 비용을 인식한다.	- 현금의 수입 및 지출 시점에서 수익과 비용을 인식한다. - 즉, 용역이 제공되거나 상품이 인도되었더라도 현금수입이 없으면 수익인식을 하지 않는다. 마찬가지로 비용이 발생하였다하더라도 실제로 현금지출이 일어나기 전에는 비용을 인식하지 않는다.

연/습/문/제

01.
다음 중 회계의 기본개념에 대한 설명으로 옳지 않은 것은? (FAT2급, 47회)
① 기업의 외부 이해관계자는 주주와 채권자뿐이다.
② 재무제표 작성과 표시의 책임은 경영자에게 있다.
③ 회계는 회계정보이용자가 합리적 의사결정을 할 수 있도록 경제적 정보를 식별, 측정, 전달하는 정보시스템이다.
④ 회계는 정보이용자들이 경제적 자원의 배분과 관련된 의사결정을 하는데 도움이 되는 유용한 정보를 제공한다.

02.
다음 중 회계에 관한 설명으로 옳은 것은? (FAT2급, 45회)
① 재무회계는 일반적으로 인정된 회계원칙을 적용한다.
② 관리회계는 주주와 투자자 및 채권자를 대상으로 정보를 제공한다.
③ 세무회계는 작성기준에 대하여 특별한 기준이나 일정한 원칙이 없다.
④ 관리회계는 과세관청을 위하여 정보를 제공한다.

03.
다음 중 재무회계에 대한 설명으로 옳지 않은 것은? (FAT2급, 57회)
① 외부 이해관계자를 제외한 경영자에게 유용한 정보를 제공하기 위한 것이 목적이다.
② 재무제표의 작성과 표시에 대한 책임은 경영자에게 있다.
③ 일정 시점의 재무상태를 나타내는 정태적보고서는 재무상태표이다.
④ 재무제표는 재무상태표, 손익계산서, 현금흐름표, 자본변동표로 구성되며 주석을 포함한다.

04.

다음 중 재무회계의 목적에 대한 설명으로 옳지 <u>않은</u> 것은? (FAT2급, 48회)
① 경영자의 수탁책임 평가에 유용한 정보를 제공한다.
② 미래 현금흐름을 예측하는데 유용한 정보를 제공한다.
③ 투자자가 합리적 의사결정을 하는데 유용한 정보를 제공한다.
④ 종업원의 업무 배치에 필요한 유용한 정보를 제공한다.

05.

다음 중 재무회계의 목적에 관한 설명으로 옳지 <u>않은</u> 것은? (FAT2급, 51회)
① 기업에 관한 투자 및 신용의사결정에 유용한 정보를 제공한다.
② 기업의 미래 현금흐름 예측에 유용한 정보를 제공한다.
③ 특정 기업실체에 관한 정보 뿐 아니라, 산업 또는 경제 전반에 관한 정보도 제공한다.
④ 경영자의 수탁책임 평가에 유용한 정보를 제공한다.

06.

다음 중 재무회계에 대한 설명으로 옳지 <u>않은</u> 것은? (FAT2급, 56회)
① 재무제표의 작성과 표시에 대한 책임은 경영자에게 있다.
② 현금흐름표는 재무제표에 해당하지 않는다.
③ 일반적으로 인정된 회계기준에 따라 작성되어야 한다.
④ 재무보고의 주된 목적은 투자 및 신용의사결정에 유용한 정보를 제공하는 것이다.

07.

다음에서 설명하고 있는 회계의 기본가정은 무엇인가? (FAT2급, 46회)

> • 기업을 소유주와는 독립적으로 존재하는 회계단위로 간주하고 이 회계단위의 관점에서 경제활동에 대한 재무보고를 측정, 보고하는 것을 말한다.

① 계속기업의 가정　　　　　② 기업실체의 가정
③ 기업별보고의 가정　　　　④ 회계기간의 가정

08.

다음에서 설명하는 회계의 기본 가정으로 옳은 것은? (FAT2급, 48회)

> • 회계순환과정에 있어 기말결산정리를 하는 근거가 된다.
> • 기업 실체 존속기간을 일정한 기간 단위로 분할하여 각 기간에 대해 경제적 의사결정에 유용한 정보를 보고하는 것이다.

① 기업 실체의 가정　　　　② 계속 기업의 가정
③ 화폐 단위의 가정　　　　④ 기간별 보고의 가정

09.
다음 중 적시성 있는 정보를 제공하기 위해 기업의 존속기간을 일정한 기간단위로 분할하여 재무제표를 작성하는 기본가정은 무엇인가? (FAT2급, 55회)

① 기업실체
② 기간별 보고
③ 계속기업
④ 발생기준

10.
다음은 신문기사의 일부이다. (㉮)에 들어갈 내용으로 가장 적절한 것은? (FAT2급, 58회)

> 외부감사인이 회계감사 대상 회사의 재무제표 작성 지원을 금지하며 회사가 자체 결산 능력을 갖추고 (㉮)의 책임하에 재무제표를 작성하도록 했다.
>
> (XX신문, 20x1년 9월 30일)

① 경영자
② 공인회계사
③ 내부감사인
④ 과세당국

FAT 2급
Accounting Technicians

PART 02
재무제표

제1절 재무제표
제2절 재무상태표
제3절 손익계산서

02 재무제표

제1절 _ 재무제표

1 재무제표의 목적

재무제표는 회계정보시스템의 주요 산출물인 회계정보를 기업의 이해관계자들에게 전달하는 가장 중요한 수단이다. 일반적으로 이해관계자들이 요구하는 회계정보는 재무상태, 경영성과, 현금흐름 및 자본변동에 관한 정보이다.

2 재무제표의 종류와 요소

종류	요소
재무상태표	자산, 부채, 자본
손익계산서	비용, 수익
자본변동표	소유주의 투자, 소유주에 대한 분배
현금흐름표	영업활동, 투자활동, 재무활동으로 인한 현금흐름
주석	정량적 기준에 의해 작성되는 위 재무제표에서 나타낼 수 없는 정성적인 설명과 방향성에 대한 정보

제2절 _ 재무상태표

1 재무상태표 개념

재무상태표는 일정시점 현재 기업의 재무상태에 관한 정보를 제공하는 재무보고서이며 재무제표 중 유일한 정태적 보고서다.

2 재무상태표 양식

재무상태표의 작성양식에는 보고식과 계정식이 있으며, 회계기준에서 제시하고 있는 재무상태표 양식은 보고식이다.

보고식		계정식			
재무상태표		재무상태표			
영우상사　20x1년 12월31일 현재　(단위 : 천원)		영우상사　20x1년 12월 31일 현재　(단위 : 천원)			
계정과목	금액	계정과목	금액	계정과목	금액
자산	200	자산	200	부채	100
자산총계	200			자본	100
부채	100	자산총계	200	부채 및 자본총계	200
부채총계	100				
자본	100				
자본총계	100				
부채 및 자본 총계	200				

★ 재무상태표 등식: 자산 = 부채 + 자본

3 재무상태표 작성원칙

구분	내용
구분표시의 원칙	재무상태표에 기재될 계정과목들은 그 종류와 성격에 따라 적절히 분류하여, 일정한 구분원칙에 따라 표시함으로써 그 시점의 재무상태를 명확하게 보여야 한다.
총액표시의 원칙	자산과 부채 및 자본은 총액에 의하여 기재함을 원칙으로 한다.
1년 및 정상적인 영업주기 기준	자산과 부채는 1년 및 정상적인 영업주기 기준으로 하여 유동항목과 비유동항목으로 구분한다.
유동성배열의 원칙	재무상태표에 기재하는 자산과 부채의 항목배열은 현금화의 가능성이 높은 순서대로 배열한다.
잉여금 구분의 원칙	자본의 구성항목 중 잉여금은 발생원천을 구분하여 자본거래에서 발생한 자본잉여금과 손익거래에서 발생한 이익잉여금을 구분하여 표시하여야 한다.
특정비용 이연의 원칙	장래의 기간의 수익과 관련이 있는 특정한 비용은 차기 이후의 기간에 배분하여 처리하기 위하여 재무상태표에 자산으로 기재할 수 있다.
미결산항목과 대조계정의 표시금지 원칙	가지급금 또는 가수금 등의 미결산항목은 그 내용을 나타내는 적절한 과목으로 표시하고, 대조계정 등의 비망계정은 재무상태표의 자산 또는 부채 항목으로 표시하여서는 아니 된다.

4 재무상태표 구성요소

가. 자산

자산이란 기업이 소유하고 있는 여러 가지 재화와 채권을 말한다. 즉, 과거의 거래나 사건의 결과로서 현재 기업실체에 의해 지배되고 미래의 경제적 효익을 창출할 것으로 기대되는 자원을 말한다.

1) 유동자산

유동자산은 재무상태표 작성일로부터 1년 이내에 현금화하거나 사용할 목적으로 보유하는 자산을 의미한다.

2) 비유동자산

비유동자산은 1년 이상에 걸쳐 현금화하거나 사용할 목적으로 보유하는 자산을 의미한다.

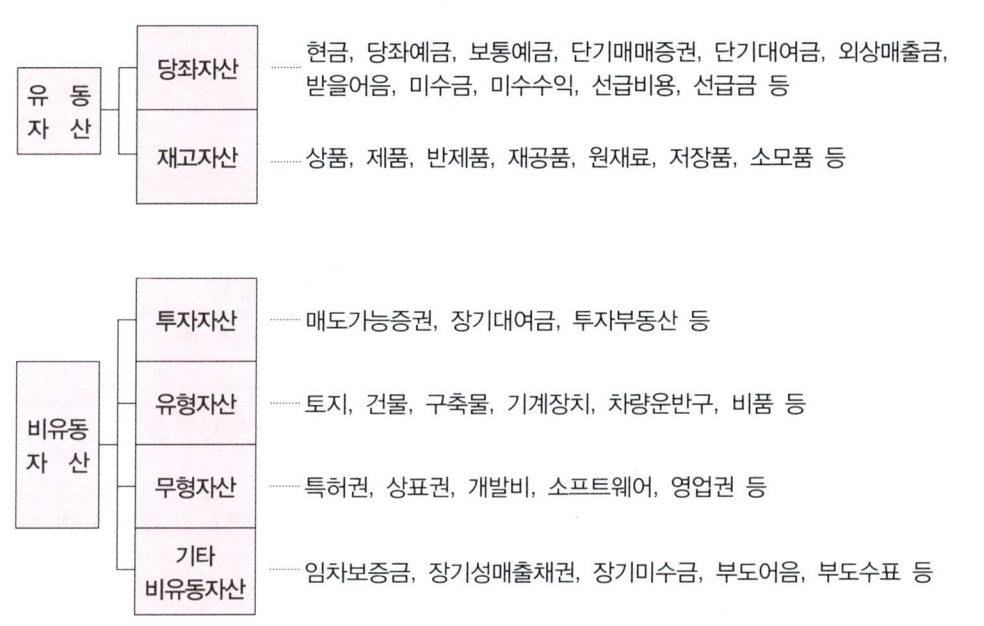

3) 자산의 분류 및 내용

		당 좌 자 산
유 동 자 산	현금및현금성자산	현금, 당좌예금, 보통예금, 현금성자산(90일내 현금 전환되는 단기금융상품) 등
	단 기 매 매 증 권	단기투자자산에 속하며, 단기매매차익 목적으로 소유하는 주식 및 채권 등
	단 기 대 여 금	기한이 1년 이내인 대여금
	매 출 채 권	일반적인 상거래에서 발생한 외상판매대금(외상매출금, 받을어음)
	미 수 금	상품이외의 물품을 매각하고 대금은 외상으로 한 경우
	미 수 수 익	당기에 속하는 수익 중 미수액(미수이자, 미수임대료 등)
	선 급 비 용	선급된 비용 중 1년 이내에 비용으로 되는 것(선급보험료, 선급이자 등)
	선 급 금	상품을 주문하고 상품대금의 일부를 계약금으로 지급한 경우
		재 고 자 산
	재 고 자 산	판매목적 보유자산(상품, 제품, 반제품, 재공품, 원재료, 저장품, 소모품)

	투 자 자 산	
	매도가능증권	장기투자 목적으로 소유하는 주식 및 채권 등
	장 기 대 여 금	기한이 1년 이상인 대여금
	투 자 부 동 산	투자 또는 비영업용으로 소유하는 토지나 건물 등
	유형자산	
비 유 동 자 산	토 지	영업용으로 사용하기 위하여 구입한 대지, 임야, 잡종지 등
	건 물	영업용으로 사용하는 사무실, 창고, 기숙사, 공장, 점포 등
	구 축 물	교량, 저수지, 굴뚝 및 기타의 토목설비, 공작물, 조경나무 등
	기 계 장 치	기계장치 및 운송설비와 기타의 부속설비
	차 량 운 반 구	영업용으로 사용하는 자동차, 철도차량 및 기타의 육상운반구 등
	비 품	영업용으로 사용하는 책상, 의자, 컴퓨터 등
	건 설 중 인 자 산	유형자산의 건설을 위한 재료비, 노무비 및 경비로 하되, 건설을 위하여 지출한 도급금액 등을 포함
	무형자산	
	영 업 권	기업간의 매수합병에서만 인식
	산 업 재 산 권	독점적·배타적 권리(특허권, 실용신안권, 지적재산권, 상표권)
	개 발 비	신제품 등의 개발 비용으로 미래 이익창출에 기여하는 것
	소 프 트 웨 어	중요한 소프트웨어만 무형자산 (중요하지 않으면 비용으로 처리)
	기타비유동자산	
	보 증 금	임차보증금, 전세금, 전신전화가입권, 영업보증금 등
	장기성매출채권	일반적 상거래에서 발생한 장기의 매출채권
	장 기 미 수 금	대금을 1년 이후에 받기로 한 미수금
	부도어음과수표	보유중인 어음과 수표 중 지급이 거절된 것.

나. 부채

기업이 경영활동 과정에서 타인으로부터 금전을 빌리거나 상품을 매입한 경우, 장래에 갚아야 할 채무 또는 의무가 생기는데 이를 부채라고 한다.

1) 유동부채

유동부채는 재무상태표 작성일로부터 1년 이내에 상환해야 할 채무를 의미한다.

2) 비유동부채

비유동부채는 재무상태표 작성일로부터 1년 이상에 걸쳐 상환해야 할 채무를 의미한다.

유동부채	………	단기차입금, 외상매입금, 지급어음, 미지급금, 미지급비용, 선수수익, 당기법인세부채, 선수금, 예수금, 유동성장기부채 등
비유동부채	………	사채, 장기차입금, 퇴직급여충당부채, 판매보증충당부채, 장기성매입채무, 임대보증금 등

3) 부채의 분류 및 내용

유동부채	단 기 차 입 금	기한이 1년 이내인 차입금
	매 입 채 무	일반적 상거래에서 발생한 외상지급액(외상매입금, 지급어음)
	미 지 급 금	상품이외의 물품을 구입하고 대금은 외상으로 한 경우
	미 지 급 비 용	발생된 비용으로서 미지급분(미지급급여, 미지급이자 등)
	선 수 수 익	결산시 계상되는 수익의 차기 이연분(선수이자, 선수임대료 등)
	선 수 금	상품을 주문받고 상품대금의 일부를 계약금으로 받은 경우
	예 수 금	종업원 급여 지급시 원천징수하는 소득세, 의료보험료 등
	유 동 성 장 기 부 채	비유동부채 중 1년 이내에 상환될 것
비유동부채	사 채	장기적 자금 조달을 위해 사채권을 발행하고 금전을 차입한 액면
	장 기 차 입 금	상환기한이 1년 이상인 차입금
	퇴 직 급 여 충 당 부 채	종업원 퇴직시 퇴직급여를 지급하기 위하여 설정하는 충당금
	장 기 성 매 입 채 무	일반적 상거래에서 발생한 장기의 외상매입금과 지급어음
	임 대 보 증 금	자산 등을 임대하고 임차인으로 부터 수령한 보증금액

➡ 일반적인 상거래와 일반적이지 않은 상거래의 외상거래

구 분		자 산	부 채	사 례
일반적인 상거래	신용거래	외상매출금	외상매입금	상품, 제품 등
	어음거래	받을어음	지급어음	
	통합계정	매출채권	매입채무	재무상태표 표시
일반적이지 않은 상거래		미 수 금	미지급금	기계장치, 건물, 비품, 소모품 등
현금의 대차거래		대 여 금	차 입 금	현 금

다. 자본(순자산)

자본은 자산에 대한 소유자의 청구권 즉, 소유자 지분을 의미한다. 자산에 대한 소유주의 청구권은 채권자의 청구권보다 순위가 낮으므로 자산에서 부채를 차감한 잔액이 소유자 지분이다. 즉, 소유자 지분은 잔여 지분이다. 기업이 주식회사인 경우 소유자 지분을 주주 지분이라 한다. 자본은 자본금, 자본잉여금, 자본조정, 기타포괄손익누계액, 이익잉여금(또는 결손금)으로 구분한다.

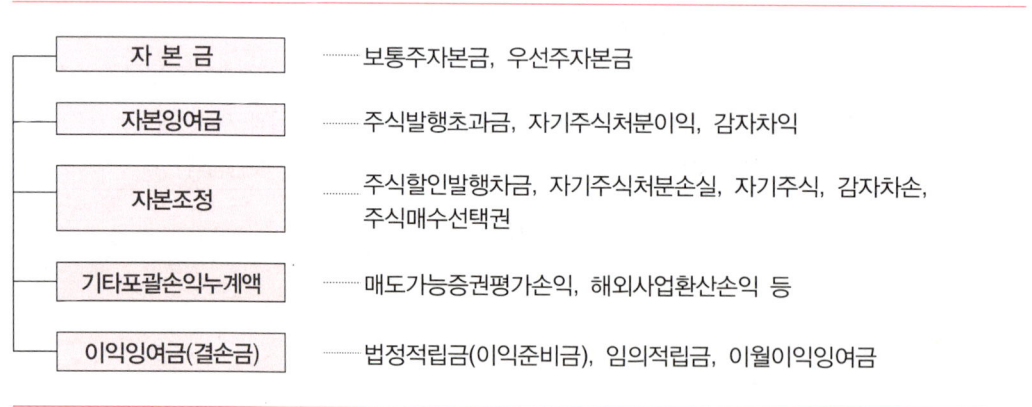

1) 자본금은 법정자본금을 의미하며, 보통주자본금과 우선주자본금으로 구분된다.
2) 자본잉여금은 증자나 감자 등 주주와의 거래에서 발생하여 자본을 증가시키는 잉여금이다.
3) 자본조정은 당해 항목의 성격으로 보아 자본거래에 해당하나 최종 납입된 자본으로 볼 수 없거나 자본의 가감 성격으로 자본금이나 자본잉여금으로 분류할 수 없는 항목이다.
4) 이익잉여금(또는 결손금)은 손익계산서에 보고된 손익과 다른 자본 항목에서 이입된 금액의 합계액에서 주주에 대한 배당, 자본금으로의 전입 및 자본조정 항목의 상각 등으로 처분된 금액을 차감한 잔액이다.

5 기초재무상태표와 기말재무상태표의 구성

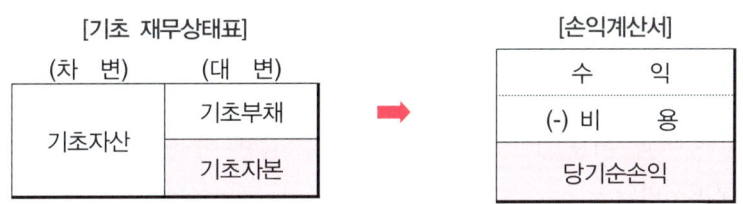

기초자산 = 기초부채 + 기초자본
기초자본 = 기초자산 - 기초부채

당기순손익 > 0 → 수익 - 비용 = 당기순이익
당기순손익 < 0 → 수익 - 비용 = 당기순손실

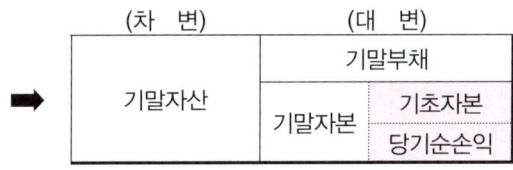

기말자산 = 기말부채 + 기말자본
      = 기말부채 + 기초자본 + 당기순이익 (- 당기순손실)

제3절 _ 손익계산서

1 손익계산서 개념

손익계산서는 일정기간 동안 기업의 경영성과에 대한 정보를 제공하는 재무보고서로 한 회계기간에 속하는 수익과 비용 및 수익에서 비용을 차감한 이익을 일정한 형식에 따라 나타내는 동태적 보고서이다.

2 손익계산서 양식

재무상태표의 작성양식에도 보고식과 계정식이 있으며, 회계기준에서 제시하고 있는 손익계산서 양식은 보고식이다.

보고식		계정식			
손익계산서		손익계산서			
강우상회 제5기 20x1년1월1일부터12월31일까지 (단위: 천원)		강우상회 제5기 20x1년1월1일부터12월31일까지 (단위: 천원)			
계정과목	금액	계정과목	금액	계정과목	금액
수익	200	비용	70	수익	200
비용	70	**당기순이익**	130		
순이익	130		200		200

➡ **손익계산서 구분표시 양식**

손익계산서

강우상회　　　　제5기 20x1년1월1일부터12월31일까지　　　　(단위: 천원)

		금액
	순매출액(총매출액-매출환입및에누리-매출할인)	100
	상품매출	100
(-)	매출원가	10
	상품매출원가	10
	기초재고	20
(+)	당기순매입(총매입액+제비용-매입환출및에누리-매입할인)	30
(-)	기말재고	40
	매출총손익	90
(-)	판매비와관리비	40
	영업손익	50
(+)	영업외수익	30
(-)	영업외비용	10
	소득세차감전순손익	70
(-)	소득세등	10
	당기순손익	60

3 손익계산서 작성원칙

구분	내용
발생주의와 실현주의 원칙	모든 수익과 비용은 그것이 발생한 기간에 정당하게 배분되도록 처리하여야 한다. 다만, 수익은 실현시기를 기준으로 계상하고 미실현수익은 당기의 손익계산에 산입하지 아니함을 원칙으로 한다.
수익·비용 대응의 원칙	수익과 비용은 그 발생원천에 따라 명확하게 분류하고 각 수익 항목과 이에 관련되는 비용 항목을 대응표시하여야 한다.
총액표시의 원칙	수익과 비용은 총액에 의하여 기재함을 원칙으로 하고 수익 항목과 비용 항목을 직접 상계함으로써 그 전부 또는 일부를 포괄손익계산서에서 제외하여서는 아니 된다.
구분표시의 원칙	손익계산서는 매출총손익, 영업손익, 법인세비용차감전 순손익(법인세비용차감전계속사업손익), 계속사업손익, 중단사업손익, 당기순손익으로 구분표시하여야 한다. 다만, 제조업·판매업 및 건설업 이외의 기업에 있어서는 매출총손익의 구분표시를 생략할 수 있다.

4 손익계산서 구성요소

가. 수익

수익이란 재화의 판매 또는 용역의 제공과 같은 기업의 주요 경영활동을 통해 얻게 되는 경제적 효익의 유입을 말한다. 수익의 발생은 자산(부채)을 증가(감소)시킴으로써 자본(소유자 지분)을 증가시킨다. 다만, 주주의 지분참여로 인한 자본 증가는 수익에 포함하지 않고 기업에 귀속되는 경제적 효익의 유입만을 포함한다.

1) 영업수익

기업의 주된 영업활동에서 발생한 제품, 상품, 용역 등의 총매출액에서 매출할인, 매출환입, 매출에누리 등을 차감한 금액이다.

2) 영업외수익

기업의 주된 영업활동이 아닌 활동으로부터 발생한 수익과 차익으로서 중단사업손익에 해당하지 않는 것으로 한다. 영업외수익에는 이자수익, 임대료 등이 있다.

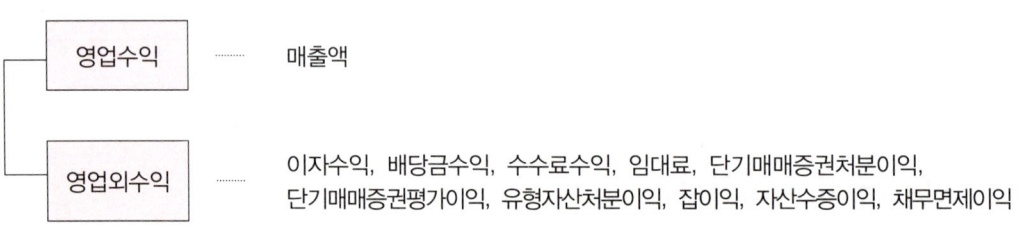

영업수익 ······· 매출액

영업외수익 ······· 이자수익, 배당금수익, 수수료수익, 임대료, 단기매매증권처분이익, 단기매매증권평가이익, 유형자산처분이익, 잡이익, 자산수증이익, 채무면제이익

3) 수익의 분류 및 내용

구분		내용
영업수익	매 출	상품매출, 제품매출
영업외수익	이 자 수 익	단기대여금이나 은행예금에 대하여 받는 이자
	배 당 금 수 익	소유 주식에 대하여 받은 배당금
	수 수 료 수 익	상품판매 등을 중개하고 받은 수수료
	임 대 료	건물, 토지 등을 빌려주고 받은 집세나 텃세
	단기매매증권처분이익	단기투자자산처분이익
	단기매매증권평가이익	단기투자자산평가이익
	유 형 자 산 처 분 이 익	유형자산을 장부금액보다 높은 금액으로 처분시 발생하는 이익
	잡 이 익	영업이외의 활동에서 생기는 기타 적은 이익
	자 산 수 증 이 익	무상으로 증여받은 토지나 건물 등의 자산
	채 무 면 제 이 익	차입금이나 매입채무 등을 면제받았을 때의 이익

나. 비용

비용이란 재화의 판매 또는 용역의 제공과 같은 기업의 주된 수익 창출을 위해 희생·소비된 경제적 가치의 유출로, 자산(부채)을 감소(증가)시킴으로써 자본을 감소시킨다. 비용은 기업이 재화의 생산·판매, 용역의 제공으로 지급하는 화폐액이라 할 수 있다. 즉, 비용은 기업의 주요 경영활동의 결과로서 발생하였거나 발생할 현금유출액을 나타낸다.

1) 영업비용

가) 매출원가: 상품, 제품 등의 매출액에 대응되는 원가로서 판매된 상품 또는 제품 등에 대한 매입원가 또는 제조원가이다.
나) 판매비와관리비: 제품, 상품, 용역 등의 판매활동과 기업의 관리활동에서 발생하는 비용으로서 매출원가에 속하지 아니하는 모든 영업비용을 포함한다.

2) 영업외비용

기업의 주된 영업활동이 아닌 활동으로부터 발생한 비용과 차손으로서 중단사업손익에 해당하지 않는 것으로 한다. 영업외비용에는 이자비용 등이 있다.

비용의 분류		의 의	계정과목
영업비용	매출원가	매출액에 대응되는 원가	매출원가
	판매비와관리비	매출원가를 제외한 영업비용	급여, 퇴직급여, 복리후생비, 임차료, 보험료, 기업업무추진비, 광고선전비, 연구비, 경상개발비, 감가상각비, 잡비, 대손상각비, 매출운임(운반비) 등
영업외비용		비영업활동으로부터 발생한 비용과 차손	이자비용, 수수료비용, 기부금, 기타의대손상각비 등

3) 비용의 분류 및 내용

구분			내용
영업비용	매출원가		기초상품재고액 + 당기순매입액 - 기말상품재고액
	판매비와 관리비	급여(직원급여)	임직원, 종업원에게 지급되는 월급 등
		퇴직급여	종업원 퇴직시 지급되는 급여
		복리후생비	종업원의 복리후생을 위하여 지출되는 비용
		임차료	타인의 건물이나 토지를 사용하면서 지급한 집세나 텃세
		기업업무추진비*	영업의 목적으로 거래처와의 관계를 유지하기 위한 지출
		보험료	보험에 가입하고 납부하는 보험료
		광고선전비	상품 판매를 위하여 지급하는 광고료
		연구비	개발비(무형자산) 이외의 연구활동에 투입된 비용
		경상개발비	개발비(무형자산)의 요건에 충족하지 않는 경상적 발생의 개발비
		감가상각비	결산시 계상되는 유형자산 등의 가치감소분
		대손상각비	결산시 계상되는 대손예상액과 매출채권 회수불능액
		소모품비	문구류 등 사무용품 구입을 위한 지출
		수수료비용	용역을 제공받고 그 대가로 수수료 지급
		세금과공과금	재산세, 자동차세, 상공회의소회비, 적십자회비 등
		여비교통비	버스·택시요금을 지급하거나, 버스카드 충전 및 승차권 구입비용
		통신비	우표 및 엽서를 구입하거나, 전화요금, PC통신요금 등
		수도광열비	수도요금, 가스요금, 난방용 유류대금 등
		전력비	전기요금**
		차량유지비	영업용 자동차의 유지 보수에 관련된 비용
		수선비	유형자산 수리를 위한 비용
		운반비	매출운임으로, 상품매출시 지급한 발송비
		교육훈련비	종업원 교육훈련에 관련된 비용 처리
영업외 비용		이자비용	금전 등을 차입하고 그 대가로 이자지급
		수수료비용	영업외 활동에서 지급한 수수료
		기부금	국가 및 지방자치단체, 사회단체나 종교단체 등에 납부한 성금 등
		기타의대손상각비	매출채권이외 채권에서 발생하는 대손상각비
		유형자산처분손실	유형자산을 장부잔액 이하로 처분하였을 때 발생하는 손실
		단기매매증권처분손실	단기투자자산처분손실
		단기매매증권평가손실	단기투자자산평가손실
		잡손실	영업이외의 활동에서 생기는 기타 적은 손실

* 접대비 또는 해외접대비: 2024년도부터 '기업업무추진비'로 변경
** 일부 시험에서는 판매비와관리비의 수도광열비에 전력비를 포함시키기도 함.

연/습/문/제

01.

다음 설명에 해당하는 재무제표는? (FAT2급, 45회)

- 유동성배열법에 따라 작성한다.
- 자산, 부채, 자본으로 구분하여 표시한다.
- 일정 시점 현재 기업의 재무상태를 나타내는 보고서이다.

① 손익계산서 ② 자본변동표
③ 재무상태표 ④ 현금흐름표

02.

재무제표의 기본요소에 대한 설명으로 옳지 않은 것은? (FAT2급, 52회)
① 자산은 미래에 경제적 효익을 창출할 것으로 기대되는 자원이다.
② 부채는 미래에 자원의 유입이 예상되는 권리이다
③ 부채는 기업실체가 현재 시점에서 부담하여야 하는 경제적 의무이다.
④ 자산은 현재 기업실체에 의해 지배되어야 한다.

03.

다음 중 재무상태표와 관련된 등식으로 옳지 않은 것은? (FAT2급, 48회)
① 자본 = 자산 - 부채
② 자산 = 유형자산 + 무형자산
③ 부채 = 유동부채 + 비유동부채
④ 유동자산 = 당좌자산 + 재고자산

04.

다음 중 재무상태표 작성기준으로 옳은 것은? (FAT2급, 49회)
① 자산과 부채는 분기나 반기, 혹은 1년을 기준으로 유동과 비유동으로 구분한다.
② 자산과 부채는 유동성이 작은 항목부터 배열한다.
③ 자산과 부채는 원칙적으로 상계하여 표시한다.
④ 비유동자산은 투자자산, 유형자산, 무형자산, 기타비유동자산으로 구분한다.

05.

다음 중 재무상태표 계정과목에 해당하지 않는 것은? (FAT2급, 48회)
① 매출채권 ② 기부금
③ 미지급금 ④ 선급비용

06.
다음 중 손익계산서와 관련된 설명으로 옳지 <u>않은</u> 것은? (FAT2급, 50회)
① 일정기간의 경영성과를 나타내는 보고서이다.
② 재화를 판매하는 경우 일반적으로 대금이 회수될 때 수익을 인식한다.
③ 수익과 비용은 총액기준에 따라 보고하는 것을 원칙으로 한다.
④ 소득세비용은 영업이익에 영향을 미치지 않는다.

07.
다음 중 손익계산서 작성기준으로 옳지 <u>않은</u> 것은? (FAT2급, 53회)
① 유동성배열법
② 발생주의
③ 수익과 비용항목의 구분표시
④ 수익·비용 대응의 원칙

08.
다음 중 재무상태표에 나타나는 계정과목은 모두 몇 개인가? (FAT2급, 46회)

| • 단기대여금 | • 자본금 | • 매출원가 |
| • 대손상각비 | • 여비교통비 | • 미지급금 |

① 2개
② 3개
③ 4개
④ 5개

09.
다음 중 자산에 해당되는 계정과목을 바르게 고른 것은? (FAT2급, 51회)

| 가. 선급비용 | 나. 임대보증금 | 다. 장기대여금 | 라. 미지급비용 |

① 가, 나
② 가, 다
③ 나, 라
④ 다, 라

10.
다음 중 재무상태표 계정과목에 해당하지 <u>않는</u> 것은? (FAT2급, 53회)
① 매출채권
② 이자비용
③ 매입채무
④ 선급비용

11.
다음 자료를 토대로 판매비와관리비의 합계액을 계산하면 얼마인가?(단, 도소매업을 가정한다.) (FAT2급, 52회)

| • 이자비용 | 110,000원 | • 교육훈련비 | 300,000원 | • 도서인쇄비 | 150,000원 |
| • 기부금 | 500,000원 | • 여비교통비 | 200,000원 | • 기업업무추진비 | 440,000원 |

① 660,000원　　　　　　　　　② 860,000원
③ 1,090,000원　　　　　　　　 ④ 1,420,000원

12.
다음 중 재무상태표상 비유동자산에 해당하는 계정과목을 모두 고른 것은? (FAT2급, 52회)

| 가. 현금및현금성자산 | 나. 미수금 |
| 다. 차량운반구 | 라. 장기대여금 |

① 가, 나　　　　　　　　　② 나, 다
③ 다, 라　　　　　　　　　④ 나, 라

13.
다음과 같은 회계처리 오류 내용이 재무제표에 미치는 영향으로 옳은 것은? (FAT2급, 51회)

• 업무용 승용차에 주유를 하고 80,000원을 현금으로 지급하다.
　(차) 차량운반구　　　　80,000원　　(대) 현　　금　　　80,000원

① 자산의 과소계상　　　　② 자본의 과소계상
③ 비용의 과소계상　　　　④ 수익의 과소계상

14.
다음 중 도소매업을 영위하는 한공상사의 판매비와관리비로 분류되지 않는 것은? (FAT2급, 46회)
① 업무상 출장 중에 지출한 식대
② 직원들의 업무능력 향상을 위한 학원 수강료
③ 단골 거래처 직원을 위한 경조사비
④ 사회복지시설에 지급한 기부금

15.
다음은 한공상사의 당기 매출 관련 자료이다. 당기 총매출액을 계산하면 얼마인가? (FAT2급, 53회)

| • 매출총이익: | 120,000원 | • 매출원가: | 80,000원 |
| • 매출환입: | 20,000원 | • 매출에누리: | 10,000원 |

① 80,000원　　　　　　　　　② 110,000원
③ 230,000원　　　　　　　　　④ 260,000원

16.
다음 자료에 의하여 순매출액을 계산하면 얼마인가? (FAT2급, 52회)

| • 총매출액 90,000원 | • 매출할인 5,000원 |
| • 매출에누리와 환입 10,000원 | • 매출 운반비 8,000원 |

① 100,000원 ② 90,000원
③ 75,000원   ④ 67,000원

17.
다음의 자료를 토대로 영업이익을 계산하면 얼마인가?(단, 도소매업을 가정한다.) (FAT2급, 51회)

| • 매출액 600,000원 | • 매출원가 400,000원 | • 급여 30,000원 |
| • 기부금 10,000원 | • 차량유지비 40,000원 | • 이자비용 50,000원 |

① 130,000원 ② 170,000원
③ 190,000원 ④ 200,000원

18.
다음은 (주)한공의 상품 관련 자료이다. 기말상품재고액을 계산하면 얼마인가? (FAT2급, 51회)

| • 기초상품재고액 1,000,000원 | • 당기상품매입액 4,300,000원 |
| • 매입에누리 및 매입환출 150,000원 | • 상품매출원가 3,050,000원 |

① 2,100,000원 ② 3,050,000원
③ 4,000,000원 ④ 4,300,000원

19.
다음의 오류가 당기 손익계산서에 미치는 영향으로 옳은 것은? (FAT2급, 52회)

기말 재고자산을 150,000원으로 계상하였으나 정확한 기말재고금액은 120,000원이다.

	매출원가	당기순이익
①	과대	과대
②	과대	과소
③	과소	과소
④	과소	과대

20.

다음은 한공상사의 당기(제2기) 자본 관련 자료이다. 당기 중 추가 출자액은 얼마인가?

(FAT2급, 47회)

회계연도	기초 자본	인출금	기말 자본	당기순이익
제2기	60,000원	10,000원	130,000원	30,000원

① 50,000원 ② 60,000원
③ 70,000원 ④ 90,000원

FAT 2급
Accounting Technicians

PART 03
회계의 기록과 증빙관리

제1절 거래의 식별 및 측정
제2절 분개와 전기
제3절 전표
제4절 장부의 분류
제5절 시산표

03 회계의 기록과 증빙관리

제1절 _ 거래의 식별 및 측정

1 회계상 거래의 의의

　기업이 영업활동을 함에 따라 자산, 부채, 자본의 증감을 가져오거나 수익, 비용을 발생시키는 모든 활동을 거래라고 한다. 따라서 자산, 부채, 자본, 수익, 비용을 증감시키지 않는 계약 등은 회계상 거래가 아니다.

➡ 회계상의 거래와 일반적인 거래의 차이

회계상의 거래	회계상의 거래 아님
상품의 매입과 매출	상품의 주문과 계약
현금의 수입과 지출	토지/건물의 임대차 계약
금전의 대여와 차입	고용계약, 담보의 설정
수익의 입금과 비용의 지급 등	기타 약속 및 계약 등

2 거래의 8요소

차변(왼쪽)	대변(오른쪽)
자산의증가	자산의감소
부채의감소	부채의증가
자본의감소	자본의증가
비용의발생	수익의발생

3 거래의 이중성과 대차평균의 원리

구분	내용
거래의 이중성	회계상 거래는 자산, 부채, 자본, 수익, 비용의 증감 현상이 서로 결합되어 나타나고, 한 쪽은 다른 쪽의 원인 또는 결과를 보이는데, 이를 거래의 이중성이라고 한다. 이처럼 회계에서는 하나의 거래를 원인과 결과라는 두 측면에서 기록하는 데 이러한 기록방식을 복식부기라고 한다.
대차평균의 원리	거래의 이중성으로 인해 차변합계와 대변합계가 항상 동일한 금액이 되며, 차변과 대변은 평형을 이룬다는 것이다.

제2절 _ 분개와 전기

1 분개

거래를 차변과 대변으로 나누는 것을 분개라고 한다. 분개의 절차는 먼저 계정과목과 금액을 결정한다. 그 후 계정의 차변과 대변을 구분하여 양쪽에 같은 금액을 기입한다.
거래의 발생순서에 따라 분개를 기입하는 장부를 '분개장'이라 하고, 다음과 같이 간단히 나타낼 수 있다.

(차) 차변 계정과목　　　×××　　(대) 대변 계정과목　　　×××

위의 분개에서 '×××'는 금액 표시로 정의하며, 항상 차변 계정과목과 대변 계정과목이 함께 나타나면서 차변금액과 대변금액의 합계액이 일치하게 된다.

2 전기

분개장에 분개된 내용을 기초로 계정(원장)에 옮겨 적어 계정과목별로 정리하는 절차를 전기라고 한다. 이때 차변에 분개된 내용은 해당 계정의 차변에 전기되고 대변에 분개된 내용은 해당 계정의 대변에 전기된다.

분개장에서 계정(원장)으로의 전기가 끝나면 총계정원장이 완성되며, 총계정원장은 수정전시산표의 기초자료로 사용된다.

예를 들어 다음과 같은 거래를 전기한다고 하자.

거래 : 3월 10일 은행으로부터 현금 100,000원을 차입하다.(상환예정일: 6개월 후)

■ 분개

| (차) 현　　　금 | 100,000 | (대) 단기차입금 | 100,000 |

■ 전기

현　　금		단기차입금	
3/10 단기차입금 100,000			3/10 현금　　100,000

위의 예에서 은행으로부터 현금을 차입하면 현금이라는 자산의 증가액 100,000원은 '현금'계정의 차변(왼쪽)에 기록되고, 차입금이라는 부채의 증가액 100,000원은 '부채'계정의 대변(오른쪽)에 기록된다. 편의상 단위는 생략된다.

제3절 _ 전표

1 전표의 의의

전표란 거래를 기록하기 위한 일정한 약식의 용지로 분개장을 대신할 수 있다. 전표에는 분개전표, 입금전표, 출금전표, 대체전표, 매입전표, 매출전표 등이 있으나 주로 입금전표, 출금전표, 대체전표를 사용하는 3전표 제도를 채택한다.

2 전표의 종류

입금전표	분개시 차변에 현금이 오는 경우에는 입금전표를 발행하는데, 이 경우 차변에 현금을 생략하고 대변에 나타나는 상대 계정만 기입하면 된다.			
	(차) 현금	xxx	(대) 외상매출금	xxx
출금전표	분개시 대변에 현금이 오는 경우에는 출금전표를 발행하는데, 이 경우 대변에 현금을 생략하고 차변에 나타나는 상대계정만 기입하면 된다.			
	(차) 외상매입금	xxx	(대) 현금	xxx
대체전표	분개시 차변과 대변 어느 쪽에도 현금이 발생하지 않거나, 현금 이외의 상대계정이 2개 이상일 때 기입하는 전표이다.			
	(차) 현금 xxx 보통예금 xxx	(대) 외상매출금 xxx	(차) 받을어음 (대) 상품매출	xxx xxx

예제 • • • 1 (답안 - 부록)

1. 현금 500,000원, 상품 500,000원, 건물 10,000,000원을 출자하여 영업을 개시하다.

구 분	차 변	대 변
분 개		
거래의 8요소		

2. 여유은행에서 현금 1,000,000원을 차입하다.(상환기간: 차입일로부터 6개월 후)

구 분	차 변	대 변
분 개		
거래의 8요소		

3. 영업활동과 관련하여 거래처 차경태 과장의 접대식사대금 100,000원을 국민카드로 결제하다.

구 분	차 변	대 변
분 개		
거래의 8요소		

4. 본사 심기재 사원의 결혼에 결혼축하금 200,000원을 현금으로 지급하다.

구 분	차 변	대 변
분 개		
거래의 8요소		

5. 업무부서에서 사용할 장부 10권을 승민문구사에서 100,000원에 현금으로 구입하다.(단, 비용인 '소모품비'로 처리할 것.)

구 분	차 변	대 변
분 개		
거래의 8요소		

6. 태풍 피해지역 수재민돕기성금 2,000,000원을 재해지역에 현금으로 전달하다.

구 분	차 변	대 변
분 개		
거래의 8요소		

7. 영업용 책상 및 의자를 성민가구에서 100,000원에 구입하고 대금은 월말에 지급하기로 하다.

구 분	차 변	대 변
분 개		
거래의 8요소		

8. 하나은행 단기차입금 1,000,000원에 대한 이자 10,000원을 현금으로 지급하다.

구 분	차 변	대 변
분 개		
거래의 8요소		

9. 한진상사의 장기대여금 5,000,000원과 이자 100,000을 현금으로 받다.

구 분	차 변	대 변
분 개		
거래의 8요소		

10. 예기상점에 상품 1,000,000원을 주문하기로 계약하다.

구 분	차 변	대 변
분 개		
거래의 8요소		

11. 본사 자동차세 및 재산세 각각 150,000원과 20,000원을 하나은행에 현금으로 납부하다.

구 분	차 변	대 변
분 개		
거래의 8요소		

12. 점포의 이달분 월세 200,000원을 현금으로 지급하다.

구 분	차 변	대 변
분 개		
거래의 8요소		

13. (주)새벽에 상품 300,000원을 매출하고, 대금은 추후에 받기로 하다.

구 분	차 변	대 변
분 개		
거래의 8요소		

14. (주)새벽의 외상매출금 100,000원을 현금으로 회수하다.

구 분	차 변	대 변
분 개		
거래의 8요소		

15. 본사건물의 화재보험을 삼성화재보험에 가입하고 보험료 150,000원을 현금 지급하다. (단, '비용'으로 처리할 것.)

구 분	차 변	대 변
분 개		
거래의 8요소		

16. 거래처에 신제품을 홍보하기 위하여 홍보비용으로 100,000원의 현금을 지출하다.

구 분	차 변	대 변
분 개		
거래의 8요소		

17. 영업 승용차의 유류대 60,000원을 경민주유소에 현금으로 지급하다.

구 분	차 변	대 변
분 개		
거래의 8요소		

18. 본사 전기요금 400,000원을 한국전력공사에 현금으로 납부하다.(단, '전력비'로 처리할 것.)

구 분	차 변	대 변
분 개		
거래의 8요소		

19. 본사 전화요금 50,000원과 인터넷 사용료 38,000원을 미래통신에 현금으로 납부하다.

구 분	차 변	대 변
분 개		
거래의 8요소		

20. 코엑스에 제품을 전시 판매하고자 전시장 임차계약을 맺고 임차료 200,000원을 현금으로 지급하다.

구 분	차 변	대 변
분 개		
거래의 8요소		

21. 종업원 오경민을 연봉 100,000,000원을 지급하기로 하고 채용하다.

구 분	차 변	대 변
분 개		
거래의 8요소		

22. 재천상사에서 상품 1,000,000원을 매입하고, 대금 중 800,000원은 현금으로 지급하고 잔액은 외상으로 하다.

구 분	차 변	대 변
분 개		
거래의 8요소		

23. 재천상사에 대한 외상매입금 200,000원을 기업은행 보통예금 계좌에서 이체하여 지급하다.

구 분	차 변	대 변
분 개		
거래의 8요소		

24. 본사 회계팀 이병인 사원의 명함 대금 50,000원을 현금으로 지급하다.

구 분	차 변	대 변
분 개		
거래의 8요소		

25. 성진유통과 상품매출 계약을 체결하고 계약금 300,000원을 수협은행 보통예금 계좌로 입금받다.

구 분	차 변	대 변
분 개		
거래의 8요소		

제4절 _ 장부의 분류

구분	내용
주요부	분개장, 총계정원장
보조부	- 보조기입장(매출장, 매입장, 현금출납장, 당좌예금출납장, 받을어음기입장, 지급어음기입장 등) - 보조원장(매출처원장, 매입처원장, 상품재고장 등)

제5절 _ 시산표

분개장에서 총계정원장에 전기된 금액이 정확한지를 확인하기 위하여 모든 계정의 차변 금액과 대변금액이 일치하는가를 알아보는 표를 시산표라고 한다. 따라서 시산표는 재무상태표와 손익계산서를 합한 형태로 차변에 자산과 비용이, 대변에 부채, 자본, 수익이 나타난다.

시산표 등식: 자산 + 비용 = 부채 + 자본 + 수익

1 시산표에서의 오류

시산표의 차변 합계액과 대변 합계액이 일치하지 않은 때에는 계산이나 기록 중 오류가 발생되었기 때문이다. 차변과 대변의 금액이 일치하지 않은 경우에는 쉽게 발견할 수 있으며, 오류가 발생하면 해당 거래를 찾아서 수정해야 한다.

2 시산표에서 발견할 수 없는 오류

가) 분개의 전체가 누락되거나 이중으로 분개된 경우
나) 분개장에서 원장에 전기할 때 차변과 대변이 반대로 전기된 경우 (전산회계 제외)
다) 분개시 차변과 대변의 금액이 동시에 틀린 경우
라) 계정과목을 잘못 분개하고 원장에 전기한 경우

연/습/문/제

01.

다음은 회계 순환과정의 일부를 나타낸 도표이다. (㉮), (㉯) 각 항목에 들어갈 용어로 옳은 것은? (FAT2급, 47회)

| 거래의 발생 | ㉮ | 분개장 | ㉯ | 총계정원장 |

	㉮	㉯
①	분개	이월
②	분개	전기
③	결산	이월
④	결산	전기

02.

다음 중 회계상 거래에 해당하지 <u>않는</u> 것은? (FAT2급, 47회)
① 은행에서 빌린 차입금에 대한 이자가 발생하였다.
② 회계팀 신입사원을 채용하고 근로계약을 체결하였다.
③ 본사 건물에 화재가 발생하여 손실이 발생하였다.
④ 상품을 외상으로 판매하였다.

03.

다음 중 회계상 거래에 해당하는 것은? (FAT2급, 52회)
① 사무실을 임차하기로 하고 계약서를 작성하였다.
② 종업원을 채용하고 근로계약서를 작성하였다.
③ 업무용 차량을 구입하기 위해 주문서를 발송하였다.
④ 창고에 보관중이던 상품을 도난당하였다.

04.

다음 중 하나의 거래에서 동시에 나타날 수 <u>없는</u> 것은? (FAT2급, 47회)
① 자산의 감소와 수익의 발생
② 자산의 증가와 자산의 감소
③ 자산의 감소와 부채의 감소
④ 자산의 증가와 부채의 증가

05.

다음과 같은 거래 요소의 결합관계에 해당하는 거래로 옳은 것은? (FAT2급, 53회)

> (차) 자산의 증가　　　　　　(대) 부채의 증가

① 상품 200,000원을 외상으로 판매하다.
② 종업원 급여 2,000,000원을 현금으로 지급하다.
③ 단기차입금 1,000,000원과 그 이자 50,000원을 현금으로 지급하다.
④ 은행으로부터 3,000,000원을 1년간 차입하여 보통예금으로 입금하다.

06.

다음 거래에 대한 설명으로 옳은 것은? (FAT2급, 49회)

> 거래처로부터 상품 주문(5,000,000원)을 받고, 현금 500,000원을 계약금으로 받았다.

① 손익 거래에 해당된다.
② 회계상의 거래로 인식할 수 없다.
③ 회계처리 시 차변에 자산이 증가한다.
④ 차변에 상품 5,000,000원을 인식한다.

07.

다음은 ㈜소라의 회계담당자인 오경민이 회계책임자에게 보고한 사항이다. (FAT2급, 6회)

> 가. 보관중인 현금 1,000,000원을 도난당하였습니다.
> 나. 태풍으로 인해 창고에 보관되어 있던 상품 5,000,000원이 소실되었습니다.
> 다. ㈜용빈과 3,000,000원의 상품판매계약을 체결하였습니다.
> 라. 대손처리 하였던 매출채권 3,000,000원을 회수하였습니다.

상기 보고사항 중 회계상 거래에 해당하는 것은?
① 가, 나, 다　　　　　　　　② 가, 나, 라
③ 나, 다, 라　　　　　　　　④ 가, 다, 라

08.

다음은 가구소매업을 영위하는 한공가구의 통장거래 내역이다. 이에 대한 거래요소의 결합관계로 옳은 것은? (FAT2급, 45회)

번호	거래일	내용	찾으신금액	맡기신금액	잔액	거래점
		계좌번호 112-088-123123　한공가구				
1	20x1-3-31	예금이자		253,800	***	서대문

① 비용의 발생, 자산의 감소　　　② 비용의 발생, 부채의 증가
③ 자산의 증가, 수익의 발생　　　④ 자산의 증가, 부채의 증가

09.
다음 중 개인기업의 자본을 감소시키는 거래로 옳은 것은? (FAT2급, 51회)
① 사무실 책상을 외상으로 구입하다.
② 현금과 건물을 출자하여 영업을 개시하다.
③ 대표이사 자녀의 대학등록금을 현금으로 납부하다.
④ 단기매매증권을 장부금액보다 큰 금액에 현금으로 매각하다.

10.
다음은 (주)한공의 총계정원장의 일부이다. 현금 계정과 관련된 상대 계정의 전기가 잘못된 것은?
(FAT2급, 50회)

현 금			
1/ 1 전기이월	800,000원	1/ 3 외상매입금	20,000원
1/14 외상매출금	30,000원	1/21 이자비용	10,000원
		1/30 상품	200,000원

① 외상매입금
1/ 3 현금 20,000원

② 외상매출금
1/14 현금 30,000원

③ 이자비용
1/21 현금 10,000원

④ 상품
1/30 현금 200,000원

FAT 2급
Accounting Technicians

PART 04 자 산

제1절 유동자산 - 당좌자산
제2절 유동자산 - 재고자산
제3절 유가증권과 투자자산
제4절 비유동자산 - 유형자산
제5절 비유동자산 - 무형자산과
　　　　　　　　　　기타비유동자산

04 자산

제1절 _ 유동자산 – 당좌자산

1 당좌자산의 정의

당좌자산은 재무상태표일로부터 1년 이내에 현금화 할 수 있는 유동자산 중 신속히 현금화 할 수 있는 자산이다.

2 당좌자산의 종류

구분	내용
현금및현금성자산	현금, 당좌예금, 보통예금
유가증권	단기매매증권
수취채권	외상매출금, 받을어음, 미수금, 선급금, 단기대여금
기타의 당좌자산	미수수익, 선급비용

3 현금 및 현금성자산

구분	내용
현금	일상생활에서 현금은 한국은행에서 발행한 통화만을 의미하는 말이다. 그러나 회계에서 현금으로 처리되는 것에는 지폐나 동전 등의 통화는 물론이고 통화 대신으로 사용할 수 있는 통화대용증권들이 포함된다. (현금, 양도성예금증서, 자기앞수표, 우편환증서 등)
현금성자산	현금성자산이란 큰 거래비용 없이 현금으로 전환이 쉽고 이자율 변동에 따라 가치가 쉽게 변하지 않는 금융상품으로서 취득 당시 만기가 3개월 이내인 것을 말한다. (취득당시 만기가 3개월 이내에 도래하는 채권, 취득당시 상환일까지의 기간이 3개월 이내인 상환우선주, 취득당시 3개월 이내에 환매조건인 환매채, 초단기 수익증권)
예금·적금	기업은 현금관리 측면에서 현금 그 자체의 보유를 최소화하고 현금과 같이 유동성이 높은 예금이나 시장성 유가증권 등의 형태로 보유하는 것이 보다 바람직하다. 따라서 현금 형태를 취하고 있지는 않으나 현금과 거의 동일한 성격을 지닌 자산들이 존재하게 되는데 바로 예금과 현금성자산이다. (보통예금, 당좌예금)

➡ 현금과부족

현금과부족 계정은 현금의 실제보유액과 장부상의 현금계정잔액이 일시적으로 일치하지 않는 경우에 그 차액을 임시로 회계처리하기 위한 계정이다. 현금과부족 계정은 임시계정으로 재무제표에 보고되지 않는 것이 원칙이다. 따라서 추후에 불일치하였던 차액의 원인이 밝혀지면 그에 따라 회계처리 한다. 원인이 끝내 밝혀지지 않는 경우에는 결산일에 손익계산서상 영업외손익인 잡이익 또는 잡손실로 처리한다.

➡ 현금과부족의 회계처리

구 분	실제보유액 < 현금계정잔액	실제보유액 > 현금계정잔액
차이 발생시	(차) 현금과부족 (대) 현 금	(차) 현 금 (대) 현금과부족
원인 확인	(차) 비 용 (대) 현금과부족	(차) 현금과부족 (대) 수 익
원인 미확인	(차) 잡 손 실 (대) 현금과부족	(차) 현금과부족 (대) 잡 이 익

예제 ···· 2 (답안 - 부록)

다음 일련의 거래를 분개하라.

1. [20x1년 5월 1일] 현금 계정 잔액은 현재 1,000,000원이지만 현금 실제보유액은 970,000원인 것으로 조사되었다. 그 차이의 원인은 현재 알 수 없다.

    (차)   (대)

2. [20x1년 7월 6일] 현금 계정 잔액과 실제보유액의 차이 중에서 25,000원은 영업부 출장사원 박서영에게 지출된 교통비가 회계처리 되지 않은 것으로 밝혀졌다.

    (차)   (대)

3. 결산일까지 차액 5,000원의 원인은 밝혀지지 않았다.

    (차)   (대)

4 당좌예금 및 당좌차월

가. 당좌예금

　당좌예금은 기업이 수시로 예입 및 인출을 할 수 있는 무이자의 예금으로, 지출을 위하여 은행에 가서 자금을 인출함이 없이 수표(당좌수표)를 발행하여 즉시 지출할 수 있는 편리한 예금이다. 당좌예금거래를 위해서는 사전에 은행과 당좌거래약정을 체결해야 하며, 이후 기업은 현금이나 타인발행수표 등을 예금하게 된다. 은행은 기업에게 당좌수표용지를 교부해 주고, 기업에서는 현금지출이 필요한 경우 당좌수표용지에 지출에 필요한 금액을 적어 거래 상대방에 주면 된다.

　회사가 당좌수표를 발행하여 지급하면 당좌예금 계정의 대변에 기록하여 당좌예금 잔액을 감소시키고, 현금이나 타인발행수표를 예금하면 당좌예금 계정의 차변에 기록하여 당좌예금 잔액을 증가시킨다.

➡ **수표의 회계처리**

구 분	수표를 받거나 줄 때		당좌예금 계좌에 입금할 때
	수취할 때	지급할 때	
자기앞수표	(차) 현 금 (대) 대 변	(차) 차 변 (대) 현 금	(차) 당좌예금 (대) 대 변
타인발행 당좌수표			
당점발행 당좌수표*	–	(차) 차 변 (대) 당좌예금	–

* '당점발행 당좌수표'란 기업 자신이 발행한 당좌수표를 의미한다.

나. 당좌차월

기업은 당좌예금 잔고 내에서 수표를 발행할 수 있으며, 이를 초과하여 발행하는 경우에는 부도수표로서 은행에서 지급이 거절되며 기업은 형사 및 민사상의 책임을 지게 되고 파산하게 된다. 기업은 일시적인 자금 융통상의 문제로 부도가 되는 것을 막기 위해서 담보 등의 설정에 의해 일정한도까지 당좌예금의 잔액을 초과하여 수표를 발행할 수 있도록 은행과 당좌차월약정을 맺고, 당좌예금의 잔액을 초과하여 수표를 발행할 경우 당좌차월이라는 부채 계정을 설정한다. 당좌차월은 일종의 은행으로부터의 차입금이므로 이자를 지급하게 된다.

당좌차월의 회계처리방법은 기중에는 당좌차월이라는 별도의 계정을 사용하는 대신에 모든 계정을 당좌예금 계정에 기록하고, 기말에 당좌예금 계정의 잔액이 차변에 있으면 당좌예금으로, 대변에 있으면 단기차입금(당좌차월)으로 기록한다.

예제 • • • 3 (답안 - 부록)

1. 국민은행에 당좌예금 계좌를 개설하고 현금 650,000원을 예입하였으며, 당좌차월 한도는 2,000,000원이다.

   (차)   (대)

2. 비품을 구입하고 대금 900,000원을 국민은행 당좌수표를 발행하여 지급하다.

   (차)   (대)

3. (주)영준으로부터 외상매출금 150,000원을 당좌수표로 회수하여 국민은행 당좌예금계좌에 예입하다.

   (차)   (대)

5 수취채권

가. 매출채권과 기타의 수취채권

구분	내용
매출채권	주된 영업활동에서 발생하는(일반적인 상거래) 채권을 말하며, 회계기준에서는 재무상태표를 작성할 때 매출채권이라는 단일계정을 이용하여 외상매출금과 받을어음의 금액을 통합하여 표시하도록 요구하고 있다. (외상매출금, 받을어음)
기타의 수취채권	주된 영업활동과 관련이 없는(일반적인 상거래가 아닌) 거래에서 나타나는 수취채권이며, 매출채권과 더불어 만기가 1년 이내의 기타의 수취채권은 유동자산으로 분류된다. (단기대여금, 미수금, 선급금, 가지급금)

나. 수취채권의 구분

자 산		특 징	부 채	
매출채권	외상매출금	상품 매출시 외상거래	매입채무	외상매입금
	받을어음	상품 매출시 어음거래		지급어음
대 여 금		금전의 대여	차 입 금	
미 수 금		상품 이외 매출시 외상거래	미지급금	
선 급 금		상품 매입 전에 대금 일부지급	선 수 금	
가지급금		미확정된 임시계정	가 수 금	

예제 • • • 4 (답안 - 부록)

1. (주)민지는 건호상사에게 상품 800,000원을 매출하고 대금 중 300,000원은 현금으로 수령하고, 나머지는 3개월 후 만기가 도래하는 어음을 받았다.

   (차)   (대)

2. (주)민지는 건호상사에게 받은 어음이 만기가 되어 건호상사 발행 수표로 받다.

    (차)   (대)

3. (주)민지는 (주)지수에게 건물 1,000,000원을 매입하고 대금은 어음으로 지급하다.

    (차)   (대)

4. (주)지수에게 지급한 어음이 만기가 도래하여 국민은행 당좌수표를 발행하여 지급하다.

    (차)   (대)

5. (주)민지는 지인전자에게 사무실에서 사용할 에어컨을 600,000원에 구입하고 외상으로 하다.

    (차)   (대)

6. 지인전자의 외상대금을 현금으로 결제하다.

    (차)   (대)

다. 수취채권의 대손

기업이 보유하는 매출채권의 회수가 불가능하게 되는 경우에 발생하는 손실을 대손이라 하며, 매출채권 뿐만 아니라 기타 수취채권 또한 회수가 불가능하게 될 경우에도 대손 처리한다.

구분	내용
매출채권의 대손처리	대손상각비(판매비와관리비)
기타의 수취채권의 대손처리	기타의대손상각비(영업외비용)

1) 대손충당금

매출채권이 발생한 기간에 해당 매출채권으로부터 발생할 것으로 예상되는 대손가능금액을 추정·평가하여 당해기간의 비용으로 처리하여 대손충당금 계정을 설정한다. 즉, 대손충당금이란 회수가 불확실한 매출채권 금액으로 매출채권의 차감계정이다.

2) 대손의 회계처리

구분	내용
대손의 설정	① 추정된 대손금액(100원) > 대손충당금 계정 잔액(30원) (차) 대손상각비　　　　70　　　(대) 대손충당금　　　　70 ② 추정된 대손금액(100원) < 대손충당금 계정 잔액(120원) (차) 대손충당금　　　　20　　　(대) 대손충당금환입　　20
대손의 발생	① 대손충당금 잔액(100원) > 대손 발생금액(70원) (차) 대손충당금　　　　70　　　(대) 매출채권(외상매출금)　70 ② 대손충당금 잔액(100원) < 대손 발생금액(120원) (차) 대손충당금　　　　100　　　(대) 매출채권(외상매출금)　120 　　　대손상각비　　　　20 ③ 대손충당금 잔액(0원) < 대손 발생금액(100원) (차) 대손상각비　　　　100　　　(대) 매출채권(외상매출금)　100
대손의 회수	① 전기에 대손 처리한 채권을 당기에 현금으로 회수 시 (차) 현금　　　　　　　100　　　(대) 대손충당금　　　100

예제 • • • 5 (답안 - 부록)

1. [20x1년 12월 31일] 외상매출금 잔액 100,000,000원에 대하여 1% 대손을 예상하다. (대손충당금 잔액은 없다.)

   (차)　　　　　　　　　　　　　(대)

2. [20x2년 2월 4일] (주)부실의 파산으로 인하여 외상매출금 300,000원을 대손처리하다.

   (차)　　　　　　　　　　　　　(대)

3. [20x2년 9월 2일] 오래상사의 파산으로 인하여 외상매출금 500,000원을 대손처리하다.

   (차)　　　　　　　　　　　　　(대)

4. [20x2년 12월 31일] 외상매출금 잔액 150,000,000원에 대하여 1% 대손을 예상하다.

   (차)　　　　　　　　　　　　　(대)

5. [20x3년 5월 2일] 강훈상사의 파산으로 인하여 외상매출금 2,000,000원을 대손처리하다.

   (차)   (대)

6. [20x3년 12월 31일] 외상매출금 잔액 210,000,000원에 대하여 1% 대손을 예상하다.

   (차)   (대)

연/습/문/제

01.

다음 자료의 항목 중 재무상태표에 표시될 현금 및 현금성자산의 합계액은 얼마인가? (FAT2급, 52회)

• 현금	100,000원
• 당좌차월	150,000원
• 타인발행수표	300,000원
• 보통예금	500,000원
• 1년 만기 정기예금	400,000원

① 600,000원   ② 900,000원
③ 1,050,000원   ④ 1,450,000원

02.

다음 자료에 대한 일자별 회계처리로 옳은 것은? (FAT2급, 49회)

• 20x1년 11월 1일   장부상 현금보다 실제 현금이 10,000원 부족한 것을 발견하였다.
• 20x1년 12월 31일 기말까지 현금부족의 원인을 찾을 수 없었다.

	11월 1일		12월 31일	
①	(차) 현금과부족	10,000원	(차) 현금과부족	10,000원
	(대) 현금	10,000원	(대) 잡이익	10,000원
②	(차) 현금	10,000원	(차) 현금과부족	10,000원
	(대) 현금과부족	10,000원	(대) 잡이익	10,000원
③	(차) 현금	10,000원	(차) 잡손실	10,000원
	(대) 현금과부족	10,000원	(대) 현금과부족	10,000원
④	(차) 현금과부족	10,000원	(차) 잡손실	10,000원
	(대) 현금	10,000원	(대) 현금과부족	10,000원

03.
다음 자료에 의해 매출채권 금액을 계산하면 얼마인가? (FAT2급, 53회)

- 외상매출금: 6,000,000원
- 미수금: 2,000,000원
- 받을어음: 3,000,000원
- 미수수익: 2,500,000원

① 6,000,000원
② 9,000,000원
③ 11,000,000원
④ 13,500,000원

04.
다음 중 대손충당금 설정대상 항목으로 적절하지 않은 것은? (FAT2급, 53회)

① 단기매매증권
② 미수금
③ 받을어음
④ 외상매출금

05.
다음은 (주)한공의 대손 관련 자료이다. 12월 31일 결산 후 재무상태표에 기록될 대손충당금은 얼마인가? (FAT2급, 49회)

- 20x1년 1월 1일 대손충당금 기초잔액은 100,000원이다.
- 20x1년 5월 1일 매출채권 80,000원이 회수불능으로 확정되었다.
- 20x1년 12월 31일 매출채권 기말잔액 3,000,000원에 대하여 2%의 대손을 추정하였다.

① 20,000원
② 40,000원
③ 60,000원
④ 100,000원

06.
다음은 (주)한공의 20x1년 중 매출채권과 관련된 자료이다. 20x1년 손익계산서에 계상될 대손상각비는 얼마인가? (FAT2급, 50회)

- 20x1. 1. 1. 대손충당금 기초잔액은 200,000원이다.
- 20x1. 4. 3. 매출채권에 대한 대손처리 금액 150,000원이다.
- 20x1. 12. 31. 매출채권 잔액에 대한 대손추정액은 170,000원이다.

① 20,000원
② 50,000원
③ 120,000원
④ 170,000원

07.

다음 거래에 대한 회계처리에서 나타나지 <u>않는</u> 계정과목은? (FAT2급, 46회)

> • 1월 1일 매출채권에 대한 대손충당금 기초잔액은 50,000원이다.
> • 5월 13일 매출채권 100,000원에 대한 회수불능이 확정되어 대손처리하였다.

① 현금 ② 대손상각비
③ 대손충당금 ④ 매출채권

08.

다음 자료를 토대로 결산 시 추가로 계상할 대손충당금은 얼마인가? (FAT2급, 56회)

> • 결산 시 매출채권 잔액에 대하여 2%의 대손충당금을 설정하다.
> • 결산 시 잔액시산표 상의 매출채권 및 대손충당금 잔액
>   - 매출채권 5,000,000원   - 대손충당금   20,000원

① 20,000원 ② 40,000원
③ 60,000원 ④ 80,000원

09.

다음 거래내용에 대한 회계처리로 옳은 것은? (FAT2급, 51회)

> 거래처 A의 파산으로 외상매출금 1,000,000원이 대손 확정되었다. 현재 대손충당금 잔액은 710,000원이 있는 것으로 확인되었다.

①	(차) 대손충당금	710,000원	(대) 외상매출금	710,000원
②	(차) 대손상각비	1,000,000원	(대) 외상매출금	1,000,000원
③	(차) 대손충당금	710,000원	(대) 외상매출금	1,000,000원
	대손상각비	290,000원		
④	(차) 대손상각비	290,000원	(대) 외상매출금	290,000원

10.

다음은 한공상사의 외상매출금 관련 자료이다. (가)에 들어갈 금액으로 옳은 것은? (FAT2급, 48회)

> • 1월 1일 전기이월   1,000,000원   • 당기 중 외상매출액   3,100,000원
> • 당기 중 외상매출금 회수액 (가)   • 12월 31일 차기이월   1,500,000원

① 2,100,000원 ② 2,600,000원
③ 3,600,000원 ④ 3,700,000원

제2절 _ 유동자산 - 재고자산

1 재고자산의 정의

재고자산은 정상적인 영업과정에서 판매를 위하여 보유하거나 생산과정에 있는 자산 및 생산 또는 서비스 제공과정에 투입될 원재료나 소모품의 형태로 존재하는 자산을 말한다.

2 재고자산의 종류

➡ 상기업과 제조기업의 재고자산의 비교

구 분	의 의	계정과목
상기업의 재고자산	판매를 목적으로 보유하고 있는 자산	재고자산 계정 또는 상품계정(단일 계정)
제조기업의 재고자산	판매를 위하여 보유하거나 생산과정에 있는 자산 및 생산과정에 투입될 원재료	원재료, 재공품, 반제품, 제품

3 재고자산의 취득원가

재고자산은 일반적으로 취득원가로 기록한다. 상기업에 대한 재고자산의 취득원가는 매입원가이고 제조기업의 경우에는 제조원가를 의미한다. 본 장에서는 상기업을 대상으로 서술하므로 재고자산의 취득원가는 곧 매입원가이다.

취득원가는 재고자산을 판매가능한 상태로 하여 판매가능한 장소로 옮기는 데 소요된 모든 지출액을 의미한다. 따라서 취득원가에는 매입가격은 물론이고 매입시 소요된 직접부대비용 등도 포함된다는 점에 유의하여야 한다.

여기서 직접부대비용이란 운반비, 하역비, 설치비, 창고비, 등기비용 등을 말한다.

취득원가 = 매입가격 + 직접부대비용* - 매입에누리와 환출, 매입할인

* 직접부대비용: 매입시 운송비, 하역비, 설치비, 창고비, 등기비용 등

4 할인, 에누리, 환출(환입)

구분	내용
매입할인	상품의 구매자가 판매자가 제시한 할인기간 내 매입채무를 상환할 경우 거래대금을 할인해 주는 제도이다.
매입에누리와 환출	구입된 상품이 하자 등(파손 및 변질된 상품, 주문과 다른 상품 등)을 이유로 구입대금의 일부를 할인받기도 하는데 이를 매입에누리라고 하며, 구입된 상품이 하자 등을 이유로 상품을 반품하게 되는데 이를 매입환출이라 한다.
매출할인	판매자가 매출채권의 조기회수를 위해 정해진 할인기간 내 거래처가 일찍 대금을 지급하면 그 거래처에 대해 가격을 할인해 주는 제도이다.
매출에누리와 환입	판매한 상품에 하자가 있어 판매대금의 일부를 깎아 주거나 상품을 반품받게 되는데 이를 매출에누리와 환입이라 한다.

★ 순매입액과 순매출액
 순매입액 = 총매입액 − 매입할인 − 매입에누리와 환출 + 매입운임
 순매출액 = 총매출액 − 매출할인 − 매출에누리와 환입
★ 매출원가
 매출원가 = 기초재고액 + 당기순매입액 − 기말상품재고액

5 수량결정방법 및 단가결정방법

가. 수량결정

구분	내용
계속기록법	- 상품 입출고시 계속적으로 기록하여 기말 재고는 매입 수량에서 판매 수량을 차감하여 계산한다. - 판매수량이 적을 경우 적합하다. - 이동평균법을 사용한다. 기초재고 + 당기매입 − 실제출고량 = 기말재고
실지재고 조사법	- 상품 입고 시에만 기록하며 기말 재고자산의 수량을 직접조사해서 당기 판매 수량을 확인한다. - 판매수량 많을 경우 적합하다. - 총평균법을 사용한다. 기초재고 + 당기매입 − 기말재고 = 당기출고량

나. 단가결정방법

구분	내용
개별법	판매된 상품과 재고로 남아있는 상품의 취득단가를 개별적으로 평가하는 가장 정확한 방법으로, 소량의 이질적인 상품에 적절하다.
선입선출법(F.I.F.O)	먼저 매입된 상품이 먼저 판매되므로, 먼저 매입된 상품이 매출원가를 구성하고 나중에 매입된 상품이 기말재고액을 구성한다.
후입선출법(L.I.F.O)	나중에 매입된 상품이 먼저 판매되므로, 나중에 매입된 상품이 매출원가를 구성하고 먼저 매입된 상품이 기말재고액을 구성한다.
평균법 (총평균법, 이동평균법)	기초에 보유한 재고자산과 회계기간 중에 매입한 재고자산이 구별 없이 평균적으로 판매된다고 원가흐름을 가정하여 평균원가를 사용하는 방법이다.

➡ **물가 상승 시 크기 비교**

매출원가	선입선출법 < 이동평균법 < 총평균법 < 후입선출법
기말재고, 이익(당기순이익, 매출총이익)	선입선출법 > 이동평균법 > 총평균법 > 후입선출법

예제 6 (답안 - 부록)

(주)은영은 20x1년 동안 다음과 같은 상품매매거래를 하였다. 각 방법에 따라 20x1년도의 기말재고액, 매출원가, 매출총이익을 구하시오. 단, 기말에 실사를 한 결과 기말재고수량은 200개인 것으로 확인되었다.

일 자	거 래	수 량	단 가	금 액
1월 1일	기초재고	400개	600원	240,000원
4월 6일	매 입	1,800개	820원	1,476,000원
6월 3일	매 출	2,000개	1,200원	2,400,000원

구분	선입선출법	평균법	후입선출법
기말재고액			
매출원가			
매출총이익			

연/습/문/제

01.
다음 중 재고자산에 대한 설명으로 옳지 <u>않은</u> 것은? (FAT2급, 54회)
① 재고자산은 판매를 위하여 보유하고 있는 자산이다.
② 재고자산 매입원가는 취득과정에서 정상적으로 발생한 부대원가를 포함한다.
③ 재고자산 매입과 관련된 할인, 에누리는 영업외비용으로 처리한다.
④ 재고자산의 수량결정방법은 실지재고조사법과 계속기록법이 있다.

02.
다음은 (주)한공의 재고자산 취득에 관한 자료이다. 재고자산의 취득원가는 얼마인가?
(FAT2급, 53회)

| • 상품의 매입금액 | 80,000원 | • 매출시 운반비 | 10,000원 |
| • 매입운반비 | 20,000원 | • 광고선전비 | 6,000원 |

① 100,000원 ② 110,000원
③ 120,000원 ④ 138,000원

03.
다음 자료를 토대로 한공기업의 20x1년 12월 31일 재무제표에 기록될 기말상품재고액을 계산하면 얼마인가? (FAT2급, 57회)

• 20x1. 1. 1. 기초상품재고액:	800,000원
• 20x1년 중 상품 총 매입액:	1,500,000원
• 20x1년 중 매입에누리:	150,000원
• 20x1년 결산시 매출원가:	1,200,000원

① 850,000원 ② 950,000원
③ 1,000,000원 ④ 1,100,000원

04.
다음 중 상품의 순매입액 계산에 영향을 미치지 <u>않는</u> 것은? (FAT2급, 51회)
① 상품 매입금액
② 매입자가 부담할 운임
③ 하자품에 대한 매입에누리
④ 불량 등의 사유로 반품되어 온 매출환입

05.

다음 자료를 이용하여 계산한 당기 순매입액은 얼마인가? (FAT2급, 50회)

| • 기초상품재고액 | 10,000원 | • 총매입액 | 100,000원 | • 매입에누리액 | 2,000원 |
| • 매입환출액 | 3,000원 | • 매입운임 | 500원 | • 기말상품재고액 | 20,000원 |

① 95,000원
② 95,500원
③ 100,000원
④ 100,500원

06.

다음 거래의 회계처리 시 차변에 표시될 계정과목과 금액으로 옳은 것은? (FAT2급, 45회)

• 거래처로부터 상품 1,000,000원을 매입하고, 매입관련 운임 50,000원과 함께 현금으로 지급하다.

① 상품 1,000,000원
② 상품 1,050,000원
③ 현금 1,000,000원
④ 현금 1,050,000원

07.

다음 중 먼저 구입한 상품이 먼저 사용되거나 판매되는 것으로 가정하여 기말재고액을 결정하는 방법은? (FAT2급, 51회)

① 후입선출법
② 이동평균법
③ 총평균법
④ 선입선출법

08.

다음은 한공상사의 6월 중 상품매매 관련 자료이다. 이를 기초로 선입선출법에 의해 계산한 6월말 재고금액은 얼마인가? (FAT2급, 58회)

일자	내역	수량	단가
• 6월 01일	전월이월	300개	1,000원
• 6월 15일	매 입	200개	3,000원
• 6월 20일	매 출	400개	2,000원

① 300,000원
② 400,000원
③ 600,000원
④ 800,000원

09.

다음은 한공상사의 6월 중 상품매매 관련 자료이다. 이를 기초로 선입선출법에 의해 계산한 6월말 재고금액은 얼마인가? (FAT2급, 55회)

일자	내역	수량	단가
○ 6월 01일	전월이월	200개	2,000원
○ 6월 10일	매 입	300개	3,000원
○ 6월 25일	매 출	400개	4,000원

① 200,000원   ② 300,000원
③ 400,000원   ④ 800,000원

10.

다음은 개인기업인 한공상사의 3월 중 상품 거래내역이다. 선입선출법에 의한 3월의 매출원가는 얼마인가? (단, 제시된 자료 외에는 고려하지 않는다.) (FAT2급, 45회)

일자	내역	수량	단가	금액
3월 01일	전월이월	200개	@1,000원	200,000원
3월 15일	매입	300개	@3,000원	900,000원
3월 30일	매출	300개	@4,000원	1,200,000원

① 100,000원   ② 400,000원
③ 500,000원   ④ 900,000원

제3절 _ 유가증권과 투자자산

1 유가증권

가. 유가증권의 정의

유가증권은 재산권을 나타내는 증권으로 투자수익을 얻을 목적으로 취득한 지분증권(주식)과 채무증권(사채)으로 구분된다. 유가증권은 취득시점에서 단기매매증권, 만기보유증권, 매도가능증권 중의 하나로 분류된다.

나. 유가증권의 분류

➡ 유가증권의 분류

구 분	증권 구분		분류기준	재무상태표 일반적 표시
	지분증권	채무증권		
단기매매증권	○	○	단기차익 & 빈번한 거래	유동자산 - 당좌자산
매도가능증권	○	○	다른 증권에 해당하지 않는 경우	비유동자산 - 투자자산
만기보유증권	×	○	만기까지 보유할 의도 & 능력	

다. 유가증권의 취득원가

단기매매증권의 취득원가는 취득당시 제공한 대가의 공정가액으로 측정한다. 즉, 단기매매증권의 매입대금만 자산의 취득원가에 포함하고 매입과 관련된 매입수수료, 중개수수료, 양도세 및 인지세, 등록세 등과 같은 모든 매입부대비용은 취득한 연도의 비용(영업외비용)으로 인식한다. 제공한 대가의 시장가격이 없는 경우에는 취득한 유가증권의 시장가격으로 취득원가를 측정한다. 제공한 대가와 취득한 유가증권 모두 시장가격이 없는 경우에는 공정가액을 추정하여 취득원가를 측정한다.

> 취득원가 = 매입가격(시장가격 또는 공정가액*)

* 공정가액: 합리적인 판단력과 거래의사가 있는 독립된 당사자간에 거래될 수 있는 교환가격

라. 단기매매증권의 회계처리

구분	내용			
취득	취득시 매입부대비용이 발생한 경우 (차) 단기매매증권 　　수수료비용(영업외비용)	xxx xxx	(대) 현금	xxx
평가	공정가액>장부가액 (차) 단기매매증권	xxx	(대) 단기매매증권평가이익	xxx
	공정가액<장부가액 (차) 단기매매증권평가손실	xxx	(대) 단기매매증권	xxx
처분	처분가액>장부가액 (차) 현　금	xxx	(대) 단기매매증권 　　단기매매증권처분이익	xxx(장부금액) xxx
	처분가액<장부가액 (차) 현　금 　　단기매매증권처분손실	xxx xxx	(대) 단기매매증권	xxx(장부금액)

예제 • • • 7 (답안 - 부록)

1. [20x1년 8월 1일] 단기시세차익을 목적으로 (주)지수에서 발행한 주식 100주(액면: 주당 1,000원)를 1주당 2,000원에 취득하였다. 취득시 수수료 20,000원은 현금으로 지급하였다.

　(차)　　　　　　　　　　　(대)

2. [20x1년 12월 2일] 보유 중인 단기매매증권 중 50주를 주당 2,300원에 양도하고 대금은 현금으로 받다.

　(차)　　　　　　　　　　　(대)

3. [20x1년 12월 31일] 보유 중인 단기매매증권이 주당 1,800원으로 평가되다.

　(차)　　　　　　　　　　　(대)

4. [20x2년 3월 5일] 보유 중인 단기매매증권을 @2,000원에 전량 양도하였다. 대금은 신한은행 보통예금으로 받았다.

　(차)　　　　　　　　　　　(대)

2 유가증권 외 투자자산

구분	내용
투자부동산	영업활동과는 무관하게 투자 목적으로 소유하는 토지 건물 등의 부동산을 말한다.
장기금융상품	만기가 1년 이후에 도래하는 금융상품을 말한다.(장기성예금, 특정현금과예금)
장기대여금	회수기간이 1년 이후에 도래하는 장기성 대여금

연/습/문/제

01.

다음 자료를 토대로 단기매매증권의 취득원가를 계산하면 얼마인가? (FAT2급, 52회)

> 3월 1일 (주)한공의 주식 100주를 1주당 8,000원(액면금액 5,000원)에 구입하고, 취득부대비용 30,000원을 포함한 금액을 지급하였다.

① 500,000원　　　　　　　　② 530,000원
③ 800,000원　　　　　　　　④ 830,000원

02.

다음 자료를 토대로 한공상사(도소매업)의 단기매매증권 취득금액을 계산하면 얼마인가? (FAT2급, 45회)

> • 한공상사는 단기매매증권으로 분류되는 상장법인 (주)서울의 발행주식 500주(액면금액 10,000원)를 1주당 12,000원에 매입하고, 매입 관련 수수료 150,000원과 함께 현금으로 지급하였다.

① 5,000,000원　　　　　　　② 5,150,000원
③ 6,000,000원　　　　　　　④ 6,150,000원

03.

다음은 (주)한공의 단기매매증권 관련 거래이다. 회계처리 결과에 대한 설명으로 옳은 것은? (FAT2급, 49회)

- (주)성공이 발행한 주식 1,000주(액면금액 10,000원)를 1주당 15,000원에 매입하였다.
- 주식 매입대금은 거래수수료 500,000원과 함께 보통예금으로 이체하였다.

① 보통예금이 감소한다.
② 판매비와관리비가 발생한다.
③ 단기매매증권의 취득원가는 10,500,000원이다.
④ 거래수수료는 단기매매증권 취득원가에 가산한다.

04.

다음은 (주)한공의 단기매매증권 관련 자료이다. 이에 대한 설명으로 옳지 <u>않은</u> 것은? (FAT2급, 47회)

- (주)성공 발행 주식 1,000주(액면금액 5,000원)를 1주당 15,000원에 매입하였다.
- 주식 매입 대금은 거래수수료 80,000원과 함께 보통예금으로 이체하다.
- 기말 현재 (주)성공 주식의 공정가치는 1주당 12,000원으로 평가되었다.

① 보통예금이 감소한다.
② 영업외비용이 발생한다.
③ 단기매매증권의 취득원가는 15,000,000원이다.
④ 단기매매증권평가손실 3,080,000원이 발생한다.

05.

한공상사(도매업)는 단기투자목적으로 보유하고 있던 주식(장부금액 250,000원)을 10월 15일에 장부금액으로 처분하였고, 그 대금은 10월 18일에 보통예금으로 수령하였다. 다음 중 10월 15일자 회계처리로 옳은 것은? (FAT2급, 50회)

① (차) 미 수 금 250,000원   (대) 단기매매증권처분이익 250,000원
② (차) 미 수 금 250,000원   (대) 단기매매증권 250,000원
③ (차) 보통예금 250,000원   (대) 단기매매증권처분이익 250,000원
④ (차) 보통예금 250,000원   (대) 단기매매증권 250,000원

06.

다음 중 투자자산에 대한 설명으로 옳은 것은? (FAT2급, 15회)
① 업무용으로 사용 중인 토지는 투자자산으로 분류된다.
② 투자자산이란 기업의 주된 영업 활동을 위해 판매를 목적으로 구입한 자산을 말한다.
③ 투자자산은 1년을 초과하여 업무용으로 사용할 목적으로 보유하는 물리적 형체가 있는 자산을 말한다.
④ 투자자산은 영업 활동 이외에 투자이익을 얻을 목적으로 보유하고 있는 자산을 말한다.

07.
다음은 (주)정원의 단기매매증권 관련 자료이다. 단기매매증권처분손익은 얼마인가? (FAT2급, 18회)

> · 3월 6일   단기시세차익을 목적으로 (주)민지에서 발행한 주식 100주(액면: 주당 5,000원)를 1주당 7,000원에 취득하였다. 취득 시 수수료 20,000원은 현금으로 지급하였다.
> · 4월 3일   보유 중인 (주)민지 발행 주식 전부를 800,000원에 처분하였다.

① 단기매매증권처분이익   80,000원
② 단기매매증권처분손실   80,000원
③ 단기매매증권처분이익   100,000원
④ 단기매매증권처분손실   100,000원

08.
다음 중 투자자산으로 분류되지 않는 항목은? (FAT2급, 19회)
① 영업활동과 무관한 투자목적으로 보유한 투자부동산
② 시장성이 있으면서 단기적인 시세차익을 얻을 목적으로 취득한 단기매매증권
③ 단기매매증권이나 만기보유증권으로 분류되지 않는 매도가능증권
④ 만기가 고정되었고 지급금액이 확정되었거나 만기까지 보유할 적극적인 의도와 능력이 있는 만기보유증권

제4절 _ 비유동자산 - 유형자산

1 유형자산의 정의

유형자산은 물리적 형체가 있는 자산으로서 재화의 생산, 용역의 제공, 타인에 대한 임대 또는 자체적으로 사용할 목적으로 보유하고, 1년을 초과하여 사용할 것이 예상되는 자산이다. 유형자산은 고객에게 판매할 목적으로 보유하는 것이 아니라 기업활동에 사용할 목적으로 취득하여 보유하는 자산이다. 또한 장기간 사용할 목적인 비유동자산이다.

2 유형자산의 종류

구분	내용
토지	대지, 임야, 전답, 잡종지 등
건물	건물, 냉난방, 전기, 통신 및 기타의 건물부속설비 등
구축물	건물과는 별개로 설치된 구조물로서 교량, 궤도, 갱도, 정원설비 및 기타의 토목설비 또는 공작물 등
기계장치	기계장치, 운송설비(콘베이어, 호이스트, 기중기 등)와 기타의 부속설비
차량운반구	철도차량, 자동차 및 기타의 육상운반구 등
비품	컴퓨터, 에어컨 등의 집기비품
건설중인자산	유형자산의 건설을 위한 재료비, 노무비 및 경비로 하되, 건설을 위하여 지출한 도급금액 등을 포함

3 유형자산의 취득원가

유형자산의 취득원가는 자산을 취득하기 위하여 자산의 취득시점이나 건설시점에서 지급한 현금 및 현금성자산 또는 제공하거나 부담할 기타 대가의 공정가액을 말한다.

취득원가 = 매입가격 + 직접부대비용* - 매입할인

* 직접부대비용: 매입시 운송비, 하역비, 설치비, 창고비, 등기비용, 보험료, 세금 등

4 유형자산의 감가상각

유형자산은 시간이 흐를수록 사용 혹은 기술 발전에 의한 진부화로 가치가 감소하게 된다. 이에 정확한 손익 산출을 위해 유형자산의 취득원가를 일정기간에 걸쳐 합리적으로 배분하여 비용으로 인식하는 것을 감가상각이라 한다. 하지만 토지는 시간의 흐름과 관련 없이 가치가 줄어들지 않기에 건설중인자산과 함께 감가상각을 하지 않는다.

가. 감가상각비 결정요소

구분	내용
취득원가	취득에 소요되는 부대비용을 포함 한 자산의 매입대가
잔존가액	내용연수 종료시점의 추정 가치
내용연수	- 자산을 사용할 수 있는 예상 기간 - 자산으로 얻을 수 있는 생산량 또는 비슷한 수량

나. 감가상각방법

구분	계산방법
정액법	$\dfrac{취득원가 - 잔존가액}{내용연수}$
정률법	(취득원가-감가상각누계액) × 상각률(정률)
연수합계법	(취득원가-잔존가액) × $\dfrac{내용연수의\ 역순}{내용연수의\ 합}$
생산량비례법	(취득원가-잔존가액) × $\dfrac{당기\ 생산량}{추정\ 생산량}$

예제 • • • 8 (답안 - 부록)

(주)민지는 20x1년 1월 1일에 기계장치를 2,000,000원에 취득하였다. 각 방법에 따라 주어진 자료를 이용하여 매년 말 감가상각에 대한 금액을 구하시오. 회계연도는 1월 1일부터 12월 31일까지이다.

- 취득원가: 2,000,000
- 잔존가치: 200,000
- 내용연수: 3년 / 100,000시간
- 정률: 0.5(가정)
- 사용시간: 20×1년 20,000시간, 20×2년 45,000시간, 20×3년 35,000시간

감가상각방법\회계연도	20x1년	20x2년	20x3년
정액법			
정률법			
내용연수법			
생산량비례법			

5 유형자산 유지비용

유형자산은 취득 이후 사용하고 있는 내용연수 기간 중에도 그 자산과 관련된 여러 가지 지출이 발생한다. 이러한 지출을 자산으로 회계처리(자본화)하는가, 아니면 당기의 비용으로 회계처리하느냐에 따라 재무상태표와 손익계산서에 미치는 효과가 다르다.

➡ 자본적 지출과 수익적 지출

구 분	자본적 지출	수익적 지출
개 념	지출의 경제적 효익이 미래까지 미치는 지출로 관련 유형자산의 가액(취득원가)을 증가시킨다.	지출의 경제적 효익이 당기에 끝나는 지출로 비용 처리한다.
구분기준	내용연수연장 새로운 생산공정의 채택 생산능력의 증대 원가절감과 품질향상	원상회복 기존의 조업능률유지

6 유형자산의 회계처리

보유 중 지출	자본적 지출	(차) 유형자산　　　×××　(대) 현　금　×××
	수익적 지출	(차) 수선비*　　　×××　(대) 현　금　××× * 차량운반구에 대한 지출은 차량유지비로 처리한다.
감가상각비 설정		(차) 감가상각비　　×××　(대) 감가상각누계액　×××
유형자산의 처분		① 장부금액 > 처분가액 (차) 감가상각누계액　×××　(대) 유형자산　××× 　　현금　　　　　　××× 　　유형자산처분손실　××× ② 장부금액 < 처분가액 (차) 감가상각누계액　×××　(대) 유형자산　××× 　　현금　　　　　　×××　　　유형자산처분이익　×××

예제 ・・・ 9 (답안 - 부록)

상현전자는 20×1년 1월 1일에 기계장치를 2,000,000원에 취득하여 20×3년 1월 1일에 처분하였다. 기계장치에 대한 감가상각방법은 정액법이며, 내용연수는 3년이고 잔존가치는 200,000원이다.

1. 기계장치를 900,000원에 처분할 경우 분개를 하시오.

　　(차)　　　　　　　　　　　(대)

2. 기계장치를 750,000원에 처분할 경우 분개를 하시오.

　　(차)　　　　　　　　　　　(대)

연/습/문/제

01.

다음은 한공상사의 건물 취득 관련 자료이다. 건물의 취득원가는 얼마인가? (FAT2급, 48회)

- 건물 구입금액: 100,000,000원
- 구입 시 중개수수료: 2,500,000원
- 취득세: 5,000,000원
- 건물 구입 후 납부한 화재 보험료: 3,000,000원

① 100,000,000원
② 102,500,000원
③ 107,500,000원
④ 110,500,000원

02.

도소매업을 영위하는 한공상사가 건물을 매각하고 대금을 어음으로 받은 경우 차변에 나타날 수 있는 계정과목으로 옳은 것은? (FAT2급, 46회)

① 유형자산처분이익
② 미수금
③ 외상매출금
④ 건물

03.

다음은 한공상사의 유형자산 관련 자료이다. 자본적지출로 처리할 금액은 얼마인가? (FAT2급, 45회)

- 사무실 냉난방기 수리에 200,000원을 지출함.
- 본사 건물 엘리베이터 설치에 10,000,000원을 지출함.
- 본사 건물 외벽 도색에 1,000,000원을 지출함.

① 1,200,000원
② 10,000,000원
③ 11,000,000원
④ 11,200,000원

04.

다음 중 유형자산에 대한 수익적 지출이 아닌 것은? (FAT2급, 49회)

① 비품의 고장에 대한 수리비용
② 기계장치의 파손된 부품의 교체
③ 차량운반구 소모품의 교환
④ 건물 내 엘리베이터 설치

05.

다음 지출에 대한 회계처리가 재무제표에 미치는 영향으로 옳은 것은? (FAT2급, 46회)

- 건물에 엘리베이터를 설치하고 이를 수선비로 처리하였다.
- 엘리베이터 설치는 건물의 사용가치를 증가시키는 자본적지출에 해당한다.

① 자산이 과대 계상되었다.
② 비용이 과소 계상되었다.
③ 당기순이익이 과소 계상되었다.
④ 감가상각누계액이 과대 계상되었다.

06.
다음 유형자산 중 감가상각하지 <u>않는</u> 자산은? (FAT2급, 45회)
① 건물
② 토지
③ 기계장치
④ 차량운반구

07.
다음은 (주)한공의 기계장치 관련 자료이다. 20X1년 결산시 계상될 감가상각비는 얼마인가? (FAT2급, 48회)

- 취득시점: 20X1년 1월 1일
- 기계장치 취득원가: 5,500,000원
- 감가상각방법: 정액법, 내용연수 5년
- 잔존가치: 500,000원

① 500,000원
② 1,000,000원
③ 1,100,000원
④ 1,200,000원

08.
다음 자료를 토대로 20X1년 회계연도 결산시 기계장치의 감가상각비는 얼마인가? (FAT2급, 52회)

- 취득시점: 20X1년 1월 1일
- 기계장치금액: 6,000,000원
- 감가상각방법: 정률법
- 내용연수: 5년(상각율 0.45)

① 1,200,000원
② 1,600,000원
③ 2,700,000원
④ 3,600,000원

09.
(주)한공은 20X0년 7월 1일 본사 건물을 5,000,000원에 구입하였다. 이 건물에 대한 20X1년 감가상각비와 20X1년 12월 31일 감가상각누계액은 얼마인가? (내용연수는 5년, 잔존가치 없음, 정액법 월할 상각함.) (FAT2급, 50회)

	감가상각비	감가상각누계액
①	500,000원	2,000,000원
②	500,000원	1,500,000원
③	1,000,000원	2,000,000원
④	1,000,000원	1,500,000원

10.
다음 거래의 회계처리 시 발생하는 유형자산처분손익은 얼마인가? (FAT2급, 45회)

- 취득원가 20,000,000원의 화물용 트럭을 13,000,000원에 처분하고 대금은 월말에 받기로 하다.
  (처분 시 감가상각누계액은 8,000,000원이다.)

① 유형자산처분손실 1,000,000원
② 유형자산처분손실 7,000,000원
③ 유형자산처분이익 1,000,000원
④ 유형자산처분이익 7,000,000원

제5절 _ 비유동자산 – 무형자산과 기타비유동자산

1 무형자산

가. 무형자산의 정의

무형자산은 물리적 형체가 없는 자산으로서 재화의 생산, 용역의 제공, 타인에 대한 임대 또는 자체적으로 사용할 목적으로 보유하고, 1년을 초과하여 사용할 것이 예상되는 자산이다. 무형자산은 식별가능하고, 통제 가능성이 있는 미래 경제적 효익이 있는 자산이다.

나. 무형자산의 종류

구분	내용
산업재산권	독점적·배타적 권리(특허권, 상표권, 실용신안권 등)
개발비	신제품 등의 개발 비용으로 미래 이익창출에 기여하는 것
소프트웨어	중요한 소프트웨어만 무형자산 (중요하지 않으면 비용으로 처리)
영업권	기업간의 매수합병에서만 인식

다. 무형자산의 상각

구분	내용
상각대상금액	무형자산의 취득원가에서 잔존가액을 차감한 잔액을 말하며, 무형자산의 잔존가액은 없는 것으로 한다.
상각기간	법령이나 계약에 정해진 경우를 제외하고는 20년을 초과할 수 없다.
상각방법	정액법, 정률법, 연수합계법, 생산량비례법 등이 있다. 다만, 합리적인 상각방법을 정할 수 없는 경우에는 정액법을 사용한다.

2 기타비유동자산의 종류

구분	내용
보증금	임차보증금, 전세금, 전신전화가입권, 영업보증금 등이 있으며 수익이 발생하지 않는 계정이다.
장기성매출채권	일반적 상거래에서 발생한 장기의 매출채권 등이 있다.
장기미수금	대금을 1년 이후에 받기로 한 미수금이다.

연/습/문/제

01.

다음에서 설명하는 계정과목에 해당하는 것은?

> 물리적 형체는 없지만 식별가능하고 기업이 통제하고 있으며 미래경제적효익이 있는 비화폐성자산이다.

① 건물
② 특허권
③ 매출채권
④ 재고자산

02.

다음 중 무형자산에 해당하는 것은? (FAT2급, 45회)
① 경상연구개발비
② 개발비
③ 교육훈련비
④ 통신비

03.

다음 중 무형자산에 해당하지 않는 계정과목은? (FAT2급, 46회)
① 개발비
② 영업권
③ 산업재산권
④ 임차보증금

04.

다음 중 무형자산으로 분류되는 계정과목이 아닌 것은? (FAT2급, 54회)
① 소프트웨어
② 특허권
③ 임차보증금
④ 개발비

05.

다음 중 무형자산에 대한 설명으로 옳지 않은 것은? (FAT2급, 57회)
① 물리적 실체는 없으나 식별가능하다.
② 영업활동에 사용할 목적으로 보유하는 자산이다.
③ 기업이 통제하고 있으며 미래 경제적 효익이 있는 자산이다.
④ 무형자산의 상각방법은 정액법만 인정된다.

06.

다음은 (주)주혜의 판매대리점으로 사용할 사무실 임대차계약서의 일부이다. (주)주혜가 임대인에게 지급하는 보증금의 계정과목은? (FAT2급, 12회)

부동산의 표시	소재지	서울 용산구 한강로3가 16-49 삼구빌딩 1층 104호				
	구 조	철근콘크리트조	용도	사무실	면적	82㎡
전세보증금		금 70,000,000원정				

□ 임대인용
■ 임차인용
□ 사무소보관용

제 1 조 위 부동산의 임대인과 임차인 합의하에 아래와 같이 계약함.
제 2 조 위 부동산의 임대차에 있어 임차인은 보증금을 위와 같이 지불키로 함.

① 임차보증금 ② 임차료
③ 임대료 ④ 임대보증금

07.

다음 중 무형자산의 상각에 대한 설명으로 옳지 않은 것은? (FAT2급, 19회)
① 무형자산의 상각에 따라 장부금액은 감소한다.
② 무형자산의 가치 감소분을 무형자산상각비로 처리한다.
③ 무형자산의 잔존가치는 없는 것을 원칙으로 한다.
④ 무형자산에 대한 합리적인 상각방법을 정할 수 없는 경우에는 정률법을 사용한다.

FAT 2급
Accounting Technicians

PART 05
부채

제1절 유동부채
제2절 비유동부채

05 부채

제1절 _ 유동부채

1 유동부채의 정의

유동부채란 기업의 정상적인 영업주기 내에 상환 등을 통하여 소멸할 것이 예상되는 매입채무와 미지급비용 등의 부채와 재무상태표일(회계기말)로부터 1년 이내에 상환되어야 하는 단기차입금 등의 부채를 말한다.

2 유동부채의 종류

구분	내용
단기차입금	차입금 계정은 권리와 의무의 이행시기가 1년 이내에 도래하는가 아니면 1년 이후에 도래하는가에 따라 단기차입금(유동부채)과 장기차입금(비유동부채)으로 나누어 회계처리한다.
매입채무	일반적 상거래에서 발생한 외상지급액(외상매입금, 지급어음)이다.
미지급금	일반적인 상품거래 이외의 자산을 매입하였으나 미지급한 경우에는 미지급금 계정으로 회계처리한다.
미지급비용	발생된 비용으로서 미지급분(미지급급여, 미지급이자 등)을 미지급비용으로 처리한다.
선수수익	결산시 계상되는 수익의 차기 이연분(선수이자, 선수임대료 등)을 선수수익으로 회계처리한다.
선수금	상품을 주문받고 상품대금의 일부를 계약금으로 받은 경우 선수금으로 회계처리한다.
예수금	종업원 급여 지급시 원천징수하는 소득세, 의료보험료 등은 예수금으로 회계처리한다.
유동성장기부채	비유동부채 중 1년 이내에 상환될 것들을 유동성장기부채로 회계처리한다.
가수금	현금 등의 수입이 있었는데 어떠한 사유에 의하여 이루어진 수입인가가 불명확하여 어떤 계정으로 처리하여야 하는지 판단할 수 없는 경우에는 이를 임시적으로 가수금 계정에 처리한다.

예제 ... 10 (답안 - 부록)

1. 회계팀 사원 김영찬의 2월분 급여 3,000,000원 중 근로소득세 100,000원, 국민연금 150,000원, 건강보험료 50,000원을 차감한 후 현금 2,700,000원을 지급하였다.

   (차)   (대)

2. 회계팀 사원 김영찬의 건강보험료 100,000원을 현금으로 납부하였다.(회사부담분에 대해서 '복리후생비' 계정과목을 사용한다.)

   (차)   (대)

3. 출장중인 영업팀 사원 추연주로부터 1,000,000원이 국민은행 보통예금에 입금 된 사실을 확인하였다.

   (차)   (대)

4. 영업팀 사원 추연주로부터 보통예금된 1,000,000원은 (주)소희의 받을어음의 회수금이었다.

   (차)   (대)

제2절 _ 비유동부채

1 비유동부채의 정의

재무상태표 작성일 현재 상환기간이 1년 이후에 도래하는 부채를 의미한다.

2 비유동부채의 종류

구분	내용
사채	주식회사가 다수의 일반대중으로부터 장기간 거액의 자금을 조달하기 위해 이자와 원금상환 등 확정채무 사항이 표시되어 있는 증권을 발행하고 일정 기간마다 이자를 지급함과 동시에 일정시기에 원금을 상환할 것을 계약하고 차입한 비유동부채를 말한다.
장기차입금	기업은 사채발행 이외에도 은행 등 금융기관으로부터 거액의 자금을 장기간 차입한다. 1년 이상의 기간 동안 자금을 차입하므로 장기차입금으로 기록한다.
퇴직급여충당부채	종업원의 퇴직금 지급에 대비하여 매년 일정금액을 전입하여 설정해야 하는 부채를 의미한다.
장기성매입채무	1년 이후에 지급기한이 도래하는 일반적 상거래에서 발생한 장기의 외상매입금과 지급어음은 통합하여 장기성매입채무로 재무상태표에 기록한다.
임대보증금	자산 등을 임대하고 임차인으로 부터 수령한 보증금액을 말한다.

연/습/문/제

01.

다음 중 부채에 대한 설명으로 옳지 않은 것은? (FAT2급, 53회)
① 미지급금은 유동부채에 속한다.
② 단기차입금은 보고기간종료일로부터 1년 이내에 상환될 부채이다
③ 퇴직급여충당부채는 유동부채에 속한다.
④ 유동성장기부채는 보고기간종료일로부터 1년 이내에 상환될 부채이다.

02.

다음 거래 중 유동부채가 나타나는 거래가 아닌 것은? (FAT2급, 48회)
① 거래처로부터 현금 30,000,000원을 6개월 만기로 차입하다.
② 비품 500,000원을 구입하고 대금은 1개월 후 지급하기로 하다.
③ 상품 700,000원을 매입하기로 하고 계약금 70,000원을 현금으로 지급하다.
④ 기말 현재 사무실 월 임차료 미지급분 1,000,000원을 계상하다.

03.

다음 거래를 회계처리할 때 (가)에 해당하는 계정과목으로 옳은 것은? (FAT2급, 47회)

- 상품을 5,000,000원에 판매하고, 계약금으로 받은 500,000원을 차감한 잔액은 보통예금 계좌로 이체 받다.
  (차) 보통예금   4,500,000원   (대) 상품매출   5,000,000원
      (가)   500,000원

① 선급금   ② 선수금
③ 가수금   ④ 외상매출금

04.

다음 대화 내용 중 밑줄친 부분에 해당하는 계정과목으로 옳은 것은? (FAT2급, 47회)

- 이과장: 건강보험료를 납부하세요.
- 김대리: 예, 급여에서 공제한 건강보험료와 <u>회사가 부담하는 건강보험료</u>를 함께 납부 하겠습니다.

① 예수금   ② 복리후생비
③ 기업업무추진비   ④ 급여

05.

다음은 한공기업의 부채 관련 자료이다. 유동부채 합계액을 계산하면 얼마인가? (FAT2급, 50회)

•단기차입금	3,000,000원	•외상매입금	1,000,000원
•미지급비용	800,000원	•예수금	1,500,000원
•퇴직급여충당부채	5,000,000원		

① 4,000,000원   ② 5,500,000원
③ 6,300,000원   ④ 11,300,000원

FAT 2급
Accounting Technicians

PART 06

자 본

1. 자본의 정의
2. 자본의 종류
3. 자본금과 인출금

06 자본

1 자본의 정의

자본은 자산에서 부채를 차감하고 남은 금액으로 소유주지분 또는 순자산이라고도 한다.

2 자본의 종류

구분	내용
자본금	보통주자본금, 우선주자본금
자본잉여금	주식발행초과금, 자기주식처분이익, 감자차익
자본조정	주식할인발행차금, 자기주식, 자기주식처분손실, 주식매수선택권, 감자차손
기타포괄손익누계액	매도가능증권평가손익, 해외사업환산손익, 파생상품평가손익
이익잉여금	미처분이익잉여금(또는 미처리결손금), 법정적립금(이익준비금), 임의적립금(배당평균적립, 사업확장적립금, 감채적립금)

3 자본금과 인출금

가. 자본금

개인기업에서 자본금계정은 기업주가 최초 영업을 개시할 때 원시출자액을 시작으로 기중출자액과 기업주 인출액, 당기순손익을 처리하는 계정이다.

나. 인출금 (자본금의 평가계정)

기업주가 개인 용도로 회사의 자금을 사용할 경우에 일시적으로 평가계정인 '인출금'계정으로 처리해 두었다가 기말 결산시에 자본금 계정에서 차감하는 것을 말한다.

예제 • • • 11 (답안 - 부록)

1. 사업주 박세은이 업무와 관련 없는 신발을 170,000원에 구입하고 회사 국민카드로 결제하다.

   (차)   (대)

PART 07 결 산

제1절 결산정리분개
제2절 정산표 작성 종합예제

07 결 산

제1절 _ 결산정리분개

　결산정리전 시산표상 차변과 대변 합계가 일치한다 하여도 통상 시산표상의 계정별 금액이 재무제표에 그대로 보고 되지 않는다. 왜냐하면 결산정리전 시산표상의 계정별 금액은 재무제표에 보고 될 정확한 금액이 아니기 때문이다.

　일반적으로 인정된 회계기준은 발생주의를 따른다. 발생주의에 의하면 결산일에 예금에 대한 이자를 아직 현금을 받지 않았더라도 이자수익이 이미 발생한 것이며, 그로 인해 받을 자산이 존재하게 된다. 하지만 기중 거래에 따른 회계처리에서는 이러한 사항들이 누락되거나 반영되어 있지 않다. 이러한 사항을 조정하여 정리하는 회계처리가 결산정리 분개 및 전기이다. 즉, 결산정리사항은 결산일에 반영되지 않은 계정과목 및 금액을 정확하게 조정해야 할 사항을 말한다.

　계정과목 및 잔액을 재무제표에 정확하게 보고하기 위해서는 기말 결산시점에서 조정하기 위한 결산정리분개가 필요하다. 즉, 결산정리분개란 결산일에 자산·부채·자본과 수익·비용을 정확한 금액으로 조정하기 위한 결산정리를 장부에 반영하기 위한 분개이다. 본절에서는 미지급비용, 미수수익, 선급비용, 선수수익, 소모품의 결산정리 분개 및 전기를 다루지만, 거의 모든 계정에는 결산정리가 필요하다.

➡ **FAT2급에서 다루는 주요 결산정리사항**

구분	내용
손익의 인식과 이연	선급비용, 선수수익, 미수수익, 미지급비용의 계상
소모품 정리	소모품 등 미사용액의 정리
가계정 정리	현금과부족, 가지급금, 가수금 정리
유가증권 평가	단기매매증권평가손익 계상
장기부채 유동성 정리	유동성장기부채 계상
퇴직급여충당부채 설정	퇴직급여충당부채 계상
대손충당금 설정	대손충당금 계상
유형자산의 감가상각	감가상각누계액 계상
상품 정리	상품매출원가 계상

1 손익의 이연

(1) 선급비용

선급비용은 향후 일정한 서비스를 제공받는 대가로 비용을 미리 지급한 것이다. 선급비용은 아직 발생하지 않은 비용만큼 미래에 누릴 수 있는 혜택(보험혜택, 차입기간 지속, 임차기간 지속)이므로 자산에 속하며, 아직 발생하지 않은 비용을 미래로 이연시키는 것이다.

만약, 기중에 미리 지급한 비용을 비용으로 회계처리 하였다면,

(차) 비 용	×××	(대) 현 금	×××

결산정리분개에서는 과대평가된 비용은 대변에 기록하여 감소시키고, 아직 발생하지 않은 비용을 선급비용(자산)으로 회계처리 한다.

(차) 선급비용	×××	(대) 비 용	×××

선급비용은 통칭 용어로, 구체적으로 선급보험료, 선급이자, 선급임차료 등이 있다. 또한 소모품은 선급비용과 동일한 성격의 자산으로, 회계처리도 이와 유사하다.

(2) 선수수익

선수수익은 향후 일정한 서비스 제공에 대한 대가(수익)를 미리 받은 것이다. 선수수익은 아직 발생하지 않은 수익만큼 미래에 제공해야 할 서비스(대여기간 지속, 임대기간 지속)이므로 부채에 속하며, 아직 발생하지 않은 수익을 미래로 이연시키는 것이다.

만약, 기중에 미리 받은 수익을 수익으로 회계처리 하였다면,

(차) 현　　금	×××	(대) 수　　익	×××

결산정리분개에서는 과대평가된 수익은 차변에 기록하여 감소시키고, 아직 발생하지 않은 비용을 선수수익(부채)으로 회계처리 한다.

(차) 수　　익	×××	(대) 선 수 수 익	×××

선수수익은 통칭 용어로, 구체적으로 선수이자, 선수임대료 등이 있다.

(3) 미수수익

미수수익은 회계기간 중에 발생했으나 결산일 현재 이와 관련된 현금 수취가 이루어지지 않은 수익으로, 기중에 인식하지 못한 수익을 결산 때에 결산정리분개를 통하여 인식한다. 미수수익은 미래에 수익을 수취할 수 있는 권리이므로 자산에 속한다.

결산정리분개는 기중에 인식하지 못한 수익을 대변에 기록하고, 미수수익(자산)은 차변에 기록한다.

(차) 미 수 수 익	×××	(대) 수　　익	×××

미수수익은 통칭 용어로, 구체적으로 미수이자, 미수임대료 등이 있다.

(4) 미지급비용

미지급비용은 회계기간 중에 발생했으나 결산일 현재 이와 관련된 현금 지출이 이루어지지 않은 비용으로, 기중에 인식하지 못한 비용을 결산 때에 결산정리분개를 통하여 인식한다. 미지급비용은 미래에 비용을 지불해야 할 의무이므로 부채에 속한다.

결산정리분개는 기중에 인식하지 못한 비용을 차변에 기록하고, 미지급비용(부채)은 대변

에 기록한다.

(차) 비   용   ×××   (대) 미지급비용   ×××

미지급비용은 통칭 용어로, 구체적으로 미지급급여, 미지급보험료, 미지급이자, 미지급임차료 등이 있다.

2 소모품 정리

소모품은 사용함에 따라 없어지게 되며 일반적으로 복사용지, 필기도구, 청소용품 등이 해당된다. 소모품을 구입하는 시점에서는 소모품이라는 자산으로 인식한 후 결산정리분개 시 사용해서 없어진 부분에 대해서 차변에 소모품비로 기록하고 대변에 소모품 계정을 기록한다.

[소모품의 구입시점]

(차) 소 모 품   ×××   (대) 현   금   ×××

거래: ㈜안산은 11월 1일 복사용지 50,000을 현금으로 구입하였다.

| (차) 소 모 품 | 50,000 | (대) 현   금 | 50,000 |

[결산정리분개 시점]

(차) 소 모 품 비   ×××   (대) 소 모 품   ×××

거래: 12월 31일 소모품을 확인한 결과 20,000원 만큼의 복사용지가 남아 있는 것으로 확인되었다.

| (차) 소 모 품 비 | 30,000 | (대) 소 모 품 | 30,000 |

예제 • • • 12 (답안 - 부록)

1. [20x1년 5월 1일] (주)서연은 수민전자로부터 1년 상환 조건으로 현금 1,000,000원(연이자율: 12%)을 차입하다. 이자는 상환시 주기로 하다.

    (차)   (대)

2. [20x1년 6월 1일] (주)서연은 1년분 보험료 1,200,000원을 현금으로 지급하다.(비용으로 처리할 것)

    (차)   (대)

3. [20x1년 7월 31일] (주)서연은 소모품 800,000원을 구입하고 비용으로 처리하다.

    (차)   (대)

4. [20x1년 12월 31일] 이자에 대한 결산정리를 하시오.

    (차)   (대)

5. [20x1년 12월 31일] 보험료에 대한 결산정리를 하시오.

    (차)   (대)

6. [20x1년 12월 31일] 결산시 소모품 사용액은 500,000원으로 파악되다.

    (차)   (대)

연/습/문/제

01.
다음 중 결산정리사항에 해당하지 않는 것은? (FAT2급, 52회)
① 차입금의 상환
② 감가상각비의 계상
③ 대손충당금의 계상
④ 미수이자의 계상

02.
다음 중 기말 결산 시 적절한 대체 분개를 하여 재무상태표에 나타나지 않아야 하는 항목은? (FAT2급, 53회)
① 미수금
② 선급금
③ 가지급금
④ 단기차입금

03.
다음은 한공상사의 결산과 관련된 대화 장면이다. 회계처리에 대한 설명으로 옳은 것은? (FAT2급, 51회)

- 김부장: 오늘이 결산일인데, 지난 달 현금과부족으로 회계처리했던 현금 부족액 10만원의 원인을 파악하였나요?
- 이대리: 4만원은 교통비 지급액으로 밝혀졌는데, 나머지 금액은 원인파악 하지 못했습니다.

① 현금 계정 차변에 60,000원을 기입한다.
② 잡이익 계정 대변에 60,000원을 기입한다.
③ 여비교통비 계정 대변에 40,000원을 기입한다.
④ 현금과부족 계정 대변에 100,000원을 기입한다.

04.
한공상사의 수정전잔액시산표상 소모품비계정 잔액은 400,000원이다. 결산 시 소모품 미사용액 150,000원에 대한 수정분개로 옳은 것은? (FAT2급, 49회)

① (차) 소모품비   150,000원   (대) 소모품   150,000원
② (차) 소모품   150,000원   (대) 소모품비   150,000원
③ (차) 소모품비   250,000원   (대) 소모품   250,000원
④ (차) 소모품   250,000원   (대) 소모품비   250,000원

05.

다음은 (주)한공의 소모품 관련 자료이다. 기말 결산분개로 옳은 것은? (FAT2급, 51회)

- 20X1년 1월 1일 사무용 복사용지를 구입하고 100,000원을 전액 비용으로 계상하였다.
- 20X1년 12월 31일 미사용 복사용지 금액은 20,000원이다.

① (차변) 소모품비   20,000원   (대) 소모품   20,000원
② (차변) 소모품   20,000원   (대) 소모품비 20,000원
③ (차변) 소모품비   80,000원   (대) 소모품   80,000원
④ (차변) 소모품   80,000원   (대) 소모품비 80,000원

06.

다음은 한공상사의 보험료 관련 자료이다. 20X1년 손익계산서에 표시될 보험료 금액은 얼마인가? (FAT2급, 45회)

- 20X1년 4월 1일: 보험료 12개월분 3,600,000원을 현금으로 지급하고 전액 자산으로 처리하였다.
- 20X1년 12월 31일: 기간경과분 보험료를 계상하다.(월할 계산)

① 900,000원   ② 1,800,000원
③ 2,700,000원   ④ 3,600,000원

07.

한공상사는 20X1년 4월 1일 업무용 차량에 대한 보험료 120,000원(계약기간: 20X1. 4. 1. ~ 20X2. 3. 31.)을 현금으로 납부하고 전액 비용처리하였다. 이를 수정하는 결산분개로 옳은 것은? (단, 월할계산하기로 한다.) (FAT2급, 46회)

① (차) 보험료   90,000원   (대) 선급비용 90,000원
② (차) 보험료   30,000원   (대) 선급비용 30,000원
③ (차) 선급비용 30,000원   (대) 보험료   30,000원
④ (차) 선급비용 90,000원   (대) 보험료   90,000원

08.

한공기업은 20X1년 8월 1일 임차료 1년분(20X1년 8월 1일 ~ 20X2년 7월 31일) 3,600,000원을 납부하고 전액 비용처리하였다. 12월 31일 결산 후 손익계산서에 계상될 임차료는 얼마인가?(월할 계산을 적용한다.) (FAT2급, 50회)

① 600,000원   ② 1,500,000원
③ 2,100,000원   ④ 3,600,000원

09.

다음은 한공기업이 20X1년 임차료 관련 거래를 회계처리한 것이다. 결산분개로 옳은 것은?(단, 월할계산 한다.) (FAT2급, 53회)

> 20X1년 7월 1일 본사 사무실을 임차하고 1년분 임차료 1,200,000원을 현금으로 지급하다.
> (차) 임차료   1,200,000원   (대)현금   1,200,000원

① (차) 선급비용   600,000원   (대) 임차료   600,000원
② (차) 임차료   600,000원   (대) 선급비용   600,000원
③ (차) 선급비용   1,200,000원   (대) 임차료   1,200,000원
④ 분개 없음

10.

다음 중 기말 결산 시 손익계정으로 대체되는 계정과목은? (FAT2급, 46회)
① 선수수익   ② 미지급비용
③ 단기대여금   ④ 기부금

제2절 _ 정산표 작성 종합예제

본 절의 정산표 작성 종합예제를 통하여 [회계원리]에서 중요하게 다루고 있는 회계순환 과정을 정확히 익힐 수 있도록 한다. 또한 [회계원리] 이론과 [FAT2급] 실무에서 다르게 표현하고 있는 계정과목을 실무 기준으로 판단하여 실습함으로써 이론과 실무의 차이점으로 인한 학습자의 혼돈이 야기되는 점을 줄일 수 있을 것이다.

1 기중에 발생한 거래의 분개

> 용빈패션은 패션소품을 도·소매하는 개인으로 회계기간은 제1기(2025.1.1. ~ 2025.12.31.)이다. 다음은 기중에 발생한 거래내역이다.

1. 1월 1일 이용빈 사장은 현금 50,000,000원(국민은행 장기차입금 30,000,000원 포함), 건물 150,000,000원으로 창업하다.

2. 2월 1일 판매용 소품 30,000,000원을 ㈜예원유통에서 구입하고, 대금은 전자어음을 발행하여 지급하다.

전 자 어 음

㈜예원유통 귀하　　　　　　　　　　00420250201123456789

금　삼천만원정　　　　　　　　　　　　　　　30,000,000원

위의 금액을 귀하 또는 귀하의 지시인에게 지급하겠습니다.

지급기일	2025년 1월 28일	발행일	2025년 2월 1일
지 급 지	국민은행	발행지	서울특별시 강남구 강남대로 254
지급장소	강남지점	주　소	(도곡동, 용문빌딩)
		발행인	용빈패션

3. 3월 1일 ㈜예빈팬시에 패션소품 80,000,000원을 매출하고 대금 중 50%는 약속어음으로 받고 잔액은 현금으로 받다.

전 자 어 음

용빈패션 귀하　　　　　　　　　　　　　　00420240301987654321

금　사천만원정　　　　　　　　　　　　　　　　　　40,000,000원

위의 금액을 귀하 또는 귀하의 지시인에게 지급하겠습니다.

지급기일	2023년 6월 20일	발행일	2024년 3월 1일
지 급 지	국민은행	발행지 주 소	서울특별시 양천구 공항대로 530
지급장소	양천지점	발행인	㈜예빈팬시

4. 4월 1일 건물 화재보험에 가입하고 1년분 보험료 2,400,000원을 현금으로 지급하다.(단, 보험료는 '비용'으로 회계처리함.)

5. 5월 1일 광고용 전단지를 제작하고 200,000원을 현금으로 지급하다.

6. 6월 1일 유리용역에 2층을 일시적으로 임대하고 1년분 임대료 4,800,000원을 하나은행 보통예금 통장으로 입금 받다(단, 임대료는 '수익'으로 회계처리함.).

7. 7월 1일 거래처 한주영 팀장과 한국식당에서 식사를 하고 식사대금 500,000원을 신한카드로 결제하다.

8. 9월 1일 거래처 승래물류에 10,000,000원을 현금으로 대여하다.
   (상환예정일은 2026년 8월 31이며 원금과 이자(연6%)는 만기에 일시상환 받기로 하였다.)

9. 12월 1일 영업팀 송민규 사원의 입사와 함께 영언뷔페에서 회식을 하고 회식비용 400,000원은 신한카드로 결제하다.

10. 12월 15일 진우마트에서 소품 정리 물품을 구입하고 대금 1,000,000원은 하나은행 보통예금 통장에서 이체하여 지급하다.(회사는 구입 시 '소모품'으로 처리하였다.)

2 수정전시산표 작성

총계정원장으로의 전기는 생략하기로 하고, 기중분개를 정산표의 '수정전시산표'난에 기입하여 합계를 산출한다.

정 산 표

용빈패션 2025.12.31.현재 (단위:원)

계정과목	수정전시산표		수정분개		수정후시산표		재무상태표		포괄손익계산서	
	차변	대변	차변	대변	차변	대변	차변	대변	차변	대변
합계										

3 결산수정분개(12/31)와 정산표 작성

결산 시 기말 수정분개를 하고 정산표의 '수정분개'의 차·대변에 기입하여 '수정분개'의 합계를 산출한다.

1. 보험료 선급분 계상

2. 임대료 선수분 계상

3. 단기대여금의 당기분 이자수익 계상

4. 송민규 사원의 12월분 급여 2,000,000원 계상

5. 실지재고조사법에 의한 기말상품재고액 12,000,000원 파악

6. 매출채권 잔액에 대해 1% 대손설정

7. 유형자산에 대한 감가상각비 3,000,000원 계상

8. 소모품 기말 미사용액 400,000원 파악

9. 장기차입금의 당기분 이자비용 300,000원 계상

4 정산표: 수정후시산표 작성

정산표의 '수정전시산표'와 '수정분개'의 금액을 비교하여 차·대변에 잔액을 기입한 후 '수정후시산표'의 합계를 산출한다.

5 정산표: 재무상태표와 포괄손익계산서 작성(1)

정산표의 '수정후시산표' 금액을 재무상태표(자산, 부채, 자본)와 포괄손익계산서(수익, 비용)에 기입한 후 차이액을 구한다. 이 때 재무상태표의 차이액과 포괄손익계산서의 차이액이 동일하면 바르게 옮긴 것이다.

6 정산표: 재무상태표와 포괄손익계산서 작성(2)

재무상태표의 대변과 포괄손익계산서의 차변에 차이액을 기입하고 계정과목난에 '당기순이익'이라고 기록한 후 합계를 산출한다.

Accounting Technicians
FAT 2급

Chapter 02
실기

제1장 _ 기초정보관리(0203020115_14v2 회계정보시스템 운용)
제2장 _ 회계정보관리(0203020111_14v2 전표관리)
           (0203020114_14v2 결산관리)
제3장 _ 회계정보분석(0203020115_14v2 회계정보시스템 운용)
제4장 _ 실무수행평가 따라잡기

FAT 2급
Accounting Technicians

PART 01 기초정보관리

제1절 프로그램 시작하기
제2절 기초정보관리의 이해

01 기초정보관리

[제2절 기초정보관리의 이해]에서 가능한 능력단위

분류번호: 0203020105_14v2

능력단위 명칭: 회계정보 시스템 운용

능력단위 정의: 회계정보 시스템 운용이란 원활한 재무보고를 위하여 회계 관련 DB마스터 관리, 회계프로그램 운용, 회계정보를 활용하는 능력이다.

능력단위요소	수행준거
0203020105_14v2.1 회계 관련 DB마스터 관리하기	1.1 DB마스터 매뉴얼에 따라 계정과목 및 거래처를 관리할 수 있다. 1.2 DB마스터 매뉴얼에 따라 비유동자산의 변경 내용을 관리할 수 있다. 1.3 DB마스터 매뉴얼에 따라 개정된 회계 관련 규정을 적용하여 관리할 수 있다. 【지 식】 ○ 계정과목 체계 ○ 회계 관련 규정 【기 술】 ○ 회계프로그램 활용 능력 【태 도】 ○ 법률 준수 태도
0203020105_14v2.2 회계프로그램 운용하기	2.1 회계프로그램 매뉴얼에 따라 프로그램 운용에 필요한 기초 정보를 입력·수정할 수 있다. 2.2 회계프로그램 매뉴얼에 따라 정보 산출에 필요한 자료를 입력·수정할 수 있다. 【지 식】 ○ 회계프로그램 운용 ○ 회계순환과정 ○ 각종 회계장부 ○ 재무제표 【기 술】 ○ 해당 거래에 대한 회계처리 능력 ○ 회계프로그램 활용 능력 【태 도】 ○ 적극적인 협업 태도 ○ 회계 관련 규정 준수 태도

백데이터 다운로드 및 설치방법 AT

1. 도서출판 배움 홈페이지(www.bobook.co.kr)에 접속한다.

2. 홈페이지 교재실습/백데이터 자료실을 클릭한다.

3. 교재실습/백데이터 자료실 → [2025 FAT2grade DB] 백데이터를 선택하여 다운로드 한다.

4. 다운로드한 파일을 선택 후 실행하면 [내컴퓨터 → C:\NIPCPA_ADB → DATA]에 자동으로 복구 저장된다.

5. 한국공인회계사회 자격시험 AT 프로그램  을 실행한다.

    실행화면에서 회사코드를 검색하여 로그인하면 된다.
    - 본문실습 DB: 8000. 혜원가구 ~ 8500. 혜원가구
    - 기출문제 DB: 4171. 비젼커피 ~ 4178. 별별유통

6. 웹하드(www.webhard.co.kr) 다운로드 방법

① 오른쪽 상단의 [로그인] 버튼을 클릭하여 아이디와 비밀번호를 입력한다.

   [아이디: bobookcokr / 비밀번호: book9750] (아이디, 비밀번호 모두 소문자)

② 게스트폴더 → [2025 FAT2grade DB] 폴더에서 백데이터 선택하여 다운로드 한다.

③ 이외의 사항은 위와 동일하다.

제1절 _ 프로그램 시작하기

업무 환경이 전산화 되면서 회계 또는 경리업무 또한 전산으로 처리하고 있다. 기업마다 프로그램을 구축하는 방법은 다양한 편인데, 이미 구축되어 있는 프로그램을 구입하여 구축하는 방법과 기업에서 자체적으로 개발하여 구축하는 방법 등이 있으며 본서에서는 전자의 경우를 예로 해서 실습해 보고자 한다.

본 장에서는 실무와 밀접하게 연관되어 있는 회계 프로그램 중 Smart A(iPLUS) 실무교육프로그램을 이용하기로 하며, 실습 후에는 한국공인회계사회 주관의 [AT 자격시험]에 도전해 보기로 한다.

1 프로그램 실행

한국공인회계사회 AT자격시험 홈페이지(https://at.kicpa.or.kr/) 자료실에서 프로그램을 다운받아 설치한다.

컴퓨터에 Smart A(iPLUS) 실무교육프로그램을 설치하면 바탕화면에 다음과 같은 아이콘이 생성된다. 생성된 아이콘을 더블클릭하면 프로그램을 실행할 수 있다.

아이콘을 더블 클릭하면 다음과 같은 화면이 나타나는데 사용급수, 드라이브명, 회사코드, 회사명 등을 선택한 후 프로그램을 시작하게 된다.

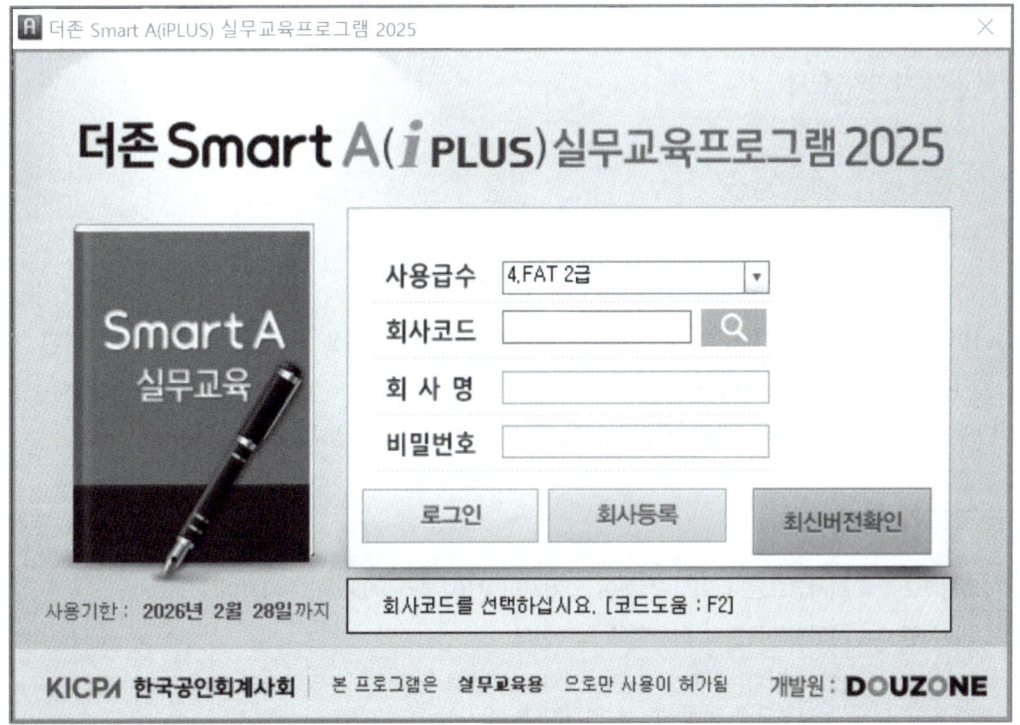

AT 자격시험 프로그램은 TAT1급, TAT2급, FAT1급, FAT2급까지 총 4개의 급수로 구분이 된다.

본장에서는 FAT 2급을 기초로 실습하게 되며, 한국공인회계사회에서 주관하는 자격시험도 FAT 2급을 목표로 한다.

자격시험에서는 기본데이터가 저장되어 있는 상태에서 주어지는 자료를 입력하는 형식이지만, 기초를 단단히 하기 위하여 [기초정보]부터 직접 입력해 본다.

바탕화면에 있는 아이콘을 클릭한 후 제시된 화면처럼 사용급수와 드라이브명을 선택한

후 [회사등록]을 통해 자료 입력을 시작해 본다. 이렇게 최초 로그인이 실행된 후에는 '회사코드'란에서 F2(코드도움)키를 클릭하여 회사를 선택할 수 있다.

제2절 _ 기초정보관리의 이해

본 절에서는 실무교육프로그램에서 기본적으로 입력해야 하는 정보에 대해 알아보기로 한다.
'FAT 2급' 자격시험에서는 환경설정, 회사등록, 거래처등록, 계정과목 및 적요등록, 전기분재무상태표, 전기분손익계산서, 거래처별초기이월로 구분하여 자료를 수정하거나 추가입력 할 수 있도록 출제된다. 기초정보는 다음과 같은 순서로 진행되기 때문에 한 단계씩 천천히 숙지하여야 한다.

1 사업자등록증에 의한 [회사등록]

이미 입력되어 있는 자료를 이용하지 않는다면 [회사등록]을 먼저 입력해야만 입력된 자료를 바탕으로 다른 데이터 작업을 할 수 있다. [회사등록]에 입력된 내용은 프로그램운용 전반에 반영되기 때문에 '사업자등록증'을 토대로 정확하게 입력해야 한다.

가. 코드와 구분

회사코드	회사코드는 임의로 정하여 입력하며 0101부터 9999까지 사용이 가능하다.
회 사 명	사업자등록증의 회사명을 입력한다.
구 분	법인사업자는 '0'번, 개인사업자는 '1'번을 입력한다. 입력하지 않을 경우 법인 업자가 자동으로 선택되어서 입력된다.
사 용	0.사용, 1.미사용 중 선택하여 입력한다.

> **Key Point**
> FAT 2급의 경우 개인사업자를 대상으로 한다.

나. 기본사항

회계연도	등록하는 회사의 기수와 회계연도를 입력한다. 개업한 연도를 1기로 인식한다.
사업장등록번호	사업자등록증을 참고하여 정확히 입력한다. 잘못 입력한 경우에는 붉은색으로 표시된다. 2.사업자등록번호: ☐☐☐ - ☐☐ - ☐☐☐☐☐ 세무서 코드 / 개인과 법인 구분 / 일련번호와 검증번호
과세유형	과세유형을 입력한다. (0.일반과세, 1.간이과세, 2.면세사업자 중 선택)
대표자명	사업자등록증의 대표자 성명을 입력한다. 영문의 경우에는 읽혀지는 그대로 한글로 입력하면 된다.
거주 구분	대표자의 거주 여부를 입력한다. (0.거주, 1.비거주 중 선택)
대표자 주민번호	사업자등록증의 대표자 주민등록번호를 입력한다. 잘못 입력한 경우 붉은색으로 표시된다.
대표자 구분	통상적으로 '1.정상'을 선택하여 입력한다. (0.부여오류 ~ 10.종중단체 중 선택)
사업장주소	사업장 주소를 입력하는 란으로 [?]키를 이용하여 주소를 검색하면 우편번호가 자동으로 입력된다. 사업장이란 현재 회사의 물적 설비가 있으면서 재화나 용역의 판매가 계속적이나 반복적으로 일어나는 장소를 의미한다.
사업장전화번호	사업장 전화번호를 입력한다.
사업장FAX번호	사업장 FAX번호를 입력한다.
업종코드	[?]키를 이용하여 검색하며 업종세부 명칭을 정확하게 입력하려면 화면 하단의 [업종]을 [업종세부]로 변경한다.
업태	업종코드에 의해 자동 반영된다.
종목	업종코드에 의해 자동 반영된다.
사업장세무소	사업자등록번호에 의해 자동으로 부여되며, 수정 또는 직접 입력할 경우에는 [?]나 [F2]키를 이용하여 사업장 관할세무서를 검색하여 입력한다.
소득구분	대표자의 소득구분을 30.부동산, 40.사업, 00.비사업자 중에 입력한다.

사업장지방소득세	사업장의 지방소득세(주민세) 납세지명을 입력하는 난으로, 사업자등록번호에 의해 자동 부여된다.
사업장동코드	사업장주소의 법정동을 입력하는 난으로, 사업자등록번호에 의해 자동 부여된다.
개업년월일	사업자등록증의 개업년월일을 입력한다.
폐업년월일	폐업시 폐업년월일을 입력한다.
국세환급금계좌	국세환급금계좌 정보를 입력한다.

Key Point

사업장주소의 경우 연습할 때 간혹 인터넷 환경의 영향으로 주소검색이 불가능한 경우가 있음
→ 조회방법 설정을 변경하거나 주소를 검색하지 않고 직접 입력하는 방법을 선택

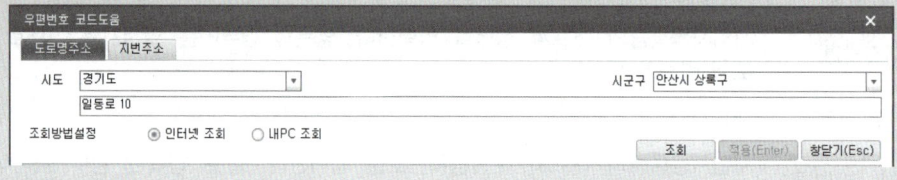

다. 대표자 추가 정보

사업자 관련 정보를 별도로 구성하였으며 사업자주소와 전화번호 등을 추가 입력하는 난이다.

주소지 세무서와 주소지 지방소득세 납부처는 사업자주소에 의해 자동으로 부여된다.

Key Point

집에서 작업을 하지 않고 학교나 학원 등 기타 학습장에서 프로그램 연습을 할 경우 보안프로그램의 설치로 C드라이브의 작업이 원만하지 않는 경우가 많다. 보안프로그램이 설치되어 있는 경우 애써 입력해서 저장해 둔 내용이 삭제되므로 이럴 경우에는 개인용 저장매체에 백업한 후, 재입력시 백업데이터 복구를 하는 편이 좋다. 또한, 본 Smart A(iPLUS)프로그램은 반드시 인터넷이 가능한 상태에서 구동되므로 유의해야 한다.

수행과제 1. 사업자등록증에 의한 [회사등록]

수행과제	개인사업자인 혜원가구는 2025년 회계프로그램을 구입하여 회사정보를 기초정보에 입력하기로 하다. 사업자등록증과 기타 자료를 참고하여 코드번호 7777번에 입력하라.

자료 1.

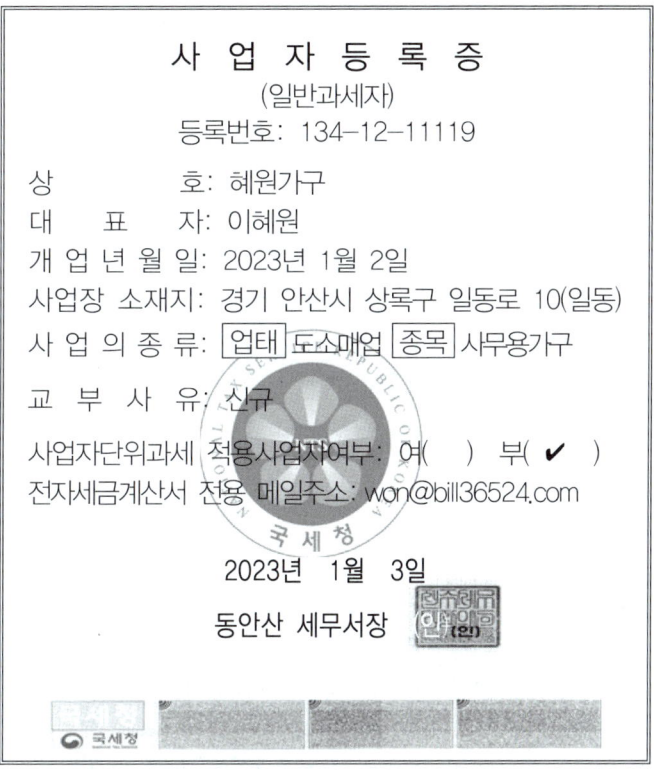

사 업 자 등 록 증
(일반과세자)
등록번호: 134-12-11119

상　　　　호: 혜원가구
대　표　자: 이혜원
개 업 년 월 일: 2023년 1월 2일
사업장 소재지: 경기 안산시 상록구 일동로 10(일동)
사 업 의 종 류: 업태 도소매업 종목 사무용가구
교 부 사 유: 신규
사업자단위과세 적용사업자여부: 여(　) 부(✔)
전자세금계산서 전용 메일주소: won@bill36524.com

2023년 1월 3일
동안산 세무서장

자료 2. 기타자료

사업자 주민등록번호	771229-2774915
사업장 전화번호	031-123-1234
사업장 팩스번호	031-123-1235
사업자 소재지	경기 안산시 단원구 적금로 53 (고잔동)
사업자 전화번호	031-123-1236
국세환급금계좌	농협 안산지점 191-12-313121

입력 따라하기

비대면시험을 위한 프로세스 익히기
[회계] → [기초정보관리] → [회사등록]

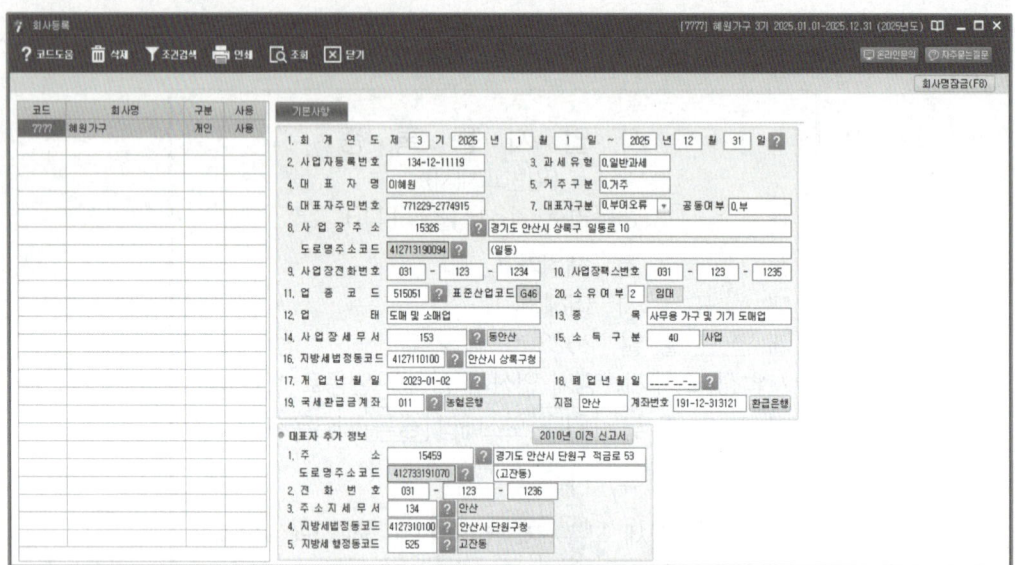

시험 따라잡기

1. FAT2급 실무시험에서는 [회사등록] 메뉴를 선택하여 변경된 사항을 수정 및 추가하는 문제가 출제
2. 사업장주소가 변경되는 경우 시험에서는 주소검색으로 찾을 수 있지만, 연습할 때 간혹 인터넷 환경의 영향으로 주소검색이 불가능한 경우가 있음
   → 조회방법 설정을 변경하거나 주소를 검색하지 않고 직접 입력하는 방법을 선택

2 환경설정

회사의 기본적인 시스템 환경을 설정하기 위한 메뉴로 등록된 회사코드로 재로그인 하여 설정 한다.

가. 전체모듈의 환경설정

계정과목코드체계	세목사용(5자리)는 교육용 프로그램에서는 지원하지 않는 기능
소수점관리	전표입력 및 물류/생산관리의 입출고 입력 시 수량, 단가, 금액의 자릿수(0~6)와 절사방법(1.절사, 2.올림, 3.반올림) 선택 가능
부가가치세(공급가액)소수점 관리	유형별 공급가액 절사방법 선택 가능
기타과세유형 추가사용설정	기타과세유형 추가사용 여부(1.여, 0.부) 선택 가능
기타코드관리	프로젝트코드 사용여부(1.여, 0.부) 선택 가능
기타	중고자동차 차량 / 차대번호 사용여부(1.여, 0.부) 선택 가능

나. 회계모듈의 환경설정

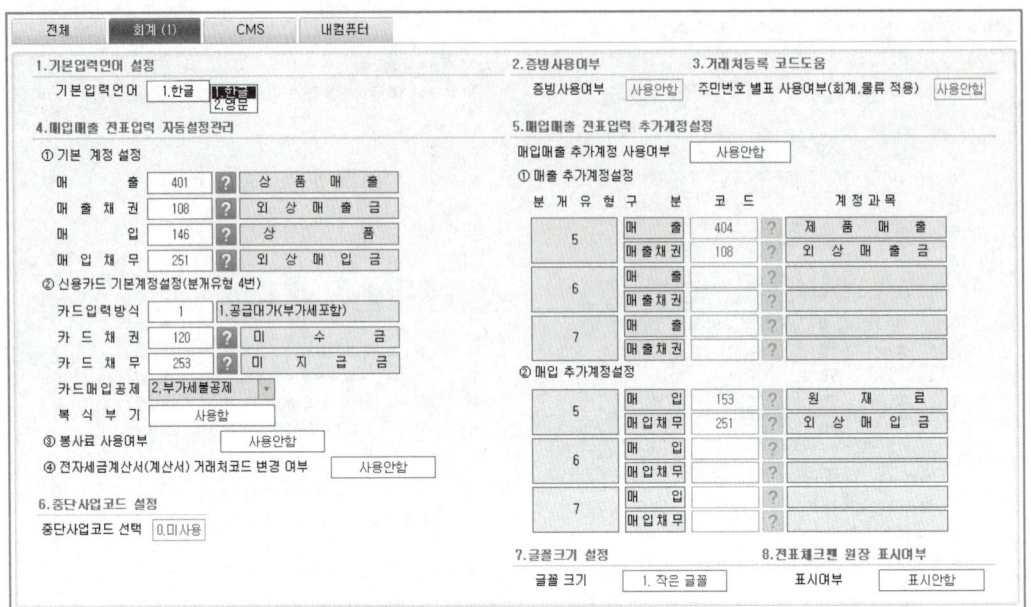

기본입력언어	기본입력언어를 입력 (1.한글, 2.영문 중 선택)
매입매출전표입력 자동설정 관리	코드번호 자동부여 가능
매입매출전표입력 추가계정	사용여부(1.여, 2.부) 선택 가능하며, '1.여'로 선택한 경우 매입매출 전표입력시 자동 분개되는 매입, 매출계정을 추가 설정된 계정코드로 사용가능
중단사업코드 설정	사용여부(0.미사용, 1.부서, 2.PJT) 선택 가능
글꼴크기 설정	글꼴크기(1.작은 글꼴, 2.큰 글꼴) 선택 가능

Key Point

FAT 2급 실기시험의 경우 '제조업'이 아니기 때문에 '3.매입매출전표입력 추가계정'의 사용은 필요하지 않음

다. 내컴퓨터의 환경설정

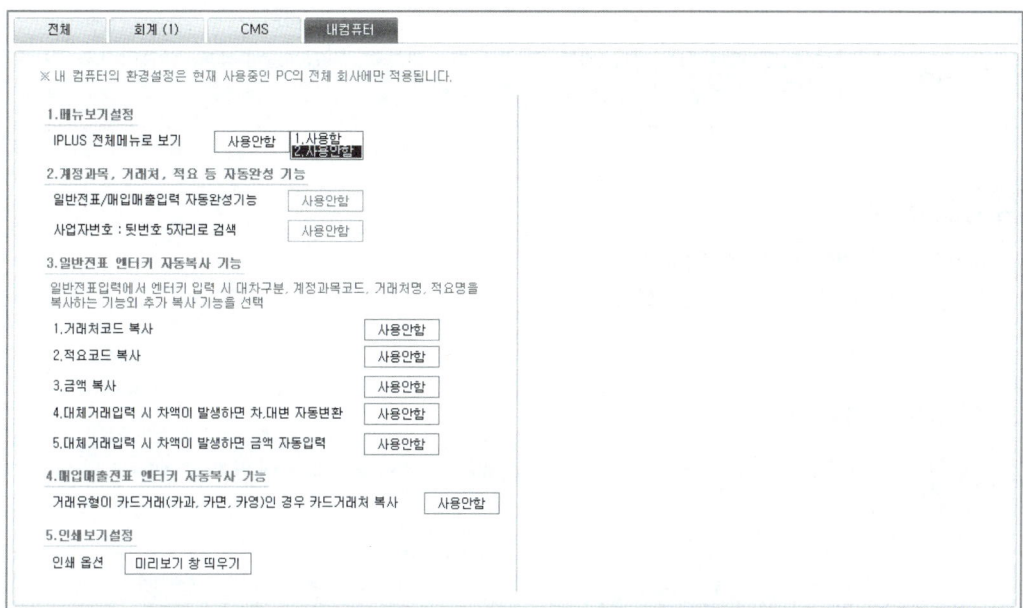

라. CMS(교육용프로그램 제외)

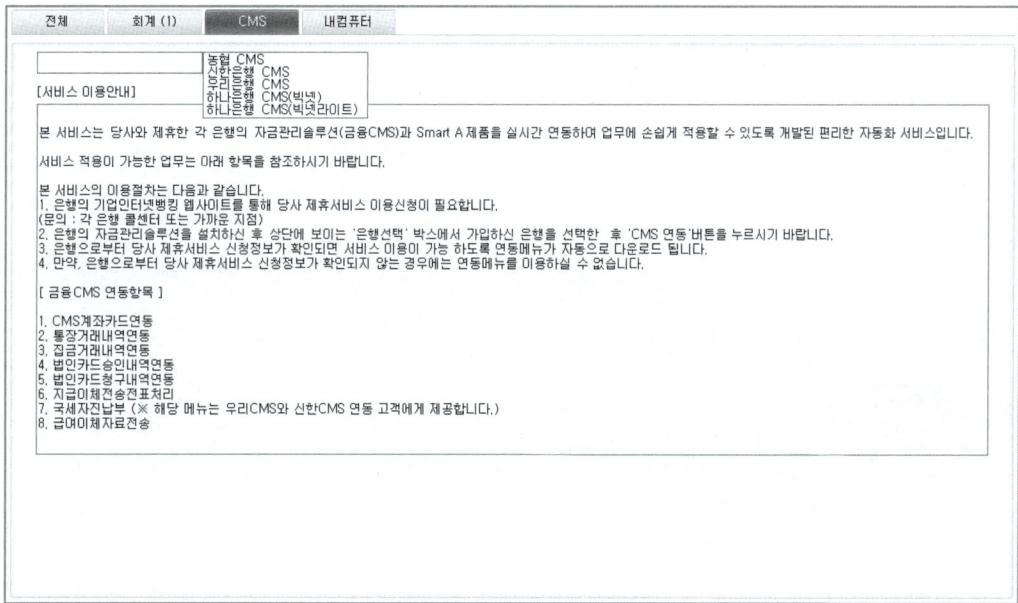

수행과제 2. 환경설정 수정

| 수행과제 | 혜원가구는 신용카드 기본계정 설정시 카드채권을 '외상매출금'으로 변경하기로 하다. 환경설정 기본설정계정을 수정 등록하시오. |

입력 따라하기

비대면시험을 위한 프로세스 익히기
[회계] → [기초정보관리] → [환경설정]

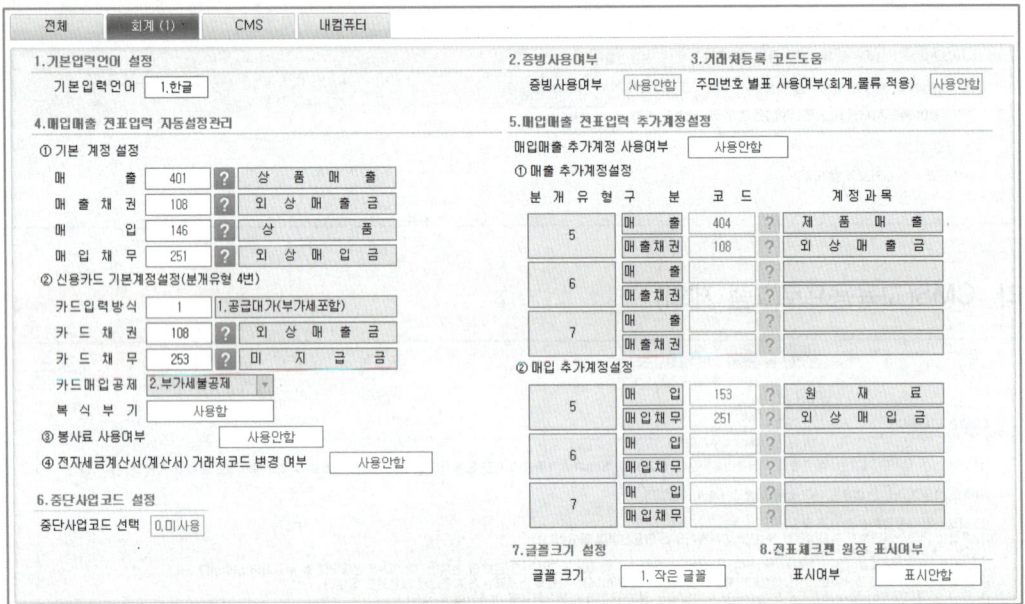

시험 따라잡기

FAT 2급 실기시험에서는 거의 출제하지 않음

3 사업자등록증에 의한 [거래처등록]

빈번한 거래가 이루어지는 거래처의 경우 거래처의 사업자등록증을 참고하여 [거래처등록]에 입력해 놓으면 거래처원장이나 외상매출금 또는 외상매입금 등의 계정별원장을 관리하기 편리할 것이다. 즉, [거래처등록]은 채권, 채무 관계에 있는 거래처 정보를 입력하는 곳으로 일반거래처와 금융거래처 및 카드거래처를 구분하여 입력한다. 거래처별 주요항목 입력내용 및 방법은 다음과 같다.

거래처 구분	주요 항목	입력내용 및 방법
거래처별 주요항목 입력내용 및 방법		
일반거래처	코드	'101~97999' 중 임의적으로 선택하여 입력한다.
	사업자등록번호	0.사업자등록번호, 1.주민등록번호, 2.외국인번호 중 선택하여 입력한다.
	구분	거래처의 유형을 0.전체, 1.매출, 2.매입 중 선택하여 입력한다.
금융거래처	코드	'98000~99599' 중 임의적으로 선택하여 입력한다.
	금융기관명	거래하고 있는 금융기관명을 입력한다.
	계좌번호	금융상품의 계좌번호를 입력한다.
카드거래처	코드	'99600~99999' 중 임의적으로 선택하여 입력한다.
	카드(사)명	거래하고 있는 카드(사)명을 입력한다.
	카드(가맹점)번호	카드(가맹점)번호를 입력한다.
	구분	1.매출(가맹점), 2.매입(법인구매카드)를 구분하여 입력한다.

> **TIP**
>
> '전표입력메뉴'에서 거래처 등록(입력)을 반드시 해야 하는 경우
>
> | 자산 항목 | 부채 항목 |
> |---|---|
> | 매출채권 (외상매출금, 받을어음) 미수금, 선급금, 대여금, 가지급금 등 | 매입채무 (외상매입금, 지급어음) 미지급금, 선수금, 차입금, 가수금 등 |
>
> 신용카드로 결제한 경우의 거래처는 해당 신용카드사가 된다.
> [금융/자금관리]를 위해서는 예금과 관련한 은행명도 입력해야 한다.

수행과제 3. 다음의 자료를 [거래처등록] 메뉴에 입력하시오.

일반거래처						
코드 No.	회사명	사업자 등록번호	대표자명	구분	사업장주소 / e-mail 주소	거래 시작일
01000	(주)주은가구	203-81-13627	김주은	전체	서울특별시 서초구 강남대로 148 (양재동, 상록빌딩) / jae@bill36524.com	2025.1.1.
01001	(주)준서가구	201-81-63121	이준서	전체	서울특별시 용산구 녹사평대로 132 (이태원동) / na@bill36524.com	2025.1.1.
01002	(주)지성가전	132-82-16348	김지성	전체	서울특별시 관악구 관악로 100 (봉천동) / sung@bill36524.com	2025.1.1.
01003	(주)은정가구	213-82-63121	최은정	전체	서울특별시 서대문구 홍제천로 10 (연희동) / soen@bill36524.com	2025.1.1.
01004	지영가구(주)	156-82-45626	강지영	전체	서울시 동작구 국사봉10길 10 (상도동) / kang@bill36524.com	2025.1.1.
01005	서영가구(주)	205-82-41349	박서영	전체	서울특별시 마포구 독막로 10 (합정동) / day@bill36524.com	2025.1.1.
01006	(주)수아전자	156-82-45631	김수아	전체	서울특별시 서초구 서초대로 101 (방배동, 대성빌딩) / yunhee@bill36524.com	2025.1.1.
01007	주원가구(주)	111-81-12348	황주원	전체	경기도 안산시 단원구 동산로 60 (원시동, 반월공단종합상가) / soyoung@bill36524.com	2025.1.1.
01008	(주)나경인쇄	103-81-41347	이나경	전체	서울특별시 마포구 마포대로 108 (공덕동) / yeji@bill36524.com	2025.1.1.
01009	현진자동차(주)	101-81-50103	이현진	전체	서울특별시 서초구 강남대로 261 (서초동) / ljy@bill36524.com	2025.1.1.
03000	지연문구(주)	305-81-12002	장지연	전체	경기도 시흥시 소망공원로 172 (정왕동, 시화공단2라) / lhm@bill36524.com	2025.1.1.

일반거래처						
코드 No.	회사명	사업자 등록번호	대표자명	구분	사업장주소 e-mail 주소	거래 시작일
04000	이혜원	771229-2774915		전체	생략	2023.1.2.
04001	김준수	800202-1567214		전체	생략	2023.1.2.

* 주어진 자료만 입력하고, 사업자등록증 기재사항인 업태 및 종목 등 나머지 자료의 입력은 생략한다.

자격시험에서는 사업자등록증을 토대로 주어진 정보는 모두 입력해야 한다.

금융거래처					
코드No.	금융기관명	계좌번호	계좌개설일	구분	예금종류
98000	국민은행(당좌)	626401-01-328957	2023-01-03	일반	당좌예금
98100	신한은행(보통)	110-287-821867	2023-01-03	일반	보통예금

카드거래처				
코드No.	카드(사)명	카드번호(가맹점번호)	구분	분개설정
99600	롯데카드	767931340	매출	외상매출금
99700	농협카드	4092-1602-2214-9121	매입	미지급금

* 주어진 자료만 입력하고, 사업자등록증 기재사항인 업태 및 종목 등 나머지 자료의 입력은 생략한다.

자격시험에서는 통장사본, 카드사본을 토대로 주어진 정보는 모두 입력해야 한다.

입력 따라하기

비대면시험을 위한 프로세스 익히기
[회계] → [기초정보관리] → [거래처등록]

1. 기초정보관리 → 거래처등록 → 일반거래처 등록 확인

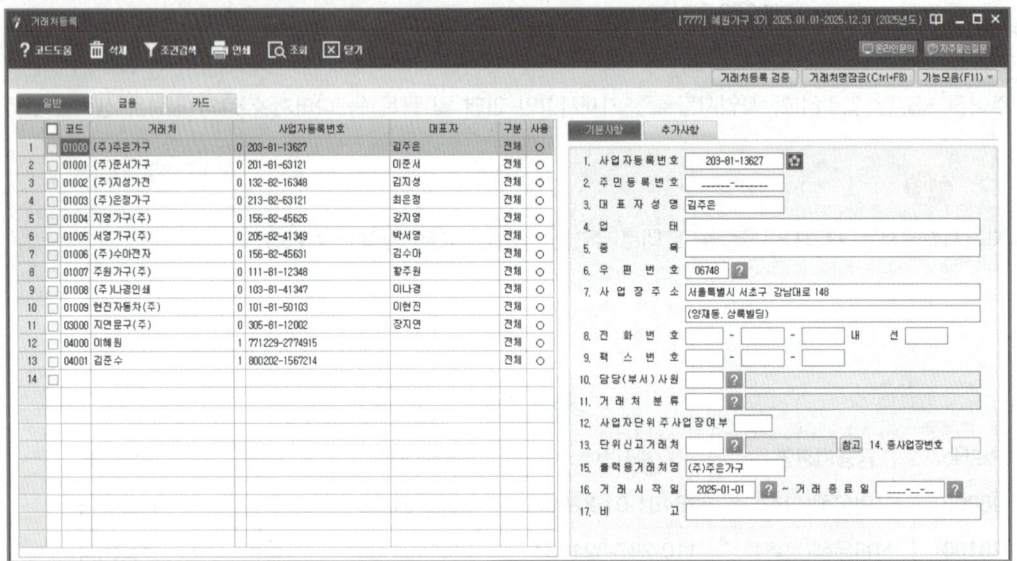

☞ 사업자등록증 또는 제공하는 자료를 근거로 화면 오른쪽 기본사항과 추가사항을 입력함

2. 기초정보관리 → 거래처등록 → 금융거래처 등록 확인

☞ 거래 금융기관의 정보를 화면 오른쪽의 기본사항과 추가사항에 입력함

3. 기초정보관리 → 거래처등록 → 카드거래처 등록 확인

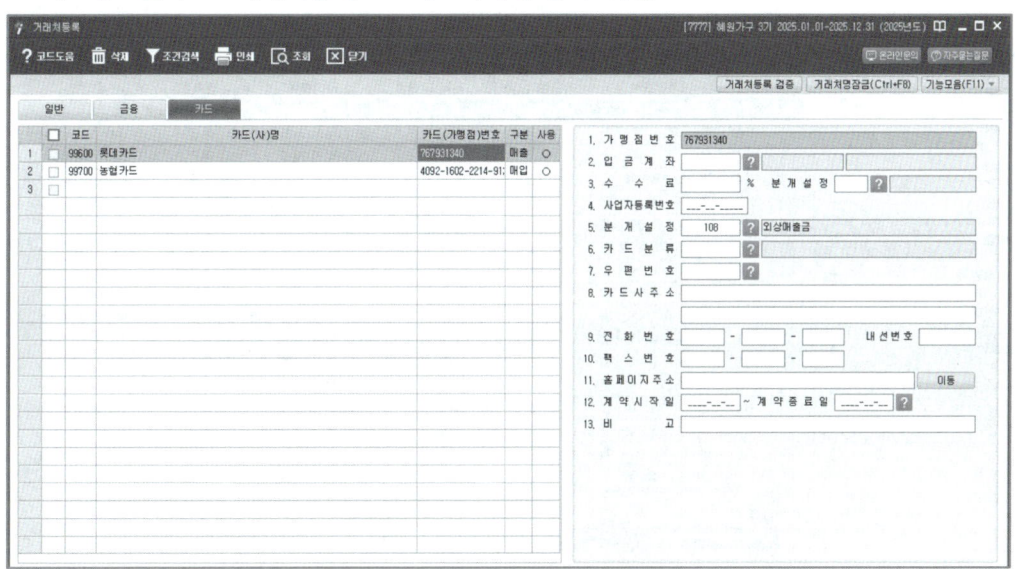

☞ 거래 카드사의 정보를 화면 오른쪽 기본사항과 추가사항을 입력함

> **시험 따라잡기**
> FAT 2급 실기시험에서는 거래처 사업자등록증 사본 등으로 신규거래처 추가등록 또는 기존거래처 내용 변경이 출제

4 계정과목 및 적요등록

더존 Smart A(iPLUS) 프로그램에는 일반기업회계기준에 의해 일반적으로 많이 사용하는 계정과목과 적요를 미리 입력해 두고 있다. 만약 회사 특성상 다른 계정과목이나 적요를 사용하는 경우에는 코드체계내의 범위에 임의적으로 입력할 수 있도록 하여 업무의 효율을 높이고 있다.

계정과목은 101번부터 999번까지의 코드로 구성되어 있으며 중요성에 따라 검정색과 빨강색으로 구분하여 사용하고 있다. 빨강색 계정과목은 'Ctrl + F1'키를 동시에 눌러 입력해야만 수정이 가능하다.

또한 왼쪽의 코드체계를 클릭하면 해당 코드체계 내의 계정과목을 손쉽게 관리할 수 있다.

수행과제 4. [계정과목추가 및 적요등록] 수정

4-1.

수행과제	138.[전도금] 대신에 '소액현금'으로 수정하시오.

4-2.

자료설명	혜원가구는 직원의 문화행사비와 관련된 적요를 '복리후생비' 계정에 등록하여 사용하려고 한다.
수행과제	'811. 복리후생비'계정의 대체적요를 등록하시오. 대체적요: 03. 문화행사비 미지급

4-3.

자료설명	혜원가구는 영업활동 이외의 목적으로 수수료를 지급하는 경우 영업외비용의 '수수료비용' 계정과목으로 구분하여 관리 하고자 한다.
수행과제	'945. 회사설정계정과목'을 '수수료비용'으로 수정하여 등록하시오. (구분: 3.일반)

4-4.

자료설명	혜원가구는 소상공인에게 지급되는 정부보조금을 신청할 예정이다. 통장 입금 시 사용 할 보통예금의 정부보조금 계정을 관리 하고자 한다.
수행과제	'104. 정기예금'을 '정부보조금'으로 수정하여 등록하시오. (구분: 4. 차감, 관계: 103. 보통예금)

> **입력 따라하기**
>
> 비대면시험을 위한 프로세스 익히기
> [회계] → [기초정보관리] → [계정과목및적요등록]

4-1. 빨강색 계정과목 수정: '138.전도금' 계정과목 난에 커서를 위치해 놓고, '**Ctrl + F1**'키를 동시에 눌러 '소액현금'을 입력한다.

□	코드	계정과목	구분	사용	과목	관계	관리항목	출력용명칭	영문명
□	122	회 사 설정계정과목		○	122		거래처,부서/사원,카드	회사설정계정과목	User setup acc
□	123	매 도 가 능 증 권	유가증권	○	123		거래처,부서/사원	매도가능증권	Available for
□	124	만 기 보 유 증 권	유가증권	○	124		거래처,부서/사원	만기보유증권	Held-to-maturi
□	125	회 사 설정계정과목		○	125		거래처,부서/사원	회사설정계정과목	User setup acc
□	126	회 사 설정계정과목		○	126		거래처,부서/사원	회사설정계정과목	User setup acc
□	127	회 사 설정계정과목		○	127		거래처,부서/사원	회사설정계정과목	User setup acc
□	128	회 사 설정계정과목		○	128		거래처,부서/사원	회사설정계정과목	User setup acc
□	129	회 사 설정계정과목		○	129		거래처,부서/사원	회사설정계정과목	User setup acc
□	130	회 사 설정계정과목		○	130		거래처,부서/사원	회사설정계정과목	User setup acc
□	131	선 급 금	일 반	○	131		거래처,부서/사원	선급금	Advance paymen
□	132	대 손 충 당 금	차 감	○	132	131	거래처,부서/사원	대손충당금	Allowance for
□	133	선 급 비 용	일 반	○	133		거래처,부서/사원	선급비용	Prepaid expens
□	134	가 지 급 금	일 반	○	134		거래처,부서/사원	가지급금	Temporary paym
□	135	부 가 세 대 급 금	일 반	○	135		거래처,부서/사원	부가세대급금	Value added ta
□	136	선 납 세 금	일 반	○	136		거래처,부서/사원	선납세금	Prepaid income
□	137	주.임.종단기채권	일 반	○	137		거래처,부서/사원	주.임.종단기채권	Short-term loa
☑	138	소 액 현 금	일 반	○	138		거래처,부서/사원	소액현금	Advanced money

4-2. 적요등록 추가입력

	코드	계정과목	구분	사용	과목	관계	관리항목	표준코드	표준재무제표항목	출력
☐	796	회 사 설정계정과목		○	796		거래처,부서/사원			회사설정
☐	797	회 사 설정계정과목		○	797		거래처,부서/사원			회사설정
☐	798	회 사 설정계정과목		○	798		거래처,부서/사원			회사설정
☐	799	회 사 설정계정과목		○	799		거래처,부서/사원			회사설정
☐	800	회 사 설정계정과목		○	800		거래처,부서/사원			회사설정
☐	801	급　　　　여	건비(직원근로	○	801		거래처,부서/사원			급여
☐	802	회 사 설정계정과목	건비(직원근로	○	802		거래처,부서/사원			회사설정
☐	803	상　여　금	건비(직원근로	○	803		거래처,부서/사원			상여금
☐	804	제　수　당	건비(직원근로	○	804		거래처,부서/사원			제수당
☐	805	잡　　　　급	건비(직원근로	○	805		거래처,부서/사원			잡급
☐	806	퇴　직　급　여	건비(직원퇴직	○	806		거래처,부서/사원			퇴직급여
☐	807	퇴 직 연 금 급 여	건비(직원퇴직	○	807		거래처,부서/사원			퇴직연금
☐	808	회 사 설정계정과목	건비(직원퇴직	○	808		거래처,부서/사원			회사설정
☐	809	회 사 설정계정과목	건비(직원퇴직	○	809		거래처,부서/사원			회사설정
☐	810	회 사 설정계정과목	건비(직원퇴직	○	810		거래처,부서/사원			회사설정
☐	811	복 리 후 생 비	경　비	○	811		거래처,부서/사원,카드			복리후생

● 현금적요

No	적요내용	비고
01	일 숙직비 지급	
02	직원식대및차대 지급	
03	직원야유회비용 지급	
04	직원식당운영비 지급	
05	직원회식대 지급	

● 대체적요

No	적요내용	비고
01	직원식당운영비 대체	
02	직원회식대 미지급	
03	문화행사비 미지급	

☞ 계정과목 코드를 클릭하여 811번을 입력하면 '811.복리후생비'를 빠르게 검색할 수 있으며, 대체적요 3번에 적요내용을 입력함.

4-3. 검정색 계정과목 수정: 해당 계정과목에 커서를 위치한 후 바로 입력하면 수정 가능함.

	코드	계정과목	구분	사용	과목	관계	관리항목	표준코드	표준재무제표항목	출력
☐	930	잡 이 익	일 반	○	930		거래처,부서/사원			잡이익
☐	931	이 자 비 용	지급이자	○	931		거래처,부서/사원,카드			이자비
☐	932	외 환 차 손	일 반	○	932		거래처,부서/사원			외환차
☐	933	기 부 금	일 반	○	933		거래처,부서/사원			기부금
☐	934	기 타 의대손상각비	일 반	○	934		거래처,부서/사원			기타의
☐	935	외 화환산손실	일 반	○	935		거래처,부서/사원			외화환
☐	936	매 출 채권처분손실	일 반	○	936		거래처,부서/사원			매출채
☐	937	단기매매증권평가손	일 반	○	937		거래처,부서/사원			단기투
☐	938	단기매매증권처분손	일 반	○	938		거래처,부서/사원			단기투
☐	939	재 고 자산감모손실	일 반	○	939		거래처,부서/사원			재고자
☐	940	재 고 자산평가손실	일 반	○	940		거래처,부서/사원			재고자
☐	941	재 해 손 실	일 반	○	941		거래처,부서/사원,프로			재해손
☐	942	전 기 오류수정손실	일 반	○	942		거래처,부서/사원			전기오
☐	943	투 자 증권손상차손	일 반	○	943		거래처,부서/사원			투자증
☐	944	지 분 법 손 실	일 반	○	944		거래처,부서/사원			지분법
☑	945	수 수 료 비 용	일 반	○	945		거래처,부서/사원			수수료

4-4. 관계는 해당계정과목과 연동 되므로 관계되는 해당 계정과목의 코드를 반드시 입력해야 함.(관계되는 해당 계정과목 코드번호와 바로 연결 될 필요는 없음)

	코드	계정과목	구분	사용	과목	관계	관리항목	표준코드	표준재무제표항목	출력
☐	103	보 통 예 금	예 금	○	103		거래처,부서/사원			보통예
☑	104	정 부 보 조 금	차 감	○	104	103	거래처,부서/사원			정부보
☐	105	정 기 적 금	예 금	○	105		거래처,부서/사원			정기적
☐	106	기 타 단기금융상품	예 금	○	106		거래처,부서/사원			기타단
☐	107	단 기 매 매 증 권	유가증권	○	107		거래처,부서/사원			단기매
☐	108	외 상 매 출 금	일 반	○	108		거래처,부서/사원,미불			외상매
☐	109	대 손 충 당 금	차 감	○	109	108	거래처,부서/사원			대손충
☐	110	받 을 어 음	일 반	○	110		거래처,부서/사원,받을			받을어
☐	111	대 손 충 당 금	차 감	○	111	110	거래처,부서/사원			대손충

> **시험 따라잡기**
>
> '구분'은 생략하는 경우가 대부분이지만 문제에서 '구분'이 주어진 경우에는 정확히 선택하여 입력해야 하며, 현금적요와 대체적요의 경우도 정확하게 구분하여 입력

5 전기분 재무상태표

FAT 2급 자격시험에서 보여주는 전기분 재무제표 중 전기분 재무상태표는 전기의 자산, 부채, 자본 등 재무상태표 요소를 나타낸다. 전기분 재무상태표의 '기말상품재고액'은 전기분손익계산서의 '매출원가'에 자동반영이 되며, 재무상태표에 기입되는 금액은 '거래처별 초기이월'의 기초 자료가 된다.

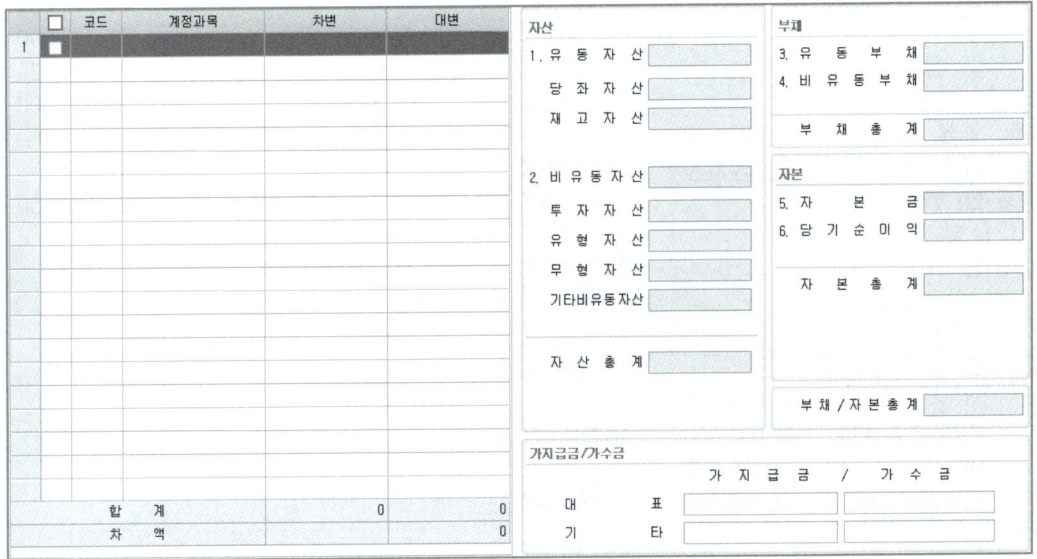

가. 코드번호와 금액을 순서대로 입력하고 코드번호를 모르는 경우는 코드 란에 계정과목 중 두 글자를 입력하거나 F2(검색)키를 통해 조회한다.
나. 코드번호와 금액을 입력하면 오른쪽 항목별합계액에 자동 집계된다.
금액을 입력하는 경우 [+]키를 이용하면 천단위가 자동 입력된다. 즉, 0이 자동적으로 세 개(000) 표시되면서 천원단위를 나타내게 된다.
다. 자산의 경우에는 차변, 부채와 자본의 경우에는 대변에 합계액이 집계된다. 이때 유의할 점은 자산의 차감계정인 경우 대변에 집계된다는 것이다.
라. 당기순이익은 이미 자본금에 포함되어 있으므로 별도로 입력하지 않는다.
마. 정확히 입력이 되면 대차 차액이 발생하지 않으며, 만약 대차 차액이 발생하면 반드시 오류를 찾아내어 수정해야 한다.

수행과제 5. [전기분 재무상태표] 입력

전기분 재무상태표

혜원가구   제2기 2024.12.31.현재   (단위: 원)

과 목	금 액		과 목	금 액	
자 산			부 채		
Ⅰ.유 동 자 산		278,210,000	Ⅰ.유 동 부 채		125,600,000
(1) 당 좌 자 산		251,910,000	외 상 매 입 금		43,000,000
현 금		30,000,000	지 급 어 음		25,000,000
당 좌 예 금		89,000,000	미 지 급 금		57,600,000
보 통 예 금		20,600,000	Ⅱ. 비유동부채		31,506,000
단기매매증권		78,600,000	장 기 차 입 금		31,506,000
외 상 매 출 금	29,000,000		부 채 총 계		157,106,000
대 손 충 당 금	290,000	28,710,000	자 본		
받 을 어 음		5,000,000	Ⅰ. 자 본 금		192,104,000
(2) 재 고 자 산		26,300,000	(당기순이익:		
상 품		26,300,000	21,110,000원)		
Ⅱ. 비유동자산		71,000,000			
(1) 유 형 자 산		71,000,000			
토 지		39,000,000			
차 량 운 반 구	30,000,000				
감가상각누계액	12,000,000	18,000,000			
비 품	18,000,000				
감가상각누계액	4,000,000	14,000,000			
자 산 총 계		349,210,000	부채와자본총계		349,210,000

자료설명	다음은 혜원가구의 제2기(2024. 1. 1. ~ 2024. 12. 31.)의 재무상태표 자료이다.
수행과제	자료를 입력하시오.

입력 따라하기

비대면시험을 위한 프로세스 익히기
[회계] → [기초정보관리] → [전기분재무상태표]

1. 차감계정 코드번호 선택

   대손충당금과 감가상각누계액 등은 자산의 차감계정이다. 입력 시 코드는 해당자산의 다음 번호를 입력하면 된다.

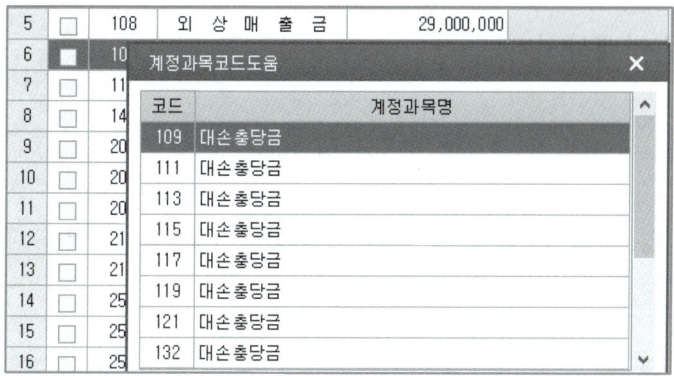

2. 개인기업의 당기순이익은 자본금에 포함되므로, 당기순이익은 별도로 입력하지 않으며, 차대변 입력 후 차액이 0원임을 확인한다.

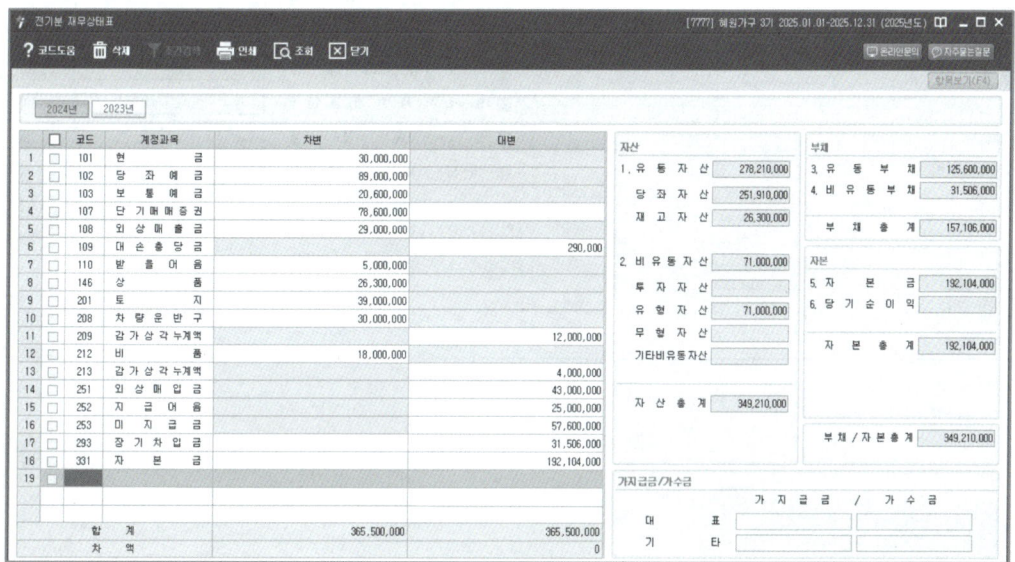

시험 따라잡기

시험에서는 누락된 내용을 추가하거나 오류를 수정하는 형태로 출제
특히, 차감계정의 경우 코드번호에 유의하여 입력해야 함

6 전기분 손익계산서

전기분 손익계산서 요소인 수익과 비용을 입력하는 곳으로, '기말상품재고액'은 [전기분재무상태표]의 '상품' 금액이 자동으로 반영된다.

도·소매업의 경우 '451.상품매출원가'를 선택하여 기말상품재고액을 제외한 나머지 정보를 입력한다.

수행과제 6. [전기분 손익계산서] 입력

전기분 손익계산서

혜원가구 제2기 2024.1.1.부터 2024.12.31.까지 (단위: 원)

과 목	금 액		과 목	금 액	
Ⅰ.매 출 액		150,000,000	5.수 도 광 열 비	150,000	
상 품 매 출	150,000,000		6.세 금 과 공 과 금	1,350,000	
Ⅱ.매 출 원 가		105,000,000	7.감 가 상 각 비	6,000,000	
상 품 매 출 원 가		105,000,000	8.보 험 료	500,000	
1.기초상품재고액	15,000,000		9.차 량 유 지 비	130,000	
2.당기상품매입액	116,300,000		10.소 모 품 비	150,000	
3.기말상품재고액	26,300,000		Ⅴ.영 업 이 익		22,070,000
Ⅲ.매 출 총 이 익		45,000,000	Ⅵ.영 업 외 수 익		850,000
Ⅳ.판매비와관리비		22,930,000	1.이 자 수 익	800,000	
1.급 여	12,000,000		2.잡 이 익	50,000	
2.복 리 후 생 비	1,500,000		Ⅶ.영 업 외 비 용		1,810,000
3.여 비 교 통 비	750,000		1.이 자 비 용	1,810,000	
4.통 신 비	400,000		Ⅷ.당 기 순 이 익		21,110,000

자료설명	다음은 혜원가구의 제2기(2024. 1. 1. ~ 2024. 12. 31.)의 손익계산서 자료이다.
수행과제	자료를 입력하시오.

입력 따라하기

비대면시험을 위한 프로세스 익히기
[회계] → [기초정보관리] → [전기분손익계산서]

1. '상품매출원가'는 보조화면을 통해 입력한다. 기말상품재고액의 경우 전기분재무상태표에 입력이 되면 그 금액이 자동 반영된다. 따라서 보조화면에서는 기초상품재고액과 당기상품매입액만을 입력한다.

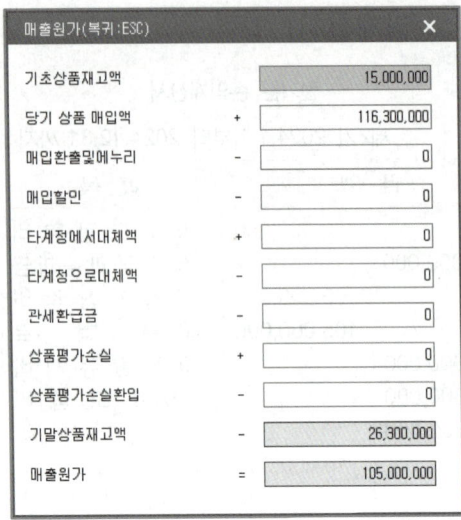

2. 입력 후에 당기순이익 일치 여부를 확인한다.

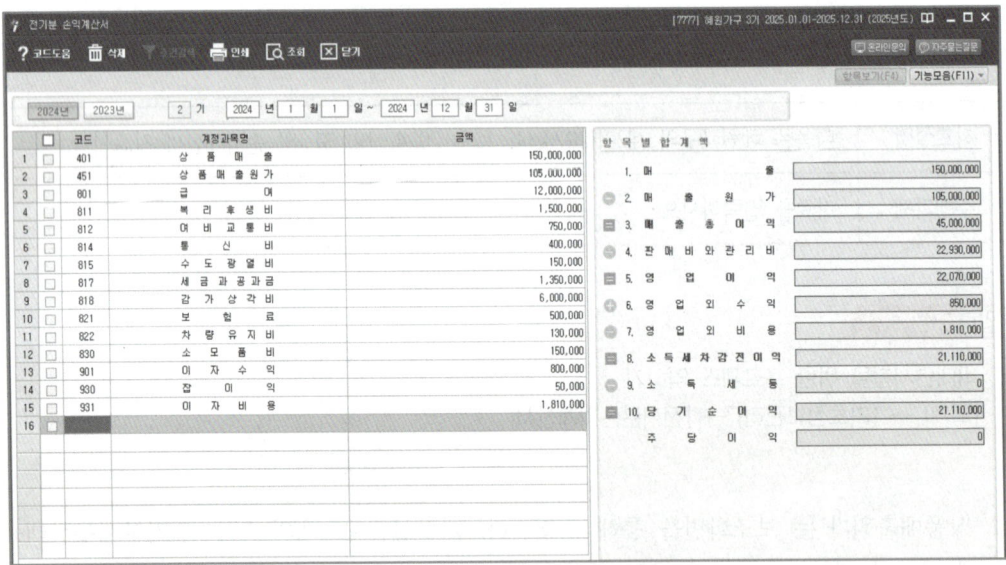

> **시험 따라잡기**
>
> 시험에서는 누락된 내용을 추가하거나 오류를 수정하는 형태로 출제
> 특히, 기말상품재고액이 누락되어 출제되는 경우에는 전기분손익계산서가 아닌 전기분재무상태표에 입력해야 함을 유의

7 거래처별 초기이월

[기초정보관리]의 마지막 연습 부분이다. [거래처별초기이월]은 채권이나 채무로 인한 거래처별 채권·채무 잔액을 관리하는 메뉴이다. 채권과 채무의 금액은 전기분재무상태표에서 자동 반영되기 때문에 채권·채무 잔액과 일치하며, 거래처등록이 선행되어야 한다.

코드	계정과목	전기분재무상태표	차 액	거래처합계금액	코드	거래처	금액
101	현금	30,000,000	30,000,000				
102	당좌예금	89,000,000	89,000,000				
103	보통예금	20,600,000	20,600,000				
107	단기매매증권	78,600,000	78,600,000				
108	외상매출금	29,000,000	29,000,000				
109	대손충당금	290,000	290,000				
110	받을어음	5,000,000	5,000,000				
146	상품	26,300,000	26,300,000				
201	토지	30,000,000	30,000,000				
208	차량운반구	30,000,000	30,000,000				
209	감가상각누계액	3,000,000	3,000,000				
212	비품	18,000,000	18,000,000				
213	감가상각누계액	4,000,000	4,000,000				
251	외상매입금	43,000,000	43,000,000				
252	지급어음	25,000,000	25,000,000				
253	미지급금	57,600,000	57,600,000				
293	장기차입금	31,506,000	31,506,000				
331	자본금	192,104,000	192,104,000				
	합 계						0
	차 액						30,000,000

수행과제 7. [거래처별 초기이월] 입력

계 정 과 목	거 래 처 명	금 액
당 좌 예 금	98000.국민은행(당좌)	89,000,000원
보 통 예 금	98100.신한은행(보통)	20,600,000원
외 상 매 출 금	01000.(주)주은가구	29,000,000원
받 을 어 음	01001.(주)준서가구	5,000,000원

1. 2024. 12. 1. 발행이며, 거래일자는 동일함. (자수, 약속어음)
2. 만기일자 2025. 12. 31.
3. 어음번호: 자가12345678

계 정 과 목	거 래 처 명	금 액
외 상 매 입 금	01003.(주)은정가구	22,000,000원
	01007.(주)주원가구	21,000,000원
지 급 어 음	01004.지영가구(주)	25,000,000원

※ 어음등록 사항
1. 수령일: 2024.1.1.
2. 어음종류: 1. 어음
3. 금융기관: 국민은행(당좌)
4. 시작어음번호: 자가 30000001
5. 매수: 10매

※ 지급어음 내용
1. 2024.1.1. 발행일자
   2025.6.30. 만기일자
2. 어음번호: 자가 30000001
3. 지급은행: 국민은행(당좌)

자료설명	혜원가구의 전기분 재무제표는 이월되지 않았다.
수행과제	계정과목에 대한 거래처별 초기이월사항을 입력하시오.

입력 따라하기

비대면시험을 위한 프로세스 익히기
[회계] → [기초정보관리] → [거래처별초기이월]

1. 상단의 '불러오기'를 클릭하여 전기분 재무상태표 메뉴에서 데이터를 불러온다.

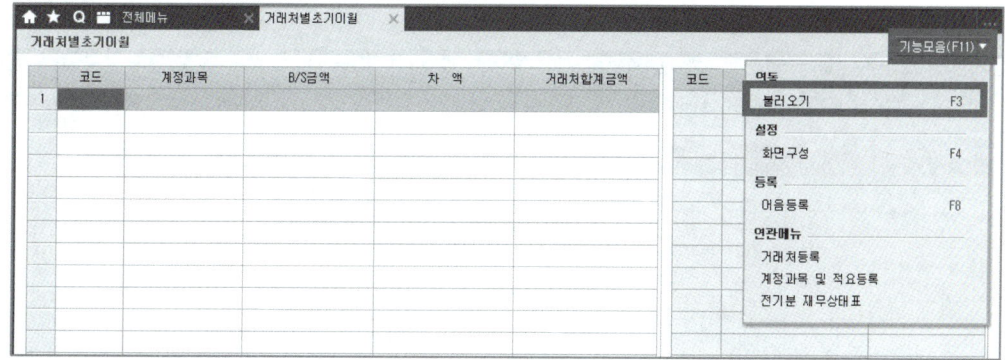

2. '당좌예금'을 선택한 후 클릭한 후에 화면 오른쪽에 거래처명과 금액을 입력한다. 각 거래처와 금액을 입력하여 금액이 일치하면 화면 하단의 차액이 '0'이 되며, 반드시 차액이 '0'이 됨을 확인한 후 다른 계정과목을 선택하면 된다.

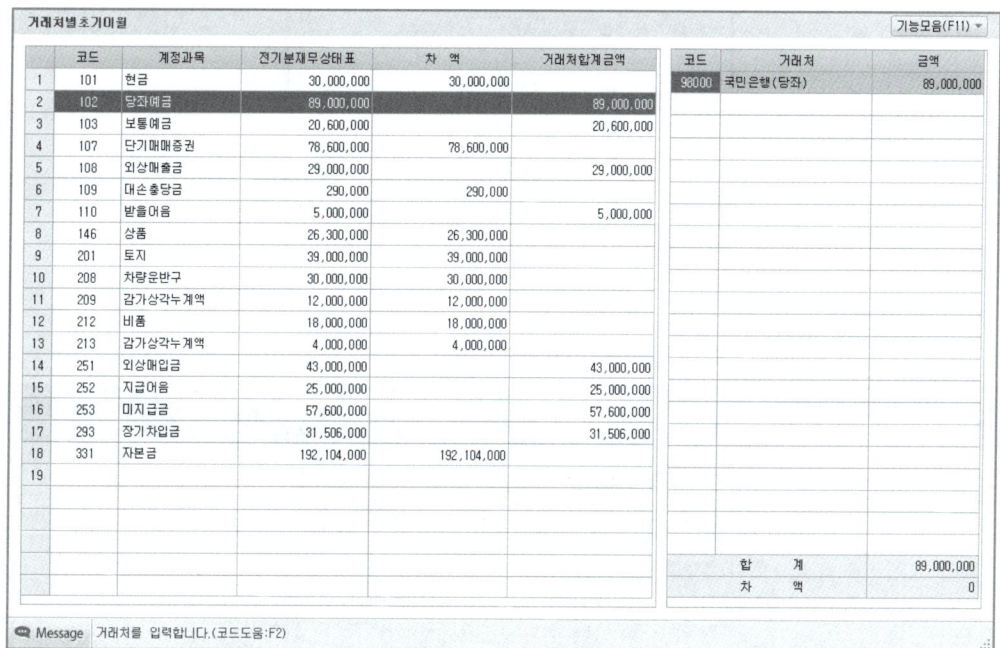

3. '받을어음'은 계정과목에 커서를 놓고 더블클릭하면 다음과 같은 화면이 나타나며, 주어진 자료를 입력해야 한다.

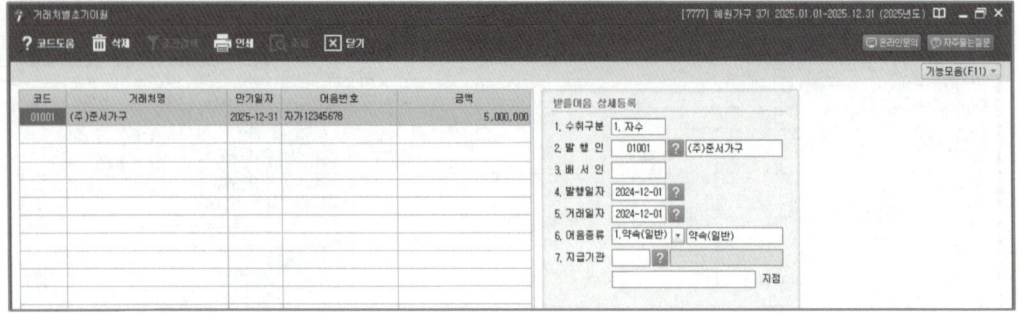

4. '지급어음'은 기능모음(F11) 의 '어음등록'에 관련 자료를 먼저 입력한다.

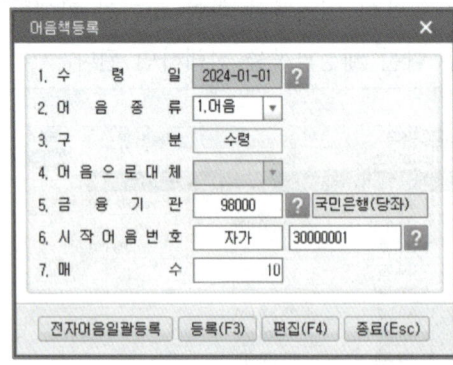

5. 어음번호를 조회(F2)하여 해당 어음번호를 선택한다.

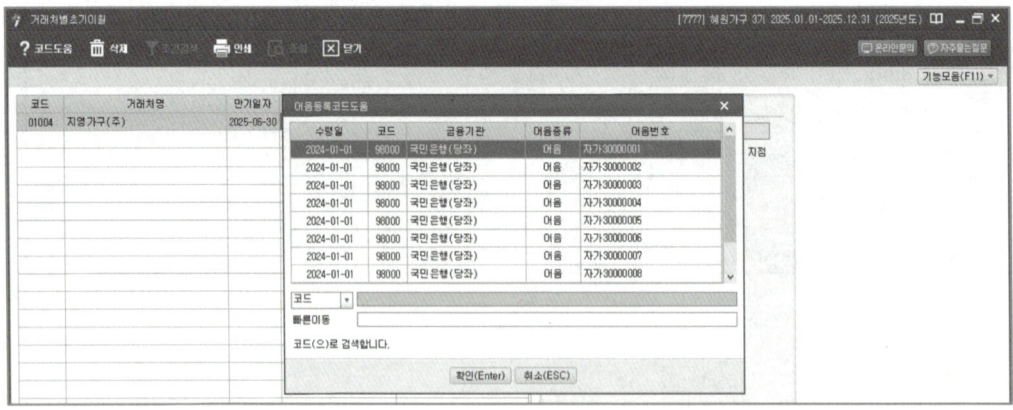

6. 금액과 기타 정보를 입력해야 한다.

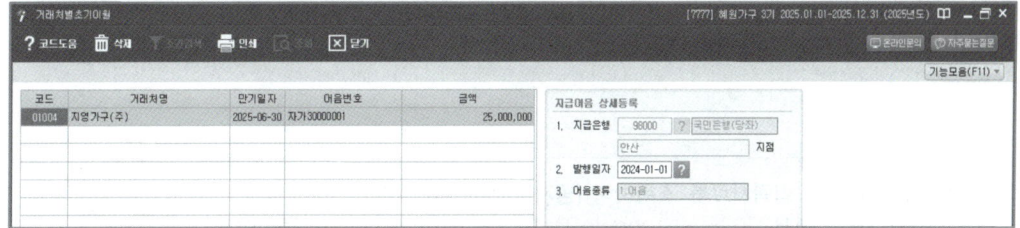

> **시험 따라잡기**
>
> 시험에서는 누락된 내용을 추가하거나 오류를 수정하는 형태로 출제

실무수행평가

|Accounting Technicians

- '혜원가구(8000)'의 입력자료를 조회하여 [평가문제]에 답하시오.
  (홈페이지 자료실에서 '2025 FAT2grade DB'를 다운받아 설치한 후 풀이할 것.)

번호	평가문제
1	평가문제 [회사등록 조회] 회사등록 내용 중 옳지 않은 것은? ① 사업자 등록 번호는 '134-12-11119'이다. ② 업태는 '도소매업'이다 ③ 혜원가구는 법인사업자이다. ④ 사업장세무서는 '동안산' 세무서이다.
2	평가문제 [거래처등록 조회] 거래처등록 내용 중 옳은 것은? ① 일반거래처 중 주민등록번호를 사용하는 거래처는 11곳이다. ② 금융거래처 중 보통예금 거래처는 1곳이다. ③ 금융거래처 중 당좌예금 거래처는 3곳이다. ④ 카드거래처는 2곳이다.
3	평가문제 [계정과목및적요등록 조회] 계정과목및적요등록 내용 중 옳지 않은 것은? ① '138.소액현금' 계정과목은 '검정색'으로 등록되어 있다. ② '811.복리후생비' 계정의 대체적요는 3개이다. ③ '945.수수료비용'은 '영업외비용'에 속한다. ④ '104.정부보조금'은 '103.보통예금'의 차감 계정이다.
4	평가문제 [재무상태표 조회] 2월 말 '장기차입금' 잔액은 얼마인가? (원)
5	평가문제 [재무상태표 조회] 2월 말 '외상매출금'의 장부금액은 얼마인가? ① 290,000원　　　　　　　　　　② 9,710,000원 ③ 10,000,000원　　　　　　　　　④ 28,710,000원
6	평가문제 [거래처원장 조회] 1월 말 '110.받을어음' 잔액이 있는 거래처코드를 기입하시오. ( )

평가문제풀이

번호	평가문제
1	**평가문제 [회사등록 조회]** 회사등록 내용 중 옳지 않은 것은? ① 사업자 등록 번호는 '134-12-11119'이다. ② 업태는 '도소매업'이다 ③ **혜원가구는 법인사업자이다.** ④ 사업장세무서는 '동안산' 세무서이다.
2	**평가문제 [거래처등록 조회]** 거래처등록 내용 중 옳은 것은? ① 일반거래처 중 주민등록번호를 사용하는 거래처는 11곳이다. ② 금융거래처 중 보통예금 거래처는 1곳이다. ③ 금융거래처 중 당좌예금 거래처는 3곳이다. ④ **카드거래처는 2곳이다.**
3	**평가문제 [계정과목및적요등록 조회]** 계정과목및적요등록 내용 중 옳지 않은 것은? ① **'138.소액현금' 계정과목은 '검정색'으로 등록되어 있다.** ② '811.복리후생비' 계정의 대체적요는 3개이다. ③ '945.수수료비용'은 '영업외비용'에 속한다. ④ '104.정부보조금'은 '103.보통예금'의 차감 계정이다.
4	**평가문제 [재무상태표 조회]** 2월 말 '장기차입금' 잔액은 얼마인가? (10,000,000원)
5	**평가문제 [재무상태표 조회]** 2월 말 '외상매출금'의 장부금액은 얼마인가? ① 290,000원 ② **9,710,000원** ③ 10,000,000원 ④ 28,710,000원
6	**평가문제 [거래처원장 조회]** 1월 말 '110.받을어음' 잔액이 있는 거래처코드를 기입하시오. (01001)

FAT 2급
Accounting Technicians

PART 02 회계정보관리

제1절 증빙관리
제2절 전표입력

02 회계정보관리

제2절 전표입력]과 [제3절 전표수정]에서 가능한 능력단위

분류번호: 0203020101_14v2

능력단위 명칭: 전표관리

능력단위 정의: 전표관리란 회계상 거래를 인식하고, 전표 작성 및 이에 따른 증빙서류를 처리 및 관리하는 능력이다.

능 력 단 위 요 소	수 행 준 거
0203020101_14v2.1 회계상 거래 인식하기	1.1 회계상 거래를 인식하기 위하여 회계상 거래와 일상생활에서의 거래를 구분할 수 있다. 1.2 회계상 거래를 구성 요소별로 파악하여 거래의 결합관계를 차변 요소와 대변 요소로 구분할 수 있다. 1.3 회계상 거래의 결합관계를 통해 거래 종류별로 구분하여 파악할 수 있다. 1.4 거래의 이중성에 따라서 기입된 내용의 분석을 통해 대차평균의 원리를 파악할 수 있다. 【지 식】 ○ 회계상 거래와 일상생활에서의 거래를 구분하는 지식 ○ 교환거래, 손익거래, 혼합거래 ○ 거래의 이중성 【기 술】 ○ 거래의 결합관계 구분 능력 ○ 다양한 거래 유형에 대한 구분 능력 ○ 거래를 장부에 기입·분석하는 능력 【태 도】 ○ 거래를 신속하고 정확하게 구분하려는 태도 ○ 거래에 대한 정확한 판단력
0203020101_14v2.2 전표 작성하기	2.1 회계상 거래를 현금거래 유무에 따라 사용되는 입금 전표, 출금 전표, 대체 전표로 구분할 수 있다. 2.2 현금의 수입 거래를 파악하여 입금 전표를 작성할 수 있다. 2.3 현금의 지출 거래를 파악하여 출금 전표를 작성할 수 있다. 2.4 현금의 수입과 지출이 없는 거래를 파악하여 대체 전표를 작성할 수 있다.

능력단위요소	수 행 준 거
	【지 식】 ○ 입금·출금·대체 전표에 대한 지식
	【기 술】 ○ 거래 유형별로 전표 작성 능력
	【태 도】 ○ 전표를 신속하고 정확하게 작성하려는 태도 ○ 거래 유형에 대한 정확한 판단력
0203020101_14v2.3 증빙서류 관리하기	3.1 발생한 거래에 따라 필요한 관련 서류 등을 확인하여 증빙여부를 검토할 수 있다. 3.2 발생한 거래에 따라 관련 규정을 준수하여 증빙서류를 구분·대조할 수 있다. 3.3 증빙서류 관련 규정에 따라 제 증빙자료를 관리할 수 있다.
	【지 식】 ○ 증빙서류 종류 ○ 증빙서류 관리 관련 규정
	【기 술】 ○ 증빙 서류를 처리하는 능력
	【태 도】 ○ 신속·정확성 ○ 판단력 ○ 증빙서류 관리 관련 규정을 준수하는 태도

TIP 제4절 결산에서 가능한 능력단위

분류번호: 0203020104_14v2

능력단위 명칭: 결산관리

능력단위 정의: 결산관리란 재무상태를 파악하기 위하여 재무상태표일 현재의 자산, 부채, 자본을 측정·평가하고 회계기간의 수익, 비용을 확정하여 재무성과를 파악함과 동시에 각 계정을 정리하여 장부를 마감하고 재무제표를 작성하는 능력이다.

능력단위요소	수행준거
0203020104_14v2.1 결산분개하기	1.1 회계 관련 규정에 따라 제반서류를 준비할 수 있다. 1.2 손익계정에 관한 결산정리사항을 분개할 수 있다. 1.3 자산·부채계정에 관한 결산정리사항을 분개할 수 있다. 【지 식】 ○ 기업실무에 적용되는 회계 관련 규정 ○ 계정과목에 대한 지식 【기 술】 ○ 계정과목별 명세서 작성 능력 ○ 계정과목 분류 능력 ○ 손익산정 능력 ○ 자산·부채에 대한 평가 능력 【태 도】 ○ 원활한 의사소통 자세 ○ 수리적 정확도를 기하려는 자세 ○ 회계 관련 규정 준수에 대한 의지
0203020104_14v2.2 장부마감하기	2.1 회계 관련 규정에 따라 주요장부를 마감할 수 있다. 2.2 회계 관련 규정에 따라 보조장부를 마감할 수 있다. 2.3 회계 관련 규정에 따라 각 장부의 오류를 수정할 수 있다. 2.4 자본거래를 파악하여 자본의 증감여부를 확인할 수 있다. 【지 식】 ○ 기업실무에 적용되는 회계 관련 규정 ○ 계정과목에 대한 지식 【기 술】 ○ 계정과목별 명세서 작성 능력 ○ 계정과목 분류 능력 ○ 손익산정 능력 ○ 자산·부채에 대한 평가 능력

능력단위요소	수 행 준 거
	【태 도】 ○ 수리적 정확도를 기하려는 자세 ○ 회계 관련 규정 준수에 대한 의지
0203020104_14v2.3 재무제표 작성하기	3.1 회계 관련 규정에 따라 재무상태표를 작성할 수 있다. 3.2 회계 관련 규정에 따라 손익계산서를 작성할 수 있다. 3.3 회계 관련 규정에 따라 자본변동표를 작성할 수 있다. 3.4 회계 관련 규정에 따라 현금흐름표를 작성할 수 있다. 3.5 회계 관련 규정에 따라 이익잉여금처분계산서를 작성할 수 있다. 3.6 회계 관련 규정에 따라 재무제표에 대한 주석사항을 표시할 수 있다.
	【지 식】 ○ 기업실무에 적용되는 회계 관련 규정 ○ 계정과목에 대한 지식 ○ 재무제표 상호연계성
	【기 술】 ○ 재무제표 작성과 표시 능력
	【태 도】 ○ 수리적 정확도를 기하려는 자세 ○ 회계 관련 규정 준수에 대한 의지

분류번호: 0203020105_14v2

능력단위 명칭: 회계정보 시스템 운용

능력단위 정의: 회계정보 시스템 운용이란 원활한 재무보고를 위하여 회계 관련 DB마스터 관리, 회계프로그램 운용, 회계정보를 활용하는 능력이다.

능력단위요소	수 행 준 거
0203020105_14v2.2 회계프로그램 운용하기	2.3 회계프로그램 매뉴얼에 따라 기간별·시점별로 작성한 각종 장부를 검색·출력할 수 있다. 2.4 회계프로그램 매뉴얼에 따라 결산 작업 후 재무제표를 검색·출력할 수 있다.
	【지 식】 ○ 회계프로그램 운용 ○ 회계순환과정 ○ 각종 회계장부 ○ 재무제표
	【기 술】 ○ 해당 거래에 대한 회계처리 능력 ○ 회계프로그램 활용 능력
	【태 도】 ○ 적극적인 협업 태도 ○ 회계 관련 규정 준수 태도
0203020105_14v2.3 회계정보 활용하기	3.1 회계 관련 규정에 따라 회계정보를 활용하여 재무 안정성을 판단할 수 있는 자료를 산출할 수 있다. 3.2 회계 관련 규정에 따라 회계정보를 활용하여 수익성과 위험도를 판단할 수 있는 자료를 산출할 수 있다. 3.3 경영진 요청 시 회계정보를 제공할 수 있다.
	【지 식】 ○ 재무제표 및 재무분석 ○ 재무안정성비율, 수익성비율
	【기 술】 ○ 회계프로그램 활용 능력 ○ OA 관련 프로그램 활용 능력
	【태 도】 ○ 적극적인 협업 태도 ○ 회계 관련 규정 준수 태도

제2장에서는 제1장의 '기초정보관리'에 이어 '회계정보처리'에 대해 설명하기로 한다. 'FAT2급' 자격시험에서는 전표입력, 전표수정, 결산으로 구분하여 출제되며 다음과 같이 구성된다.

거래자료입력	적격증빙의 이해	• 증빙에 의한 전표입력 ➔ 간이영수증, 신용카드영수증, 현금영수증, 보험료영수증, 자동차세영수증, 전기요금영수증 등
	어음에 의한 자금관리	• 약속어음 수취거래(자금관리) • 약속어음 발행거래(자금관리)
	통장거래정리	• 통장사본에 의한 거래입력 • 통장잔액확인 등
	상품의 매입 및 매출	• 재고자산의 매입과 매출 거래입력
	유·무형자산 관련	• 유·무형자산의 구입 • 유·무형자산의 매각
	기타 일반거래	• 단기매매증권구입 및 매각 • 대손의 발생과 설정 • 출장비 정산, 급여지급, 임차료지급, 운반비지급, 계약금지급, 계약금입금, 가지급금, 가수금, 예수금, 사회보험지급, 인출금 거래
전표수정	입력자료수정	거래처변경, 계정과목변경, 일자변경, 금액수정
결 산	수동결산	• 손익의 예상과 이연 • 기타 결산정리사항
	자동결산	결산자료입력에 의한 자동결산 ➔ 상품매출원가, 감가상각비, 대손상각비등

'거래자료입력' 중 적격증빙의 이해, 어음에 의한 자금관리, 통장거래관리에 의한 학습은 그 동안 교육용 프로그램에서 다루지 않았던 부분이다. 따라서 제1절에는 특히 증빙관리에 대해 집중적으로 설명하고, 제2절에서는 '전표입력 및 수정', 제3절에서는 '결산'에 대해서 설명하기로 한다.

제1절 _ 증빙관리

 2001년 1월 1일 이후부터 경비지출내역의 투명성을 확보하고 거래상대방 사업자의 과세표준을 양성화하여 세제 및 세정의 정상화를 위해 정규 지출증빙 수취의무 규정을 도입하게 되었다.
 이러한 의무규정에 의해 회사는 세금계산서, 계산서, 신용카드매출전표 등 법적으로 정한 정규증빙 또는 기타의 증빙으로 거래사실을 입증해야 비용으로 인정받을 수 있다.
 한국공인회계사회 주관 'AT 자격시험'에서는 증빙서류에 대한 중요성을 인식하고 실무시험에 도입키로 하였으며, 본서에서도 그 점을 충분히 반영하여 다루고자 한다.
 본 장에서는 회계실무자 및 책임자가 회계업무의 효율적인 관리를 위하여 법적으로 정한 정규증빙 또는 기타의 증빙에 대해 이해하고, 증빙서류를 통한 전표처리 방법을 익힌다.

1 증빙의 종류

 세법에서 요구하는 증빙의 종류에는 사업자와의 거래를 통한 세금계산서나 계산서, 신용카드매출전표 등 법적으로 정한 정규증빙과 청첩장/부고장 등 기타 거래 증빙 또는 회사 내부에서 사용하는 서식과 규정이 회사의 비용이 적정히게 쓰였다는 것을 확인하는 객관적인 서류가 있다.

가. 영수증의 종류

 영수증에는 세법에서 인정하는 세금계산서, 계산서, 신용카드매출전표, 현금영수증 등 정규 영수증과 정규 영수증은 아니나 실무에서 사용하는 지로 영수증, 거래 명세서, 간이 영수증, 일반 영수증, 입금표 등이 있다.
 여기에서 정규영수증이란 세금계산서, 계산서, 신용카드매출전표, 현금영수증 등을 말하며 정규영수증 발급 내용은 전부 국세청 전산시스템으로 연계되어 매출자의 매출신고 내용 및 매입자의 비용 정당성 여부를 동시에 통제 할 수 있다. 이는 매출신고 누락 및 가짜비용 처리를 철저히 관리하는 것이다.
 다만 비용 중에서 정규영수증을 수취할 수 없는 경우(세금납부 등 세금계산서 교부 대상이 아닌 국가기관, 비영리법인 등에 지출한 것)및 납세자의 편의를 위해 건당 거래금액이 3만원이하의 소액 거래에 대하여는 예외 규정을 두고 있다.

1) (전자)세금계산서

전자세금계산서 (공급자 보관용)   승인번호

공급자	등록번호	220-81-03217			공급받는자	등록번호	305-81-22359		
	상호	(주)케이마이크	성명(대표자)	김강우		상호	(주)영우물류	성명(대표자)	김영우
	사업장주소	서울특별시 강남구 강남대로 252 (도곡동)				사업장주소	경기도 용인시 기흥구 강남동로 912		
	업태	도소매업	종사업장번호			업태	도소매업	종사업장번호	
	종목	마이크				종목	생활용품		
	E-Mail	gangwoo@bill36524.com				E-Mail	youngwoo@bill36524.com		

작성일자	2025.10.21.	공급가액	200,000	세 액	20,000

비고

월	일	품목명	규격	수량	단가	공급가액	세액	비고
10	21	BTS 마이크		2	100,000	200,000	20,000	

합계금액	현금	수표	어음	외상미수금	이 금액을	○ 영수 ● 청구	함
220,000				220,000			

전자세금계산서 (공급받는자 보관용)   승인번호

공급자	등록번호	211-81-10539			공급받는자	등록번호	220-81-03217		
	상호	(주)코아소프트	성명(대표자)	이수린		상호	(주)케이마이크	성명(대표자)	김강우
	사업장주소	서울특별시 서대문구 독립문로8길 120				사업장주소	서울특별시 강남구 강남대로 252 (도곡동)		
	업태	서비스업	종사업장번호			업태	도소매업	종사업장번호	
	종목	소프트웨어				종목	마이크		
	E-Mail	soorin@bill36524.com				E-Mail	gangwoo@bill36524.com		

작성일자	2025.11.7.	공급가액	1,600,000	세 액	160,000

비고

월	일	품목명	규격	수량	단가	공급가액	세액	비고
11	7	소프트웨어				1,600,000	160,000	

합계금액	현금	수표	어음	외상미수금	이 금액을	○ 영수 ● 청구	함
1,760,000				1,760,000			

전자세금계산서는 원칙적으로 전자세금계산서 양식을 사용하여야 하나 영수증에 공급가액과 부가가치세가 구분되어 기재되어 있고, 공급받는 자의 사업자등록번호가 표시되어 있는 전화요금이나 전기요금청구서, 지로영수증 등은 세금계산서로 분류하여 부가가치세는 공제를 받을 수 있다.

① 지출증빙 서류로 보지 아니하는 세금계산서
㉮ 다른 사업자 명의 교부
㉯ 미등록 사업자 교부
㉰ 간이과세자 교부

② 분류 및 보관
세금계산서로 분류되는 영수증은 기타 영수증과는 별도로 철하여 보관한다.
매출 세금계산서와 매입 세금계산서를 분리하여 일자순으로 구분한다. 세금계산서로 분류되는 전화요금 청구서, 전기요금 청구서, 지로 영수증 등은 전표와 같이 정리한다.

2) (전자)계산서

	전자계산서			(공급자 보관용)		승인번호		
공급자	등록번호	220-81-03217			공급받는자	등록번호	209-81-10220	
	상호	(주)케이마이크	성명(대표자)	김강우		상호	(주)모두다마트	성명(대표자)	이수빈
	사업장주소	서울특별시 강남구 강남대로 252 (도곡동)				사업장주소	서울특별시 서대문구 충정로7길 19-7	
	업태	도소매업	종사업장번호			업태	도소매업	종사업장번호
	종목	마이크				종목	잡화외	
	E-Mail	gangwoo@bill36524.com				E-Mail	soobin@naver.com	
작성일자	2025.8.24.	공급가액	1,100,000	비고				

월	일	품목명	규격	수량	단가	공급가액	비고
8	24	상품		100	11,000	1,100,000	

합계금액	현금	수표	어음	외상미수금	이 금액을	○ 영수 / ● 청구	함
1,100,000				1,100,000			

전자계산서 (공급받는자 보관용)

	공급자					공급받는자			
등록번호	211-96-78907				등록번호	110-86-10018			
상호	수수학원	성명(대표자)	이혜원		상호	(주)전진바스	성명(대표자)	전영율	
사업장주소	서울특별시 강남구 논현로 406 (역삼동, 다영빌딩)				사업장주소	서울특별시 서대문구 충정로7길 29-8 (충정로3가)			
업태	교육서비스업	종사업장번호			업태	도소매업	종사업장번호		
종목	학원				종목	욕실용품외			
E-Mail	lee@hanmail.net				E-Mail	happy@naver.com			

| 작성일자 | 2025.5.31. | 공급가액 | 300,000 | 비고 | |

월	일	품목명	규격	수량	단가	공급가액	비고
5	31	세법 바로알기		2명	150,000	300,000	

합계금액	현금	수표	어음	외상미수금	이 금액을	○ 영수 함
300,000				300,000		● 청구

면세재화 또는 용역의 매입과 관련하여 정규증빙으로서 효력을 갖는 계산서는 소득세법 및 법인세법에 의하여 적법하게 교부된 계산서를 의미하며 필요적 기재사항의 전부가 기재되어 있는 계산서를 말한다. 회계실무자는 면세사업자로부터 교부받은 계산서(세액난이 없고, 공급 받는 자의 사업자 등록번호가 기재된 것)를 세금계산서와 별도로 구분하여 보관하여야 하며 부가가치세 신고기한 전 세무사사무소에 제출하여야 한다.

3) 신용카드 매출전표

신용카드매출전표

가 맹 점 명	(주)전진바스
사업자번호	110-86-10018
대 표 자 명	전영율
주 소	서울특별시 서대문구 충정로7길 29-8 (충정로3가)

국 민 카 드	신용승인
거 래 일 시	2025-6-23 13:08:04
카 드 번 호	5123-1234-****-65**
가맹점번호	45451124
매 입 사	국민카드(전자서명전표)
품 명	바테

공 급 가 액	5,500,000원
부가가치세	550,000원
합 계	6,050,000원

다음에 해당하는 증빙을 보관하고 있는 경우에는 신용카드 매출전표를 수취하고 보관하고 있는 것으로 본다.

구 분	내 용
법인카드 (FAT 2급은 해당사항 없음)	법인의 신용으로 발급되며 카드에 법인의 이름만 기재되고 법인계좌에서 출금되며 법인의 임직원이 공용으로 사용할 수 있는 카드
직불카드 및 체크카드	직불카드회원과 신용카드 가맹점간에 전자 또는 자기적 방법에 의하여 금융거래계좌에 이체하는 등의 방법으로 물품 또는 용역의 제공과 그 대가의 지급을 동시에 이행할 수 있도록 신용카드업자가 발행한 증표
백화점 카드	기획재정부 장관으로부터 신용카드업의 허가를 받은 백화점 운용 사업자가 발행하여 금융기관을 통하여 이용대금을 결제하는 카드
선불카드	신용카드업자가 대금을 미리받고 이에 상당하는 금액을 전자 또는 자기적 방법으로 기록하여 발행한 증표로서 그 소지자의 제시에 따라 신용카드 가맹점이 그 기록된 범위 내에서 물품 또는 용역을 제공할 수 있도록 한 카드

업무와 관련하여 회사직원이 자기명의로 신용카드를 사용한 경우에도 적법한 영수증으로 인정된다. 단 1만원을 초과하는 기업업무추진비의 경우에는 개인명의 신용카드를 손금으로 인정하지 아니하므로 전액 손금불산입 하여야 한다. 다만 직원이 업무와 관련하여 사용하고 손금으로 인정받은 경우에는 근로자 본인의 신용카드 소득공제는 받을 수 없으며 복리후생비, 여비교통비는 3만원을 초과하여도 정규영수증으로 인정할 수 있다.

4) 현금영수증

```
            **현금영수증**
             (지출증빙용)

사업자등록번호 : 112-08-51230 명동건
사 업 자 명 : 동건수산
가 맹 점 주 소 : 서울특별시 서대문구 충정로7길 30

현금영수증 회원번호
220-81-03217 (주)유민물류
승인번호        : 45457878    (PK)
거래일시        : 2025년 3월 20일
-----------------------------------------
공급금액                        80,000원
부가세금액                        8,000원
총합계                          88,000원
-----------------------------------------
휴대전화, 카드번호 등록
http://현금영수증.kr
국세청문의(126)
38036925-GCA10106-3870-U490
     《《《《《《이용해 주셔서 감사합니다.》》》》》》
```

현금영수증을 지출증빙으로 사용하기 위해서는 현금영수증 홈페이지에 법인카드, 사업자등록번호 등을 등록하고 금액에 관계없이 현금영수증을 발행할 수 있으며, 사업자는 현금영수증을 5년간 보관하여야 한다. 또한 현금영수증은 신용카드 매출전표와 같이 정규 지출증빙으로 인정된다.

나. 영수증의 보관

소규모 기업이 업무간소화를 위해 전표를 발행하지 않고 지출에 관한 내용 및 증빙서류만을 보관하기 위한 서식으로 중요한 지출에 대해 대표이사 또는 총무이사가 집행, 관리하고 일반경비 지출에 대하여 회계책임자가 관리자의 결제를 얻기 위해 사용하며 그 뒷면에 영수증 등을 첨부하여 보관하며, 다음 사항으로 구분한다.

1) 세금계산서는 별도로 구분하여 보관한다.
2) 전기·전화·지로영수증 중 세금계산서를 대신할 수 있는 경우에는 세금계산서 규격의 백지에 첨부하여 세금계산서와 같이 보관한다.
3) 신용카드 매출전표 및 현금영수증 중 그 매입세액을 공제받을 수 있는 것은 별도로 구분한다.
4) 공급 받는 자의 사업자등록번호가 기재된 계산서는 별도로 구분하여 부가가치세 신고

전 세무사 사무소에 세금계산서와 같이 제출한다.
5) 부가가치세 신고 시 매출세금계산서가 누락되거나 이중 제출 되지 않도록 유의한다.
6) 대표자의 개인용도 지출에 관한 내용은 별도로 정리하며, 세무사사무소에 인계하지 않는다.
7) 거래명세서는 별도로 보관한다.
8) 매입세액을 공제 받을 수 없는 신용카드 매출전표는 신용카드 대금이 실제 결제된 날 지출결의서를 작성하고 지출결의서에 첨부한다.

반면에, 법인은 모든 거래에 관한 증빙서류를 법인세 신고기한이 경과한 날부터 5년간 보관한다. 그리고 부가가치세 신고와 관련한 세금계산서, 계산서 및 신용카드 매출전표, 현금영수증 중 매입세액을 공제받을 수 있는 것은 별도로 구분하여 보관하며 법인에 대한 구체적인 증빙관리는 본서에서 다루지 않기로 한다.

2. 정규영수증 수취 특례

구 분	내 용
정규영수증 수취 제외대상	▪ 비영리법인(조합비, 협회비, 기부금) ▪ 국가 및 지방단체(각종 세금과 공과금, 벌과금 등) ▪ 금융보험업을 영위하는 법인 (보증보험료, 어음할인료, 대출이자, 할부이자, 송금수수료, 환전수수료, 신용카드 수수료, 보험료, 리스료, 증권회사 수수료, 투자자문 수수료, 손해사정 수수료 등) ▪ 읍/면 지역에 소재하는 간이과세자로서 신용카드가맹점이 아닌 사업자 (간이영수증 수취 가능) ▪ 국내사업장이 없는 외국법인(기술도입료)
정규영수증 수취 제외거래	▪ 20만원이하 거래처 경조사비 ▪ 거래 건 당 공급대가(부가세 포함)가 3만원이하인 거래 ▪ 공급대가가 3만원 초과 거래이나 지출증빙 수취특례에 해당하는 거래 - 방송 용역 제공받은 경우 - 부가통신사업자로부터 부가통신역무를 제공받은 경우 - 국외에서 공급받은 경우 - 공매·경매 또는 수용에서 공급받은 경우 - 주택임대 용역 공급받은 경우 - 금융보험 용역을 제공받은 경우 - 국세청장이 고시한 입장권, 승차권, 승선권 - 전세금, 임대보증금에 대한 부가세액을 임차인이 부담하는 경우 - 계약 등에 의해 확정된 대가의 지급지수로 연체이자를 지급하는 경우 - 철도의 여객운송 용역을 공급받는 경우 - 유료도로를 이용하고 통행료를 지급하는 경우 등
개인으로부터 일용 노무를 제공받는 경우	▪ 잡급으로 처리하여 송금영수증, 작업일지(일용노무비대장 등) 주민등록증사본 등을 징수하고 일당 10만원을 초과하는 경우 근로소득세를 원천 징수하여 그 징수일의 다음달 10일까지 납부한다.
정규영수증 미수취 거래	▪ 3만원을 초과하는 지출의 경우 세금계산서로 수취하거나 신용카드로 결제한다. ▪ 단 3만원을 초과하는 지출로서 영수증을 수취할 수 없는 부득이한 경우 금융기관을 통하여 송금하고 송금 영수증을 보관하면 경비로 인정받을 수 있지만 증빙불비가산세(거래금액의 100분의 2)는 부담해야 한다.

3 계정과목별 지출증빙

구분		내용
급여		급여대장(잡급인 경우 일용노무비 지급대장)을 작성하고, 지급명세서(근로소득원천징수영수증)를 관할 세무서에 제출한다.
복리후생비	식대보조금	식사대신 매월 식대를 지급하는 경우 월 10만원 이내는 원천징수하지 않고, 별도의 증빙 없이 복리후생비로 처리한다.
	국민연금, 건강보험, 고용보험, 사용자부담금	정규영수증 수취대상이 아니며, 납부 영수증을 증빙으로 보관한다.
	종업원선물	명절, 야유회, 창립기념일에 직원들에게 선물을 지급하기 위하여 구입하는 선물은 정규영수증 수취대상으로 거래 건 당 3만원을 초과하는 경우 세금계산서나 신용카드로 결제해야 한다.
	경조사비	사회통념상 경조사비는 정규증빙서류 수취대상이 아니나 지출결의서, 초대장, 청첩장, 부고장 등 해당 사실을 입증할 수 있는 자료를 보관해야 한다.
	피복비(단체복)	피복 구입의 경우 정규증빙 서류를 수취해야 하며 그 매입세액은 공제된다.
	동호회 활동비	복리후생비로 손금으로 인정되나 지출의 상대방이 사업자인 경우 거래금액이 3만원을 초과 시 정규증빙 서류를 수취해야 한다.
	시상금, 포상금	시상금을 지급받는 임직원의 근로소득으로 처분하므로 별도의 지출증빙서류가 필요하지 않다.
	사내행사비	행사비용에 대한 거래 상대자가 사업자인 경우 정규 증빙을 수취하고 사업자가 아닌 경우(민박, 어선대여료)에도 거래사실(송금증, 입장권, 승차권, 승선권 등)을 입증해야 한다.
	학자금 보조액	근로소득으로 처분하여 급여에 합산하므로 정규증빙수취에 해당하지 아니한다.
여비교통비	시내교통비	영수증 수취가 현실적으로 어려운 경우 사내지급규정에 따라 사내여비교통비 지출일지 등을 작성한다. 또 교통카드를 주기적으로 충전하여 사용할 수 있다.(필요시 교통카드 사용일지 작성)
	국내출장비	교통비, 숙박비, 식대 등 거래 건 당 3만원을 초과한 지출 금액에 대하여 정규영수증을 수취하지 않은 경우 증빙서류 미수취가산세가 적용된다.
	해외출장비	지출건별로 증빙을 수취해야하며 항공료와 외국에서 발생한 거래는 출장지의 영수증을 지출증빙으로 할 수 있다. 단, 해외출장여비 일정 금액을 조건 없이 지급하는 경우 이는 해외근로에 따른 수당으로 간주되며 해당직원에 대한 급여로 처리한다.
임차료	부동산 임차료	임대사업자가 법인 또는 일반과세자인 경우 정규영수증을 수취하고 간이사업자인 경우 간이 영수증을 수취하고 그 대금은 금융기관을 통하여

구분		내용
		지급하여야 한다. 이 경우 법인세 신고 시 송금사실을 기재한 경비 등의 송금명세서를 법인세과세표준 신고서에 첨부하여 제출한다.
	리스료	시설대여업자(리스회사)에게 지급하는 리스료는 금융 용역에 대한 대가이므로 해당 리스사에서 발행한 영수증을 보관 한다.
기업업무 추진비	기업업무추진비	1회에 지출한 현금 접대비 중 3만원초과는 정규증빙으로 증빙하여야 한다. 법인의 경우 법인카드만 인정되며 임직원 개인카드의 사용은 인정되지 아니함. 단, 개인 소득세의 경우 가족 및 종업원 카드사용 인정
	상품권	상품권은 신용카드를 사용해야 기업업무추진비로 인정받는다.
	거래처 경조사비	20만원 이하인 경우 청첩장, 관련 기안 등으로 증빙 가능하며, 20만원 초과 시 정규증빙으로 증빙하여야 한다.
	약정에 의한 채권포기액	채권의 전부 또는 일부를 포기하는 경우에 이를 대손금으로 보지 않고 기부금 또는 기업업무추진비로 본다.
수수료 비용	금융기관	금융기관에서 발행하는 영수증 등을 수취한다.
	전문인적용역	① 과세사업자인 세무사, 변호사, 법무사 등이 제공하는 용도는 부가세 과세대상이므로 세금계산서를 수취한다. ② 면세사업자인 인세, 번역료, 강연료 등은 사업소득으로 그 지급액의 3%에 상당하는 사업소득세를 원천징수하여 납부한다. ③ 개인사업자는 기타 소득세를 원천징수한다.
	기술도입료	기술도입비용(Royalty)은 원천징수대상 소득이므로 정규증빙서류 수취대상이 아니다.
세금과공과금		세금과공과금은 영수증을 증빙서류로 수취하여 보관한다.
차량유지비		유류대, 수리비, 세차비, 주차료 등 건당 지출금액이 3만원을 초과하는 것은 정규영수증을 수취하고 차량보험료, 통행료 등은 해당 영수증을 수취하여 보관한다. 또 월 20만원 이내의 자가운전보조금은 근로소득세를 과세하지 않는다.
광고선전비		광고선전비란 제품 등의 판매촉진이나 기업이미지 제고 등을 위하여 불특정 다수를 상대로 각종 매체를 통하여 홍보하는 비용을 말하며 정규영수증 수취대상이다.
교육훈련비		사내강사의 경우 근로소득에 합산하여 근로소득세를 원천징수한다. 학원에 소속된 외부강사의 경우에는 학원으로부터 계산서를 수취한다.
통신비		사업자 명의로 가입한 전화요금, 휴대폰 사용료 등은 매입세금계산서로 분류하여 매입세액을 공제받을 수 있다. 또 직원이 소유한 휴대폰의 업무상 사용요금 지원비는 통신비 지급 규정을 만들고 통신보조금에 때한 직원 개인별 통신비 영수증을 수취한다.
판매수수료		직원에게 판매수수료를 지급한 경우 급여에 포함하여 근로소득세를 징수하고 사업설비를 갖춘 사업자에게는 부가세가 과세되므로 세금계산서를 수취한다.
운반비 및 외주가공비		1) 운반비는 정규영수증을 수취하여야 하나 상업서류송달용역을 제공받

구분	내용
	는 경우(DHL, Ups, Fedex)를 제외하고, 간이과세자로부터는 간이영수증을 수취 → 금융기관을 통하여 송금한 다음 법인세 과세표준신고서에 송금사실을 기재한 경비 등의 송금명세서를 관할세무서장에게 제출한다. 2) 외주가공비는 법인 또는 일반 과세자로부터 세금계산서를 교부 받고 간이과세자나 미등록사업자로부터는 금융기관을 통하여 송금하고 경비 등의 송금명세서를 제출한다.
기부금	기부를 받은 단체로부터 기부금영수증을 받아서 보관한다.

4 급여관리

급여성 지출은 소득세법의 규정에 의하여 근로소득세를 원천징수하여 납부하기 때문에 지출 증빙서류 수취 대상이 아니며 그에 대한 증빙으로 급여대장(잡급인 경우 일용 노무비 지급대장)을 작성하고 지급명세서(근로소득원천징수영수증)를 관할 세무서에 제출한다. 본서에서는 소득세법에 대한 설명이 이루어지지 않지만, 중요한 업무 중 하나이다.

> **Key Point**
> 자격시험에서는 근로소득세 등 각종 예수금을 별도로 구분하지 않고 '예수금'으로 처리하고 있음

5 어음에 의한 자금관리

약속어음은 발행인이 기재한 약속에 따라 다른 사람에게 장래에 정해진 날짜 또는 그 사람이 요구하는 날짜에 일정 금액을 지급할 것을 약속하는 단기 신용증서로, 기업의 영업활동 등에서 사용되고 있기 때문에 어음에 의한 자금관리는 실무에서 반드시 알아두어야 할 내용이다. 약속어음을 수취하거나 발행하였을 때 회계처리에 관해서는 앞서 이론에서 자세히 설명한 바 있고 본 장에서는 약속어음(전자어음)의 양식을 통하여 주요 사항을 정리해 보고자 한다.

한편 회계환경의 변화로 인하여 새롭게 등장한 '전자어음'은 약속어음을 인터넷상에서 이용할 수 있도록 전자화된 어음으로 [전자어음의 발행 및 유통에 의한 법률]에 의하여 전자문서로 작성되어 발행. 배서. 결제되는 지급수단을 의미하며 회계처리는 기존의 약속어음과 동일하다. 전자어음번호는 어음 발행시 순차적으로 부여하며 20자리로 구성되어 있으며 번호 구성은 다음과 같다.

000(3자리)	yyyymmdd(8자리)	nnnnnnnn(8자리)	D(1자리)
은행코드	발행일자	일련번호	체크디지트

다음은 약속어음(전자어음)의 양식이며 주요내용은 설명한 바와 같다.

전 자 어 음

(주)세원유통 귀하   00420250520123456789

금   오백오십만원정   5,500,000원

위의 금액을 귀하 또는 귀하의 지시인에게 지급하겠습니다.

지급기일 2025년 7월 20일   발행일 2025년 5월 20일
지 급 지 국민은행   발행지 경기도 수원시 팔달구
지급장소 수원지점   주 소 매산로 1-8 (매산로1가)
                              발행인 (주)수아가구

약속어음의 수취 및 발행에 대한 회계처리는 이미 이론에서 숙지하였으며, 분개는 '일반전표입력' 메뉴에서 입력하게 된다. 전표입력은 제2절에서 자세히 설명하기로 하고 우선 어음에 의한 자금관리 방법을 알아보도록 하자.

일반전표입력 메뉴에서 받을어음(지급어음)과 금액을 입력한 후에 'F3(자금관리)'를 클릭하면 화면 아래에 받을어음(지급어음) 관리창이 보이게 되며, 어음에 관한 자세한 내용을 입력하면 된다. 이렇게 입력된 내용은 [금융/자금관리]의 '받을어음현황'과 '지급어음현황'에서 자동으로 집계하면 제3장의 [회계정보분석]과 연결된다.

6 통장거래정리

대부분의 기업에서는 각 은행에 보통예금 또는 당좌예금 등을 개설하고 통장 입·출금 내역을 통하여 회계처리를 하고 있다. 따라서 다음과 같이 통장사본으로 거래 내용을 입증하고 있으며 자세한 회계처리방법은 제2절 전표입력에서 다루기로 한다.

번호	거래일	내 용	찾으신금액	맡기신금액	잔 액	거래점
		계좌번호 751-41-073757		(주)해미가구		
1	2025-6-17	우리카드	770,000		***	***

제2절 _ 전표입력

회계순환과정	거래의 인식(식별) → 분개 (분개장) → 총계정원장 → 수정전시산표 → 결산수정분개 → 수정후시산표 → 재무제표작성 (장부마감)

회계가 전산화된 환경에서는 회계담당자가 분개를 입력함으로써 총계정원장의 전기를 시작으로 재무제표 작성까지 자동으로 이루어지는 장점이 있다.

따라서 회계 상의 거래를 식별하여 분개하는 과정은 상당히 중요하다고 볼 수 있다. 회계 프로그램을 이용할 경우 [전표입력]이라는 작업을 통해서 분개를 입력하게 된다.

1 거래 자료의 입력

일반전표입력은 부가가치세와 관련이 없는 일반 거래를 입력하는 곳이다. 일반전표는 출금전표와 입금전표 그리고 대체전표로 구분되어 진다.

전표의 종류	입력 내용	TY	표시	자동입력
출금전표	(차) 차변항목 000 / (대) 현금 000	1	출	(대)현금
입금전표	(차) 현금 000 / (대) 대변항목 000	2	입	(차)현금
대체전표	(차) 현금의 입. 출금이 없는 거래의 차변항목	3	차	-
	(대) 현금의 입. 출금이 없는 거래의 대변항목	4	대	-
	(차) 결산 자동분개시 차변항목	5	결차	-
	(대) 결산 자동분개시 대변항목	6	결대	-

가. [전표입력/장부]의 [일반전표입력]을 선택한다.

나. '월'과 '일'을 입력한다.

☞ '일'을 입력하지 않으면 해당 월의 전체 거래를 입력할 수 있음

다. 전표 종류를 선택하여 순서대로 입력한다.

□	일	번호	구분	코드	계정과목	코드	거래처	적요	차변	대변

☞ 전표종류(입금, 출금, 대체 중 선택) → 전표번호(자동부여) → 계정과목 코드 (코드에 커서 위치한 후, 계정과목 중 한글 두 글자 입력하여 선택) → 거래처 코드 (코드에 커서 위치한 후, 거래처명 중 한글 두 글자 입력하여 선택) → 적요입력(시험에서는 생략가능) → 차대변 (해당란에 금액 입력)
☞ 채권. 채무, 금융기관 거래처는 반드시 코드번호를 입력해야 거래처원장에 반영!

수행과제 8. 거래자료입력

- '혜원가구(8100)'의 입력자료 및 자료설명을 참고하여 [수행과제]를 수행하시오.
  (홈페이지 자료실에서 '2025 FAT2grade DB'를 다운받아 설치한 후 풀이할 것.)
- 본 문제에 한하여 모든 증빙자료는 적법하다고 판단하며, 부가가치세와 원가회계를 전혀 고려하지 않는다.
- 비대면 시험에 대비하여 전표 입력 후에 반영되는 모든 장부(문제 아래에 제시되어 있음)에 대해서도 학습할 것.
- 제장부(분개장, 계정별원장, 일계표, 월계표, 합계잔액시산표, 총계정원장 등) 중 모든 거래에 적용되는 장부는 생략한다.

1 신용카드 거래

매출전표

카드종류	거래일자
농협카드	2025.1.11.12:45:04

카드번호(CARD NO)
4092-1602-****-91**

승인번호	금액	백	천	원
20250111100023	AMOUNT	2 0 0	0 0	0

일반	할부	부가세			
일시불		V.A.T			

거래유형	봉사료 CASHBACK				
	합계 TOTAL	2 0 0	0 0	0

가맹점명
㈜수아유통

대표자명	사업자번호
이수아	215-86-91937
전화번호	가맹점번호
02-432-3322	447123661

주소
서울 서초구 양재대로 19

상기의 거래 내역을 확인합니다.   서명 혜원가구 이혜원

자료설명	직원들의 업무회의에 필요한 다과를 구입하고 대금 200,000원을 농협카드로 결제하다.
수행과제	거래 자료를 입력하시오.(단, '회의비'로 처리할 것.)

비대면시험을 위한 프로세스 익히기
1. [회계] → [전표입력/장부] → [일반전표입력]에 입력
2. [회계] → [전표입력/장부] → [거래처원장]에서 '농협카드'에 대한 정보 확인 가능

2 영수증 거래

영 수 증 (공급받는자용)

NO   혜원가구   귀하

공급자	사업자 등록번호	104-05-13288		
	상 호	㈜나경인쇄	성명	이나경
	사업장 소재지	서울특별시 마포구 마포대로 108(공덕동)		
	업 태	인쇄업	종목	명함 외

작성일자	공급대가총액	비고
2025.1.17.	30,000	

공 급 내 역

월/일	품명	수량	단가	금액
1/17	명함			30,000
합 계				30,000

위 금액을 **영수**(청구)함

자료설명	영업부 신입사원 박지연의 명함인쇄대금을 현금으로 지급하고 받은 영수증이다.
수행과제	거래 자료를 입력하시오.

비대면시험을 위한 프로세스 익히기
1. [회계] → [전표입력/장부] → [일반전표입력]에 입력
2. [회계] → [전표입력/장부] → [현금출납장]에서 현금 출납 정보 확인 가능

3 신용카드 거래

```
                매 출 전 표

카드종류          거래일자
국민카드          2025.1.26.18:45:04
카드번호(CARD NO)
1007-0321-****-03**
승인번호           금액          백  천  원
20250126100023    AMOUNT        1 0 0 0 0 0
일반    할부      부가세
일시불             V.A T
                  봉사료
거래유형           CASHBACK
                  합계
                  TOTAL         1 0 0 0 0 0
가맹점명
대장금한식당
대표자명           사업자번호
이수린             104-05-13286
전화번호           가맹점번호
02-242-2117       92560263
주소
서울시 서초구 강남대로 241

상기의 거래 내역을 확인합니다.  서명  혜원가구 이혜원
```

자료설명	영업활동과 관련하여 매출거래처 장현수과장의 접대식사대금을 국민카드로 결제하다.
수행과제	거래 자료를 입력하시오(단, 접대비(기업업무추진비)의 적요는 '02. 거래처 접대비(기업업무추진비)/신용카드(개인)'으로 선택할 것.).

비대면시험을 위한 프로세스 익히기
1. [회계] → [전표입력/장부] → [일반전표입력]에 입력
2. [회계] → [전표입력/장부] → [거래처원장]에서 '국민카드'에 대한 정보 확인 가능
3. [회계] → [전표입력/장부] → [적요별원장]에서 '적요'에 대한 정보 확인 가능

4 현금영수증 거래

현금영수증(지출증빙용)
CASH RECEIPT

사업자등록번호	305-82-12002
현금영수증가맹점명	지연문구(주)
대표자	장지연
주소	경기도 시흥시 소망공원로 172 (정왕동, 시화공단2라)
전화번호	031-262-8939

품명	세금계산서 외	승인번호	4235218
거래일시	2025.1.31.	취소일자	

단위	백		천			원	
금액 AMOUNT		5	0	0	0	0	0
부가세 VAT							
봉사료 TIPS							
합계 TOTAL		5	0	0	0	0	0

자료설명	회계 팀에서 사용할 장부(소모품)를 구입하다.
수행과제	거래 자료를 입력하시오.(단, 비용으로 처리할 것.)

비대면시험을 위한 프로세스 익히기
1. [회계] → [전표입력/장부] → [일반전표입력]에 입력
2. [회계] → [전표입력/장부] → [현금출납장]에서 현금 출납 정보 확인 가능
3. 결산 시 미사용액은 '소모품'으로 정리해야 함

5 일반거래

자동차보험증권

Insurance 2025년 2월 1일 자보업무팀에서 작성하여 발행한 것임.

계 약 번 호	2024-4229978	계 약 일	2025 년 2 월 1 일
기명피보험자	혜원가구 이혜원	기명피보험자코드	
계 약 자	혜원가구 이혜원	계 약 자 코 드	

보험 가입 자동차		보험료 납입사항		
차 량 번 호 (차 대 번 호)	37누 5807 (연식: 2011)	납입하신 보험료	의무보험	원
			임의보험	원
차 명	크루즈			
차 량 가 액	1,620 만원 부속품가액 30 만원	연간적용보험료	1,200,000	원
의 무 보 험	2025 년 2 월 1 일 00:00 부터 2026 년 1 월 31 일 23:59			
임의보험기간	2025 년 2 월 1 일 00:00 부터 2026 년 1 월 31 일 23:59			

자료설명	[2월 1일] 본사 자동차에 대한 보험을 미래자동차보험(주)에 가입하고 1년분 보험료 1,200,000 원을 기업은행 보통예금 통장에서 이체하다.
수행과제	거래 자료를 입력하시오. (단, '비용'으로 처리할 것.)

비대면시험을 위한 프로세스 익히기
1. [회계] → [전표입력/장부] → [일반전표입력]에 입력
2. [회계] → [금융/자금관리] → [예적금관리]에서 보통예금 정보 확인 가능
3. 결산 시 미경과된 보험료는 '선급비용(자산)'으로 처리해야 함

6 일반거래

2025 년분 자동차세 세액 신고납부서
납세자 보관용 영수증

납 세 자	혜원가구 이혜원
주 소	경기도 안산시 상록구 일동로 10(일동)
납세번호	기관번호 / 제목 / 납세년월기 / 과세번호

과세대상	55고 9750 (승용차)	구 분	자동차세	지방교육세	납부할 세액 합계
		당초산출세액	500,000	자동차세액 × 30%	
		선납공제액(10%)	50,000		585,000 원
과세기간	2025.1.1. ~2025.12.31.	요일제감면액(5%)			
		납부할세액	450,000	135,000	

〈납부장소〉

위의 금액을 영수합니다.
2025 년 2 월 10 일

*수납인이 없으면 이 영수증은 무효입니다   *공무원은 현금을 수납하지 않습니다.

자료설명	[2월 10일] 영업부 차량에 대한 2025년분 자동차세(선납할인 적용)를 현금으로 납부하다.
수행과제	거래 자료를 입력하시오.

비대면시험을 위한 프로세스 익히기
1. [회계] → [전표입력/장부] → [일반전표입력]에 입력
2. [회계] → [금융/자금관리] → [현금출납장]에서 현금 출납 정보 확인 가능

7 일반거래

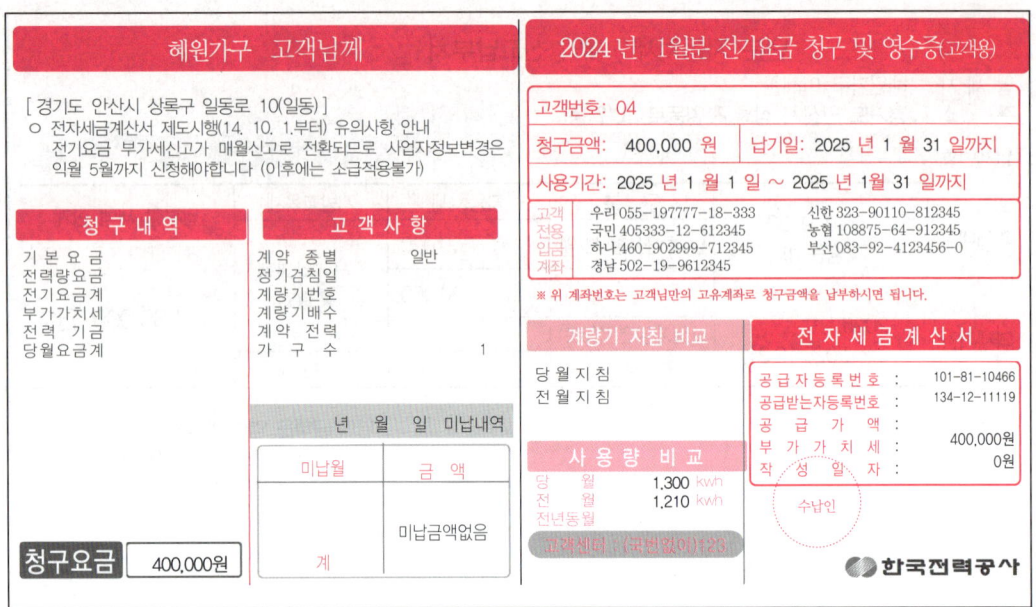

자료설명	[2월 15일] 본사 전기요금 400,000원을 농협은행 보통예금 계좌에서 이체하여 납부하였다.
수행과제	거래 자료를 입력하시오.(단, '전력비'로 처리할 것.)

비대면시험을 위한 프로세스 익히기

1. [회계] → [전표입력/장부] → [일반전표입력]에 입력
2. [회계] → [금융/자금관리] → [예적금현황]에서 정보 확인 가능

8 어음거래

자료 1.

거 래 명 세 서
(공급자 보관용)

납품년월일: 2025년 3월 3일
증빙번호:
당거래액: ₩5,000,000

공급받는자	등록번호	201-81-63121			공급자	등록번호	134-12-11119		
	상 호	준서가구(주)	성명	이준서		상 호	혜원가구	성명	이혜원
	주 소	서울특별시 용산구 녹사평대로 132				주 소	경기도 안산 상록구 일동로 10(일동)		
	업 태	도소매업	종목	가구		업 태	도소매업	종목	사무용가구

거래 일자	공급가액	세액	합계금액(VAT 포함)
2025.3.3.			5,000,000

순번	품 명	규 격	단 위	수량	단 가	공급가액	세액	비고
1	사무용가구			5	1,000,000	5,000,000		

비 고	전미수액	당일거래총액	입금액	미수액	인수자
		5,000,000			

자료 2.

전 자 어 음

혜원가구 귀하   08820250303123456789

금 오백만원정   5,000,000원

위의 금액을 귀하 또는 귀하의 지시인에게 이 약속어음과 상환하여 지급하겠습니다.

지급기일 2025년 6월 3일   발행일 2025년 3월 3일
지 급 지 신한은행   발행지
지급장소 마포지점   주 소   서울 용산 녹사평대로 132
                                발행인 준서가구(주)

자료설명	상품을 판매하고 약속어음을 수취한 거래명세서이다.
수행과제	1. 거래자료를 입력하시오. 2. 자금관련정보를 입력하여 받을어음현황에 반영하시오.

비대면시험을 위한 프로세스 익히기
1. [회계] → [전표입력/장부] → [일반전표입력]에 입력
2. [회계] → [전표입력/장부] → [거래처원장]에서 거래처 정보 확인 가능
3. [회계] → [금융/자금관리] → [받을어음현황]에서 어음 정보 확인 가능

9 어음거래

약 속 어 음

(주)은정가구 귀하   자가30000002

금   일천만원정   10,000,000원

위의 금액을 귀하 또는 귀하의 지시인에게 이 약속어음과 상환하여 지급하겠습니다.

지급기일 2025년 6월 8일   발행일 2025년 3월 8일
지 급 지 국민은행   발행지 경기 안산 상록구 일동로 10
지급장소 안산지점   주 소
                              발행인 혜원가구

자료설명	[3월 8일] (주)은정가구의 외상매입대금 일부를 약속어음을 발행하여 지급하였다.
수행과제	1. 거래자료를 입력하시오. 2. 자금관련정보를 입력하여 지급어음현황에 반영하시오.

비대면시험을 위한 프로세스 익히기
1. [회계] → [전표입력/장부] → [일반전표입력]에 입력
2. [회계] → [전표입력/장부] → [거래처원장]에서 거래처 정보 확인 가능
3. [회계] → [금융/자금관리] → [지급어음현황]에서 어음 정보 확인 가능

10 통장거래

- 보통예금(신한은행) 거래내역

번호	거래일	내용	찾으신금액	맡기신금액	잔액	거래점
		계좌번호 110-287-821867 혜원가구				
1	2025-03-21	지영가구(주)		7,000,000	***	***

자료설명	지영가구(주)의 외상매출대금 일부가 신한은행 보통예금 통장으로 입금되었다.
수행과제	거래자료를 입력하시오.

비대면시험을 위한 프로세스 익히기
1. [회계] → [전표입력/장부] → [일반전표입력]에 입력
2. [회계] → [전표입력/장부] → [거래처원장]에서 거래처 정보 확인 가능
3. [회계] → [금융/자금관리] → [예적금현황]에서 보통예금 정보 확인 가능

11 기타 일반거래

자료설명	[4월 7일] 재경팀 대리 도기철의 결혼축하금 200,000원을 하나은행 보통예금에서 이체하였다.
수행과제	거래자료를 입력하시오.

비대면시험을 위한 프로세스 익히기
1. [회계] → [전표입력/장부] → [일반전표입력]에 입력
2. [회계] → [금융/자금관리] → [예적금현황]에서 보통예금 확인 가능

12 매입거래

전자세금계산서 (공급받는자 보관용) (청 색)

승인번호:

공급자	등록번호	205-82-41349			공급받는자	등록번호	134-12-11119		
	상호	서영가구(주)	성명(대표자)	박서영		상호	혜원가구	성명(대표자)	이혜원
	사업장주소	서울특별시 마포구 독막로 10 (합정동)				사업장주소	경기도 안산시 상록구 일동로 10(일동)		
	업태	도매업	종사업장번호			업태	도소매업	종사업장번호	
	종목	일반가구				종목	사무용가구		
	E-Mail	yeji@bill36524.com				E-Mail	soo@bill36524.com		

작성일자	2025.4.17.	공급가액	5,000,000	세액	

월	일	품목명	규격	수량	단가	공급가액	세액	비고
4	17	인테리어가구		5	1,000,000	5,000,000		

합계금액	현금	수표	어음	외상미수금	이 금액을	○ 영수 / ○ 청구	함
5,000,000	2,000,000			3,000,000			

자료설명	상품을 매입하고 받은 전자세금계산서이다. 대금 중 2,000,000원은 현금으로 지급하고 잔액은 외상으로 하다.
수행과제	거래자료를 입력하시오.

비대면시험을 위한 프로세스 익히기
1. [회계] → [전표입력/장부] → [일반전표입력]에 입력
2. [회계] → [전표입력/장부] → [거래처원장]에서 거래처 정보 확인 가능
3. [회계] → [전표입력/장부] → [현금출납장]에서 현금 출납 정보 확인 가능

13 매출거래

(적 색)

전자세금계산서 (공급자 보관용)　승인번호

공급자					공급받는자			
등록번호	134-12-11119				등록번호	156-82-45631		
상호	혜원가구	성명(대표자)	이혜원		상호	(주)수아전자	성명(대표자)	김수아
사업장주소	경기도 안산시 상록구 일동로 10(일동)				사업장주소	서울특별시 서초구 서초대로 101 (방배동, 대성빌딩)		
업태	도.소매업	종사업장번호			업태	도소매업	종사업장번호	
종목	사무용가구				종목	전자제품		
E-Mail	soo@bill36524.com				E-Mail	yunhee@bill36524.com		

작성일자	2025.4.24.	공급가액	3,000,000	세액	

월	일	품목명	규격	수량	단가	공급가액	세액	비고
4	24	사무용가구		2	1,500,000	3,000,000		

합계금액	현금	수표	어음	외상미수금	이 금액을	○ 영수 / ● 청구	함
3,000,000				3,000,000			

자료설명	상품을 외상으로 매출하고 발급한 전자세금계산서이다.
수행과제	거래자료를 입력하시오.

비대면시험을 위한 프로세스 익히기
1. [회계] → [전표입력/장부] → [일반전표입력]에 입력
2. [회계] → [전표입력/장부] → [거래처원장]에서 거래처 정보 확인 가능

14 유형자산 매입

자동차매매계약서

※ 매도인과 매수인은 쌍방 합의하에 매매 계약을 다음과 같이 체결한다.

1. 매매할 자동차의 표시				
등록번호	23러 1515	차대번호		Y62565H
차 종	화물차	차 명		포터

2. 계약내용(약정사항)

제1조 위 자동차를 매매함에 있어 금액을 아래와 같이 지불하기로 한다.	
매매금액	一金 이천만원(₩20,000,000)
계약금	一金
잔금	一金 이천만원(₩20,000,000)은 2025년 4월 30일에 일시불로 지불한다.

제2조 (당사자 표시) 매도인을 "갑"이라 하고 매수인을 "을"이라 한다.
제3조 (동시이행 등) "갑"은 잔금수령과 상환으로 자동차와 소유권이전등록에 필요한 서류를 "을"에게 인도한다

2025년 4월 25일

특약사항

매도인 매수인 쌍방의 매매계약서로 충분히 유효합니다.

3. 계약당사자 및 입회인 인적사항

매도인	주 소	서울특별시 서초구 강남대로 261		
	사업자등록번호	101-81-50103	성 명	현진자동차(주)
매수인	주 소	경기도 안산시 상록구 일동로 10 (일동)		
	사업자등록번호	134-12-11119	성 명	혜원가구(이혜원)

자료설명	상품 배달용 화물차를 현진자동차(주)에서 구입하고 대금은 월말에 지급하기로 하다.
수행과제	거래자료를 입력하시오.

비대면시험을 위한 프로세스 익히기
1. [회계] → [전표입력/장부] → [일반전표입력]에 입력
2. [회계] → [전표입력/장부] → [거래처원장]에서 거래처 정보 확인 가능

15 일반거래

거 래 명 세 서
(공급자 보관용)

납품년월일: 2025년 5월 26일
증빙번호:
당거래액: ₩1,000,000

공급받는자	등록번호	132-82-16348			공급자	등록번호	134-12-11119		
	상 호	(주)지성가전	성명	김지성		상 호	혜원가구	성명	이혜원
	주 소	서울특별시 관악구 관악로 100 (봉천동)				주 소	경기도 안산시 상록구 일동로 10 (일동)		
	업 태	도소매업	종목	가전제품		업 태	도소매업	종목	사무용가구

거래일자	공급가액	세액	합계금액
2025.5.26.			1,000,000

순번	품 명	규 격	단 위	수 량	단 가	공급가액	세액	비고
1	에어컨					1,000,000		

비 고	전미수액	당일거래총액	입금액	미수액	인수자
		1,000,000	1,000,000		

자료설명	매장에서 사용하던 에어컨(취득가액 1,500,000원, 감가상각누계액 500,000원)을 매각한 거래내역이다. 대금은 신한은행 보통예금 통장으로 입금되었다.
수행과제	거래자료를 입력하시오.

비대면시험을 위한 프로세스 익히기
1. [회계] → [전표입력/장부] → [일반전표입력]에 입력
2. [회계] → [금융/자금관리] → [예적금현황]에서 보통예금 정보 확인 가능

16 일반거래

매입일자	매입처 (발행처)	매입주식수	주당단가	액면가	매입금액	매매목적
2025.5.28.	㈜더존비즈온	1,000주	6,000원	5,000원	6,000,000원	단기매매차익

자료설명	단기매매차익을 목적으로 상장법인인 (주)더존비즈온 주식을 구입하고 대금은 수수료 50,000원과 함께 당점발행 국민은행 당좌수표로 지급하다.
수행과제	거래자료를 입력하시오.

비대면시험을 위한 프로세스 익히기
1. [회계] → [전표입력/장부] → [일반전표입력]에 입력
2. [회계] → [금융/자금관리] → [예적금현황]에서 당좌예금 정보 확인 가능

17 통장거래

■ 보통예금(농협은행) 거래내역

번호	거래일	내용	찾으신금액	맡기신금액	잔액	거래점
		계좌번호 204-24-0648-900 혜원가구				
1	2025-06-05	주식대금		3,500,000	***	***

자료설명	지난달 단기매매차익 목적으로 매입한 (주)더존비즈온의 주식 50%를 매각하고 대금을 농협은행 보통예금 계좌로 이체 받았다.
수행과제	거래자료를 입력하시오.

비대면시험을 위한 프로세스 익히기
1. [회계] → [전표입력/장부] → [일반전표입력]에 입력
2. [회계] → [금융/자금관리] → [예적금현황]에서 보통예금 정보 확인 가능

18 일반거래

자료설명	[6월 6일] 코바나의 파산으로 외상매출대금 전액이 대손으로 처리되다.
수행과제	거래자료를 입력하시오.

비대면시험을 위한 프로세스 익히기
1. [회계] → [전표입력/장부] → [일반전표입력]에 입력
2. [회계] → [전표입력/장부] → [거래처원장]에서 정보 확인 가능

19 일반거래

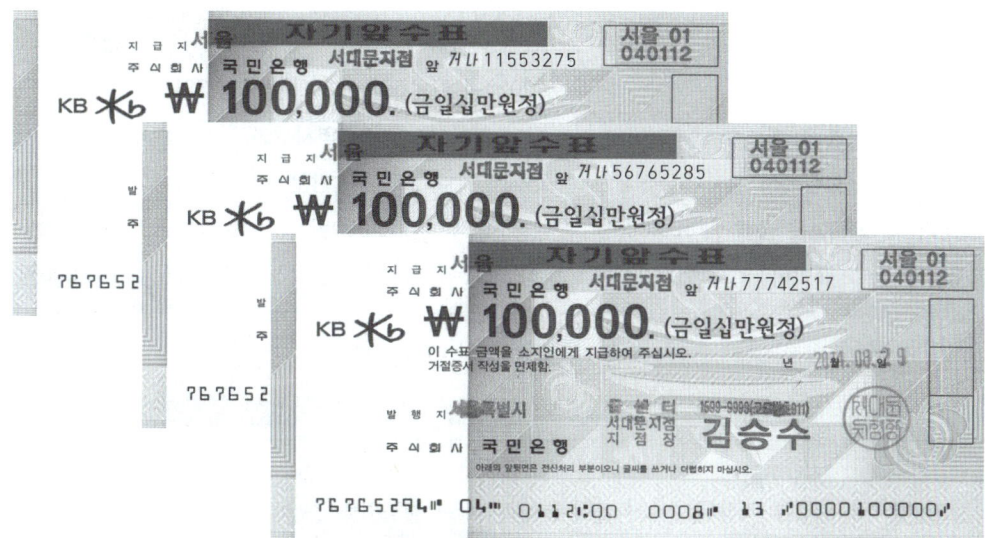

자료설명	[6월 13일] 전기에 대손처리하였던 주희상회의 외상매출금 300,000원을 자기앞수표로 회수하다.
수행과제	거래자료를 입력하시오.

비대면시험을 위한 프로세스 익히기
1. [회계] → [전표입력/장부] → [일반전표입력]에 입력
2. [회계] → [전표입력/장부] → [현금출납장]에서 현금 출납 정보 확인 가능

20 기타 일반거래

자료설명	[7월 4일] 영업부 과장 김준수의 거래처 출장으로 출장비 500,000원을 현금으로 지급하였다.
수행과제	거래자료를 입력하시오.

> **비대면시험을 위한 프로세스 익히기**
> 1. [회계] → [전표입력/장부] → [일반전표입력]에 입력
> 2. [회계] → [전표입력/장부] → [현금출납장]에서 현금 출납 정보 확인 가능

21 기타 일반거래

여비 정산서

소속		영업부		직위		과장		성 명		김준수
출장내역	일 시			2025년 7월 5일 ~ 2025년 7월 7일						
	출 장 지			광주광역시						
	출장목적			거래처 방문						
출장비	지급받은 금액		500,000원	실제소요액		450,000원		회수액		50,000원
지출내역	숙박비		200,000원	식 비		100,000원		교 통 비		150,000원

2025년 7월 7일
신청인   성명   김준수 (인)

자료설명	[7월 7일] 영업부 과장 김준수가 출장에서 복귀하여 출장비를 정산하였으며, 회수액은 현금으로 회수하였다.
수행과제	거래자료를 입력하시오.

> **비대면시험을 위한 프로세스 익히기**
> 1. [회계] → [전표입력/장부] → [일반전표입력]에 입력
> 2. [회계] → [전표입력/장부] → [거래처원장]에서 정보 확인 가능
> 3. [회계] → [전표입력/장부] → [현금출납장]에서 현금 출납 정보 확인 가능

22 급여지급

2025년 7월 급여대장				
성 명	급 여	소득세 등	건강보험료	이체금액
이중혁	2,800,000원	66,000원	40,000원	2,694,000원

자료설명	[7월 25일] 직원 급여를 신한은행 보통예금 계좌에서 이체하여 지급하였다.
수행과제	거래자료를 입력하시오.(단, 본 문제에 한하여 건강보험료 외 사회보험의 징수는 없는 것으로 가정할 것.)

비대면시험을 위한 프로세스 익히기
1. [회계] → [전표입력/장부] → [일반전표입력]에 입력
2. [회계] → [금융/자금관리] → [예적금현황]에서 보통예금 정보 확인 가능

23 통장거래

■ 보통예금(하나은행) 거래내역

		내용	찾으신금액	맡기신금액	잔액	거래점
번호	거래일	계좌번호 6325-8989-42315 혜원가구				
1	2025-07-31	사무실 월세	500,000		***	***

자료설명	상품진열매장의 월세를 임대인 박효정에게 하나은행 보통예금 통장에서 이체하여 지급하였다.
수행과제	거래자료를 입력하시오.

비대면시험을 위한 프로세스 익히기
1. [회계] → [전표입력/장부] → [일반전표입력]에 입력
2. [회계] → [금융/자금관리] → [예적금현황]에서 보통예금 정보 확인 가능

24 일반거래

보내는분	성명	혜원가구
	전화	HP) 010-7777-7777
	주소	경기도 안산시 상록구 일동로 10 (일동)

내용물: 상품

■ 소포대금 15,000원

받는분	성명	주원가구(주)
	전화	HP) 010-2222-2222
	주소	경기도 안산시 단원구 동산로 60 (원시동, 반월공단종합상가)

자료설명	[8월 1일] 주원가구(주)에 상품 견본을 발송하고 당사부담 택배비 15,000원을 현금으로 지급하다.
수행과제	거래자료를 입력하시오.

비대면시험을 위한 프로세스 익히기
1. [회계] → [전표입력/장부] → [일반전표입력]에 입력
2. [회계] → [전표입력/장부] → [현금출납장]에서 현금 출납 정보 확인 가능

25 일반거래

자료 1.

견 적 서

No. _____

2025년 8월 3일

혜원가구 귀하

아래와 같이 견적합니다.

공급자	등록번호	205-82-41349		
	상호(법인명)	서영가구(주)	성명	박서영 ㊞
	사업장주소	서울특별시 마포구 독막로 10 (합정동)		
	업태	도매업	종목	일반가구
	전화번호	02-282-3967/fax:02-282-3436		

합계금액	삼백만원整 (3,000,000)

품명	규격	수량	단가	공급가액	세액	비고
사무용캐비넷		5	600,000	3,000,000		

이 하 여 백

자료 2. 보통예금(기업은행) 거래내역

번호	거래일	내용	찾으신금액	맡기신금액	잔액	거래점
		계좌번호 552-21-1153-1007 혜원가구				
1	2025-08-03	계약금	300,000		***	***

자료설명	서영가구(주)에 상품을 주문하기로 계약하고, 계약금 10%를 기업은행 보통예금 통장에서 이체하다.
수행과제	거래자료를 입력하시오.

비대면시험을 위한 프로세스 익히기
1. [회계] → [전표입력/장부] → [일반전표입력]에 입력
2. [회계] → [금융/자금관리] → [예적금현황]에서 보통예금 정보 확인 가능

26 통장거래

■ 보통예금(신한은행) 거래내역

번호	거래일	내용	찾으신금액	맡기신금액	잔액	거래점
			계좌번호 110-287-821867 혜원가구			
1	2025-08-10	소득세 등	66,000		***	***

자료설명	본사 직원의 7월분 소득세(지방소득세 포함) 원천징수액을 신한은행 보통예금에서 이체하여 납부하였다.
수행과제	거래자료를 입력하시오.

비대면시험을 위한 프로세스 익히기
1. [회계] → [전표입력/장부] → [일반전표입력]에 입력
2. [회계] → [금융/자금관리] → [예적금현황]에서 보통예금 정보 확인 가능

27 기타 일반거래

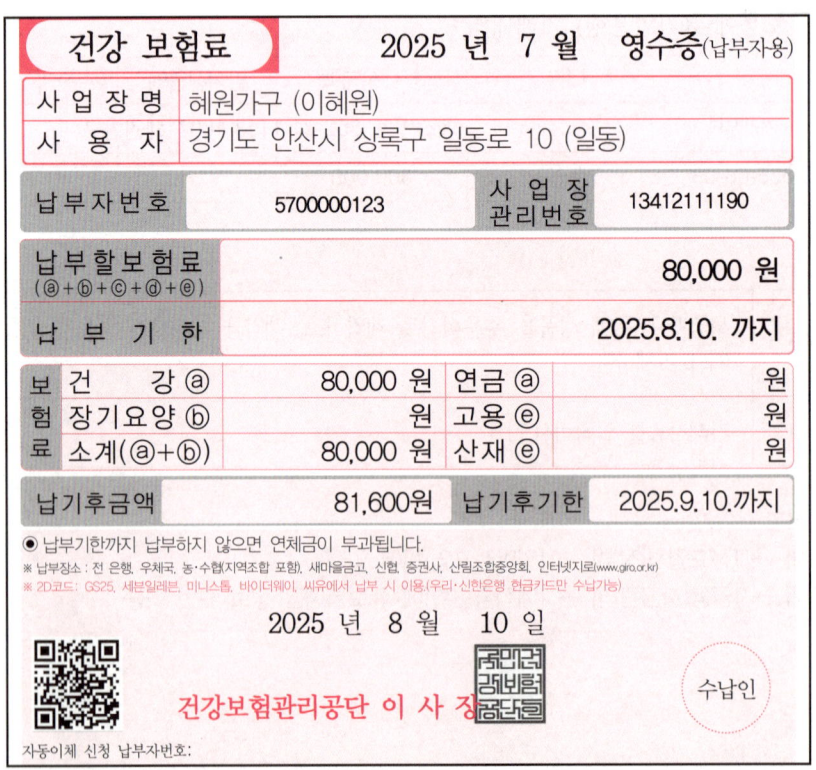

자료설명	[8월 10일] 7월분 건강보험료를 현금으로 납부하였다. 보험료는 종업원과 회사가 50%씩 부담하고 있으며, 회사부담분은 '복리후생비'로 처리하며 본인부담분은 지난달 급여 지급시 원천징수하였다.
수행과제	거래자료를 입력하시오

비대면시험을 위한 프로세스 익히기
1. [회계] → [전표입력/장부] → [일반전표입력]에 입력
2. [회계] → [전표입력/장부] → [현금출납장]에서 현금 출납 정보 확인 가능

28 통장거래

■ 보통예금(농협은행) 거래내역

번호	거래일	내용	찾으신금액	맡기신금액	잔액	거래점
		계좌번호 110-287-821867 혜원가구				
1	2025-09-04	계약금		40,000	***	***

자료설명	(주)주은가구에 상품을 매출하기로 하고, 계약금 20%를 농협은행 보통예금 통장으로 입금 받았다.
수행과제	거래자료를 입력하시오.

비대면시험을 위한 프로세스 익히기
1. [회계] → [전표입력/장부] → [일반전표입력]에 입력
2. [회계] → [금융/자금관리] → [예적금현황]에서 보통예금 정보 확인 가능

29 통장거래

■ 보통예금(신한은행) 거래내역

번호	거래일	내용	찾으신금액	맡기신금액	잔액	거래점
		계좌번호 110-287-821867 혜원가구				
1	2025-09-05	김상수		5,000,000	***	***

자료설명	영업부 과장 김상수로부터 신한은행 보통예금계좌에 입금된 금액의 입금내역에 대하여 원인을 알 수 없어 임시계정으로 처리하였다.
수행과제	거래자료를 입력하시오.

비대면시험을 위한 프로세스 익히기
1. [회계] → [전표입력/장부] → [일반전표입력]에 입력
2. [회계] → [금융/자금관리] → [예적금현황]에서 당좌예금 정보 확인 가능

30 통장거래

■ 보통예금(기업은행) 거래내역

번호	거래일	내용	찾으신금액	맡기신금액	잔액	거래점
		계좌번호 552-21-1153-1007 혜원가구				
1	2025-09-27	세무회계이룸	500,000		***	***

자료설명	회계 기장 및 세무조정수수료를 기업은행 보통예금 계좌에서 이체하여 지급하였다.
수행과제	거래자료를 입력하시오.

비대면시험을 위한 프로세스 익히기
1. [회계] → [전표입력/장부] → [일반전표입력]에 입력
2. [회계] → [금융/자금관리] → [예적금현황]에서 보통예금 정보 확인 가능

입력 따라하기

1. 1월 11일

구분	일	번호	TY	코드	계정과목	코드	거래처명	금 액	비고

구분		일	번호	구분	코드	계정과목	코드	거래처	적요	차변	대변
입력내용		11	00001	차변	827	회의비				200,000	
		11	00001	대변	253	미지급금	99700	농협카드			200,000

분개내용	(차) 827.회의비　　　　　200,000	(대) 253.미지급금　　　　　200,000 　　　(99700.농협카드)

참고사항	1. 직원들의 회의를 위해 사용될 다과는 판매비와관리비에 해당하므로 800번대를 선택한다. 2. 등록되어 있는 적요항목 중 가장 적절한 항목을 선택한다.(시험에서는 생략)

2. 1월 17일

구분	일	번호	TY	코드	계정과목	코드	거래처명	금 액	비고

구분		일	번호	구분	코드	계정과목	코드	거래처	적요	차변	대변
입력내용		17	00001	출금	826	도서인쇄비				30,000	현금

분개내용	(차) 826.도서인쇄비　　　　30,000	(대) 101.현금　　　　　　30,000

참고사항	1. 직원의 명함대금은 판매비와관리비에 해당하므로 800번대를 선택한다. 2. 출금전표를 선택하여 차변항목만 입력하거나, 차.대변 각각 입력한다. 3. 등록되어 있는 적요항목 중 가장 적절한 항목을 선택한다.(시험에서는 생략)

3. 1월 26일

구분	일	번호	TY	코드	계정과목	코드	거래처명	금 액	비고

구분		일	번호	구분	코드	계정과목	코드	거래처	적요	차변	대변
입력내용		26	00001	차변	813	기업업무추진비			02 거래처 기업업무추진비/신용	100,000	
		26	00001	대변	253	미지급금	99800	국민카드			100,000

분개내용	(차) 813.접대비(기업업무추진비)　 100,000 (적요02.거래처 접대비(기업업무추진비)/ 신용카드(개인))	(대) 253.미지급금　　　　　100,000 　　　(99800.국민카드)

참고사항	1. 매출거래처 기업업무추진비는 판매비와관리비에 해당하므로 800번대를 선택한다. 2. 대체전표를 선택하여 차.대변 각각 입력한다. 3. 미지급금에 대한 거래처는 반드시 입력한다. 4. 등록되어 있는 적요항목 중 가장 적절한 항목을 선택한다.(시험에서는 생략)

4. 1월 31일

구분	일	번호	TY	코드	계정과목	코드	거래처명	금 액	비고
입력내용	31	00001	출금	830	소모품비			차변 500,000	대변 현금
분개내용	(차) 830.소모품비　　　　　500,000						(대) 101.현금　　　　　500,000		
참고사항	1. 소모품은 비용으로 처리한다. 2. 출금전표를 선택하여 차변항목만 입력하거나, 차.대변 각각 입력한다. 3. 등록되어 있는 적요항목 중 가장 적절한 항목을 선택한다.(시험에서는 생략)								

5. 2월 1일

구분	일	번호	TY	코드	계정과목	코드	거래처명	금 액	비고
입력내용	1	00001	차변	821	보험료			1,200,000	
	1	00001	대변	103	보통예금	98200	기업은행(보통)		1,200,000
분개내용	(차) 821.보험료　　　　　1,200,000						(대) 103.보통예금　　　　　1,200,000 　　　(98200.기업은행(보통))		
참고사항	1. 본사 자동차에 대한 보험료는 판매비와관리비에 해당하므로 800번대를 선택한다. 2. 금융거래처에 대한 코드번호를 입력한다. 3. 등록되어 있는 적요항목 중 가장 적절한 항목을 선택한다.(시험에서는 생략)								

6. 2월 10일

구분	일	번호	TY	코드	계정과목	코드	거래처명	금 액	비고
입력내용	10	00001	출금	817	세금과공과금			585,000	현금
분개내용	(차) 817.세금과공과금　　　　　585,000						(대) 101.현금　　　　　585,000		
참고사항	1. 영업부에서 사용하는 차량의 자동차세는 판매비와관리비에 해당하므로 800번대를 선택한다. 2. 출금전표를 선택하여 차변항목만 입력하거나, 차.대변 각각 입력한다. 3. 선납공제액과 지방교육세를 반영한 납부세액으로 회계처리한다. 4. 등록되어 있는 적요항목 중 가장 적절한 항목을 선택한다.(시험에서는 생략)								

7. 2월 15일

구분	일	번호	TY	코드	계정과목	코드	거래처명	금 액	비고

	일	번호	구분	코드	계정과목	코드	거래처	적요	차변	대변
입력내용	15	00001	차변	816	전력비				400,000	
	15	00001	대변	103	보통예금	98300	농협은행(보통)			400,000

분개내용	(차) 816.전력비 400,000	(대) 103.보통예금 400,000 (98300.농협은행(보통))

참고사항	1. 본사 전기요금은 판매비와관리비에 해당하므로 800번대를 선택한다.('수도광열비'로 처리하는 것도 가능) 2. 출금전표를 선택하여 차변항목만 입력하거나, 차.대변 각각 입력한다. 3. 등록되어 있는 적요항목 중 가장 적절한 항목을 선택한다.(시험에서는 생략)

8. 3월 3일

구분	일	번호	TY	코드	계정과목	코드	거래처명	금 액	비고

입력내용

1. 거래자료입력

	일	번호	구분	코드	계정과목	코드	거래처	적요	차변	대변
	03	00001	차변	110	받을어음	01001	(주)준서가구		5,000,000	
	03	00001	대변	401	상품매출					5,000,000

2. 자금관리

받을어음 관리   삭제(F5)

어음상태	1 보관	어음종류	6 전자	어음번호	08820250303123456789	수취구분	1 자수
발행인	01001 (주)준서가구		발행일	2025-03-03	만 기 일	2025-06-03	배 서 인
지급은행	200 신한은행	지 점	마포	할인기관		지 점	할 인 율 (%)
지급거래처					※ 수령된 어음을 타거래처에 지급하는 경우에 입력합니다.		

분개내용	(차) 110.받을어음 5,000,000 　　　(01001.(주)준서가구) 　　　→ 자금관리(F3)	(대) 401.상품매출 5,000,000

참고사항	1. 받을어음 입력 후에 자금관리(F3)를 통해 어음종류, 어음번호, 만기일을 입력한다. 2. 등록되어 있는 적요항목 중 가장 적절한 항목을 선택한다.(시험에서는 생략)

9. 3월 8일

구분	일	번호	TY	코드	계정과목	코드	거래처명	금 액	비고

입력내용

1. 거래자료입력

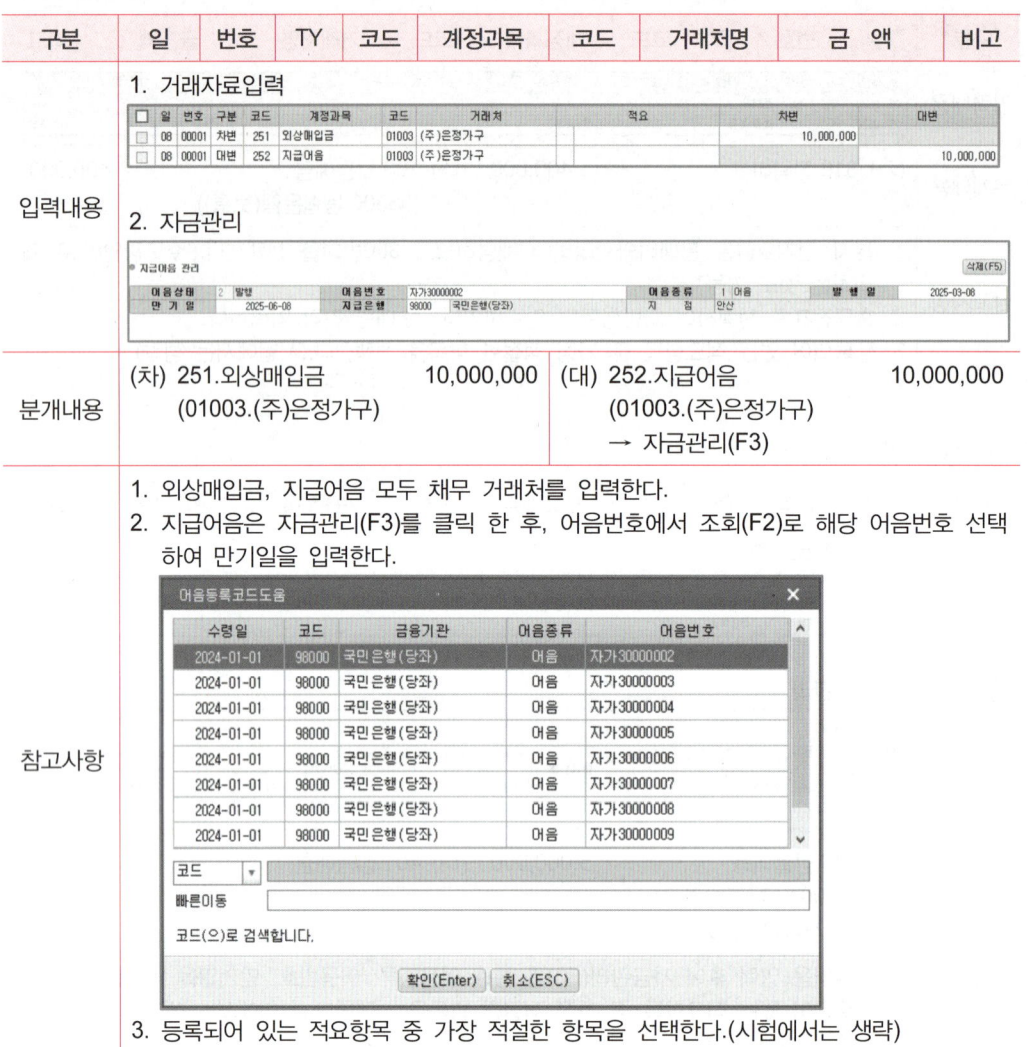

2. 자금관리

분개내용

(차) 251.외상매입금   10,000,000   (대) 252.지급어음   10,000,000
     (01003.(주)은정가구)   (01003.(주)은정가구)
                                          → 자금관리(F3)

참고사항

1. 외상매입금, 지급어음 모두 채무 거래처를 입력한다.
2. 지급어음은 자금관리(F3)를 클릭 한 후, 어음번호에서 조회(F2)로 해당 어음번호 선택하여 만기일을 입력한다.
3. 등록되어 있는 적요항목 중 가장 적절한 항목을 선택한다.(시험에서는 생략)

10. 3월 21일

구분	일	번호	TY	코드	계정과목	코드	거래처명	금 액	비고

입력내용

	일	번호	구분	코드	계정과목	코드	거래처	적요	차변	대변
	21	00001	차변	103	보통예금	98100	신한은행(보통)		7,000,000	
	21	00001	대변	108	외상매출금	01004	지영가구(주)			7,000,000

분개내용

(차) 103.보통예금   7,000,000   (대) 108.외상매출금   7,000,000
     (98100.신한은행(보통))   (01004.지영가구(주))

참고사항

1. 보통예금의 금융거래처와 외상매출금의 채권거래처를 각각 입력한다.
2. 등록되어 있는 적요항목 중 가장 적절한 항목을 선택한다.(시험에서는 생략)

11. 4월 7일

구분	일	번호	TY	코드	계정과목	코드	거래처명	금 액	비고
입력내용									

일	번호	구분	코드	계정과목	코드	거래처	적요	차변	대변
7	00001	차변	811	복리후생비				200,000	
7	00001	대변	103	보통예금	98400	하나은행(보통)			200,000

분개내용	(차) 811.복리후생비 200,000	(대) 103.보통예금 200,000 (98400.하나은행(보통))

참고사항	1. 본사 직원의 경조사비는 판매비와관리비에 해당하므로 800번대를 선택한다. 2. 등록되어 있는 적요항목 중 가장 적절한 항목을 선택한다.(시험에서는 생략)

12. 4월 17일

구분	일	번호	TY	코드	계정과목	코드	거래처명	금 액	비고

일	번호	구분	코드	계정과목	코드	거래처	적요	차변	대변
17	00001	차변	146	상품				5,000,000	
17	00001	대변	101	현금					2,000,000
17	00001	대변	251	외상매입금	01005	서영가구(주)			3,000,000

분개내용	(차) 146.상품 5,000,000	(대) 101.현금 2,000,000 251.외상매입금 3,000,000 (01005.서영가구(주))

참고사항	1. 외상매입금에 채무거래처를 입력한다. 2. 등록되어 있는 적요항목 중 가장 적절한 항목을 선택한다.(시험에서는 생략)

13. 4월 24일

구분	일	번호	TY	코드	계정과목	코드	거래처명	금 액	비고

일	번호	구분	코드	계정과목	코드	거래처	적요	차변	대변
24	00001	차변	108	외상매출금	01006	(주)수아전자		3,000,000	
24	00001	대변	401	상품매출					3,000,000

분개내용	(차) 108.외상매출금 3,000,000 (01006.(주)수아전자)	(대) 401.상품매출 3,000,000

참고사항	1. 외상매출금에 채권거래처를 입력한다. 2. 등록되어 있는 적요항목 중 가장 적절한 항목을 선택한다.(시험에서는 생략)

14. 4월 25일

구분	일	번호	TY	코드	계정과목	코드	거래처명	금 액	비고
입력내용									

일	번호	구분	코드	계정과목	코드	거래처	적요	차변	대변
25	00001	차변	208	차량운반구				20,000,000	
25	00001	대변	253	미지급금	01009	현진자동차(주)			20,000,000

분개내용	(차) 208.차량운반구 20,000,000	(대) 253.미지급금 20,000,000 　　　(01009.현진자동차(주))

참고사항	1. 차량운반구를 구입하고 발생한 채무는 매입채무가 아닌 미지급금으로 처리하며, 채무 거래처를 입력해야 한다. 2. 등록되어 있는 적요항목 중 가장 적절한 항목을 선택한다.(시험에서는 생략)

15. 5월 26일

구분	일	번호	TY	코드	계정과목	코드	거래처명	금 액	비고
입력내용									

일	번호	구분	코드	계정과목	코드	거래처	적요	차변	대변
26	00001	대변	212	비품					1,500,000
26	00001	차변	213	감가상각누계액				500,000	
26	00001	차변	103	보통예금	98100	신한은행(보통)		1,000,000	

분개내용	(차) 213.감가상각누계액 500,000 　　　103.보통예금 1,000,000 　　　(.98100.신한은행(보통))	(대) 212.비품 1,500,000

참고사항	1. 감가상각누계액은 비품의 다음 번호를 선택한다. 2. 장부가액 1,000,000원 (취득원가 1,500,000원 - 감가상각누계액 500,000원)을 1,000,000원에 처분하였으므로 유형자산처분손익은 없다. 3. 보통예금에 금융거래처를 입력한다. 4. 등록되어 있는 적요항목 중 가장 적절한 항목을 선택한다.(시험에서는 생략)

16. 5월 28일

구분	일	번호	TY	코드	계정과목	코드	거래처명	금 액	비고
입력내용									

일	번호	구분	코드	계정과목	코드	거래처	적요	차변	대변
28	00001	차변	107	단기매매증권				6,000,000	
28	00001	차변	945	수수료비용				50,000	
28	00001	대변	102	당좌예금	98000	국민은행(당좌)			6,050,000

분개내용	(차) 107.단기매매증권 6,000,000 　　　945.수수료비용 50,000	(대) 102.당좌예금 6,050,000 　　　(98000.국민은행(당좌))

참고사항	1. 단기시세차익을 목적으로 하며 시장성이 있는 주식을 구입했으므로 단기매매증권으로 처리한다. 2. 단기매매증권 취득시 지급하는 수수료는 원가에 가산하지 않고, 영업외비용으로 처리한다. 3. 당좌예금에 금융거래처를 입력한다. 4. 등록되어 있는 적요항목 중 가장 적절한 항목을 선택한다.(시험에서는 생략)

17. 6월 5일

구분	일	번호	TY	코드	계정과목	코드	거래처명	금 액	비고
입력내용									

일	번호	구분	코드	계정과목	코드	거래처	적요	차변	대변
5	00001	차변	103	보통예금	98300	농협은행(보통)		3,500,000	
5	00001	대변	107	단기매매증권					3,000,000
5	00001	대변	906	단기매매증권처분익					500,000

분개내용	(차) 103.보통예금　　　　　　　3,500,000　　(대) 107.단기매매증권　　　　　3,000,000 　　　(98300.농협은행(보통))　　　　　　　　　　906.단기매매증권처분익　　500,000
참고사항	1. 보통예금에 금융거래처를 입력한다. 2. 장부가액 3,000,000원의 주식을 3,500,000원에 처분하였으므로 처분이익 500,000이 발생한다. 3. 등록되어 있는 적요항목 중 가장 적절한 항목을 선택한다.(시험에서는 생략)

18. 6월 6일

구분	일	번호	TY	코드	계정과목	코드	거래처명	금 액	비고
입력내용									

일	번호	구분	코드	계정과목	코드	거래처	적요	차변	대변
6	00001	대변	108	외상매출금	02004	코바나			3,000,000
6	00001	차변	109	대손충당금				290,000	
6	00001	차변	835	대손상각비				2,710,000	

분개내용	(차) 109.대손충당금　　　　　　 290,000　　(대) 108.외상매출금　　　　　3,000,000 　　　835.대손상각비　　　　　2,710,000　　　　　(02004.코바나)

참고사항

1. 거래처원장에서 6월 6일 현재 '코바나'의 외상매출금 잔액을 조회한다.

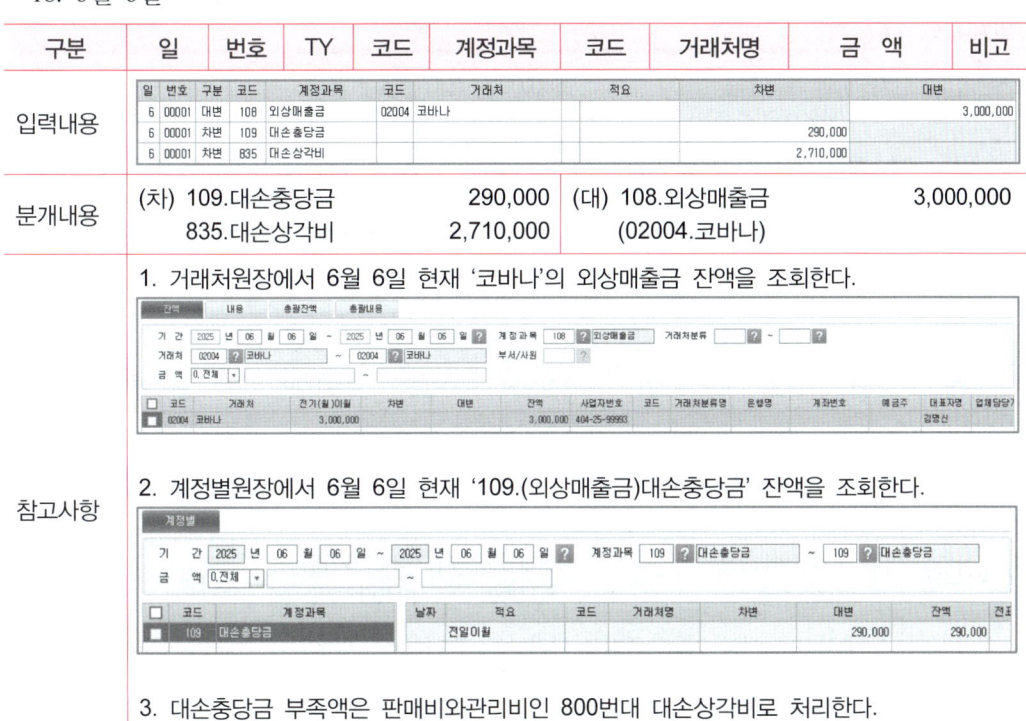

2. 계정별원장에서 6월 6일 현재 '109.(외상매출금)대손충당금' 잔액을 조회한다.

3. 대손충당금 부족액은 판매비와관리비인 800번대 대손상각비로 처리한다.
4. 등록되어 있는 적요항목 중 가장 적절한 항목을 선택한다.(시험에서는 생략)

19. 6월 13일

구분	일	번호	TY	코드	계정과목	코드	거래처명	금 액	비고
입력내용	13	00001	입금	109	대손충당금			대변 300,000	현금
분개내용	(차) 101.현금 300,000					(대) 109.대손충당금 300,000			
참고사항	1. 전기에 대손처리 되었던 외상매출금을 회수한 경우 대변에 109.(외상매출금)대손충당금으로 처리한다. 2. 입금전표를 선택하여 대변항목만 입력하거나, 차.대변 각각 입력한다. 3. 등록되어 있는 적요항목 중 가장 적절한 항목을 선택한다.(시험에서는 생략)								

20. 7월 4일

구분	일	번호	TY	코드	계정과목	코드	거래처명	금 액	비고
입력내용	4	00001	출금	134	가지급금	04001	김준수	차변 500,000	현금
분개내용	(차) 134.가지급금 500,000 (04001.김준수)					(대) 101.현금 500,000			
참고사항	1. 직원 출장시 임시로 지급한 금액은 가지급금으로 회계처리하며, 거래처를 입력한다. 2. 출금전표를 선택하여 차변항목만 입력하거나, 차.대변 각각 입력한다. 3. 등록되어 있는 적요항목 중 가장 적절한 항목을 선택한다.(시험에서는 생략)								

21. 7월 7일

구분	일	번호	TY	코드	계정과목	코드	거래처명	금 액	비고
입력내용	7	00001	차변	812	여비교통비			차변 450,000	
	7	00001	차변	101	현금			50,000	
	7	00001	대변	134	가지급금	04001	김준수	대변 500,000	

분개내용	(차) 812.여비교통비 450,000
	    101.현금 50,000
						(대) 134.가지급금 500,000
						    (04001.김준수)			

참고사항	1. 출장비는 전액 여비교통비로 처리하며, 판매비와관리비에 해당하므로 800번대를 선택한다. 2. 출장비 차액은 다시 회수하여 현금으로 처리한다. 3. 등록되어 있는 적요항목 중 가장 적절한 항목을 선택한다.(시험에서는 생략)								

22. 7월 25일

구분	일	번호	TY	코드	계정과목	코드	거래처명	금 액	비고

입력내용	일	번호	구분	코드	계정과목	코드	거래처	적요	차변	대변
	25	00001	차변	801	급여				2,800,000	
	25	00001	대변	254	예수금					106,000
	25	00001	대변	103	보통예금	98100	신한은행(보통)			2,694,000

분개내용	(차) 801.급여 2,800,000 (대) 254.예수금 106,000
	                                          103.보통예금 2,694,000
	                                          (98100.신한은행(보통))

참고사항	1. 본사 직원 급여는 판매비와관리비에 해당하므로 800번대를 선택한다. 2. 소득세와 사회보험 원천징수액은 예수금으로 처리한 후, 납부기일에 상계처리하게 된다. 3. 보통예금에 금융거래처를 입력한다. 4. 등록되어 있는 적요항목 중 가장 적절한 항목을 선택한다.(시험에서는 생략)

23. 7월 31일

구분	일	번호	TY	코드	계정과목	코드	거래처명	금 액	비고

입력내용	일	번호	구분	코드	계정과목	코드	거래처	적요	차변	대변
	31	00001	차변	819	임차료				500,000	
	31	00001	대변	103	보통예금	98400	하나은행(보통)			500,000

분개내용	(차) 819.임차료 500,000 (대) 103.보통예금 500,000 (98400.하나은행(보통))

참고사항	1. 본사 임차료는 판매비와관리비에 해당하므로 800번대를 선택한다. 2. 보통예금에 금융거래처를 입력한다. 3. 등록되어 있는 적요항목 중 가장 적절한 항목을 선택한다.(시험에서는 생략)

24. 8월 1일

구분	일	번호	TY	코드	계정과목	코드	거래처명	금 액	비고

입력내용	일	번호	구분	코드	계정과목	코드	거래처	적요	차변	대변
	1	00001	출금	824	운반비				15,000	현금

분개내용	(차) 824.운반비 15,000 (대) 101.현금 15,000

참고사항	1. 당사부담 운반비는 판매비와관리비에 해당하므로 800번대를 선택한다. 2. 출금전표를 선택하여 차변항목만 입력하거나, 차.대변 각각 입력한다. 3. 등록되어 있는 적요항목 중 가장 적절한 항목을 선택한다.(시험에서는 생략)

25. 8월 3일

구분	일	번호	TY	코드	계정과목	코드	거래처명	금액	비고
입력내용	3	00001	차변	131	선급금	01005	서영가구(주)	차변 300,000	
	3	00001	대변	103	보통예금	98200	기업은행(보통)	대변 300,000	
분개내용	(차) 131.선급금　　　　　　300,000　　　(대) 103.보통예금　　　　　　　300,000 　　　　(01005.서영가구(주))　　　　　　　　　　(98200.기업은행(보통))								
참고사항	1. 선급금의 채권거래처와 보통예금의 금융거래처를 각각 입력한다. 2. 등록되어 있는 적요항목 중 가장 적절한 항목을 선택한다.(시험에서는 생략)								

26. 8월 10일

구분	일	번호	TY	코드	계정과목	코드	거래처명	금액	비고
입력내용	10	00001	차변	254	예수금			차변 66,000	
	10	00001	대변	103	보통예금	98100	신한은행(보통)	대변 66,000	
분개내용	(차) 254.예수금　　　　　　　66,000　　　(대) 103.보통예금　　　　　　　66,000 　　　　　　　　　　　　　　　　　　　　　　　(98100.신한은행(보통))								
참고사항	1. 종업원이 전액 부담하는 소득세는 납부일에 예수금을 상계처리한다. 2. 보통예금에 금융거래처를 입력한다. 3. 등록되어 있는 적요항목 중 가장 적절한 항목을 선택한다.(시험에서는 생략)								

27. 8월 10일

구분	일	번	구분	코드	계정과목	코드	거래처	적요	차변	대변
입력내용	10	00002	차변	254	예수금				40,000	
	10	00002	차변	811	복리후생비				40,000	
	10	00002	대변	101	현금					80,000
분개내용	(차) 254.예수금　　　　　　　40,000　　　(대) 101.현금　　　　　　　　　80,000 　　　　811.복리후생비　　　　　40,000									
참고사항	1. 종업원이 50% 부담하는 건강보험료는 납부일에 예수금을 상계처리한다. 2. 회사가 50% 부담하는 건강보험료는 납부일에 복리후생비로 처리하며 본사의 경우 판매비와관리비인 800번대를 선택한다. 3. 등록되어 있는 적요항목 중 가장 적절한 항목을 선택한다.(시험에서는 생략)									

28. 9월 4일

구분	일	번호	TY	코드	계정과목	코드	거래처명	금 액	비고
입력내용	일 / 4 / 4	번호 / 00001 / 00001	구분 / 차변 / 대변	코드 / 103 / 259	계정과목 / 보통예금 / 선수금	코드 / 98300 / 01000	거래처 / 농협은행(보통) / (주)주은가구	적요	차변 40,000 / 대변 40,000

분개내용	(차) 103.보통예금 40,000
	      (98300.농협은행(보통))
							(대) 259.선수금 40,000
							      (01000.(주)주은가구)		

참고사항	1. 보통예금의 금융거래처와 선수금의 채무거래처를 각각 입력한다. 2. 등록되어 있는 적요항목 중 가장 적절한 항목을 선택한다.(시험에서는 생략)								

29. 9월 5일

구분	일	번호	TY	코드	계정과목	코드	거래처명	금 액	비고
입력내용	일 / 5 / 5	번호 / 00001 / 00001	구분 / 차변 / 대변	코드 / 103 / 257	계정과목 / 보통예금 / 가수금	코드 / 98100 / 04002	거래처 / 신한은행(보통) / 김상수	적요	차변 5,000,000 / 대변 5,000,000

분개내용	(차) 103.보통예금 5,000,000
	      (98100.신한은행(보통))
							(대) 257.가수금 5,000,000
							      (04002.김성수)		

참고사항	1. 당좌예금에 금융거래처를 입력한다. 2. 원인불명의 입금액은 우선 가수금으로 처리한 후에 계정과목이 확정되었을 때 상계처리하며, 입금자가 명확한 경우 거래처를 입력해 준다. 3. 등록되어 있는 적요항목 중 가장 적절한 항목을 선택한다.(시험에서는 생략)								

30. 9월 27일

구분	일	번호	TY	코드	계정과목	코드	거래처명	금 액	비고
입력내용	일 / 27 / 27	번호 / 00001 / 00001	구분 / 차변 / 대변	코드 / 831 / 103	계정과목 / 수수료비용 / 보통예금	코드 / / 98200	거래처 / / 기업은행(보통)	적요	차변 500,000 / 대변 500,000
분개내용	(차) 831.수수료비용 500,000						(대) 103.보통예금 500,000 (98200.기업은행(보통))		
참고사항	1. 회계 기장 및 세무조정수수료는 판매비와관리비에 해당하므로 800번대를 선택한다. 2. 보통예금에 금융거래처를 입력한다. 3. 등록되어 있는 적요항목 중 가장 적절한 항목을 선택한다.(시험에서는 생략)								

> **시험 따라잡기**
>
> 1. 채권·채무 거래처 및 금융거래처는 반드시 입력해야 함.
> 2. 어음의 자금관리는 반드시 수행해야 하며, 자금관리를 통해 받을어음명세서 및 지급어음명세서는 자동 반영됨 → 자금관리는 별도로 채점이 이루어짐.
> 3. 지문에서 요구하는 사항은 반드시 수행해야 함.
> 4. 개인기업의 인출금은 사업자가 1명일 경우에는 거래처를 생략해도 무방함.
> 5. 평가문제에서 회계처리일자가 주어지지 않은 경우에는 증빙자료를 보고 직접 판단해서 입력해야 함.

실무수행평가

- '혜원가구(8200)'의 입력자료를 조회하여 [평가문제]에 답하시오.
  (홈페이지 자료실에서 '2025 FAT2grade DB'를 다운받아 설치한 후 풀이할 것.)

번호	평가문제
1	평가문제 [일/월계표 조회] 1월에 발생한 '판매비와 관리비'의 계정별 잔액으로 옳지 <u>않은</u> 것은? ① 접대비(기업업무추진비) 100,000원 ② 도서인쇄비 0원 ③ 회의비 200,000원 ④ 소모품비 500,000원
2	평가문제 [일/월계표 조회] 2월 한 달 동안 발생한 '세금과공과금' 금액은 얼마인가? ( )원
3	평가문제 [일/월계표 조회] 상반기(1월~6월)에 발생한 '상품매출' 금액은 얼마인가? ( )원
4	평가문제 [일/월계표 조회] 6월 한 달 동안 발생한 '대손상각비' 금액은 얼마인가? ( )원
5	평가문제 [일/월계표 조회] 2/4분기(4월~6월) '보통예금'의 차변 증가액은 얼마인가? ( )원
6	평가문제 [일/월계표 조회] 3/4분기(7월~9월) '보통예금'의 출금액은 얼마인가? ( )원
7	평가문제 [일/월계표 조회] 3/4분기(7월~9월) '판매관리비' 계정 중 거래금액이 가장 적은 계정과목의 코드를 기입하시오. ( )
8	평가문제 [합계잔액시산표 조회] 4월 말 '재고자산' 잔액은 얼마인가? ( )원
9	평가문제 [합계잔액시산표 조회] 4월 말 '외상매입금' 잔액은 얼마인가? ( )원
10	평가문제 [합계잔액시산표 조회] 5월 말 '유형자산의 장부금액(취득원가-감가상각누계액)'은 얼마인가? ( )원
11	평가문제 [합계잔액시산표 조회] 6월 말 '단기매매증권' 잔액은 얼마인가? ( )원
12	평가문제 [합계잔액시산표 조회] 6월 말 '영업외수익' 합계액은 얼마인가? ( )원

번호	평가문제		
13	평가문제 [합계잔액시산표 조회] 7월 말 '예수금' 잔액은 얼마인가?	(	)원
14	평가문제 [합계잔액시산표 조회] 9월 말 '가수금' 잔액은 얼마인가?	(	)원
15	평가문제 [계정별원장 조회] 5월 말 '945.수수료비용' 증가액은 얼마인가?	(	)원
16	평가문제 [계정별원장 조회] 6월 말 '109.대손충당금' 잔액은 얼마인가?	(	)원
17	평가문제 [거래처원장 조회] 4월 말 '253.미지급금'의 거래처별 잔액으로 옳지 않은 것은? ① 서영가구(주) 27,600,000원 ② 현진자동차(주) 20,000,000원 ③ 농협카드 200,000원 ④ 국민카드 100,000원		
18	평가문제 [거래처원장 조회] 9월 말 '108.외상매출금'의 거래처별 잔액으로 옳지 않은 것은? ① (주)주은가구 5,000,000원 ② 지영가구(주) 0원 ③ (주)수아전자 3,000,000원 ④ 코바나 3,000,000원		
19	평가문제 [총계정원장 조회] 9월 말 '259.선수금' 잔액이 있는 거래처코드를 기입하시오.	(	)
20	평가문제 [현금출납장 조회] 2월 말 '현금' 잔액은 얼마인가?	(	)원
21	평가문제 [현금출납장 조회] 6월 한 달 동안 '현금' 입금액은 얼마인가?	(	)원
22	평가문제 [예적금현황 조회] 2월 말 '보통예금' 잔액이 가장 많은 거래처코드를 기입하시오.	(	)
23	평가문제 [받을어음현황 조회] 만기가 2025년에 도래하는 '받을어음' 보유금액은 얼마인가?	(	)원
24	평가문제 [지급어음현황 조회] 만기가 2025년에 도래하는 '지급어음' 미결제 금액은 얼마인가?	(	)원

평가문제풀이

번호	평가문제	
1	평가문제 [일/월계표 조회] 1월에 발생한 '판매비와 관리비'의 계정별 잔액으로 옳지 않은 것은? ① 접대비(기업업무추진비) 100,000원 ② 도서인쇄비 0원 ③ 회의비 200,000원 ④ 소모품비 500,000원	
2	평가문제 [일/월계표 조회] 2월 한 달 동안 발생한 '세금과공과금' 금액은 얼마인가?	(585,000)원
3	평가문제 [일/월계표 조회] 상반기(1월~6월)에 발생한 '상품매출' 금액은 얼마인가?	(41,000,000)원
4	평가문제 [일/월계표 조회] 6월 한 달 동안 발생한 '대손상각비' 금액은 얼마인가?	(2,710,000)원
5	평가문제 [일/월계표 조회] 2/4분기(4월~6월) '보통예금'의 차변 증가액은 얼마인가?	(4,500,000)원
6	평가문제 [일/월계표 조회] 3/4분기(7월~9월) '보통예금'의 출금액은 얼마인가?	(5,126,000)원
7	평가문제 [일/월계표 조회] 3/4분기(7월~9월) '판매관리비' 계정 중 거래금액이 가장 적은 계정과목의 코드를 기입하시오.	(824)
8	평가문제 [합계잔액시산표 조회] 4월 말 '재고자산' 잔액은 얼마인가?	(31,300,000)원
9	평가문제 [합계잔액시산표 조회] 4월 말 '외상매입금' 잔액은 얼마인가?	(36,000,000)원
10	평가문제 [합계잔액시산표 조회] 5월 말 '유형자산의 장부금액(취득원가-감가상각누계액)'은 얼마인가?	(90,000,000)원
11	평가문제 [합계잔액시산표 조회] 6월 말 '단기매매증권' 잔액은 얼마인가?	(81,600,000)원
12	평가문제 [합계잔액시산표 조회] 6월 말 '영업외수익' 합계액은 얼마인가?	(500,000)원

번호	평가문제	
13	평가문제 [합계잔액시산표 조회] 7월 말 '예수금' 잔액은 얼마인가?	(106,000)원
14	평가문제 [합계잔액시산표 조회] 9월 말 '가수금' 잔액은 얼마인가?	(5,000,000)원
15	평가문제 [계정별원장 조회] 5월 말 '945.수수료비용' 증가액은 얼마인가?	(50,000)원
16	평가문제 [계정별원장 조회] 6월 말 '109.대손충당금' 잔액은 얼마인가?	(300,000)원
17	평가문제 [거래처원장 조회] 4월 말 '253.미지급금'의 거래처별 잔액으로 옳지 않은 것은? ① 서영가구(주)　27,600,000원　② 현진자동차(주)　20,000,000원 ③ 농협카드　200,000원　④ 국민카드　100,000원	
18	평가문제 [거래처원장 조회] 9월 말 '108.외상매출금'의 거래처별 잔액으로 옳지 않은 것은? ① (주)주은가구　5,000,000원　② 지영가구(주)　0원 ③ (주)수아전자　3,000,000원　④ 코바나　3,000,000원	
19	평가문제 [총계정원장 조회] 9월 말 '259.선수금' 잔액이 있는 거래처 코드를 기입하시오.	(01000)
20	평가문제 [현금출납장 조회] 2월 말 '현금' 잔액은 얼마인가?	(38,805,000)원
21	평가문제 [현금출납장 조회] 6월 한 달 동안 '현금' 입금액은 얼마인가?	(300,000)원
22	평가문제 [예적금현황 조회] 2월 말 '보통예금' 잔액이 가장 많은 거래처코드를 기입하시오.	(98100)
23	평가문제 [받을어음현황 조회] 만기가 2025년에 도래하는 '받을어음' 보유금액은 얼마인가?	(8,000,000)원
24	평가문제 [지급어음현황 조회] 만기가 2025년에 도래하는 '지급어음' 미결제 금액은 얼마인가?	(25,000,000)원

제3절 _ 전표수정

일반전표에 입력된 거래는 회계담당자의 실수 등으로 인하여 수정 또는 추가입력 해야 하는 경우가 있다. 오류를 확인한 경우에는 기존에 입력된 거래를 찾아서 잘못된 거래처나 금액 및 일자 등을 수정하거나 해당 날짜에 추가로 입력하면 된다.

수행과제 9. 전표수정 및 전표추가

- 다음 주어진 자료를 통하여 '혜원가구(8300)'의 문제를 풀이하시오.
  (홈페이지 자료실에서 '2025 FAT2grade DB'를 다운받아 설치한 후 풀이할 것.)
- 본 문제에 한하여 모든 증빙자료는 적법하다고 판단하며, 부가가치세와 원가회계를 전혀 고려하지 않는다.

1.

자료설명	[9월 4일] 거래처원장을 조회한 결과 계약금이 입금된 거래처는 주원가구(주)임이 확인되었다.
수행과제	거래자료를 수정하시오.

2.

자료설명	[10월 5일] 9월 5일 영업부 과장 김상수가 입금한 금액의 원인을 찾아본 결과 ㈜주은가구의 외상매출대금 회수액으로 밝혀졌다.
수행과제	거래자료를 입력하시오.

3.

자료설명	[10월 31일] 건물관리비 1,000,000원을 현금으로 지급한 거래가 이중으로 기록되었음을 확인하였다.
수행과제	거래자료를 수정하시오.

4.

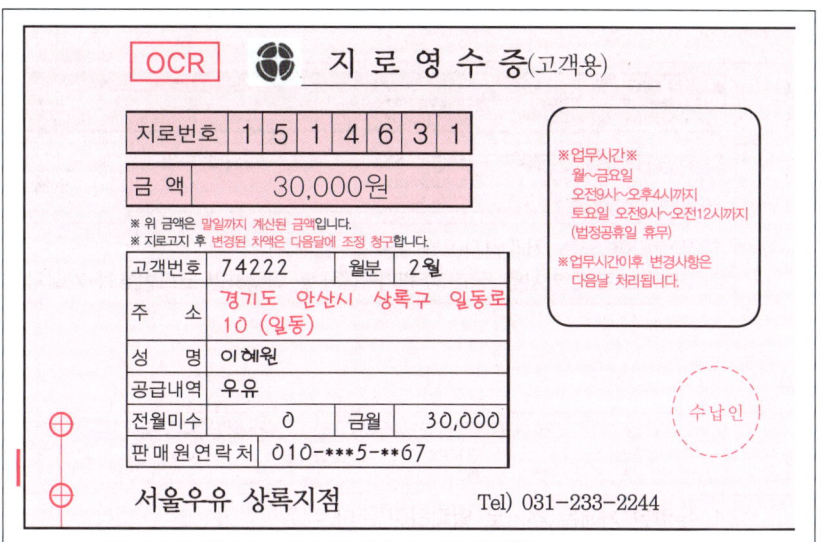

자료설명	[11월 30일] 사장 개인의 건강음료대금 30,000원을 현금으로 납부한 거래가 누락되었다.
수행과제	거래자료를 입력하시오.

5.

자료설명	[12월 1일] 매입시 당사부담 운반비 30,000원을 지급한 거래이다.
수행과제	거래자료를 수정하시오.

입력 따라하기

1. 9월 4일

분개내용 (수정전)									
□	일	번호	구분	코드	계정과목	코드	거래처	적요	차변	대변
□	4	00001	차변	103	보통예금	98300	농협은행(보통)		40,000	
□	4	00001	대변	259	선수금	01000	(주)주은가구			40,000

분개내용 (수정후)									
□	일	번호	구분	코드	계정과목	코드	거래처	적요	차변	대변
□	4	00001	차변	103	보통예금	98300	농협은행(보통)		40,000	
□	4	00001	대변	259	선수금	01007	주원가구(주)			40,000

참고사항
1. 입력되어 있는 거래일자(9월 4일)를 입력한다.
2. 거래처코드에 커서를 두고 '주원가구(주)'를 입력하면 코드번호와 거래처명이 수정된다.

2. 10월 5일

분개내용									
□	일	번호	구분	코드	계정과목	코드	거래처	적요	차변	대변
□	05	00001	차변	257	가수금	04002	김상수		5,000,000	
□	05	00001	대변	108	외상매출금	01000	(주)주은가구			5,000,000

참고사항
1. 누락된 거래는 추가로 입력하여 준다.
2. '가수금' 금액과 거래처코드를 차변에 기입하여 상계하고, 대변에 '외상매출금' 금액과 거래처코드를 기입한다.

3. 10월 31일

분개내용 (수정전)									
□	일	번호	구분	코드	계정과목	코드	거래처	적요	차변	대변
□	31	00001	출금	837	건물관리비				1,000,000	현금
□	31	00002	차변	837	건물관리비				1,000,000	
□	31	00002	대변	101	현금					1,000,000

분개내용 (수정후)									
□	일	번호	구분	코드	계정과목	코드	거래처	적요	차변	대변
□	31	00001	출금	837	건물관리비				1,000,000	현금

참고사항
1. 입력되어 있는 거래일자(10월 31일)를 입력한다.
2. 중복된 거래 중 1개를 선택하여 삭제한다.

4. 11월 30일

분개내용									
□	일	번호	구분	코드	계정과목	코드	거래처	적요	차변	대변
□	30	00001	출금	338	인출금				30,000	현금

참고사항
1. 사업주 개인용도로 지출된 금액은 거래 발생일에 '인출금'으로 처리한다.
2. 인출금이 기말 결산일까지 입금되지 않을 경우, '자본금'에서 상계한다.
3. 개인사업자의 인출금인 경우 거래처를 입력하지 않아도 무방하다.

5. 12월 1일

분개내용 (수정전)	☐ 일 번호 구분 코드 계정과목 코드 거래처 적요 차변 대변 ☐ 01 00001 출금 824 운반비 30,000 현금
분개내용 (수정후)	☐ 일 번호 구분 코드 계정과목 코드 거래처 적요 차변 대변 ☐ 1 00001 출금 146 상품 30,000 현금
참고사항	1. 입력되어 있는 거래일자(12월 1일)를 입력한다. 2. 상품 매입 시 당사가 부담하는 매입운임은 '상품'의 취득원가에 가산해야 한다.

시험 따라잡기

교육용 프로그램 Smart A(iPLUS)의 실무버전 화면이다. 교육용 프로그램과의 차이점을 비교 분석하여 익히도록 한다.

일반전표 입력 화면

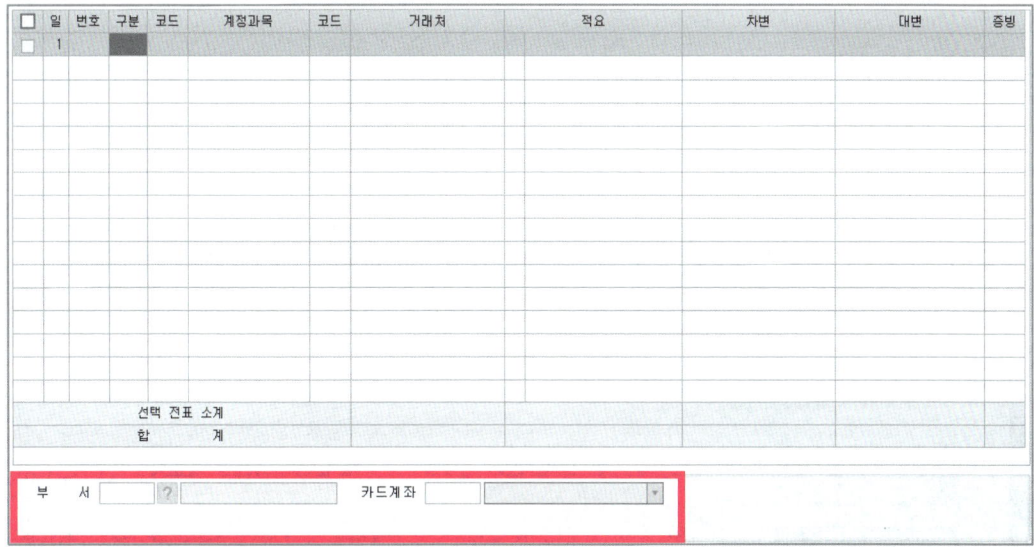

자동전표기능

| 재무회계 | **자동전표** | 부가가치세 | 고정자산/자금예산 | 기초데이터 |

자동전표처리 I
- 기초정보등록
- 자료수집및자동분개
- 전자세금계산서
- 전자계산서
- 신용카드
- 현금영수증
- 통장
- 자료수집현황
- 전표전송현황
- 사이트비교현황
- 분개패턴생성현황

자동전표처리 II
- 자동전표삭제데이터복구
- 자료수집 데이터체크

금융자료전송/일정관리
- 재무제표부가세전송
- 일정관리
- 업무관리등록

전자문서
- 증빙자료전송
- 전표증빙자료맵핑
- 스캔이미지 조회

기타자동전표처리
- 국세청전자세금계산서 검증 및 전표처리
- 전자세금계산서 내려받기 및 전표처리
- 국세청 사업용(복지)신용카드
- 현금영수증자동분개
- 하나카드 매입신용카드 자동분개
- 통장거래 정리입력
- 통장등록전표발행

> **시험 따라잡기**
>
> 교육용 프로그램 Smart A(iPLUS)의 웹 실무버전 화면이다. 교육용 프로그램과의 차이점을 비교 분석하여 익히도록 한다.

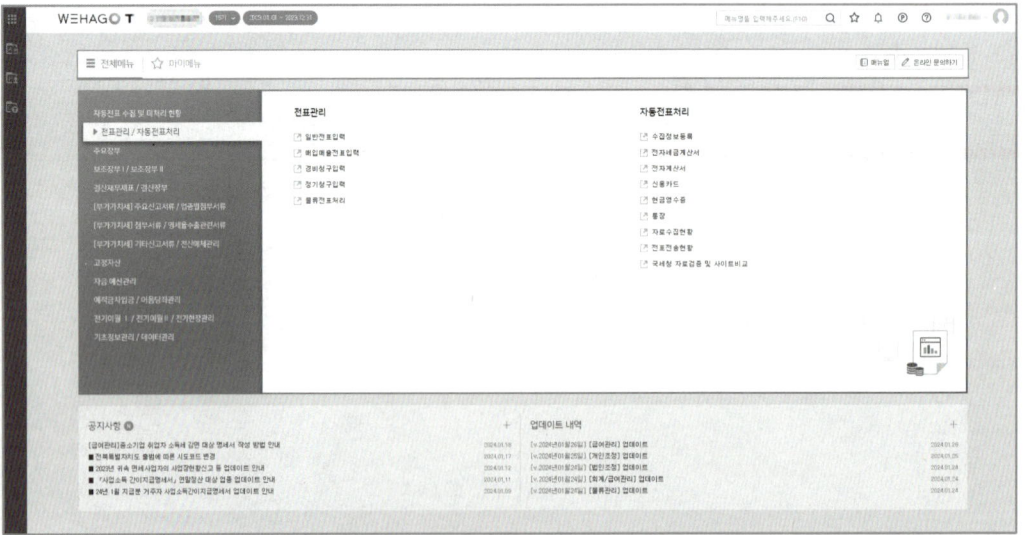

제4절 _ 결산

| 회계순환과정 | 거래의 인식(식별) → 분개 (분개장) → 총계정원장 → 결산정리(수정)전 시산표 → 결산수정(수정)분개 → 결산정리(수정)후 시산표 → 재무제표작성 (장부마감) |

본 절에서는 회계순환과정의 마지막 단계인 결산수정분개를 통해 정산표가 작성이 되고 재무제표에 자동으로 반영되는 과정을 학습하게 된다. 결산 순서를 정확히 기억해 두는 것이 무엇보다 중요하며 결산이 어떻게 이루어지는지 반드시 이해를 해야 한다.

결산작업은 매기마다 반복되는 사항을 금액 입력만으로 자동 반영 시켜주는 자동결산과 일반전표입력을 통해서 반영되는 수동결산으로 구분된다.

자동결산을 학습하면서 전산화된 회계 프로그램의 장점을 스스로 터득하게 될 것이며, 회계원리에서 학습한 결산과의 차이점 등을 이해할 수 있는 좋은 계기가 될 것이다.

결산을 하기 위한 사전 예비 작업으로 '매출채권' 잔액이나 '선납세금' 잔액 등을 조회할 경우에는 [전표입력/장부]의 [합계잔액시산표]에서 미리 조회를 해 두면 편리하다.

결산은 다음의 [결산/재무제표]의 [결산자료입력]과 [전표입력/장부]의 [일반전표입력]에서 행하게 된다.

전표입력/장부	결산/재무제표 Ⅰ
일반전표입력	결산자료입력
일/월계표	합계잔액시산표
합계잔액시산표	재무상태표
적요별원장	손익계산서
계정별원장	
거래처원장	
전표출력	
분개장	
총계정원장	
현금출납장	

결산 순서와 방법

순 서		결산 내용	작업 메뉴	비 고
1	수동 분개	가. 선급비용, 미수수익(자산) 미지급비용, 선수수익(부채)의 계상	일반전표 입력 (12/31)	합계잔액 시산표 조회후 입력
		나. 소모품 등 미사용액의 정리		
		다. 현금과부족 정리		
		라. 가지급금(사업자 인출금), 가수금 정리		
		마. 유가증권 평가		
		바. 외화자산, 부채의 평가		
		사. 선납세금 정리		
		아. 대손충당금환입 분개		
2	자동 분개	가. 매출원가 계상 → 기말재고액 입력 * 451. 상품매출원가는 생략 가능	결산자료 입력	'전표추가'키로 전표추가
		나. 퇴직급여충당부채 전입액		

		다. 대손충당금 설정액
		  → 외상매출금, 받을어음에 대한 금액만 입력
		  * 매출채권이외의 채권은 일반전표에 입력		

		라. 감가상각비 계상 * 고정자산입력에서 계상한 금액 입력		
		마. 무형자산상각비 계상		
		바. 당기소득세부채 계상 → '선납세금' 금액 제외		
3	마감	가. [손익계산서]에서 매출원가가 반영되면 당기순이익이 결정됨 → 상단부 [기능모음]의 '추가'를 이용하여 '손익대체분개'를 수행	손익계산서	'손익대체분개' 로 전표추가
		나. [재무상태표]의 이월이익잉여금 결정	재무상태표	

실천과제 10. 결산

다음 주어진 자료를 통하여 '혜원가구(8400)'의 2024년 결산을 수행하시오.
(홈페이지 자료실에서 '2025 FAT2grade DB'를 다운받아 설치한 후 풀이할 것.)

1. 손익의 예상과 이연(수동결산)

1-1

자료설명	'단기대여금'에 대한 당기분 이자 미수액 300,000원을 계상하다.
수행과제	결산정리분개를 입력하시오.

1-2

자료설명	'장기차입금'에 대한 당기분 이자 400,000원을 계상하다.
수행과제	결산정리분개를 입력하시오.

1-3

자료설명	6월 1일 가입한 '보험료'에 대한 선급분을 계상하다.
수행과제	6월 1일 거래를 참고하여 결산정리분개를 입력하시오.(단, 월할계산할 것.)

1-4

자료설명	'선수수익'계정을 조회하여 당기분 수익을 계상하다.
수행과제	선수수익 계정을 조회하여 결산정리분개를 입력하시오.(단, 월할계산할 것.)

2. 기타 결산정리사항(수동결산)

2-1

자료설명	당사는 소모품 구입 당시 '소모품비'로 처리하고 결산시 미사용액을 자산으로 처리하고 있다. 기말 재고조사 결과 소모품 미사용액은 300,000원으로 판명되었다.
수행과제	결산정리분개를 입력하시오.

2-2

자료설명	'현금과부족' 계정의 원인이 확인되지 않아서 적절한 계정과목으로 회계처리 하다.
수행과제	현금과부족 계정을 조회하여 결산정리분개를 입력하시오.

2-3

자료설명	'가지급금'의 원인을 파악한 결과 거래처 ㈜수아유통의 상품 주문에 대한 계약금임을 확인하였다.
수행과제	가지급금 계정을 조회하여 결산정리분개를 입력하시오.

2-4

자료설명	보유중인 단기매매증권((주)성천패션)의 기말 현재 공정 가액은 주당 @8,000원(취득시 주당 @5,000원)으로 평가되다.
수행과제	결산정리분개를 입력하시오.

3. 결산자료입력에 의한 자동결산

3-1

자료설명	매출채권(외상매출금, 받을어음) 잔액에 대해 1%를 대손충당금으로 설정하다. 단, 보충법에 의한다.
수행과제	자동결산(결산자료입력) 메뉴를 이용하여 결산을 완료하시오.

3-2

자료설명	감가상각비 계상 내역은 다음과 같다.		
	계정과목	자산 사용 부서	금 액
	비 품	본사 영업부	500,000원
	차량운반구	본사 영업부	3,000,000원
수행과제	자동결산(결산자료입력) 메뉴를 이용하여 결산을 반영하시오.		

3-3

자료설명	기말 상품 재고액은 30,000,000원이다.
수행과제	1. 수동결산 또는 자동결산 메뉴를 이용하여 결산을 완료하시오. 2. 12월 31일을 기준으로 '손익계산서 → 재무상태표'를 순서대로 조회 작성하시오. 　(단, 손익계산서 조회 작성 시 상단부 [기능모음]의 '추가'를 이용하여 '손익대체분개'를 수행할 것.)

입력 따라하기

1. 손익의 예상과 이연(수동결산)

1-1. 미수수익 계상

1. 수동분개 (일반전표입력)	일	번호	구분	코드	계정과목	코드	거래처	적요	차변	대변
	31	00001	차변	116	미수수익				300,000	
	31	00001	대변	901	이자수익					300,000

1-2. 미지급비용 계상

1. 수동분개 (일반전표입력)										
	31	00002	차변	931	이자비용				400,000	
	31	00002	대변	262	미지급비용					400,000

1-3. 선급비용 계상

1. 수동분개 (일반전표입력)									
	31	00003	차변	133	선급비용		01 미경과 보험료 계상	500,000	
	31	00003	대변	821	보험료		03 보험료의 선급비용대체		500,000

2. 참고사항	날짜	코드	적요	코드	거래처명	차변	대
	06/01		(2025.6.1.-2026.5.31.)1년분 보험료지급			1,200,000	
			[월 계]			1,200,000	

1) '합계잔액시산표'에서 '보험료'를 더블클릭한 후에 적요를 확인하여 차기분 보험료를 계상한다.
2) 차기분 보험료 5개월분에 대하여 '선급비용'으로 인식한다.
(선급비용 = 1,200,000원 * 5 / 12 = 500,000원)

1-4. 선수수익 계상

1. 수동분개 (일반전표입력)										
	31	00004	차변	263	선수수익				250,000	
	31	00004	대변	901	이자수익					250,000

2. 참고사항	날짜	코드	적요	코드	거래처명	차변	대
	10/01		2025.10.1.-2026.3.31. (6개월분 이자)				
			[월 계]				

1) '합계잔액시산표'에서 '선수수익'을 더블클릭한 후에 적요를 확인하여 당기분 수익을 계상한다.
2) 당기분 이자 3개월분에 대하여 '이자수익'으로 인식한다.
(이자수익 = 500,000원 * 3 / 6 = 250,000원)

2. 기타 결산정리사항(수동결산)

2-1. 소모품 계상

1. 수동분개 (일반전표입력)	31 00005 차변 172 소모품 300,000 31 00005 대변 830 소모품비 300,000
2. 참고사항	<table><tr><th colspan="2">차 변</th><th>계정과목</th><th colspan="2">대 변</th></tr><tr><th>잔 액</th><th>합 계</th><th></th><th>합 계</th><th>잔 액</th></tr><tr><td>450,000</td><td>450,000</td><td>여비교통비</td><td></td><td></td></tr><tr><td>100,000</td><td>100,000</td><td>접 대 비</td><td></td><td></td></tr><tr><td>400,000</td><td>400,000</td><td>전 력 비</td><td></td><td></td></tr><tr><td>585,000</td><td>585,000</td><td>세금과공과금</td><td></td><td></td></tr><tr><td>500,000</td><td>500,000</td><td>임 차 료</td><td></td><td></td></tr><tr><td>1,900,000</td><td>2,400,000</td><td>보 험 료</td><td>500,000</td><td></td></tr><tr><td>15,000</td><td>15,000</td><td>운 반 비</td><td></td><td></td></tr><tr><td>30,000</td><td>30,000</td><td>도서인쇄비</td><td></td><td></td></tr><tr><td>200,000</td><td>200,000</td><td>회 의 비</td><td></td><td></td></tr><tr><td>800,000</td><td>800,000</td><td>소 모 품</td><td></td><td></td></tr></table> 1) 구입당시 소모품으로 회계처리한 경우에는 '합계잔액시산표'에서 '소모품'을 더블클릭한 후에 금액을 확인하여 차액을 소모품비로 계상한다. 2) 구입당시 비용으로 회계처리했기 때문에 합계잔액시산표를 조회할 필요없이 미사용액을 자산으로 계상한다.

2-2. 현금과부족 정리

1. 수동분개 (일반전표입력)	31 00006 차변 960 잡손실 120,000 31 00006 대변 141 현금과부족 120,000
2. 참고사항	<table><tr><th colspan="2">차 변</th><th>계정과목</th><th colspan="2">대 변</th></tr><tr><th>잔 액</th><th>합 계</th><th></th><th>합 계</th><th>잔 액</th></tr><tr><td>120,000</td><td>120,000</td><td>현금과부족</td><td></td><td></td></tr></table> 1) '합계잔액시산표'에서 '현금과부족' 금액을 확인한다. 2) 결산시까지 현금과부족의 원인을 판명하지 못한 경우, '잡이익' 또는 '잡손실' 로 회계처리한다.

2-3. 가지급금 정리

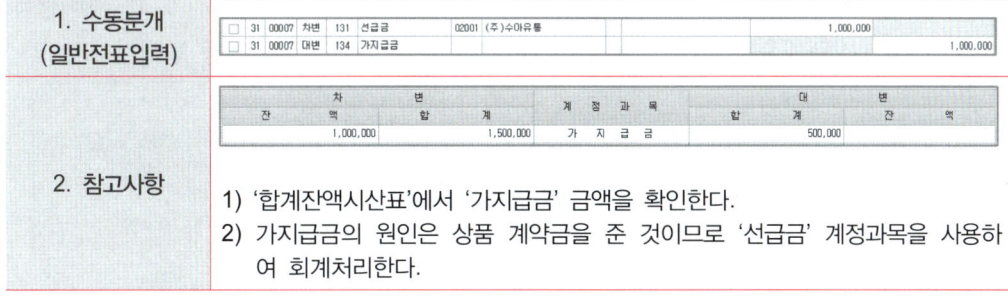

1. 수동분개 (일반전표입력)	31 00007 차변 131 선급금 02001 (주)수아유통 1,000,000 31 00007 대변 134 가지급금 1,000,000
2. 참고사항	<table><tr><th colspan="2">차 변</th><th>계정과목</th><th colspan="2">대 변</th></tr><tr><th>잔 액</th><th>합 계</th><th></th><th>합 계</th><th>잔 액</th></tr><tr><td>1,000,000</td><td>1,500,000</td><td>가 지 급 금</td><td>500,000</td><td></td></tr></table> 1) '합계잔액시산표'에서 '가지급금' 금액을 확인한다. 2) 가지급금의 원인은 상품 계약금을 준 것이므로 '선급금' 계정과목을 사용하여 회계처리한다.

2-4. 단기매매증권 평가

1. 수동분개 (일반전표입력)	일	번호	구분	코드	계정과목	코드	거래처	적요	차변	대변
	31	00001	차변	107	단기매매증권				3,000,000	
	31	00001	대변	905	단기매매증권평가익					3,000,000

	09/02	(주)성천패션 1,000주 *5,000원	5,000,000	5,000,000
		[월 계]	5,000,000	
		[누 계]	5,000,000	

2. 참고사항
1) '합계잔액시산표'에서 '단기매매증권'을 더블클릭한 후에 금액을 확인한다.
2) 장부가액과 기말 공정가액의 차이를 '단기매매증권평가손익'으로 인식한다.
   (단기매매증권평가이익 = 1,000주 * (8,000원-5,000원) =3,000,000원)
3) 이미 설정되어 있는 계정과목에 '단기매매증권평가손익'이 없는 경우에는 '단기투자자산평가손익'으로 회계처리한다.

일반전표 12월 31일 입력화면

일	번호	구분	코드	계정과목	코드	거래처	적요	차변	대변
31	00001	차변	116	미수수익				300,000	
31	00001	대변	901	이자수익					300,000
31	00002	차변	931	이자비용				400,000	
31	00002	대변	262	미지급비용					400,000
31	00003	차변	133	선급비용			01 미경과 보험료 계상	500,000	
31	00003	대변	821	보험료			03 보험료의 선급비용대체		500,000
31	00004	차변	263	선수수익				250,000	
31	00004	대변	901	이자수익					250,000
31	00005	차변	172	소모품				300,000	
31	00005	대변	830	소모품비					300,000
31	00006	차변	960	잡손실				120,000	
31	00006	대변	141	현금과부족					120,000
31	00007	차변	131	선급금	02001	(주)수아유통		1,000,000	
31	00007	대변	134	가지급금					1,000,000
31	00008	차변	107	단기매매증권				3,000,000	
31	00008	대변	905	단기매매증권평가익					3,000,000

3. 결산자료입력에 의한 자동결산

결산자료입력 시작화면

[결산자료입력] 시작화면에서 '결산일자(01월~12월)'을 입력하고, '매출원가 및 경비선택'을 하는데 '451.상품매출원가'는 직접 입력하지 않고 '선택(Tab)'키로 자동 반영한다.

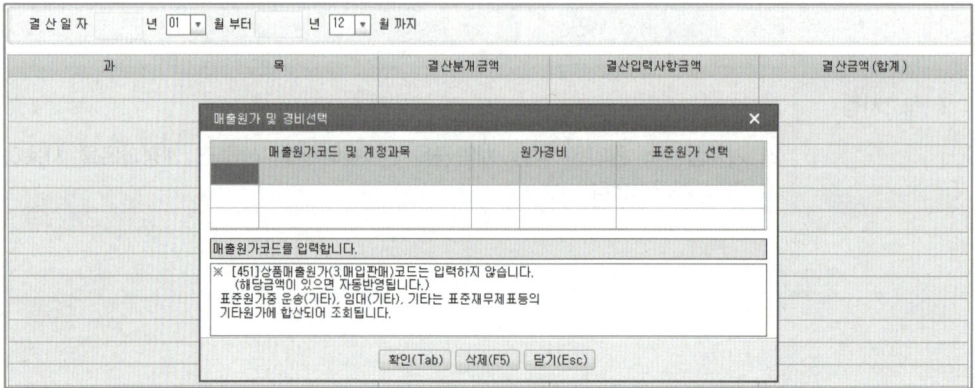

3-1. 대손설정

1. 합계잔액시산표 조회 -> 대손설정액 계상	**1) 외상매출금 대손설정** 외상매출금은 대손충당금잔액이 있기 때문에 대손충당금 잔액을 제외한 금액만 추가 설정해야 함. → 외상매출금 잔액에 커서 놓고 마우스 오른쪽 눌러서 '계산기' 기능 사용 (외상매출금)대손충당금 = 53,000,000원 * 1% - 300,000원 = 230,000원 **2) 받을어음 대손설정** 받을어음은 대손충당금 잔액이 없기 때문에 1%를 추가 설정함. (받을어음)대손충당금 = 8,000,000원 * 1% = 80,000원
2. 결산자료입력	5). 대손상각 결산반영금액 2,710,000 / 결산입력사항금액 310,000 / 결산금액(합계) 3,020,000 외상매출금 230,000 받을어음 80,000

3-2. 감가상각비 계상

1. 감가상각비 계상	결산자료입력의 해당자산에 금액 입력한다.
2. 결산자료입력	4). 감가상각비 3,500,000 / 3,500,000 차량운반구 3,000,000 비품 500,000

3-3. 매출원가 계상

1. 매출원가 계상	실지재고조사법에 의한 상품매출원가계상 1) 기말현재 '상품'재고액 = 기초상품재고액 + 당기순매입액 = 판매가능액 2) 상품매출원가 = 판매가능액 - 기말상품재고액 3) 기말상품재고액 입력후 '전표추가(F3)'를 통하여 '상품매출원가' 자동으로 계상됨.
2. 결산자료입력	2. 매출원가 51,330,000 상품매출원가 51,330,000 / 51,330,000 (1). 기초 상품 재고액 26,300,000 (2). 당기 상품 매입액 55,030,000 (10).기말 상품 재고액 30,000,000

[결산/재무제표]의 [결산자료입력] 메뉴에 각 해당란에 금액을 입력한 후 '전표추가(F3)' 키를 통하여 자동으로 분개를 생성한다.

전표추가 후에는 작업한 내용을 저장함으로써 결산 작업을 마치게 된다.

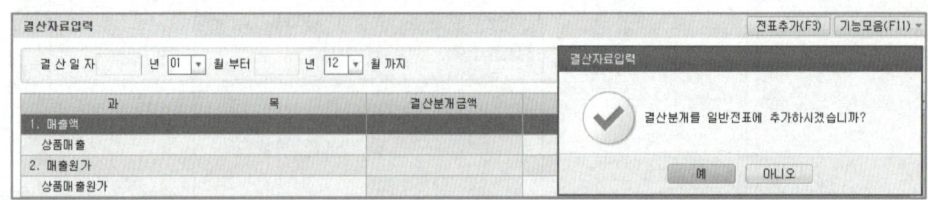

다음 화면은 일반전표에 자동으로 분개가 생성된 내용이다. 작업표시줄 상단에 '결산분개'라고 표시가 되었는지 확인해 본다. [일반전표입력]의 12월 31일자에 [결산자료입력]에서 입력했던 결산사항 중 3가지 항목이 자동으로 분개되어 있음을 알 수 있다.

일반전표입력 12월 31일에 전표추가된 화면

일	번호	구분	코드	계정과목	코드	거래처	적요	차변	대변
31	00002	대변	262	미지급비용					400,000
31	00003	차변	133	선급비용			01 미경과 보험료 계상	500,000	
31	00003	대변	821	보험료			03 보험료의 선급비용대체		500,000
31	00004	차변	263	선수수익				250,000	
31	00004	대변	901	이자수익					250,000
31	00005	차변	172	소모품				300,000	
31	00005	대변	830	소모품비					300,000
31	00006	차변	960	잡손실				120,000	
31	00006	대변	141	현금과부족					120,000
31	00007	차변	131	선급금	02001	(주)수아유통		1,000,000	
31	00007	대변	134	가지급금					1,000,000
31	00008	차변	107	단기매매증권				3,000,000	
31	00008	대변	905	단기매매증권평가익					3,000,000
31	00009	결차	451	상품매출원가			01 상품매출원가 대체	51,330,000	
31	00009	결대	146	상품			04 상품매출원가 대체		51,330,000
31	00010	결차	835	대손상각비			01 외상매출금의 대손	310,000	
31	00010	결대	109	대손충당금			04 대손충당금 설정		230,000
31	00010	결대	111	대손충당금			04 대손충당금 설정		80,000
31							합 계	57,510,000	57,510,000

다음 화면은 [결산/재무제표]의 '합계잔액시산표' 12월 31일의 모습이다. 즉, 정산표에 결산수정분개가 반영되어 있는 모습이다. '대손충당금'잔액이 매출채권의 1%인 530,000원과 80,000원으로 계상되어 있고, '상품'잔액이 기말상품재고액 30,000,000원과 '소모품'잔액이 300,000원으로 일치하고 있음을 알 수 있다.

차 변		계정과목	대 변	
잔액	합계		합계	잔액
53,000,000	95,000,000	외 상 매 출 금	42,000,000	
	290,000	대 손 충 당 금	820,000	530,000
8,000,000	13,000,000	받 을 어 음	5,000,000	
		대 손 충 당 금	80,000	80,000
30,000,000	30,000,000	단 기 대 여 금		
300,000	300,000	미 수 수 익		
18,600,000	18,600,000	미 수 금		
1,000,000	1,300,000	선 급 금	300,000	
500,000	500,000	선 급 비 용		
	1,500,000	가 지 급 금	1,500,000	
	120,000	현 금 과 부 족	120,000	
30,300,000	81,630,000	◁재 고 자 산▷	51,330,000	
30,000,000	81,330,000	상 품	51,330,000	
300,000	300,000	소 모 품		

재무제표 마감

FAT 2급에서는 다음의 순서대로 재무제표가 마감된다.

손익계산서: '매출원가' 및 '당기순이익' 결정 → 재무상태표

(1) 손익계산서 마감
■ 12월 선택 → 기능모음(F11) → '추가' 클릭

■ '손익대체분개' 자동 반영

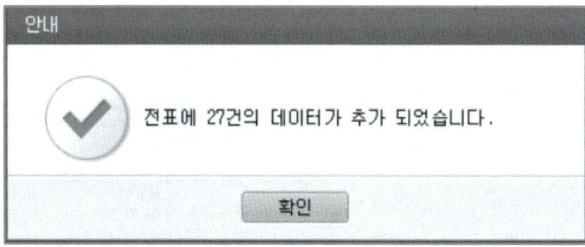

■ [일반전표입력]에서 자동으로 생성된 분개를 확인할 수 있다.

일	번호	구분	코드	계정과목	코드	거래처	적요	차변	대변
31	00012	대변	812	여비교통비			손익계정에 대체		450,000
31	00012	대변	813	접대비(기업업무추진			손익계정에 대체		100,000
31	00012	대변	816	전력비			손익계정에 대체		400,000
31	00012	대변	817	세금과공과금			손익계정에 대체		585,000
31	00012	대변	819	임차료			손익계정에 대체		500,000
31	00012	대변	821	보험료			손익계정에 대체		1,900,000
31	00012	대변	824	운반비			손익계정에 대체		15,000
31	00012	대변	826	도서인쇄비			손익계정에 대체		30,000
31	00012	대변	827	회의비			손익계정에 대체		200,000
31	00012	대변	830	소모품비			손익계정에 대체		500,000
31	00012	대변	831	수수료비용			손익계정에 대체		4,500,000
31	00012	대변	835	대손상각비			손익계정에 대체		3,020,000
31	00012	대변	837	건물관리비			손익계정에 대체		1,000,000
31	00012	대변	931	이자비용			손익계정에 대체		400,000
31	00012	대변	945	수수료비용			손익계정에 대체		50,000
31	00012	대변	960	잡손실			손익계정에 대체		120,000
31	00013	차변	400	손익			당기순이익 자본에 대체	126,870,000	
31	00013	대변	331	자본금			당기순익 계상		126,870,000
31									
			선택 전표 소계					85,180,000	85,180,000
			합 계					481,610,000	481,610,000

(2) 재무상태표 마감

■ 12월을 입력한 후 저장하면 자동으로 마감된다.

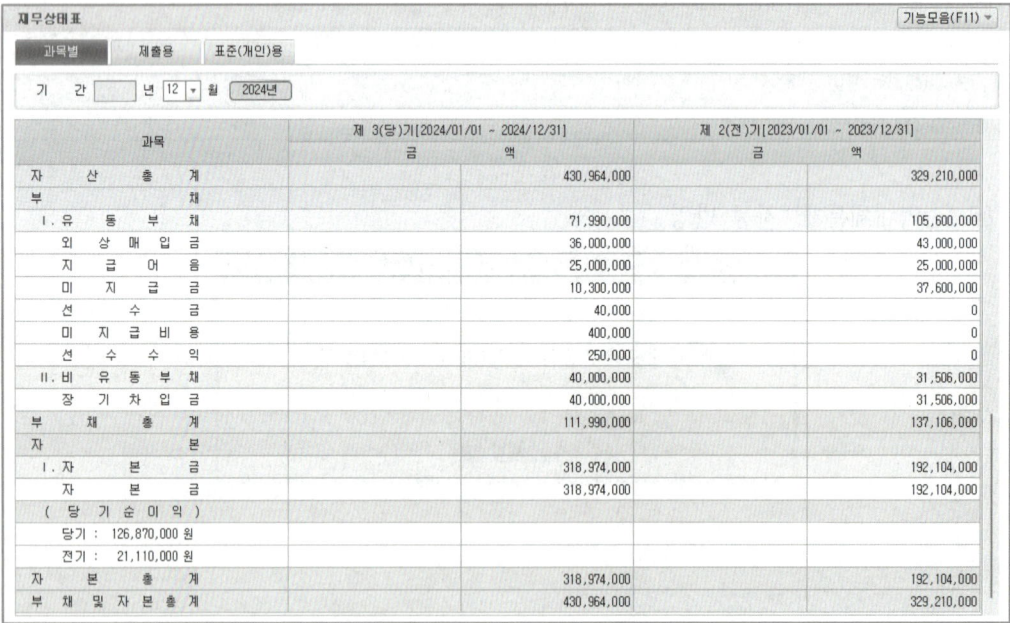

PART 03
회계정보분석

제1절 제장부조회
제2절 자금관리
제3절 재무제표 조회
제4절 실무수행평가 따라잡기

03 회계정보분석

제1절 제장부조회]와 [제2절 자금관리] 및 [제3절 재무제표조회]에서 가능한 능력단위

분류번호: 0203020105_14v2

능력단위 명칭: 회계정보 시스템 운용

능력단위 정의: 회계정보 시스템 운용이란 원활한 재무보고를 위하여 회계 관련 DB마스터 관리, 회계 프로그램 운용, 회계정보를 활용하는 능력이다.

능력단위요소	수행준거
0203020105_14v2.2 회계프로그램 운용하기	2.3 회계프로그램 매뉴얼에 따라 기간별·시점별로 작성한 각종 장부를 검색·출력할 수 있다. 2.4 회계프로그램 매뉴얼에 따라 결산 작업 후 재무제표를 검색·출력할 수 있다. 【지 식】 ○ 회계프로그램 운용 ○ 회계순환과정 ○ 각종 회계장부 ○ 재무제표 【기 술】 ○ 해당 거래에 대한 회계처리 능력 ○ 회계프로그램 활용 능력 【태 도】 ○ 적극적인 협업 태도 ○ 회계 관련 규정 준수 태도
0203020105_14v2.3 회계정보 활용하기	3.1 회계 관련 규정에 따라 회계정보를 활용하여 재무 안정성을 판단할 수 있는 자료를 산출할 수 있다. 3.2 회계 관련 규정에 따라 회계정보를 활용하여 수익성과 위험도를 판단할 수 있는 자료를 산출할 수 있다. 3.3 경영진 요청 시 회계정보를 제공할 수 있다. 【지 식】 ○ 재무제표 및 재무분석

능력단위요소	수 행 준 거
	○ 재무안정성비율, 수익성비율
	【기 술】 ○ 회계프로그램 활용 능력 ○ OA 관련 프로그램 활용 능력
	【태 도】 ○ 적극적인 협업 태도 ○ 회계 관련 규정 준수 태도

　제3장에서는 제2장의 '회계정보처리'에 의해 반영되는 제장부 등 회계자료를 바탕으로 하는 '회계정보분석'에 대해 설명하기로 한다. 'FAT2급' 자격시험에서는 제장부조회, 자금관리조회, 재무제표조회로 구분하여 출제되며 다음과 같이 구성된다.

자료조회	제장부조회	일/월계표, 계정별원장, 거래처원장, 합계잔액시산표
	자금관리조회	일일자금명세(경리일보), 받을어음현황, 지급어음현황
	재무제표조회	재무상태표, 손익계산서

제1절 _ 제장부조회

회계순환과정을 떠올려 보면 회계상 거래에 해당한 경우 분개장에 분개를 하는 것을 알 수 있을 것이다. 이 과정이 프로그램상의 일반전표입력에 해당하며 이렇게 입력된 분개는 각종 장부에 자동 반영이 되므로 별도의 작성은 할 필요가 없다.

일단 전표에 입력이 되면 분개장, 일.월계표, 계정별원장, 거래처원장 등이 자동으로 작성된다.

따라서 자격시험에서는 여러 장부를 조회하는 연습을 익숙하게 해두면 효과적이다.

1 일/월계표

구분	내용
일계표	일자별로 거래내역에 대해 알고 싶을 때 조회하는 곳이다.
월계표	월별로 거래내역에 대해 알고 싶을 때 조회하는 곳이다.

2 계정별원장

현금출납장에서 집계되는 현금 계정을 제외한 나머지 계정의 조회가 가능하다.

3 거래처원장

[기초정보관리]의 [거래처등록]에 등록되어 있는 채권, 채무와 관련된 거래처의 정보를 조회할 수 있는 곳이다.

거래처별 조회도 가능하지만, 거래처 전체의 자료도 한 눈에 볼 수 있는 장점이 있으며 잔액, 내용, 총괄별로 구분하여 조회하면 편리하다.

4 합계잔액시산표

자산, 부채, 자본, 수익, 비용의 순으로 합계와 잔액을 조회할 수 있으며, 각 계정과목별로 차변과 대변의 합계와 잔액도 조회할 수 있다.

5 전표

일반전표에 입력된 모든 전표의 조회가 가능하다. 현금전표(1번)와 대체전표(2번), 전체전표(3번)를 구분하여 조회할 수 있으며 원하는 기간을 일단위로 조회할 수 있다.

6 분개장

일반전표와 매입매출전표에 입력된 분개는 분개장에 자동 반영되어 출력할 수 있다.

7 총계정원장

일별 또는 월별로 각 계정과목의 조회가 가능하며, 특히 1월부터 12월까지 각 월별로 금액을 비교할 때 한 눈에 볼 수 있는 장부이다.

8 현금출납장

조회하고자 하는 기간의 현금 계정과목의 여러 정보를 조회할 수 있다. 입·출금액과 잔액을 각각 확인할 때 유용하다.

제2절 _ 자금관리

[자금관리]메뉴는 회계(세무)정보관리 자격시험에서 새롭게 추가된 기능으로, 다음과 같이 일일자금명세(경리일보), 예적금현황, 받을어음과 지급어음현황, 어음집계표 등에 대한 정확한 정보를 구체적이고 신속하게 찾아주는 역할을 한다.

1 일일자금명세(경리일보)

일일자금명세(경리일보)에서는 조회일자를 일(日) 단위로 하여 당일증가, 당일감소, 당일잔액 등의 자금내역을 한 눈에 파악할 수 있다.

2 예적금현황

미리 등록해 놓은 예금 및 적금현황을 잔액과 원장으로 구분하여 한 눈에 파악할 수 있는 장점이 있다. 또한 '원장'을 클릭하면 계좌명별로 검색이 가능하기 때문에 자금관리를 보다 더 효과적으로 할 수 있는 기능이 있다.

③ 받을어음현황

매출채권 중 받을어음에 대해 만기일(월)별, 거래처별로 조회할 수 있으며 만기일, 어음번호, 거래처, 만기금액, 할인에 이르기까지 한 눈에 관리할 수 있는 기능이다.

④ 지급어음현황

매입채무 중 지급어음에 대해 만기일(월)별, 지급은행별, 거래처별로 조회할 수 있으며 만기일, 어음번호, 거래처, 만기금액, 지급은행에 이르기까지 한 눈에 관리할 수 있는 기능이다.

⑤ 어음집계표

받을어음 또는 지급어음에 대한 정보를 확인할 수 있으며, 특히 지급어음의 경우 거래은행에서 어음책을 받은 후에 '어음등록'메뉴를 이용하여 입력하면 전표입력시 조회하여 자동으로 반영할 수 있는 기능이다.

'어음등록'에 당좌 및 어음책에 대한 정보를 입력하면 전표입력시 F3(자금관리)를 통하여 자동으로 반영할 수 있다. 어음종류 중 '2.당좌, 3.가계'를 선택하면 어음으로 대체할 수 있는 기능이 있다.

실무수행평가

- '혜원가구(8500)'의 입력자료를 조회하여 [평가문제]에 답하시오.
  (홈페이지 자료실에서 '2025 FAT2grade DB'를 다운받아 설치한 후 풀이할 것.)

번호	평가문제
1	평가문제 [일/월계표 조회] 상반기(1월~6월)에 발생한 '판매비와 관리비'의 계정별 잔액으로 옳지 않은 것은? ① 접대비(기업업무추진비) 100,000원 ② 복리후생비 200,000원 ③ 보험료 2,400,000원 ④ 대손상각비 2,710,000원
2	평가문제 [일/월계표 조회] 3/4분기(7월~9월)에 발생한 '임차료' 금액은 얼마인가? ( )원
3	평가문제 [합계잔액시산표 조회] 4월 말 '외상매입금' 잔액은 얼마인가? ( )원
4	평가문제 [합계잔액시산표 조회] 7월 말 '예수금' 잔액은 얼마인가? ( )원
5	평가문제 [계정별원장 조회] 5월 말 '945.수수료비용' 증가액은 얼마인가? ( )원
6	평가문제 [계정별원장 조회] 6월 말 '109.대손충당금' 잔액은 얼마인가? ( )원
7	평가문제 [계정별원장 조회] 11월 말 '338.인출금' 차변 금액은 얼마인가? ( )원
8	평가문제 [거래처원장 조회] 12월 말 '253.미지급금'의 거래처별 잔액으로 옳지 않은 것은? ① 서영가구(주) 37,600,000원 ② 현진자동차(주) 0원 ③ 농협카드 200,000원 ④ 국민카드 100,000원
9	평가문제 [거래처원장 조회] 12월 말 '108.외상매출금'의 거래처별 잔액이 가장 많은 거래처코드를 기입하시오. ( )

번호	평가문제
10	평가문제 [총계정원장 조회] 1/4기(1월~3월) 중 '401.상품매출'이 가장 많은 달은 몇 월인가? ( )월
11	평가문제 [현금출납장 조회] 6월 한 달 동안 '101.현금' 입금액은 얼마인가? ( )원
12	평가문제 [총계정원장 조회] 월별 '101.현금' 지출(출금)금액으로 옳지 않은 것은? ① 2월 665,000원 ② 3월 80,000원 ③ 9월 95,000원 ④ 10월 1,420,000원
13	평가문제 [예적금현황 조회] 12월 말 은행별 보통예금 잔액으로 옳은 것은? ① 신한은행(보통) 31,774,000원 ② 기업은행(보통) 51,200,000원 ③ 농협은행(보통) 29,040,000원 ④ 하나은행(보통) 34,800,000원
14	평가문제 [받을어음현황 조회] 만기가 2025년에 속하는 '받을어음' 중 만기에 회수(결제)한 금액은 얼마인가? ( )원
15	평가문제 [지급어음현황 조회] 만기일이 2025년에 해당하는 '지급어음'의 지급은행 코드번호를 기입하시오. ( )

실무수행평가 풀이

1	2	3	4	5
②	500,000원	36,000,000원	106,000원	50,000원
6	7	8	9	10
300,000원	30,000원	①	01002	2
11	12	13	14	15
300,000원	③	①	5,000,000원	98000

제3절 _ 재무제표 조회

1 재무상태표

[결산/재무제표]의 [재무상태표]에서는 결산후의 자산, 부채, 자본의 각 항목에 대해 과목별, 제출용, 표준용으로 구분하여 당기분과 전기분으로 나누어서 회계정보를 제공하기 때문에 비교가능성이 뛰어나다.

'과목별' 재무상태표와 달리 '제출용' 재무상태표에서는 실무에서 각각 적용하였던 계정과목들을 '현금및현금성자산', '매출채권'등으로 통합하여 표기하고 있음을 알 수 있다. 또한 '과목별' 재무상태표와 마찬가지로 당기분과 전기분으로 나누어서 회계정보를 제공하여 비교를 더욱 용이하게 한다.

'표준(개인)용' 재무상태표는 자산, 부채, 자본을 최대한 단순하고 함축적인 수치로 정보를 제공하고 있다.

또한 재무상태표를 통하여 기업의 안정성분석(유동비율, 당좌비율, 부채비율)등의 계산 및 분석이 가능하다.

2 손익계산서

마지막으로 [결산/재무제표]의 [손익계산서]에서 제공하는 정보에 대해 분석해 보자. [손익계산서]에서는 결산후 수익, 비용의 각 항목에 대해 과목별, 제출용, 표준(개인)용으로 구분하여 당기분과 전기분으로 나누어서 회계정보를 제공하고 있다. 이렇게 증감분의 변화를 쉽게 파악할 수 있기 때문에 기업의 수익성 분석시 손익계산서의 정보를 적절하고 빠르게 이용할 수 있으며 손익계산서를 통하여 기업의 수익성분석 및 성장성분석(매출액이익율, 당기순이익증가율 등)이 가능하다.

[재무상태표]와는 달리 [손익계산서]는 통합계정이 별로 없기 때문에 '제출용'과 '표준(개인)용' 서식에서 크게 장점이 부각되지는 않지만 당기와 전기를 한 눈에 보여준다는 점에서 여전히 비교가능성은 높다고 할 수 있다.

실무수행평가

- '혜원가구(8500)'의 입력자료를 조회하여 [평가문제]에 답하시오.
  (홈페이지 자료실에서 '2025 FAT2grade DB'를 다운받아 설치한 후 풀이할 것.)

번호	평가문제	
1	평가문제 [재무상태표 조회] 12월 말 '단기매매증권' 잔액은 얼마인가?	( )원
2	평가문제 [재무상태표 조회] 12월 말 '받을어음의 장부금액(받을어음-대손충당금)'은 얼마인가?	( )원
3	평가문제 [재무상태표 조회] 12월 말 '선급비용'은 잔액은 얼마인가?	( )원
4	평가문제 [재무상태표 조회] 12월 말 '비품의 장부금액(취득원가-감가상각누계액)'은 얼마인가?	( )원
5	평가문제 [재무상태표 조회] 12월 말 '선수수익'은 잔액은 얼마인가?	( )원
6	평가문제 [재무상태표 조회] 12월 말 '자본금' 잔액은 얼마인가? ① 192,104,000원　　② 318,974,000원 ③ 329,210,000원　　④ 430,964,000원	( )
7	평가문제 [재무상태표 조회] 자기자본비율이란 자산 중에서 자본이 차지하는 비중을 나타내는 대표적인 자본구조 분석 지표이다. 전기 자기자본비율을 계산하면 얼마인가?(단, 소숫점 이하는 버림 할 것.) $$자기자본비율(\%) = \frac{자기자본(자본)총계}{자산총계} \times 100$$ ① 58%　　② 60% ③ 171%　　④ 198%	

번호	평가문제
8	**평가문제 [재무상태표 조회]** 당좌비율이란 유동부채에 대한 당좌자산의 비율로 재고자산을 제외시킴으로써 단기채무에 대한 기업의 지급능력을 파악하는데 유동비율 보다 더욱 정확한 지표로 사용되고 있다. 전기 당좌비율을 계산하면 얼마인가?(단, 소숫점 이하는 버림 할 것.) (　　　) $$당좌비율(\%) = \frac{당좌자산}{유동부채} \times 100$$ ① 36%　　② 45% ③ 154%　　④ 219%
9	**평가문제 [재무상태표 조회]** 부채비율은 타인자본의 의존도를 표시하며, 기업의 건전성 정도를 나타내는 지표이다. 전기 부채비율은 얼마인가?(단, 소숫점 이하는 버림 할 것.) (　　　) $$부채비율(\%) = \frac{부채총계}{자본총계} \times 100$$ ① 64%　　② 71% ③ 128%　　④ 140%
10	**평가문제 [재무상태표 조회]** 유동비율이란 기업의 단기 지급능력을 평가하는 지표이다. 전기 유동비율은 얼마인가? (단, 소숫점 이하는 버림 할 것.) (　　　) $$유동비율(\%) = \frac{유동자산}{유동부채} \times 100$$ ① 40%　　② 48% ③ 244%　　④ 270%
11	**평가문제 [손익계산서 조회]** 당기에 발생한 '상품매출원가'는 얼마인가? (　　　)원
12	**평가문제 [손익계산서 조회]** 당기에 발생한 '소모품비' 금액은 얼마인가? (　　　)원

실무수행평가 풀이

1	2	3	4	5
8,000,000원	7,920,000원	500,000원	13,000,000원	250,000원
6	7	8	9	10
②	①	④	②	③
11	12			
51,330,000원	500,000원			

제4절 _ 실무수행평가 따라잡기

1. 본 절은 FAT2급 실무수행에서 요구하는 평가문제를 수험자가 정확히 이해할 수 있도록 설명되었다.
2. 2023년 제66회 FAT2급 실무 기출문제를 통하여 수행과제의 입력화면 및 연결되는 재무제표와 제장부의 변화를 직접 확인할 수 있다.
3. 단, 기본적으로 변동되는 [분개장], [합계잔액시산표] 등의 입력방법은 제외한다.
4. 장부와 연결되는 [손익계산서]와 [재무상태표]의 입력화면은 생략하고, 결산 수행과제에서 설명한다.

실무수행평가

바오바오(회사코드 4166)는 인형 및 장난감 도소매업을 운영하는 개인기업으로, 회계기간은 제7기(2023.1.1. ~ 2023.12.31.)이다. 제시된 자료와 [자료설명]을 참고하여, [수행과제]를 완료하고 [평가문제]의 물음에 답하시오.

실무수행 유의사항	1. 타계정 대체와 관련된 적요는 반드시 코드를 입력하여야 한다. 2. 채권·채무, 예금거래 등 관리대상 거래자료에 대하여는 거래처코드를 반드시 입력한다. 3. 자금관리 등 추가 작업이 필요한 경우 문제의 요구에 따라 추가 작업하여야 한다. 4. 등록된 계정과목 중 가장 적절한 계정과목을 선택한다. 5. 부가가치세는 고려하지 않는다.

실무수행 ••• 기초정보관리의 이해

회계관련 기초정보는 입력되어 있다. [자료설명]을 참고하여 [수행과제]를 수행하시오.

① 사업자등록증에 의한 거래처등록

사 업 자 등 록 증
(일반과세자)

등록번호: 181-30-31115

상　　　　호: 울릉아트
대 표 자 명: 김은호
개 업 년 월 일: 2019년 1월 24일
사업장 소재지: 서울특별시 강남구 강남대로 246
　　　　　　　(도곡동, 다림빌딩)
사 업 의 종 류: 업태 도소매업 종목 인형 잡화
교 부 사 유: 사업장 이전
사업자단위과세 적용사업자여부: 여(　) 부(✔)
전자세금계산서 전용 메일주소: art1004@naver.com

2023년 1월 15일

역삼 세무서장

자료설명	울릉아트(코드 00123)의 변경된 사업자등록증 사본을 받았다.
수행과제	사업자등록증의 변경내용을 확인하여 사업장주소와 담당자 메일주소를 수정 및 입력 하시오.

수행과정 풀이

[거래처등록]
1. 사업장주소 변경: 서울특별시 강남구 강남대로 246 (도곡동, 다림빌딩)
2. 전자세금계산서 전용 메일주소 입력: art1004@naver.com

변경전 　　　　　　　　　　　　　변경후

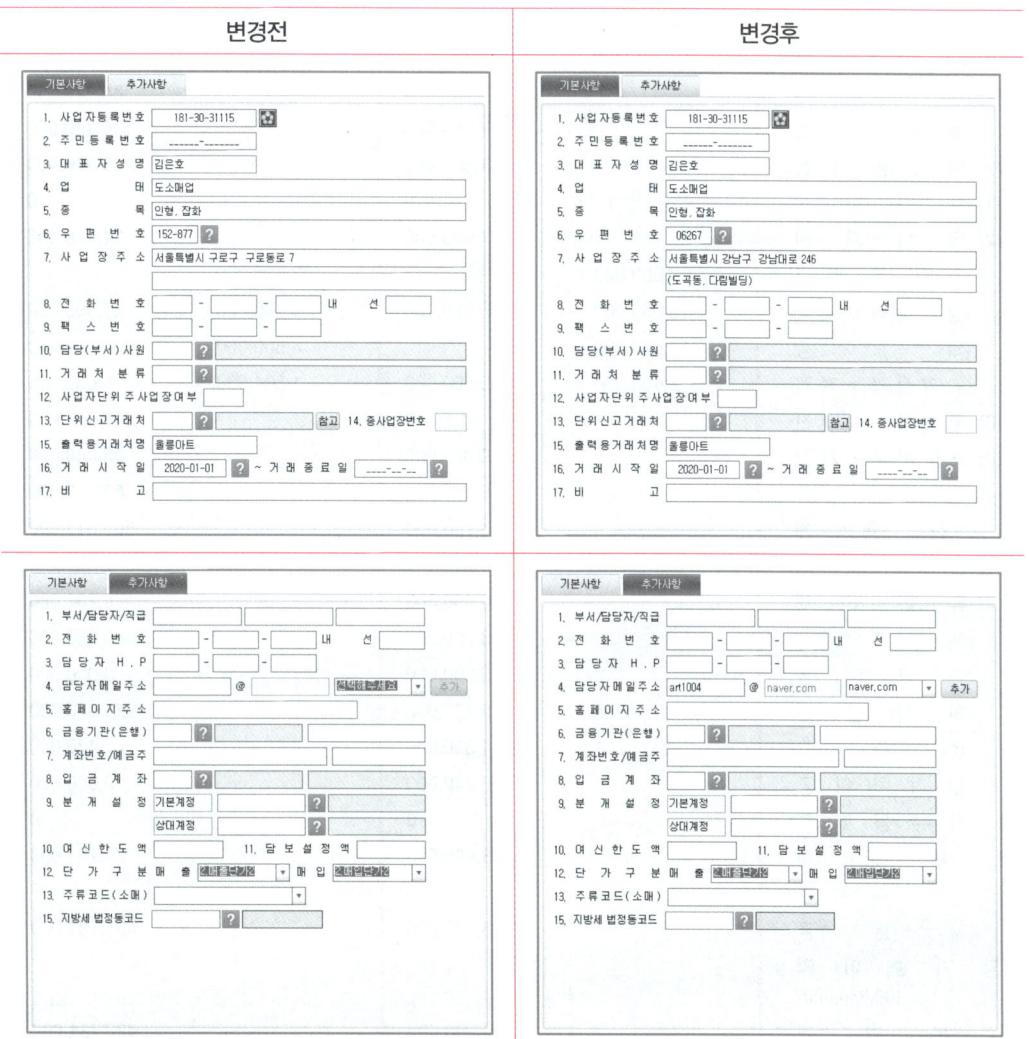

② 전기분 재무상태표의 입력수정

재 무 상 태 표
제6(당)기 2022.12.31. 현재
제5(전)기 2021.12.31. 현재

바오바오 (단위: 원)

과 목	제6기 (2022.12.31.)		제5기 (2021.12.31.)	
자 산				
Ⅰ. 유 동 자 산		407,180,000		414,375,000
(1) 당 좌 자 산		350,180,000		329,255,000
현 금		10,001,280		1,250,000
보 통 예 금		254,780,000		14,300,000
외 상 매 출 금	95,000,000		179,500,000	
대 손 충 당 금	22,400,000	72,600,000	1,795,000	177,705,000
받 을 어 음	12,928,000		136,000,000	
대 손 충 당 금	129,280	12,798,720		0
(2) 재 고 자 산		57,000,000		85,120,000
상 품		57,000,000		85,120,000
Ⅱ. 비 유 동 자 산		87,600,000		89,136,000
(1) 투 자 자 산		0		0
(2) 유 형 자 산		57,600,000		34,136,000
차 량 운 반 구	60,000,000		32,600,000	
감 가 상 각 누 계 액	12,000,000	48,000,000	5,100,000	27,500,000
비 품	12,000,000		8,500,000	
감 가 상 각 누 계 액	2,400,000	9,600,000	1,864,000	6,636,000
(3) 무 형 자 산		0		0
(4) 기 타 비 유 동 자 산		30,000,000		55,000,000
임 차 보 증 금		30,000,000		55,000,000
자 산 총 계		494,780,000		503,511,000
부 채				
Ⅰ. 유 동 부 채		88,490,000		79,730,000
외 상 매 입 금		13,700,000		50,250,000
지 급 어 음		5,300,000		3,000,000
미 지 급 금		9,700,000		16,000,000
예 수 금		1,350,000		480,000
단 기 차 입 금		58,440,000		10,000,000
Ⅱ. 비 유 동 부 채		0		0
부 채 총 계		88,490,000		79,730,000
자 본				
자 본 금		406,290,000		423,781,000
(당 기 순 이 익 108,980,000)				
자 본 총 계		406,290,000		423,781,000
부 채 와 자 본 총 계		494,780,000		503,511,000

자료설명	전기(제6기)분 재무제표는 입력되어 있으며 재무제표 검토결과 입력오류를 발견하였다.
수행과제	입력이 누락되었거나 오류부분을 찾아 수정 입력하시오.

수행과정 풀이

[전기분 재무상태표]
- 111.대손충당금 129,000원을 129,280원으로 수정 입력
- 213.감가상각누계액 2,400,000원 추가 입력
- 차액 0원 확인

변경전

		코드	계정과목	차변	대변
1	□	101	현금	10,001,280	
2	□	103	보통예금	254,780,000	
3	□	108	외상매출금	95,000,000	
4	□	109	대손충당금		22,400,000
5	□	110	받을어음	12,928,000	
6	□	111	대손충당금		129,000
7	□	146	상품	57,000,000	
8	□	208	차량운반구	60,000,000	
9	□	209	감가상각누계액		12,000,000
10	□	212	비품	12,000,000	
11	□	251	외상매입금		13,700,000
12	□	252	지급어음		5,300,000
13	□	253	미지급금		9,700,000
14	□	254	예수금		1,350,000
15	□	260	단기차입금		58,440,000
16	□	331	자본금		406,290,000
17	□	962	임차보증금	30,000,000	
18	□				

합계	531,709,280	529,309,000
차액		2,400,280

변경후

		코드	계정과목	차변	대변
1	□	101	현금	10,001,280	
2	□	103	보통예금	254,780,000	
3	□	108	외상매출금	95,000,000	
4	□	109	대손충당금		22,400,000
5	□	110	받을어음	12,928,000	
6	□	111	대손충당금		129,280
7	□	146	상품	57,000,000	
8	□	208	차량운반구	60,000,000	
9	□	209	감가상각누계액		12,000,000
10	□	212	비품	12,000,000	
11	□	251	외상매입금		13,700,000
12	□	252	지급어음		5,300,000
13	□	253	미지급금		9,700,000
14	□	254	예수금		1,350,000
15	□	260	단기차입금		58,440,000
16	□	331	자본금		406,290,000
17	□	962	임차보증금	30,000,000	
18	□	213	감가상각누계액		2,400,000
19	□				

합계	531,709,280	531,709,280
차액		0

실무수행 ••• 거래자료입력

실무프로세스 자료이다. [자료설명]을 참고하여 [수행과제]를 수행하시오.

1 통장사본에 의한 거래입력

■ 보통예금(기업은행) 거래내역

번호	거래일	내용	찾으신금액	맡기신금액	잔액	거래점
		계좌번호 764502-01-047720 바오바오				
1	2023-2-17	차입금이자	584,400		***	***

자료설명	단기차입금에 대한 이자비용을 기업은행 보통예금 계좌에서 이체하여 지급하였다.
수행과제	거래자료를 입력하시오.

수행과정 풀이

[일반전표입력] 2월 17일
(차) 931.이자비용　　　　　584,400원　　(대) 103.보통예금　　　　　584,400원
　　　　　　　　　　　　　　　　　　　　　　　　(98005.기업은행(보통))

	일	번호	구분	코드	계정과목	코드	거래처	적요	차변	대변
□	17	00001	차변	931	이자비용				584,400	
□	17	00001	대변	103	보통예금	98005	기업은행(보통)			584,400

계정별원장

변경전

02월 17일 계정과목 931 이자비용 - 931 이자비용
전일이월　　　　　　　120,000　　　120,000

변경후

날짜	적요	코드	거래처명	차변	대변	잔액
	전일이월			120,000		120,000
02-17				584,400		704,400
	[월　계]			584,400		
	[누　계]			704,400		

거래처원장

변경전

기간 2023년 02월 17일 ~ 2023년 02월 17일 계정과목 103 보통예금
거래처 98005 기업은행(보통) ~ 98005 기업은행(보통) 부서/사원
금액 0.전체

코드	거래처	전기(월)이월	차변	대변	잔액	사업자번호	코드
98005	기업은행(보통)	85,000,000			85,000,000		

변경후

코드	거래처	전기(월)이월	차변	대변	잔액
98005	기업은행(보통)	85,000,000		584,400	84,415,600

월계표

변경전	변경후

예적금현황

변경전	변경후

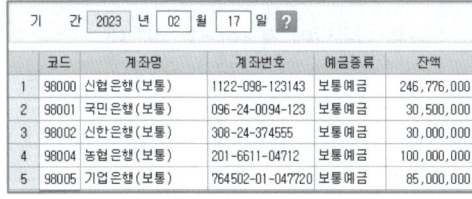

기타

손익계산서: 영업외비용(이자비용) 증가, 당기순이익 감소
재무상태표: 당좌자산(보통예금), 유동자산 감소

② 증빙에 의한 전표입력

영 수 증

2023/3/2

성보카정비   (T.02-823-1234)
서울특별시 서대문구 충정로7길 29-8
(충정로3가)
123-45-67891

품 목	수 량	단 가	금 액
오일교체	1	30,000	30,000

합계: 30,000원

감사합니다.

자료설명	업무용 승용차의 엔진오일을 교체하고, 대금은 다음달에 지급하기로 하였다. (단, '차량유지비'로 처리할 것.)
수행과제	거래자료를 입력하시오.

수행과정 풀이

[일반전표입력] 3월 2일
(차) 822.차량유지비   30,000원   (대) 253.미지급금   30,000원
                                              (02117.성보카정비)

일	번호	구분	코드	계정과목	코드	거래처	적요	차변	대변
02	00001	차변	822	차량유지비				30,000	
02	00001	대변	253	미지급금	02117	성보카정비			30,000

계정별원장

변경전

| 03 월 02 일 | 계정과목 822 차량유지비 ~ 822 차량유지비 |

적요	코드	거래처명	차변	대변	잔액
전일이월					1,566,900	1,566,900

변경후

날짜	적요	코드	거래처명	차변	대변	잔액
	전일이월					1,566,900
03-02				30,000		1,596,900
	[월 계]			30,000		
	[누 계]			1,596,900		

거래처원장	
변경전	변경후

월계표	
변경전	변경후

기타
1. 손익계산서: 판매비와관리비(차량유지비) 증가, 영업이익 감소, 당기순이익 감소 2. 재무상태표: 유동부채(미지급금) 증가

③ 기타 일반거래

출장비 정산서

일자	출발지	도착지	KTX	숙박비	식대	계
2023.3.18.	서울	부산	47,500원	100,000원	40,000원	187,500원
2023.3.21.	부산	서울	47,500원	-	60,000원	107,500원
합 계			95,000원	100,000원	100,000원	295,000원
지급받은금액						250,000원
추가지급액						45,000원

자료설명	[3월 22일] 출장을 마친 직원(김태연)의 출장비 내역을 보고 받고, 차액은 현금으로 지급하였다.
수행과제	3월 15일의 거래를 확인하여 거래자료를 입력하시오. (단, 출장비 지출내역은 '여비교통비'로 처리하고, '가지급금'은 거래처를 입력할 것.)

수행과정 풀이

[일반전표입력] 3월 22일
(차) 812.여비교통비   295,000원   (대) 134.가지급금   250,000원
                                              (03050.김태연)
                                              101.현금   45,000원

□	일	번호	구분	코드	계정과목	코드	거래처	적요	차변	대변
□	22	00001	차변	812	여비교통비				295,000	
□	22	00001	대변	134	가지급금	03050	김태연			250,000
□	22	00001	대변	101	현금					45,000

계정별원장

변경전

03 월 22 일 ? 계정과목 812 ? 여비교통비 ~ 812 ? 여비교통비

적요	코드	거래처명	차변	대변	잔액
전일이월					207,500
				207,500	

변경후

날짜	적요	코드	거래처명	차변	대변	잔액
	전일이월			207,500		207,500
03-22				295,000		502,500
	[월 계]			295,000		
	[누 계]			502,500		

거래처원장

변경전 | 변경후

월계표

변경전 | 변경후

현금출납장

변경전 | 변경후

기타

1. 손익계산서: 판매비와관리비(여비교통비) 증가, 당기순이익 감소
2. 재무상태표: 당좌자산(가지급금, 현금), 유동자산 감소

4 약속어음 수취거래

전 자 어 음

바오바오 귀하　　　　　　　　　　00420230426123456789

금 오백만원정　　　　　　　　　　　　5,000,000원

위의 금액을 귀하 또는 귀하의 지시인에게 지급하겠습니다.

지급기일	2023년 7월 31일	발행일	2023년 4월 26일
지 급 지	국민은행	발행지	서울특별시 서대문구
지급장소	강남지점	주 소	홍제내2나길 29
		발행인	(주)현진아트

자료설명	[4월 26일] (주)현진아트의 상품 외상매출대금 일부를 전자어음으로 수취하였다.
수행과제	1. 거래자료를 입력하시오. 2. 자금관련정보를 입력하여 받을어음현황에 반영하시오.

수행과정 풀이

[일반전표입력] 4월 26일
(차) 110.받을어음　　　　　5,000,000원　　(대) 108.외상매출금　　　　　5,000,000원
　　(00185.(주)현진아트)　　　　　　　　　　　(00185.(주)현진아트)

□	일	번호	구분	코드	계정과목	코드	거래처	적요	차변	대변
□	26	00001	차변	110	받을어음	00185	(주)현진아트	00420230426123456789-보관-	5,000,000	
□	26	00001	대변	108	외상매출금	00185	(주)현진아트			5,000,000

[받을어음 관리]

● 받을어음 관리　　　　　　　　　　　　　　　　　　　　　　　　　　　　　삭제(F5)

어음상태	1	보관	어음종류	6	전자	어음번호	00420230426123456789	수취구분	1	자수
발행인	00185	(주)현진아트			발행일	2023-04-26	만기일	2023-07-31	배서인	
지급은행	100	국민은행	지점	강남	할인기관		지점		할인율(%)	
지급거래처						* 수령된 어음을 타거래처에 지급하는 경우에 입력합니다.				

계정별원장

변경전	변경후

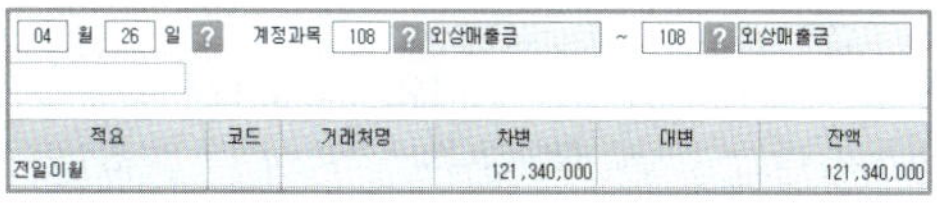

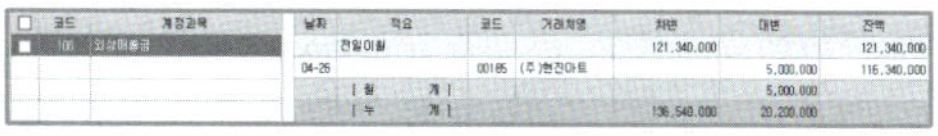

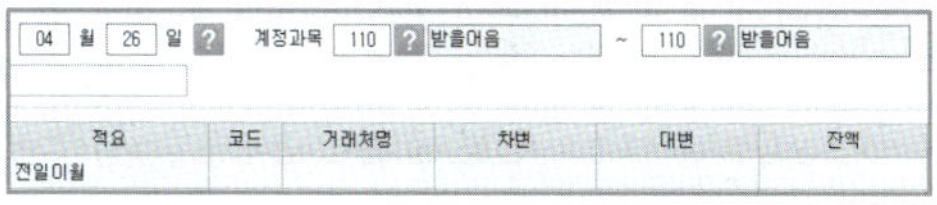

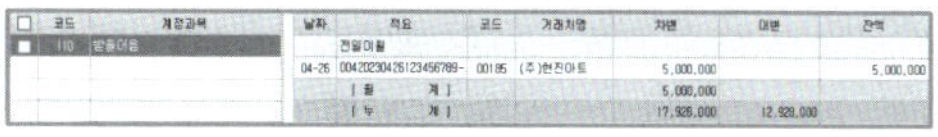

거래처원장

변경전	변경후

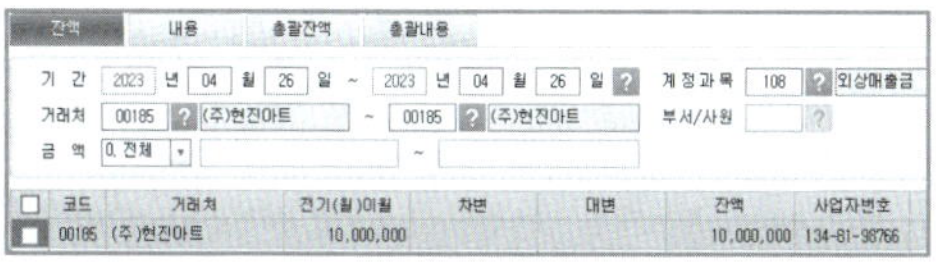

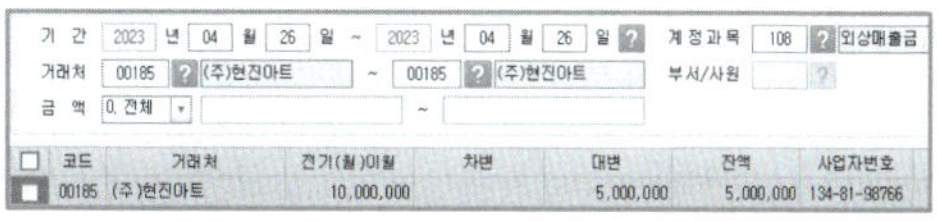

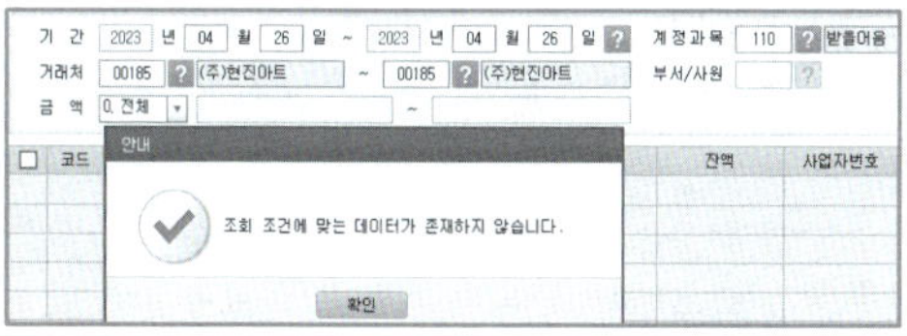

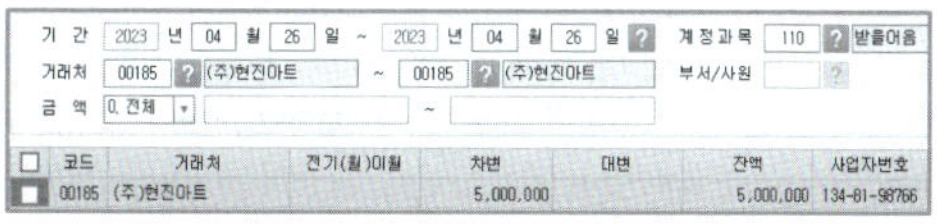

월계표

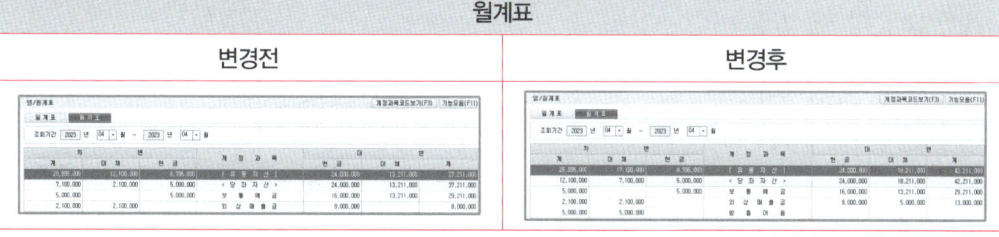

변경전	변경후

받을어음현황

변경전	변경후

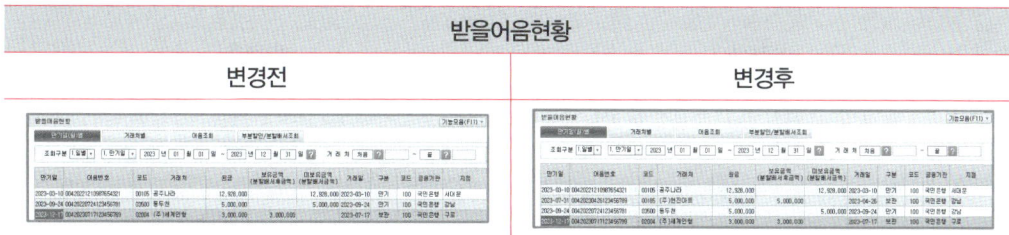

기타

당좌자산인 '외상매출금'과 '받을어음'의 교환거래로 자산합계와 손익계산서에 영향 없음

5 재고자산의 매출거래

거래명세서 (공급자 보관용)

공급자	등록번호	109-09-67470			공급받는자	등록번호	119-54-37124		
	상호	바오바오	성명	고지후		상호	장난감나라	성명	조수민
	사업장주소	서울특별시 서대문구 충정로7길 29-13 (충정로3가)				사업장주소	서울특별시 서대문구 독립문로8길 120 (북아현동)		
	업태	도소매업	종사업장번호			업태	도소매업	종사업장번호	
	종목	인형, 장난감				종목	인형, 잡화		

거래일자	미수금액	공급가액	세액	총 합계금액
2023.5.27.		800,000		800,000

NO	월	일	품목명	규격	수량	단가	공급가액	세액	합계
1	5	27	곰인형		80	10,000	800,000		800,000

자료설명	상품을 외상으로 매출하고 발급한 거래명세서이다.
수행과제	거래내역을 입력하시오.

수행과정 풀이

[일반전표입력] 5월 27일
(차) 108.외상매출금　　　　800,000원　(대) 401.상품매출　　　　800,000원
　　(00106.장난감나라)

□	일	번호	구분	코드	계정과목	코드	거래처	적요	차변	대변
□	27	00001	차변	108	외상매출금	00106	장난감나라		800,000	
□	27	00001	대변	401	상품매출					800,000

계정별원장

변경전

05월 27일 ? 계정과목 401 ? 상품매출 ~ 401 ? 상품매출

적요	코드	거래처명	차변	대변	잔액
전일이월				428,144,000	428,144,000

변경후

날짜	적요	코드	거래처명	차변	대변	잔액
	전일이월				428,144,000	428,144,000
05-27					800,000	
	[월　계]				800,000	
	[누　계]				428,944,000	

거래처원장	
변경전	변경후

월계표	
변경전	변경후

기타

손익계산서: 매출(상품매출), 영업이익, 당기순이익 증가
재무상태표: 당좌자산(외상매출금), 유동자산 증가

6 기타 일반거래

영수증 (입금증, 영수증, 계산서, 전자통장거래확인증 등 겸용)

타행 송금의뢰 확인증

2023년 7월 20일

입금 은행 : 농협은행
입금 계좌 : 1235-12-3252000
수 취 인 : (주)소윤문구
적   요 :
의 뢰 인 : 바오바오

대   체 : 5,665,000
합   계 : 5,665,000
송금수수료 : 0

유성지점   ☎ 1544-9999

국민은행

자료설명	[7월 20일] (주)소윤문구의 상품 외상매입대금 일부를 국민은행 보통예금 계좌에서 인출하여 송금하였다.
수행과제	거래자료를 입력하시오.

수행과정 풀이

[일반전표입력] 7월 20일
(차) 251.외상매입금   5,665,000원   (대) 103.보통예금   5,665,000원
    (00125.(주)소윤문구)   (98001.국민은행(보통))

	일	번호	구분	코드	계정과목	코드	거래처	적요	차변	대변
☐	20	00001	차변	251	외상매입금	00125	(주)소윤문구		5,665,000	
☐	20	00001	대변	103	보통예금	98001	국민은행(보통)			5,665,000

계정별원장

변경전

07월 20일 계정과목 251 외상매입금 ~ 251 외상매입금

적요	코드	거래처명	차변	대변	잔액
전일이월				95,815,000	95,815,000

07월 20일 계정과목 103 보통예금 ~ 103 보통예금

적요	코드	거래처명	차변	대변	잔액
전일이월			306,676,600		306,676,600

변경후

	코드	계정과목	날짜	적요	코드	거래처명	차변	대변	잔액
☐	001	외상매입금	07-20	전일이월 [월 계]	00125	(주)소윤문구	5,665,000 5,665,000	95,815,000 95,815,000	95,815,000 90,150,000

	코드	계정과목	날짜	적요	코드	거래처명	차변	대변	잔액
☐	103	보통예금	07-20	전일이월 [월 계] [누 계]	98001	국민은행(보통)	306,676,600 306,676,600	5,665,000 5,665,000	306,676,600 301,011,600 301,011,600

거래처원장

변경전
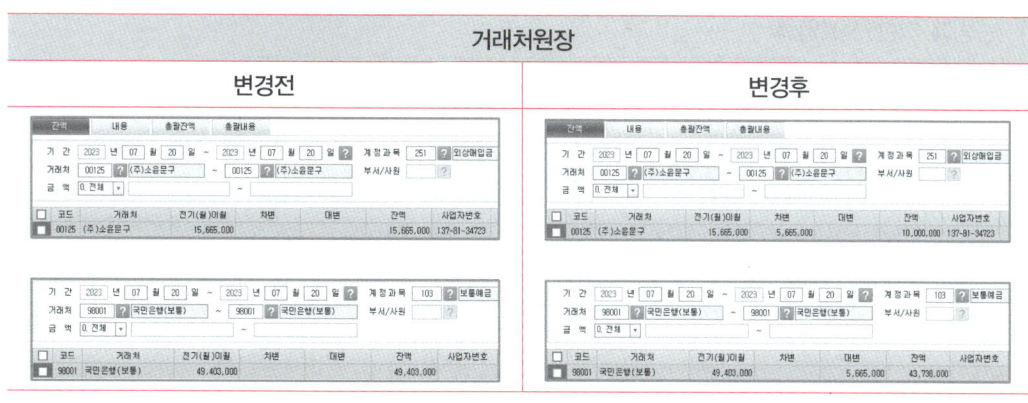

변경후

월계표

변경전
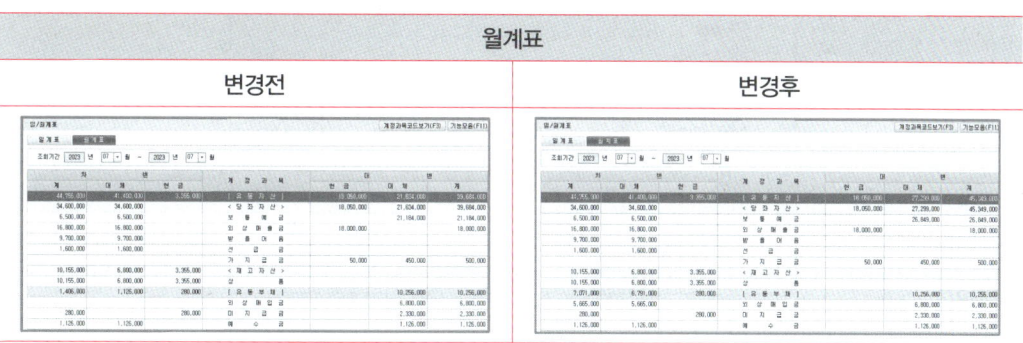

변경후

예적금현황

변경전
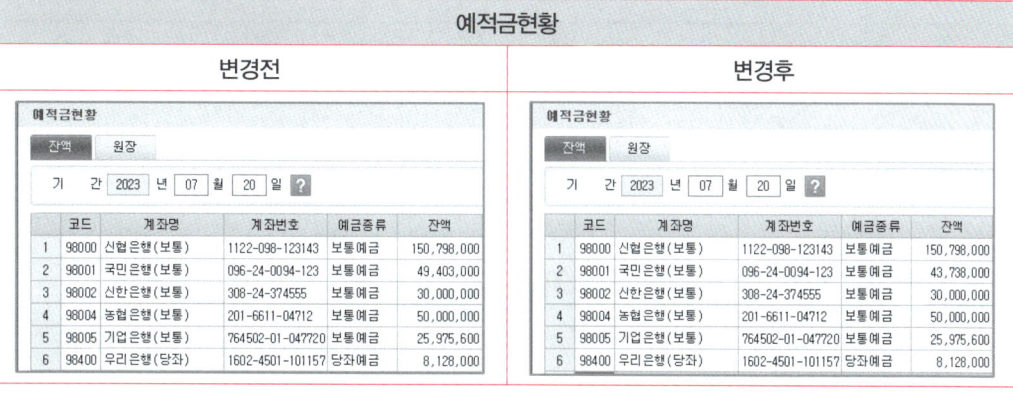

변경후

기타

재무상태표: 유동부채(외상매입금) 감소, 당좌자산(보통예금) 및 유동자산 감소
2. 교환거래로 손익계산서에 영향 없음

7 증빙에 의한 전표입력

매출전표

카드종류	거래일자
신한카드	2023.8.10.10:13:42

카드번호(CARD NO)
4658-1232-****-45**

승인번호	금액 AMOUNT		4	9	0	0	0	0
20230810101234								

일반	할부	부가세 V.A.T						
일시불								
	전단지	봉사료 CASHBACK						
거래유형								
		합계 TOTAL		4	9	0	0	0	0

가맹점명
예솔광고

대표자명	사업자번호
임예솔	216-23-37552
전화번호	가맹점번호
02-439-7248	84566611

주소
서울특별시 구로구 구로동로 104

상기의 거래 내역을 확인합니다.   서명 바오바오

자료설명	신제품 판매촉진을 위한 광고전단지를 제작하고, 결제한 신용카드매출전표 이다.
수행과제	거래자료를 입력하시오.

수행과정 풀이

[일반전표입력] 8월 10일
(차) 833.광고선전비   490,000원   (대) 253.미지급금   490,000원
     (99601.신한카드)

□	일	번호	구분	코드	계정과목	코드	거래처	적요	차변	대변
□	10	00001	차변	833	광고선전비				490,000	
□	10	00001	대변	253	미지급금	99601	신한카드			490,000

계정별원장

변경전	변경후

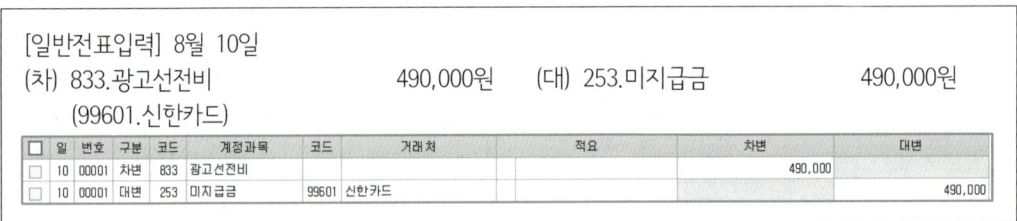

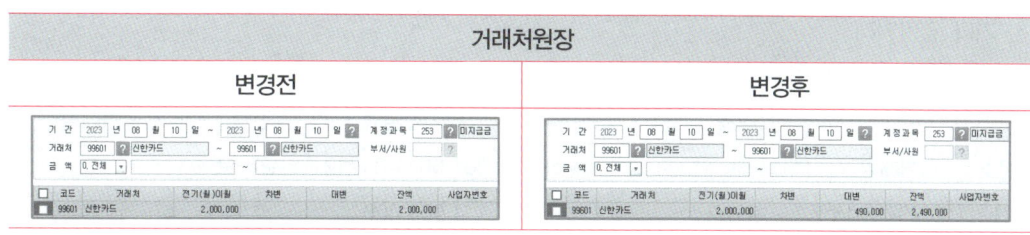

기타

1. 손익계산서: 판매비와관리비(광고선전비) 증가, 영업이익 감소, 당기순이익 감소
2. 재무상태표: 유동부채(미지급금) 증가

8 기타 일반거래

■ 보통예금(농협은행) 거래내역

번호	거래일	내용	찾으신금액	맡기신금액	잔액	거래점
			계좌번호 201-6611-04712 바오바오			
1	2023-12-15	계약금		1,600,000	***	***

자료설명	(주)인선팬시와 상품매출 계약을 체결하고, 계약금을 농협은행 보통예금 계좌로 입금 받았다.
수행과제	거래자료를 입력하시오.

수행과정 풀이

[일반전표입력] 12월 15일
(차) 103.보통예금   1,600,000원   (대) 259.선수금   1,600,000원
    (98004.농협은행(보통))   (03401.(주)인선팬시)

	일	번호	구분	코드	계정과목	코드	거래처	적요	차변	대변
	15	00001	차변	103	보통예금	98004	농협은행(보통)		1,600,000	
	15	00001	대변	259	선수금	03401	(주)인선팬시			1,600,000

계정별원장

변경전

적요	코드	거래처명	차변	대변	잔액
전일이월			269,189,600		269,189,600

적요	코드	거래처명	차변	대변	잔액
전일이월				2,250,000	2,250,000

변경후

코드	계정과목	날짜	적요	코드	거래처명	차변	대변	잔액
103	보통예금		전일이월			269,189,600		269,189,600
		12-15		98004	농협은행(보통)	1,600,000		270,789,600
			[월 계]			1,600,000		
			[누 계]			729,828,000	459,038,400	

코드	계정과목	날짜	적요	코드	거래처명	차변	대변	잔액
259	선수금		전일이월				2,250,000	2,250,000
		12-15		03401	(주)인선팬시		1,600,000	3,850,000
			[월 계]				1,600,000	
			[누 계]			50,200	3,900,000	

거래처원장

변경전	변경후

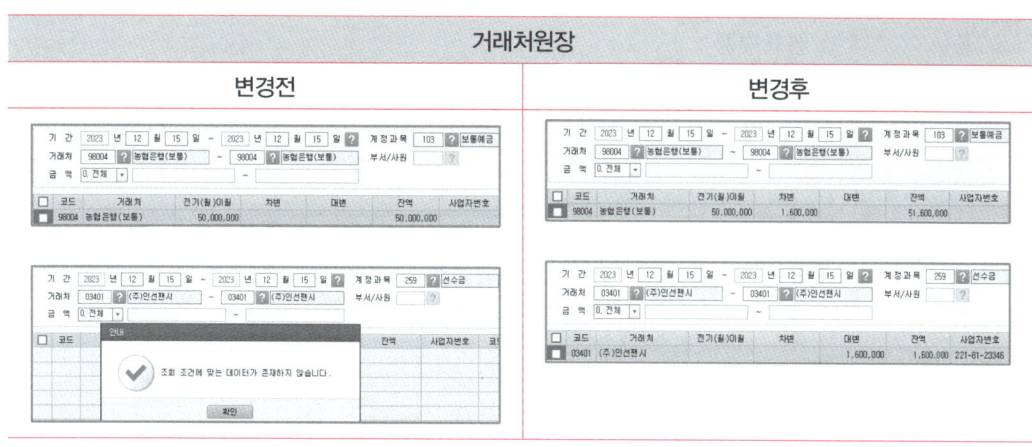

월계표

변경전	변경후

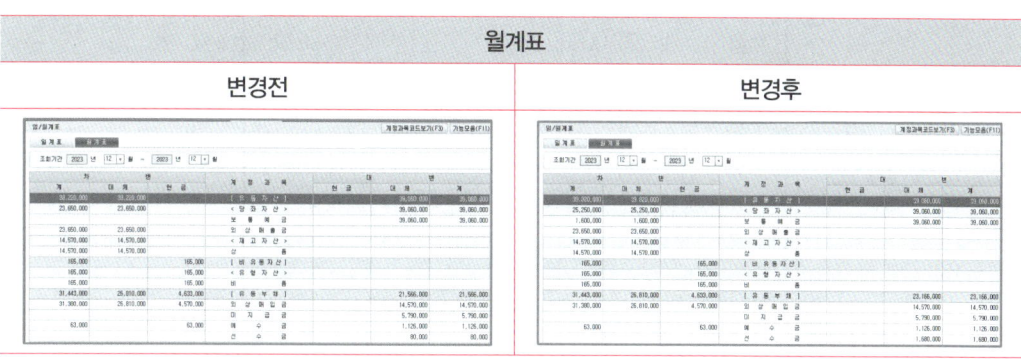

예적금현황

변경전	변경후

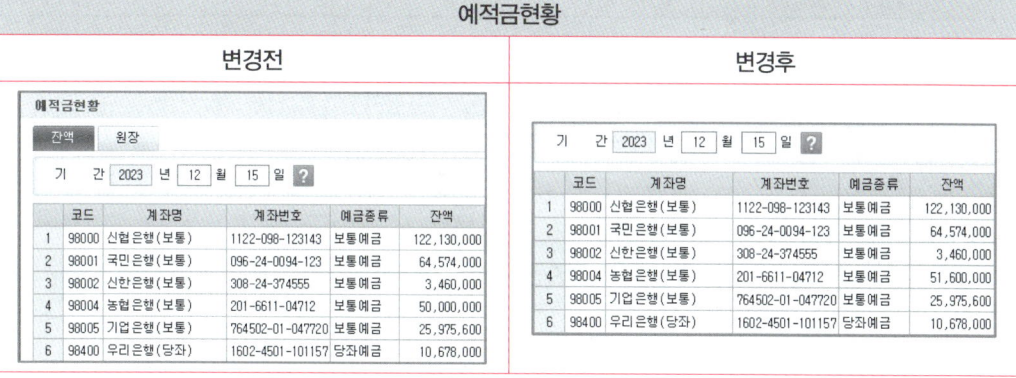

기타

1. 재무상태표: 유동부채(선수금) 증가, 당좌자산(보통예금) 및 유동자산 증가
2. 교환거래로 손익계산서에 영향 없음

실무수행 • • • 전표수정

실무프로세스 자료이다. [자료설명]을 참고하여 [수행과제]를 수행하시오.

1 입력자료 수정

```
                    신용카드매출전표

        카드종류: 삼성카드
        회원번호: 7445-8841-****-3**1
        거래일시: 2023.11.10.  12:04:16
        거래유형: 신용승인
        매   출: 77,000원
        합   계: 77,000원
        결제방법: 일시불
        승인번호: 26785995

        가맹점명: 가윤한식 (314-25-12349)
                    - 이 하 생 략 -
```

자료설명	매출거래처 담당자와 식사를 하고 신용카드로 결제하였다.
수행과제	거래자료를 수정하시오.

수행과정 풀이

[일반전표입력] 11월 10일
수정전: (차) 813.기업업무추진비   77,000원   (대) 253.미지급금   77,000원
                                                (99600.국민카드)

수정후: (차) 813.기업업무추진비   77,000원   (대) 253.미지급금   77,000원
                                                (99605.삼성카드)

거래처원장

변경전

코드	거래처	전기(월)이월	차변	대변	잔액	사업자번호
00123	홈플마트	50,000			50,000	181-30-31115
00156	성진빌딩(주)	7,000,000			7,000,000	125-81-28548
00250	(주)안성장난감	300,000			300,000	215-81-24850
00566	(주)은비마트	2,970,000			2,970,000	125-81-22281
02117	정보카정비	30,000			30,000	123-45-67891
99600	국민카드			77,000	77,000	
99601	신한카드	2,490,000			2,490,000	
99605	삼성카드	2,208,200			2,208,200	

변경후

코드	거래처	전기(월)이월	차변	대변	잔액	사업자번호
00123	홈플마트	50,000			50,000	181-30-31115
00156	성진빌딩(주)	7,000,000			7,000,000	125-81-28548
00250	(주)안성장난감	300,000			300,000	215-81-24850
00566	(주)은비마트	2,970,000			2,970,000	125-81-22281
02117	정보카정비	30,000			30,000	123-45-67891
99601	신한카드	2,490,000			2,490,000	
99605	삼성카드	2,208,200		77,000	2,285,200	

일반전표입력

변경전

일	번호	구분	코드	계정과목	코드	거래처	적요	차변	대변
10	00001	차변	813	접대비				77,000	
10	00001	대변	253	미지급금	99600	국민카드			77,000

변경후

일	번호	구분	코드	계정과목	코드	거래처	적요	차변	대변
10	00001	차변	813	접대비				77,000	
10	00001	대변	253	미지급금	99605	삼성카드			77,000

기타

거래처원장에만 영향을 미치고 재무제표 등 영향 없음

② 입력자료 수정

자료 1. 자동차 보험증권

증권번호	2557466	계 약 일	2023년 12월 1일
보 험 기 간	2023 년 12 월 1 일 00:00부터	2024 년 12월 1일 24:00까지	
보험계약자	바오바오	주민(사업자)번호	109-09-67470
피 보 험 자	바오바오	주민(사업자)번호	109-09-67470

보험료 납입사항

총보험료	96 만원	납입보험료	96만원	미납입보험료	0 원

자료 2. 보통예금(신협은행) 거래내역

		내용	찾으신금액	맡기신금액	잔액	거래점
번호	거래일	계좌번호 1122-098-123143 바오바오				
1	2023-12-1	참좋은손해보험(주)	960,000		***	***

자료설명	배달용 화물차의 보험료를 신협은행 보통예금에서 이체한 거래가 입력 누락 되었다.
수행과제	거래내역을 확인 후 추가 입력 하시오.('비용'으로 처리할 것.)

수행과정 풀이

[일반전표입력] 12월 1일
(차) 821.보험료　　　　　　　　960,000원　　(대) 103.보통예금　　　　　960,000원
　　　　　　　　　　　　　　　　　　　　　　　　　(98000.신협은행(보통))

□	일	번호	구분	코드	계정과목	코드	거래처	적요	차변	대변
□	01	00001	차변	821	보험료				960,000	
□	01	00001	대변	103	보통예금	98000	신협은행(보통)			960,000

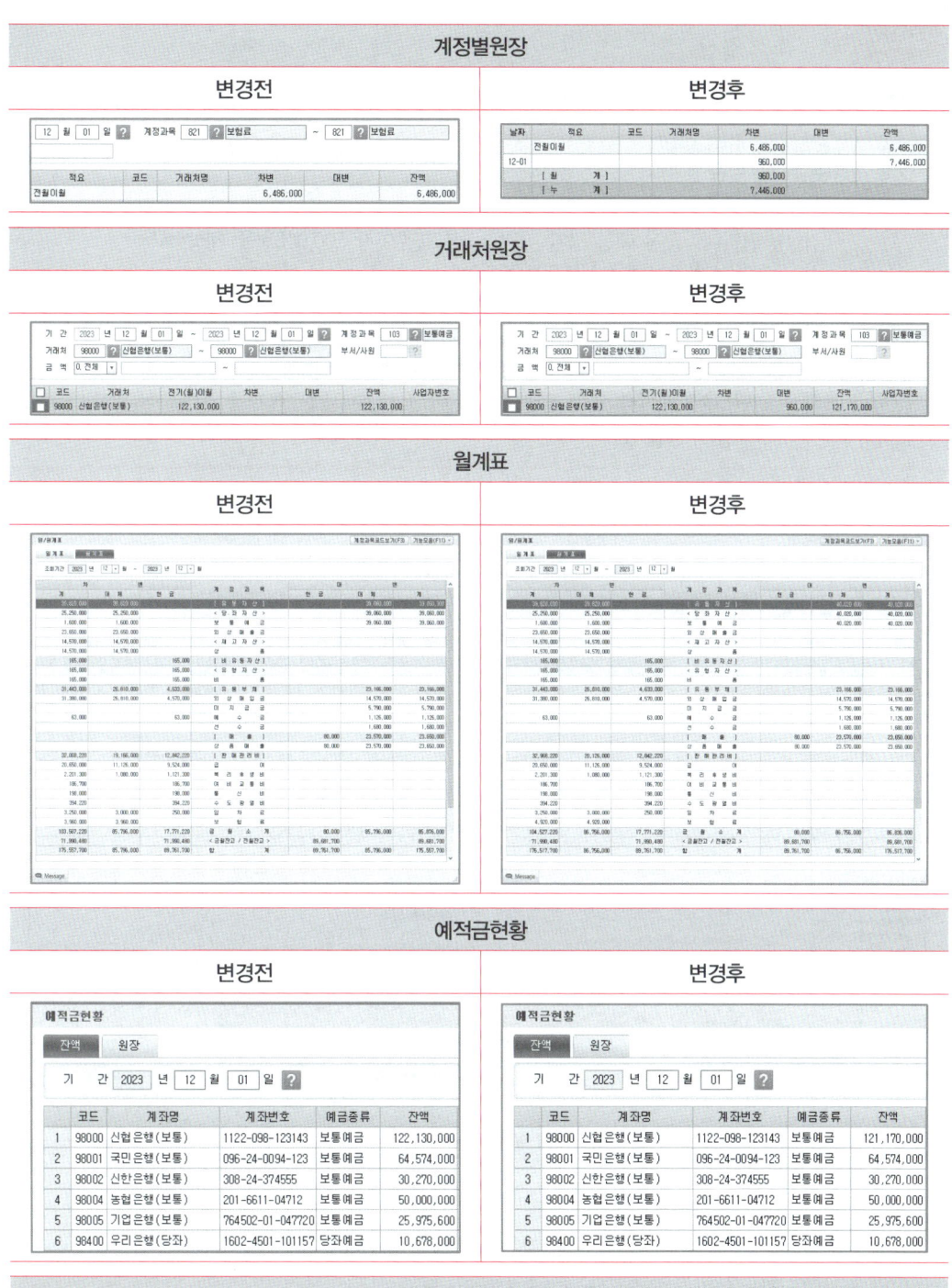

기타

1. 손익계산서: 판매비와관리비(보험료) 증가, 당기순이익 감소
2. 재무상태표: 당좌자산(보통예금), 유동자산 감소

실무수행 • • • 결산

[결산자료]를 참고하여 결산을 수행하시오.(단, 제시된 자료 이외의 자료는 없다고 가정함.)

① 수동결산 및 자동결산

자료설명	1. 단기대여금에 대한 당기 기간경과분 미수이자 500,000원을 계상하다. 2. 기말상품재고액은 27,000,000원이다.
수행과제	1. 수동결산 또는 자동결산 메뉴를 이용하여 결산을 완료하시오. 2. 12월 31일을 기준으로 '손익계산서 → 재무상태표'를 순서대로 조회 작성하시오. (단, 손익계산서 조회 작성 시 상단부 [기능모음]의 '추가'를 이용하여 '손익대체분개'를 수행할 것.)

수행과정 풀이

1. [일반전표입력] 12월 31일
   (차) 116.미수수익   500,000원   (대) 901.이자수익   500,000원

□	일	번호	구분	코드	계정과목	코드	거래처	적요	차변	대변
□	31	00001	차변	116	미수수익				500,000	
□	31	00001	대변	901	이자수익					500,000

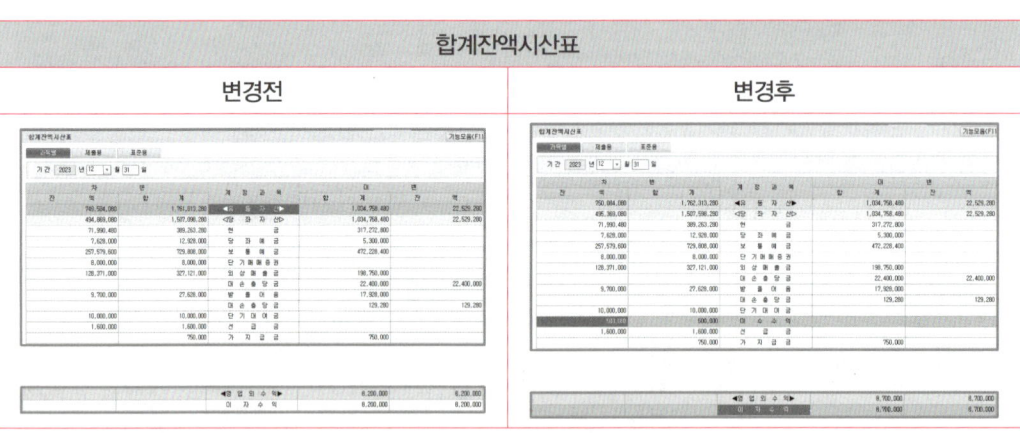

합계잔액시산표 (변경전 / 변경후)

기타

1. 손익계산서: 영업외수익(이자수익) 증가, 당기순이익 증가
2. 재무상태표: 당좌자산(미수수익), 유동자산 증가

2. [결산자료입력]
 - 기말상품재고액 27,000,000원을 입력하고 상단부 전표추가(F3) 를 클릭하여 자동분개 생성
   (차) 451.상품매출원가   227,715,000원   (대) 146.상품   227,715,000원
   [기초재고액 57,000,000원 + 당기매입액 197,715,000원 - 기말재고액 27,000,000원]
                          = 상품매출원가 227,715,000원

결산자료입력

변경전	변경후

일반전표입력

변경전	변경후

기타

1. 손익계산서: 매출원가 증가, 영업이익 감소, 당기순이익 감소
2. 재무상태표: 재고자산(상품), 유동자산 감소

3. [재무상태표 등 작성]
- 손익계산서 [기능모음]의 '추가' 클릭 → 재무상태표 조회 작성

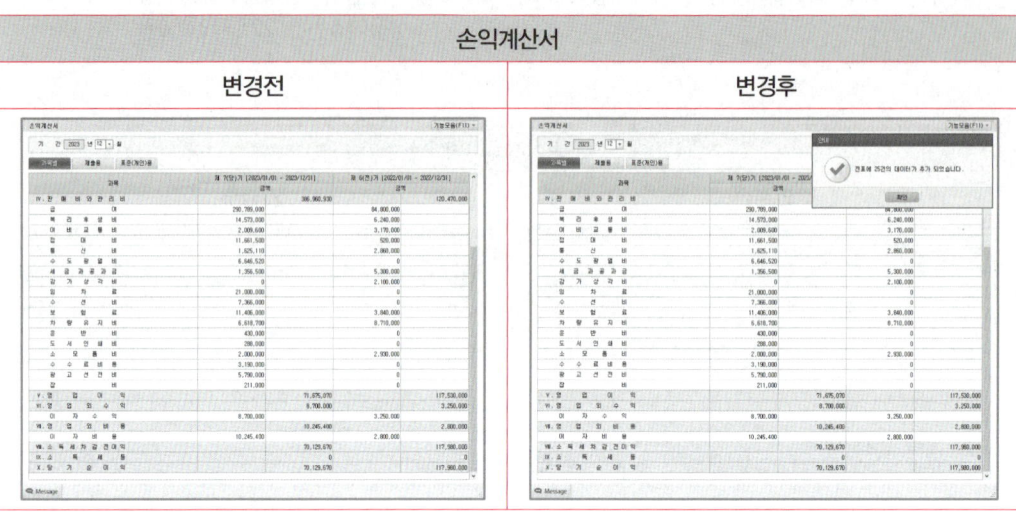

일반전표입력

변경전	변경후

평가문제 • • • 실무수행평가(62점)

입력자료 및 회계정보를 조회하여 [평가문제]의 답안을 입력하시오.

평가문제 답안입력 유의사항

❶ 답안은 지정된 단위의 숫자로만 입력해 주십시오.
* 한글 등 문자 금지

	정답	오답(예)
(1) 금액은 원 단위로 숫자를 입력하되, 천 단위 콤마(,)는 생략 가능합니다. (1-1) 답이 0원인 경우 반드시 "0" 입력 (1-2) 답이 음수(-)인 경우 숫자 앞에 " - " 입력 (1-3) 답이 소수인 경우 반드시 " . " 입력	1,245,000 1245000	1.245.000 1,245,000원 1,245,0000 12,45,000 1,245천원
(2) 질문에 대한 답안은 숫자로만 입력하세요.	4	04 4건, 4매, 4명 04건, 04매, 04명
(3) 거래처 코드번호는 5자리 숫자로 입력하세요.	00101	101 00101번

❷ 답안에 천원단위(000) 입력시 더존 프로그램 숫자 입력 방법과 다르게 숫자키패드 '+' 기능은 지원되지 않습니다.
❸ 더존 프로그램에서 조회되는 자료를 복사하여 붙여넣기가 가능합니다.
❹ 수행과제를 올바르게 입력하지 않고 작성한 답과 모범답안이 다른 경우 오답처리됩니다.

실무수행 평가문제 따라잡기

번호	평가문제	관련 문제
11	평가문제 [거래처등록 조회] 울릉아트(코드: 00123)의 거래처등록사항으로 옳지 않은 것은? ① 울릉아트의 대표자명은 '김은호'이다. ② 메일주소는 ulleungdo@naver.com이다. ③ 업태는 '도소매업'이다. ④ 주소는 '서울특별시 강남구 강남대로 246 (도곡동, 다림빌딩)'이다.	기초1

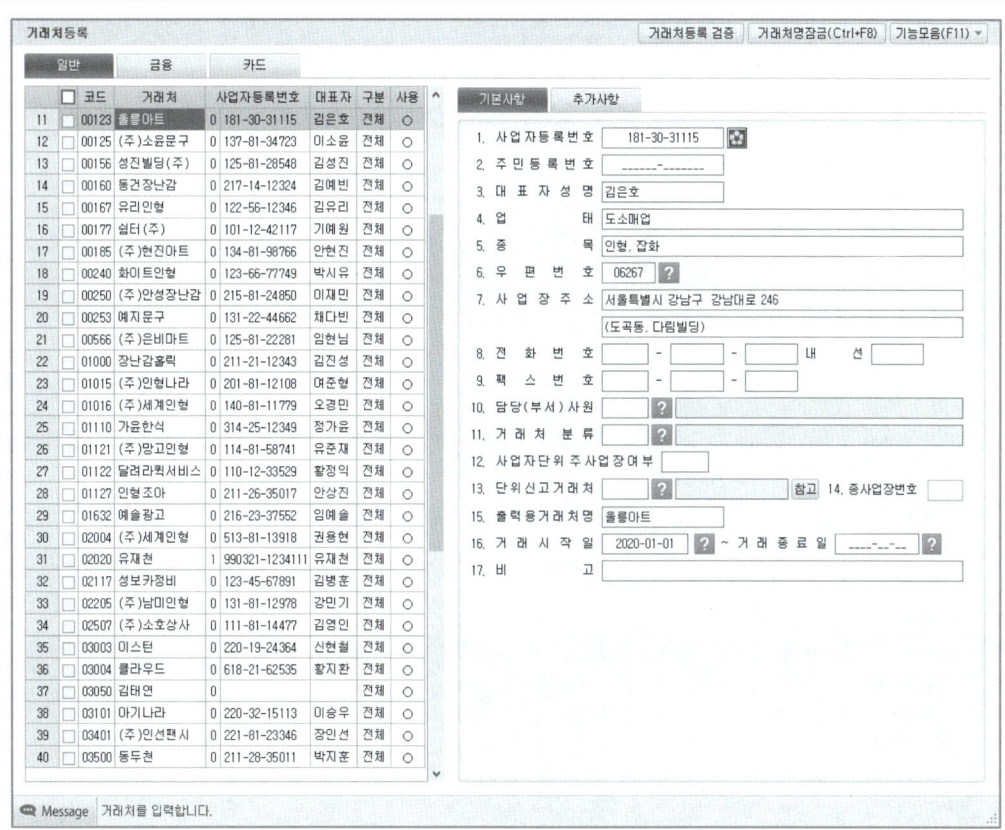

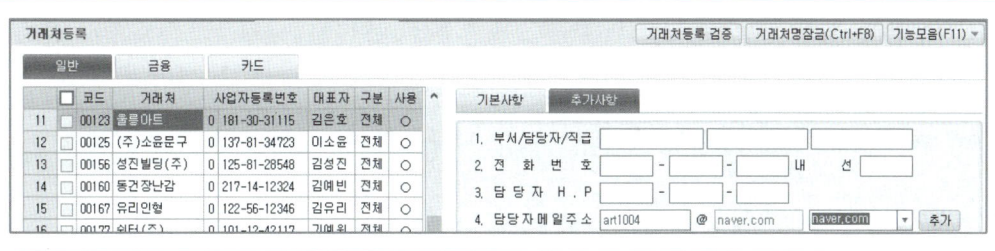

번호	평가문제	관련문제
12	평가문제 [계정별원장 조회] 상반기(1/1~6/30) 중 '134.가지급금'이 감소된 거래처의 코드번호를 입력하시오. (03050)	2-2

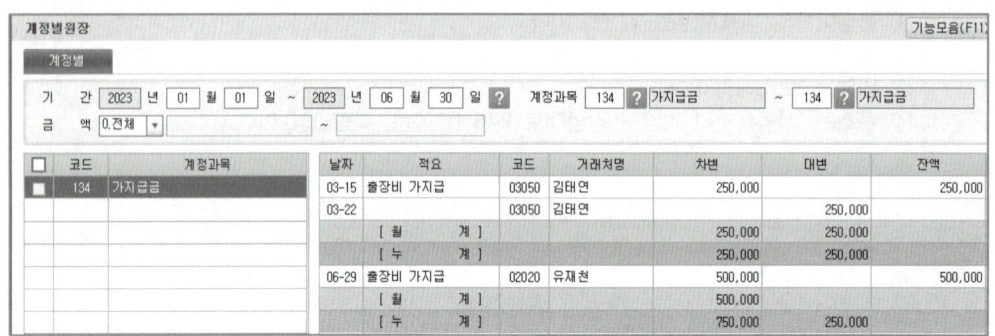

번호	평가문제	관련문제
13	평가문제 [거래처원장 조회] 12월 말 거래처별 '108.외상매출금' 잔액으로 옳지 않은 것은? ① 00106.장난감나라 21,880,000원 ② 00167.유리인형 3,300,000원 ③ 00185.(주)현진아트 21,000,000원 ④ 08707.(주)장난감왕국 5,500,000원	2-4 2-5

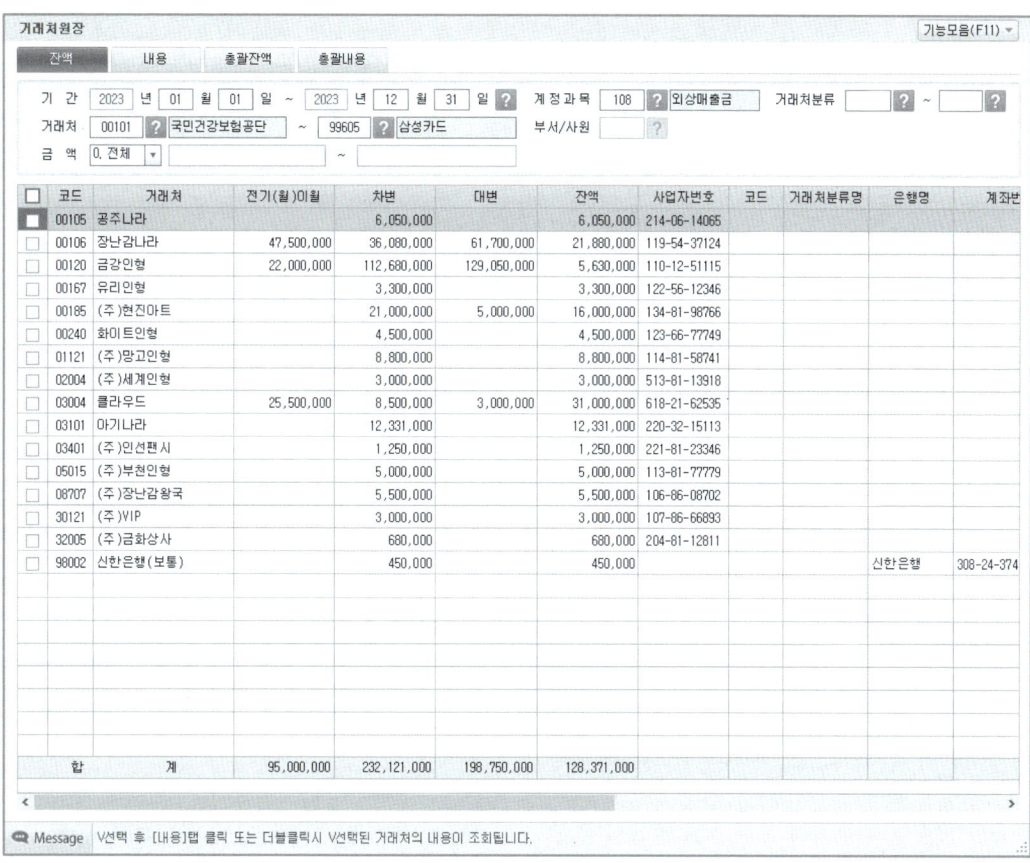

번호	평가문제	관련문제
14	평가문제 [거래처원장 조회] 12월 말 '259.선수금' 잔액이 가장 많은 거래처코드를 입력하시오.　　　　(03401)	2-8

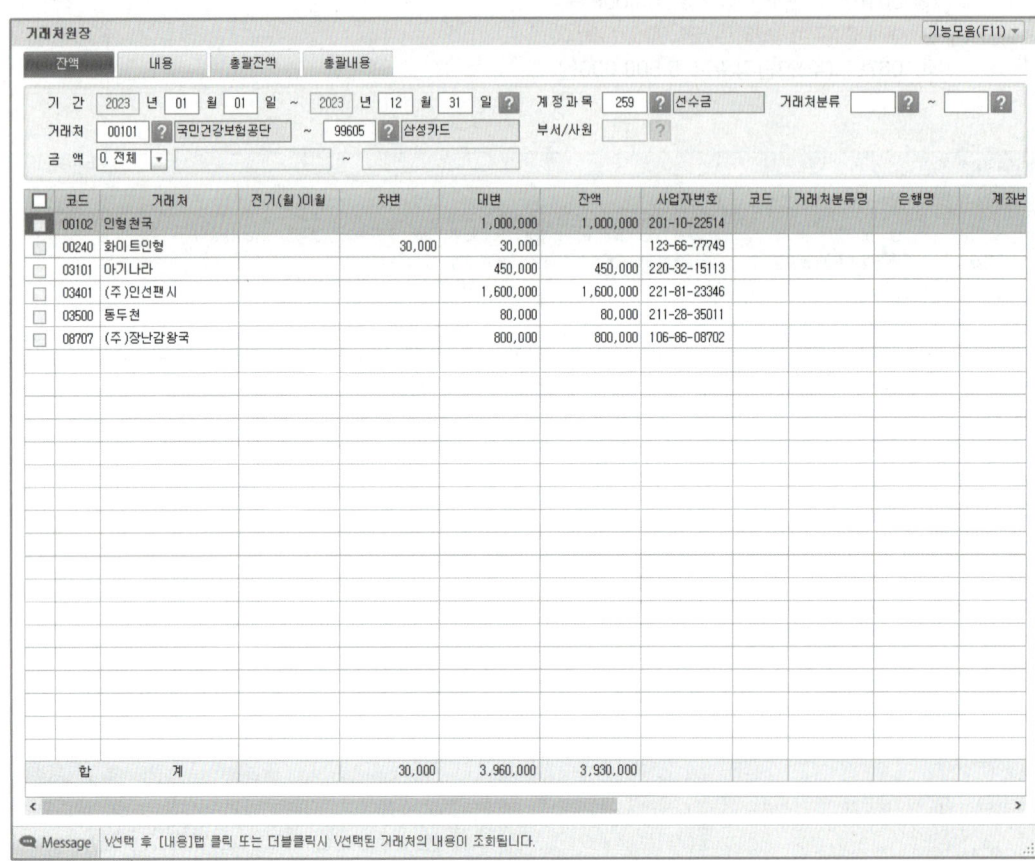

번호	평가문제	관련문제
15	평가문제 [거래처원장 조회] 12월 말 거래처별 '253.미지급금' 잔액으로 옳은 것은? ① 99600.국민카드 500,000원 ② 99601.신한카드 2,000,000원 ③ 99602.비씨카드 185,000원 ④ 99605.삼성카드 6,575,200원	2-7 3-1

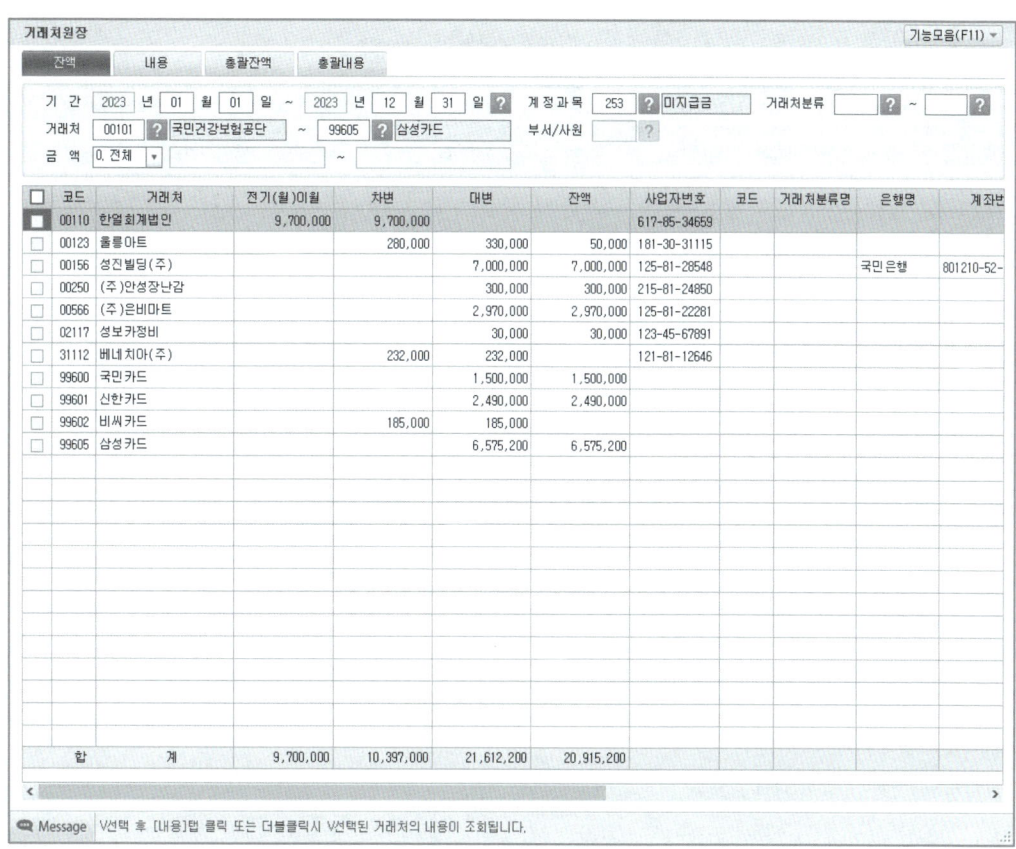

번호	평가문제	관련문제
16	평가문제 [받을어음현황 조회] 만기일이 2023년에 도래하는 '받을어음'의 보유금액 합계는 얼마인가? (8,000,000)원	2-4

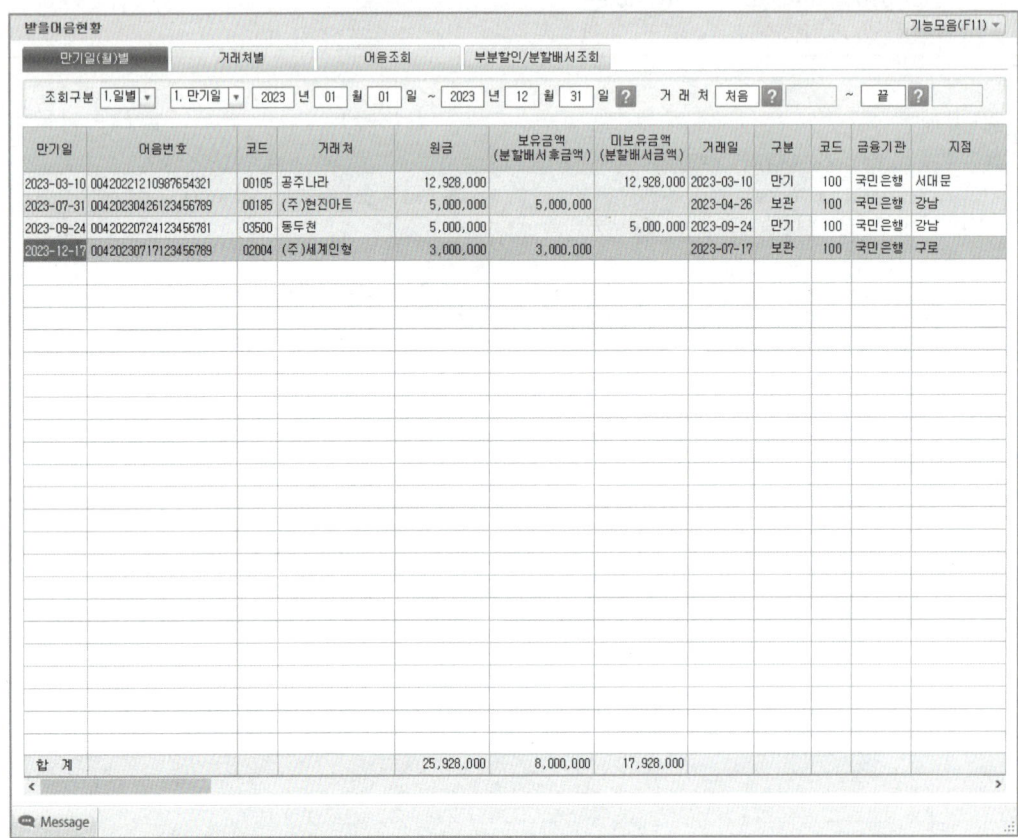

번호	평가문제	관련 문제
17	평가문제 [예적금현황 조회] 12월 말 은행별 보통예금 잔액으로 옳지 않은 것은? ① 신협은행(보통) 108,920,000원 ② 국민은행(보통) 64,574,000원 ③ 농협은행(보통) 50,000,000원 ④ 기업은행(보통) 25,975,600원	2-1 2-6 2-8 3-2

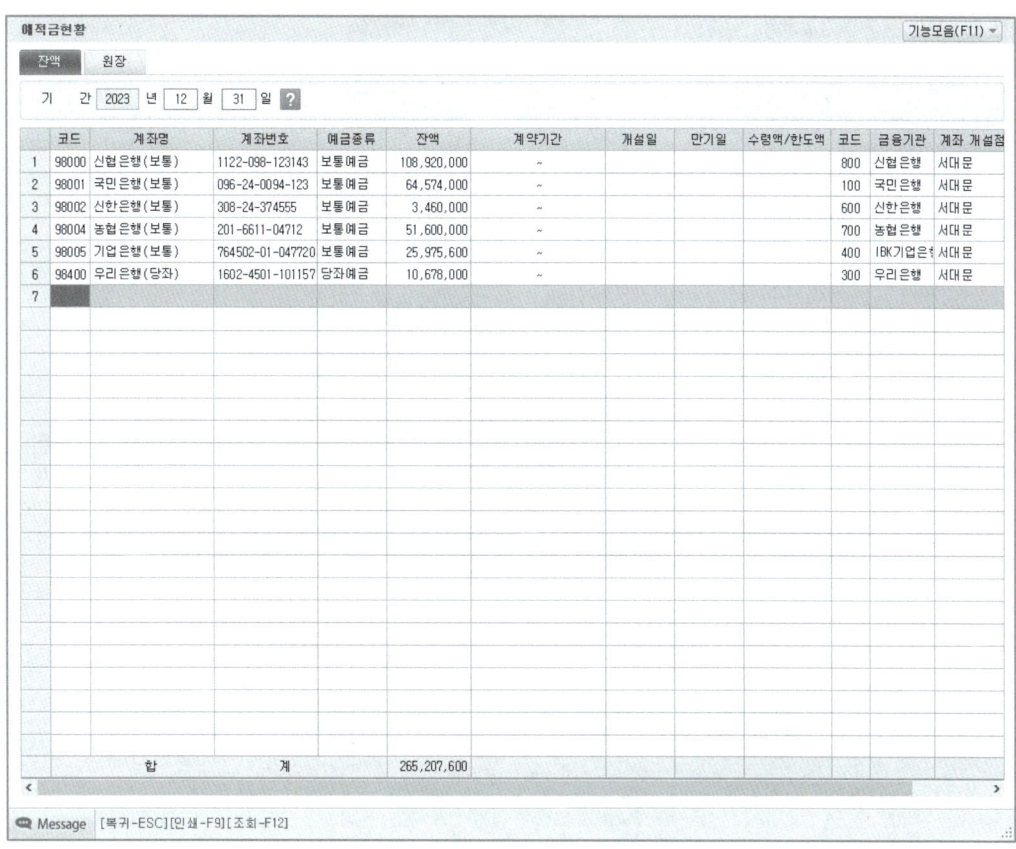

번호	평가문제	관련문제
18	평가문제 [현금출납장 조회] 3월 말 '현금' 잔액은 얼마인가? (35,352,640)원	2-3

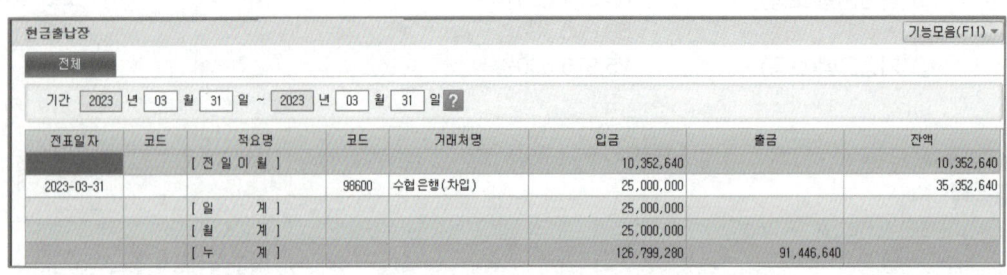

번호	평가문제	관련문제
19	평가문제 [일/월계표 조회] 5월 한 달 동안 발생한 '상품매출' 금액은 얼마인가? (37,014,000)원	2-5

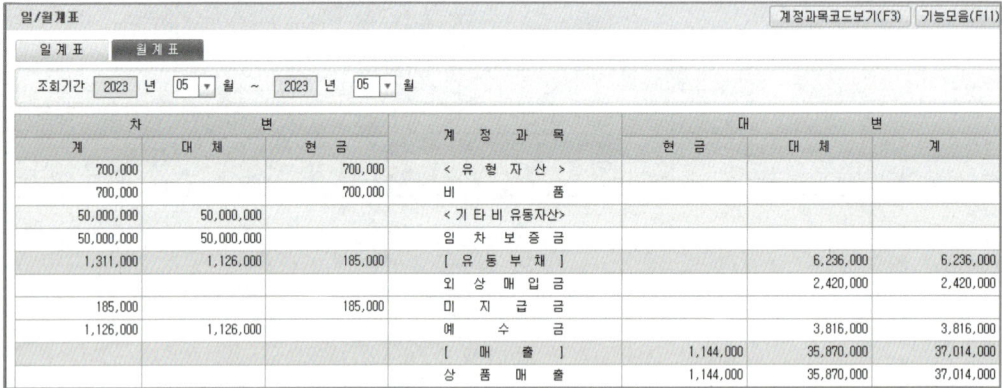

번호	평가문제	관련문제
20	**평가문제 [일/월계표 조회]** 1/4분기(1월~3월) 동안 발생한 '이자비용' 금액은 얼마인가? (960,400)원	2-1

차변			계정과목	대변		
계	대체	현금		현금	대체	계
			[매 출]	56,768,000	331,120,000	387,888,000
			상 품 매 출	56,768,000	331,120,000	387,888,000
102,316,640	58,392,000	43,924,640	[판 매 관 리 비]			
80,950,000	53,552,000	27,398,000	급 여			
2,100,700	60,000	2,040,700	복 리 후 생 비			
518,500	250,000	268,500	여 비 교 통 비			
648,000		648,000	접 대 비			
439,800		439,800	통 신 비			
2,130,040		2,130,040	수 도 광 열 비			
294,000		294,000	세 금 과 공 과 금			
5,250,000	4,500,000	750,000	임 차 료			
167,000		167,000	수 선 비			
836,000		836,000	보 험 료			
2,124,400	30,000	2,094,400	차 량 유 지 비			
167,000		167,000	운 반 비			
50,000		50,000	도 서 인 쇄 비			
856,200		856,200	소 모 품 비			
660,000		660,000	수 수 료 비 용			
5,000,000		5,000,000	광 고 선 전 비			
125,000		125,000	잡 비			
			[영 업 외 수 익]	8,200,000		8,200,000
			이 자 수 익	8,200,000		8,200,000
960,400	584,400	376,000	[영 업 외 비 용]			
960,400	584,400	376,000	이 자 비 용			
601,055,040	509,608,400	91,446,640	금 월 소 계	116,798,000	509,608,400	626,406,400
35,352,640		35,352,640	<금월잔고 / 전월잔고>	10,001,280		10,001,280
636,407,680	509,608,400	126,799,280	합 계	126,799,280	509,608,400	636,407,680

번호	평가문제	관련 문제
21	평가문제 [손익계산서 조회] 당기 '상품매출원가' 금액은 얼마인가?　　　　　　　　　　(227,715,000)원	결산

번호	평가문제	관련 문제
22	평가문제 [손익계산서 조회] 당기에 발생한 '판매비와 관리비'의 계정별 금액으로 옳지 않은 것은? ① 여비교통비　　2,009,600원　　② 접대비(기업업무추진비) 11,661,500원 ③ 차량유지비　　6,618,700원　　④ 광고선전비　　　　　　 5,300,000원	2-2 2-3 2-7 3-1

번호	평가문제	관련문제
23	평가문제 [손익계산서 조회] 당기에 발생한 '보험료' 금액은 얼마인가? (11,406,000)원	3-2

손익계산서
기 간 2023 년 12 월
과목별 제출용 표준(개인)용

과목	제 7(당)기 [2023/01/01 ~ 2023/12/31] 금액	
Ⅳ. 판 매 비 와 관 리 비		386,960,930
급 여	290,789,000	
복 리 후 생 비	14,573,000	
여 비 교 통 비	2,009,600	
접 대 비	11,661,500	
통 신 비	1,625,110	
수 도 광 열 비	6,646,520	
세 금 과 공 과 금	1,356,500	
감 가 상 각 비	0	
임 차 료	21,000,000	
수 선 비	7,366,000	
보 험 료	11,406,000	

번호	평가문제	관련문제
24	평가문제 [손익계산서 조회] 당기에 발생한 '이자수익' 금액은 전기 대비 얼마나 증가하였는가? (5,450,000)원	결산

| Ⅵ. 영 업 외 수 익 | | 8,700,000 | | 3,250,000 |
| 이   자   수   익 | 8,700,000 | | 3,250,000 | |

번호	평가문제	관련문제
25	평가문제 [재무상태표 조회] 1월 말 '유형자산' 금액은 얼마인가? (57,600,000)원	기초2

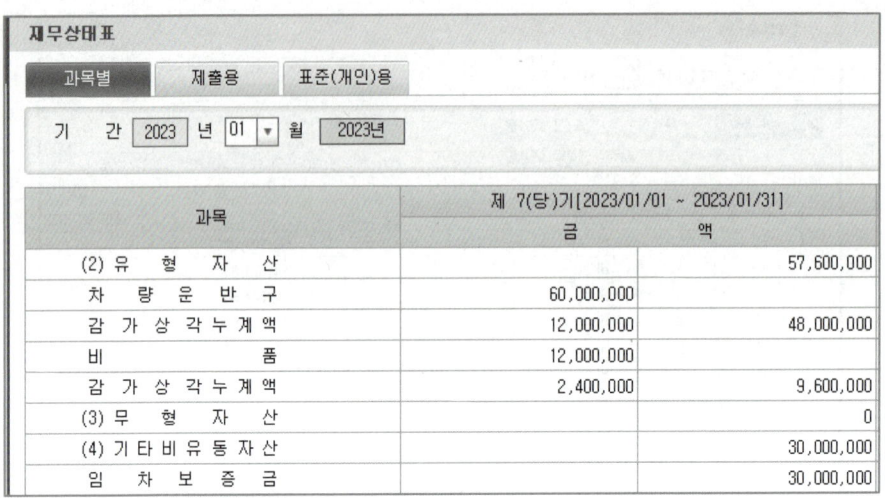

번호	평가문제	관련문제
26	평가문제 [재무상태표 조회] 1월 말 '받을어음의 장부금액(받을어음 - 대손충당금)'은 얼마인가? (12,798,720)원	기초2 2-4

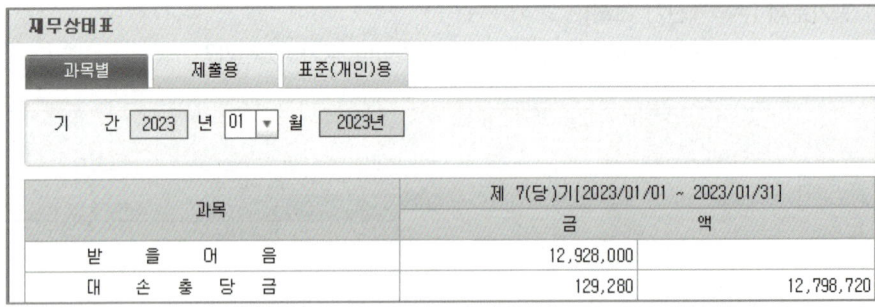

번호	평가문제	관련문제
27	평가문제 [재무상태표 조회] 4월 말 '미지급금' 잔액은 얼마인가? (215,000)원	2-2

과목	제 7(당)기 [2023/01/01 ~ 2023/04/30]	
	금	액
차 량 운 반 구	60,000,000	
감 가 상 각 누 계 액	12,000,000	48,000,000
비 품	47,200,000	
감 가 상 각 누 계 액	2,400,000	44,800,000
(3) 무 형 자 산		0
(4) 기 타 비 유 동 자 산		30,000,000
임 차 보 증 금		30,000,000
자 산 총 계		869,782,000
부 채		
Ⅰ. 유 동 부 채		175,797,000
외 상 매 입 금		90,170,000
지 급 어 음		4,000,000
미 지 급 금		215,000

번호	평가문제	관련문제
28	평가문제 [재무상태표 조회] 7월 말 '외상매입금' 잔액은 얼마인가? (96,750,000)원	2-6

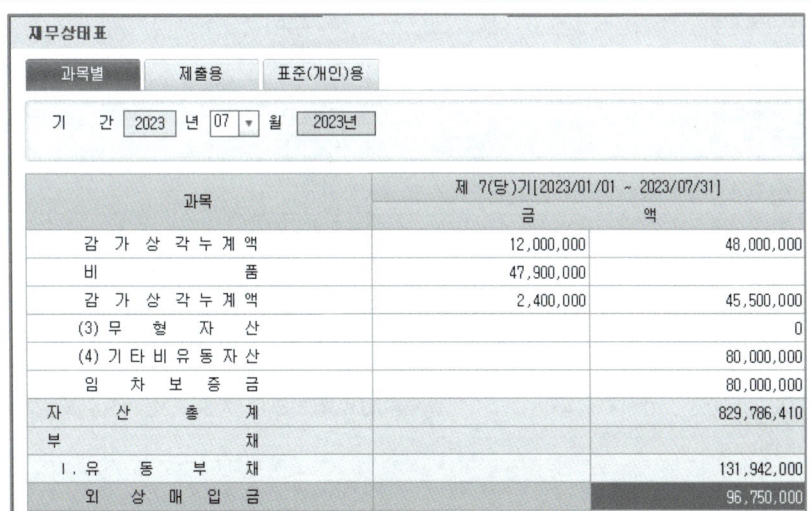

번호	평가문제	관련문제
29	평가문제 [재무상태표 조회] 12월 말 '미수수익' 잔액은 얼마인가?　　　　　　　　　　　(500,000)원	결산

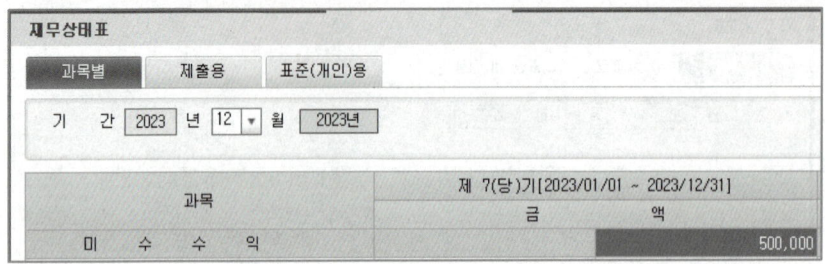

번호	평가문제	관련문제
30	평가문제 [재무상태표 조회] 12월 말 '자본금' 잔액은 얼마인가? ① 476,419,670원　　　　　　② 491,419,670원 ③ 516,001,000원　　　　　　④ 678,001,000원	전체

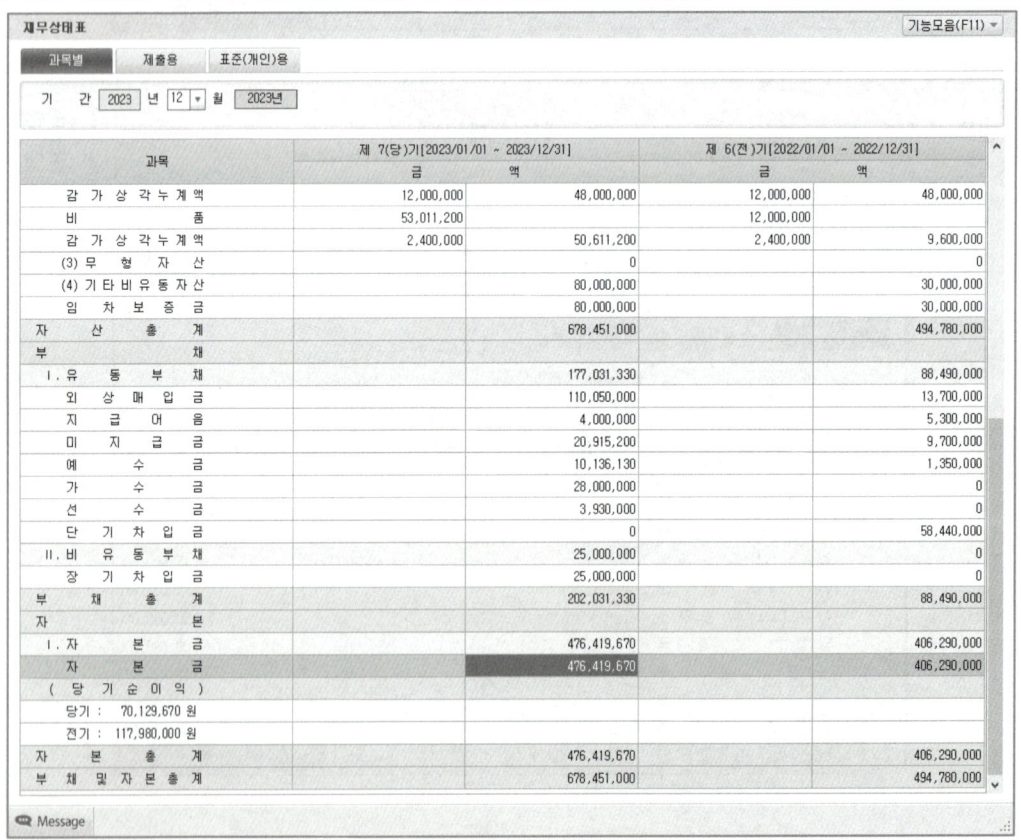

평가문제 ••• 회계정보분석 (8점)

회계정보를 조회하여 [회계정보분석] 답안을 입력하시오.

31.

손익계산서 조회 (4점)

매출총이익률은 매출로부터 얼마의 이익을 얻느냐를 나타내는 비율로 높을수록 판매, 매입활동이 양호한 편이다. 전기 매출총이익률은 얼마인가?(단, 소수점 이하는 버림할 것.)

$$매출총이익률(\%) = \frac{매출총이익}{매출액} \times 100$$

① 28%   ② 40%
③ 252% ④ 254%

회계정보분석 풀이

② (238,000,000원 / 583,000,000원) × 100 ≒ 40%

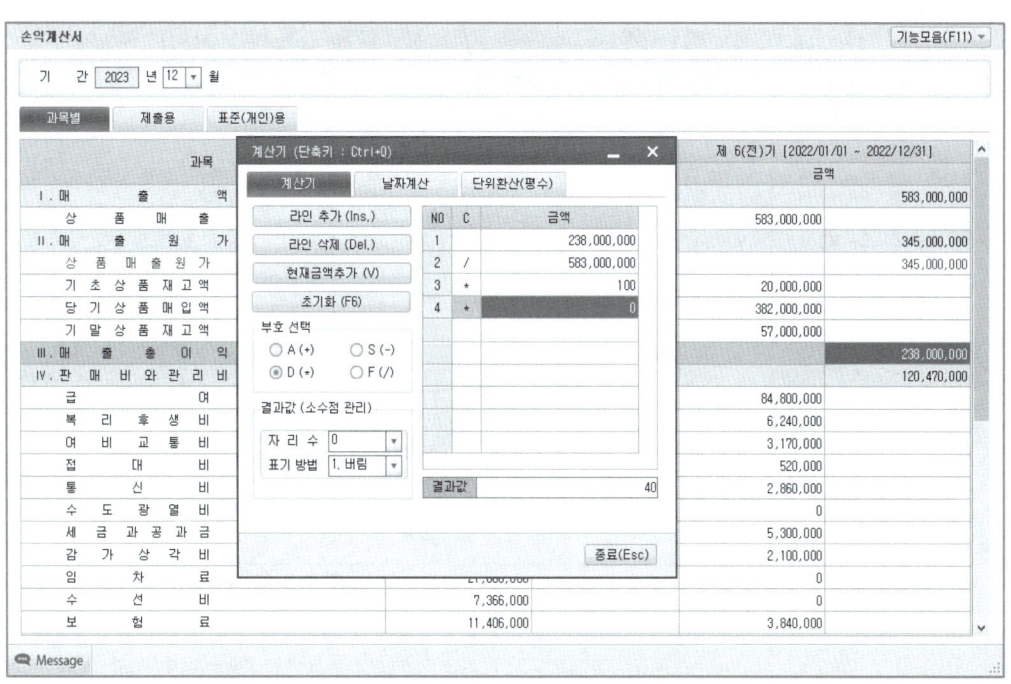

32.

손익계산서 조회 (4점)

영업이익률은 기업의 주된 영업활동에 의한 성과를 판단하는 비율로 판매활동과 직접 관계없는 영업외손익을 제외한 순수 영업활동의 수익성을 나타내는 지표이다. 전기 영업이익률을 계산하면 얼마인가?(단, 소수점 이하는 버림할 것.)

$$영업이익률(\%) = \frac{영업이익}{매출액} \times 100$$

① 20%   ② 26%
③ 537%   ④ 576%

회계정보분석 풀이

① (117,530,000원 / 583,000,000원) × 100 ≒ 20%

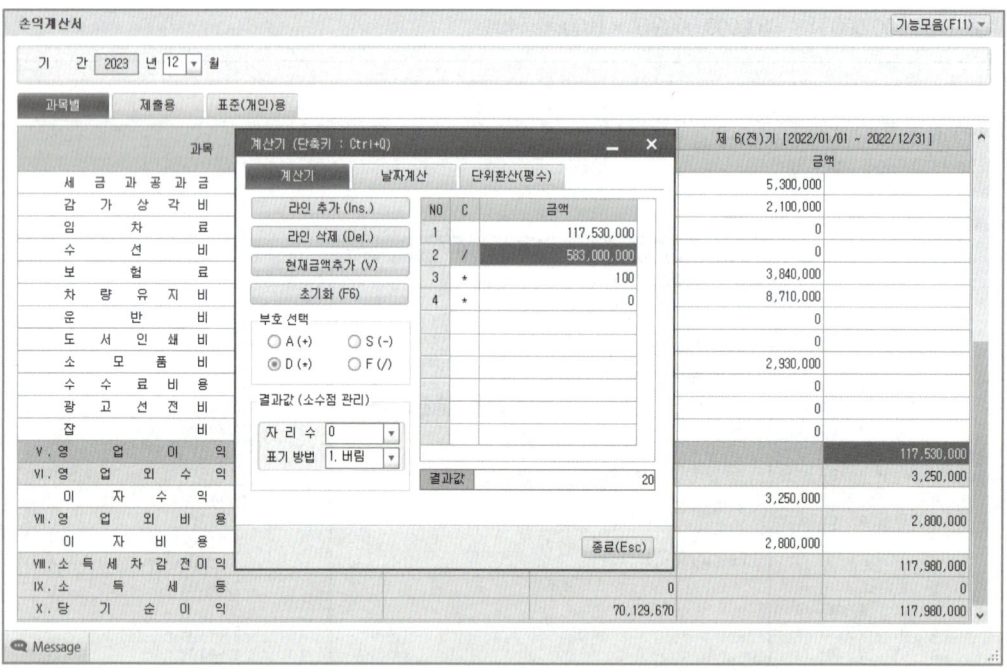

Accounting Technicians
FAT 2급

Chapter 03
기출문제 풀어보기

기출문제 71회 비젼커피(회사코드 4171)
기출문제 73회 주토피아(회사코드 4173)
기출문제 75회 모든스포츠(회사코드 4175)
기출문제 76회 빙글빙글(회사코드 4176)
기출문제 78회 별별유통(회사코드 4178)

FAT 2급
Accounting Technicians

기출문제 비젼커피(회사코드 4171) 71회

홈페이지 자료실에서 '2025 FAT2grade DB'를 다운받아 설치한 후 풀이할 것.

실무 이론 평가

아래 문제에서 특별한 언급이 없으면 기업의 보고기간(회계기간)은 매년 1월 1일부터 12월 31일까지입니다. 또한 기업은 일반기업회계기준 및 관련 세법을 계속적으로 적용하고 있다고 가정하고 물음에 가장 합당한 답을 고르시기 바랍니다.

[1]

다음 거래의 결합관계를 나타낸 것으로 옳은 것은?

> 업무출장으로 인한 기차요금 50,000원을 현금으로 지급하였다.

① (차) 자산의 증가   (대) 부채의 증가
② (차) 비용의 발생   (대) 자산의 감소
③ (차) 비용의 발생   (대) 자본의 증가
④ (차) 자산의 증가   (대) 수익의 발생

[2]

다음은 신문기사의 일부이다. (㉮)에 들어갈 내용으로 가장 적절한 것은?

> 외부감사인이 회계감사 대상 회사의 재무제표 작성 지원을 금지하며 회사가 자체 결산 능력을 갖추고 (㉮)의 책임하에 재무제표를 작성하도록 했다.
> (XX신문, 2024년 3월 31일)

① 내부감사인   ② 경영자
③ 공인회계사   ④ 과세당국

[3]

다음의 대화 내용은 무엇에 관한 것인가?

① 총계정원장
② 손익계산서
③ 재무상태표
④ 시산표

[4]

다음 자료를 토대로 매출채권 금액을 계산하면 얼마인가?

| • 외상매출금 | 4,000,000원 | • 받을어음 | 3,000,000원 |
| • 미수금 | 1,500,000원 | • 미수수익 | 2,500,000원 |

① 4,000,000원
② 5,500,000원
③ 7,000,000원
④ 8,500,000원

[5]

다음 자료를 토대로 재고자산의 취득원가를 계산하면 얼마인가?

| • 상품 매입금액 | 300,000원 | • 판매자 부담운임 | 60,000원 |
| • 매입운반비 | 20,000원 | • 광고선전비 | 10,000원 |

① 300,000원
② 310,000원
③ 320,000원
④ 380,000원

[6]

다음 중 유형자산의 자본적 지출로 분류되는 것은?
① 건물 외벽에 페인트를 새로 칠하였다.
② 건물에 엘리베이터를 설치하여 건물의 가치가 증가되었다.
③ 태풍으로 파손된 건물 유리창을 교체하였다.
④ 사무실의 오래된 LED전등을 교체하였다.

[7]

다음 자료를 토대로 도소매업을 운영하는 한공상사의 영업이익을 계산하면 얼마인가?

손익계산서

한공상사　　　　　2024년 1월 1일부터 2024년 12월 31일까지　　　　(단위: 원)

비　용	금　액	수　익	금　액
매 출 원 가	150,000	매　출	350,000
급　　　여	50,000		
복 리 후 생 비	10,000		
임 차 료 비 용	30,000		
기　부　금	60,000		
당 기 순 이 익	50,000		
	350,000		350,000

① 50,000원　　　　　　　　　　　② 80,000원
③ 90,000원　　　　　　　　　　　④ 110,000원

[8]

다음 중 손익계산서에 표시되는 계정과목으로 옳은 것은?
① 배당금수익　　　　　　　　② 선수수익
③ 미지급비용　　　　　　　　④ 미수수익

[9]

다음은 한공상사의 대손충당금 관련 자료이다. 당기말 대손충당금 잔액은 얼마인가?

- 전기말 대손충당금 잔액은 40,000원이었다.
- 당기중 매출채권 15,000원을 대손처리하였다.
- 기말 결산 시 대손상각비 10,000원을 계상하였다.

① 15,000원　　　　　　　　　② 20,000원
③ 25,000원　　　　　　　　　④ 35,000원

[10]
다음 자료를 토대로 재무상태표에 표시될 현금및현금성자산을 계산하면 얼마인가?

| • 현　　금　　50,000원 | • 당좌예금　150,000원 | • 보통예금　200,000원 |
| • 단기대여금　300,000원 | • 받을어음　400,000원 | |

① 200,000원　　　　　　　　　　② 400,000원
③ 700,000원　　　　　　　　　　④ 800,000원

실무 수행 평가

비전커피(회사코드 4171)는 커피 도소매업을 운영하는 개인기업으로, 회계기간은 제7기 (2024.1.1.~2024.12.31.)이다. 제시된 자료와 자료설명을 참고하여, [수행과제]를 완료하고 [평가문제]의 물음에 답하시오.

실무수행 유의사항	1. 타계정 대체와 관련된 적요는 반드시 코드를 입력하여야 한다. 2. 채권·채무, 예금거래 등 관리대상 거래자료에 대하여는 거래처코드를 반드시 입력한다. 3. 자금관리 등 추가 작업이 필요한 경우 문제의 요구에 따라 추가 작업하여야 한다. 4. 등록된 계정과목 중 가장 적절한 계정과목을 선택한다. 5. 부가가치세는 고려하지 않는다.

실무수행 ••• 기초정보관리의 이해

회계관련 기초정보는 입력되어 있다. [자료설명]을 참고하여 [수행과제]를 수행하시오.

① 거래처등록

자료설명	하나은행에서 계좌를 개설하고 기업자유예금 보통예금 통장을 발급받았다.
수행과제	통장을 참고하여 거래처등록을 하시오.(코드: 98005, 금융기관명: 하나은행(보통), 구분: 0.일반으로 할 것.)

② 거래처별초기이월 등록 및 수정

미지급금 명세서

코드	거래처명	금액	비 고
32012	(주)우리자동차	16,000,000원	
32013	(주)하나컴퓨터	2,200,000원	
	합계	18,200,000원	

자료설명	비전커피의 전기분 재무제표는 이월받아 등록되어 있다.
수행과제	미지급금에 대한 거래처별 초기이월사항을 입력하시오.

실무수행 ••• 거래자료입력

실무프로세스 자료이다. [자료설명]을 참고하여 [수행과제]를 수행하시오.

① 증빙에 의한 전표입력

영 수 증 (공급받는자용)

NO.
비전커피 귀하

공급자	사업자등록번호	211-14-24517		
	상 호	수할인마트	성 명	김상철
	사업장소재지	서울특별시 서대문구 충정로7길 12 (충정로2가)		
	업 태	도소매업	종 목	잡화

작성일자	공급대가총액	비고
2024.6.10.	₩ 28,000	

공 급 내 역

월/일	품명	수량	단가	금액
6/10	형광펜			10,000
6/10	서류파일			18,000
합 계		₩ **28,000**		

위 금액을 (영수)청구)함

자료설명	사무실에서 사용할 문구를 구입하고 대금은 현금으로 지급하였다.
수행과제	거래자료를 입력하시오.(단, '사무용품비'로 처리할 것.)

2 증빙에 의한 전표입력

■ 자료. 자동차세 영수증

	2024 년분 자동차세 세액 신고납부서			납세자 보관용 영수증	
납 세 자	김민영				
주 소	서울특별시 서대문구 충정로7길 29-13 (충정로3가)				
과세대상	62모 7331 (승용차)	구 분	자동차세	지방교육세	납부할 세액 합계
		당 초 산 출 세 액	345,000		
과세기간	2024.1.1. ~2024.6.30.	선납공제액(9.15%)			345,000 원
		요일제감면액(5%)			
		납 부 할 세 액	345,000	0	
<납부장소>					

위의 금액을 영수합니다.
2024 년 6 월 30 일

수납일 2024.06.30 농협은행

*수납인이 없으면 이 영수증은 무효입니다.   *공무원은 현금을 수납하지 않습니다.

자료설명	영업부의 업무용 승용차에 대한 자동차세를 현금으로 납부한 영수증이다.
수행과제	거래자료를 입력하시오.

3 통장사본에 의한 거래입력

■ 보통예금(국민은행) 거래내역

번호	거래일	내용	찾으신금액	맡기신금액	잔액	거래점
		계좌번호 096-24-0094-123 비전커피				
1	2024-7-10	(주)비발디커피	50,000,000		***	***

자료설명	거래처 (주)비발디커피에 50,000,000원(상환일: 2025년 3월 31일)을 대여해주기로 하고 국민은행 보통예금 계좌에서 이체하였다.
수행과제	거래자료를 입력하시오.

4 재고자산의 매출거래

거래명세서 (공급자 보관용)

공급자					공급받는자				
등록번호	109-09-67470				등록번호	214-06-14065			
상호	비전커피	성명	김민영		상호	커피엔쿡	성명	구한모	
사업장주소	서울특별시 서대문구 충정로7길 29-13 (충정로3가)				사업장주소	서울특별시 구로구 구로동로 29 (가리봉동)			
업태	도소매업		종사업장번호		업태	도소매업		종사업장번호	
종목	전자제품외				종목	전자제품			

거래일자	미수금액	공급가액	총 합계금액
2024.07.20.		3,000,000	3,000,000

NO	월	일	품목명	규격	수량	단가	공급가액	합계
1	7	20	더치커피		50	60,000	3,000,000	11,000,000

자료설명	커피엔쿡에 상품(더치커피)을 판매하고 대금 중 2,000,000원은 현금으로 받았으며, 잔액은 외상으로 하였다.
수행과제	거래자료를 입력하시오.

5 증빙에 의한 전표입력

자료설명	직원들의 근무복인 유니폼을 구입하고 신용카드로 결제하였다.
수행과제	거래자료를 입력하시오. (단, '복리후생비'로 처리할 것.)

6 단기매매증권 구입 및 매각

자료 1. 주식매매 내역서

자료 2. 보통예금(신한은행) 거래내역

번호	거래일	내용	찾으신금액	맡기신금액	잔액	거래점
		계좌번호 308-24-374555 비전커피				
1	2024-8-20	주식매각대금 입금		7,000,000	***	***

자료설명	[8월 20일] 단기매매목적으로 보유하고 있는 현대자동차 주식(장부금액: 8,000,000원)을 7,000,000원에 매각하고 받은 내역이다.
수행과제	주식 매각과 관련된 거래자료를 입력 하시오.

7 증빙에 의한 전표입력

화재보험료 영수증

비전커피(김민영) 귀하

보 험 료:　　1,870,000 원정　　　　　No. 42513876

보험계약자 (피보험자)	상호 (성명)	비전커피(김민영)		납 세 번 호 (사업자등록번호)	109-09-67470	
	주소	서울특별시 서대문구 충정로7길 29-13 (충정로3가)				
품 명	수량	보험일	요율	보험가입금액 (감정가격)	보험료	공제일
물품보관창고	1	2024.8.25.00:00~2025.8.25.24:00	0.0187	100,000,000	1,870,000	

위의 금액을 정히 영수 (납입) 하였기에 이를 증명합니다.

2024년 8월 25일

 한국손해보험(주)

회　　　　　 장　　김보험
주 민 등 록 번 호　　590822-2320917
사 업 자 고 유 번 호　　102-82-04254
전　화　번　호　　02-123-1234

알림
1. 이 영수증에는 회장직인 및 취급자인이 있어야 합니다.
2. 이 영수증에 영수일자가 없는 것, 컴퓨터로 기록되지 않은 것 또는 기재사항을 고쳐쓴 것은 무효입니다.
3. 이 영수증 이외의 어떠한 형태의 사제 영수증은 무효입니다.

취급자
최영한

자료설명	[8월 25일] 상품 보관용으로 사용 중인 창고건물을 화재보험에 가입하고 보험료는 현금으로 지급하였다.
수행과제	거래자료를 입력하시오.(단, '비용'으로 처리할 것.)

8 유·무형자산의 구입

거래명세서 (공급받는자 보관용)

공급자
- 등록번호: 119-81-24789
- 상호: (주)더존소프트
- 성명: 박용철
- 사업장주소: 서울특별시 금천구 가산로 80
- 업태: 도소매업
- 종목: 소프트웨어

공급받는자
- 등록번호: 109-09-67470
- 상호: 비전커피
- 성명: 김민영
- 사업장주소: 서울특별시 서대문구 충정로7길 29-13 (충정로3가)
- 업태: 도소매업
- 종목: 커피외

거래일자	미수금액	공급가액	총 합계금액
2024.9.29.		3,000,000	3,000,000

NO	월	일	품목명	규격	수량	단가	공급가액	합계
1	9	29	위하고(웹버전)				3,000,000	3,000,000

자료설명	비대면 재택근무를 위한 회계세무 소프트웨어 '위하고(웹버전)'를 구입하고, 구입대금은 다음달 말일에 지급하기로 하였다.
수행과제	거래자료를 입력하시오.

실무수행 ••• 전표수정

실무프로세스 자료이다. [자료설명]을 참고하여 [수행과제]를 수행하시오.

1 입력자료 수정

■ 보통예금(신협은행) 거래내역

번호	거래일	내용	찾으신금액	맡기신금액	잔액	거래점
		계좌번호 1122-098-123143 비전커피				
1	2024-12-10	(주)망고식스	26,810,000		***	***

자료설명	(주)망고식스에 지급해야 할 외상매입금을 신협은행 보통예금 계좌에서 이체하여 지급하였다.
수행과제	통장 거래내역을 확인하고 올바르게 수정하시오.

2 입력자료 수정

NO.	영 수 증 (공급받는자용)
	비전커피 귀하

공급자	사업자등록번호	211-14-24517		
	상 호	제일서점	성명	노기석
	사업장소재지	서울특별시 강남구 강남대로 312		
	업 태	도소매업	종목	도서

작성일자	공급대가총액	비고
2024.9.20.	₩ 24,000	

공 급 내 역

월/일	품명	수량	단가	금액
9/20	도서			24,000

합 계	₩ 24,000

위 금액을 (영수)청구)함

자료설명	도서구입과 관련된 회계처리가 중복 입력되어 있음을 확인하였다.
수행과제	오류자료를 수정하시오.

실무수행 ••• 결산

[결산자료]를 참고하여 결산을 수행하시오.(단, 제시된 자료 이외의 자료는 없다고 가정함.)

1 수동결산 및 자동결산

자료설명	1. 구입시 비용처리한 소모품 중 기말현재 미사용액은 500,000원으로 확인되었다. 2. 기말 상품재고액은 43,000,000원이다.
수행과제	1. 수동결산 또는 자동결산 메뉴를 이용하여 결산을 완료하시오. 2. 12월 31일 기준으로 '손익계산서 → 재무상태표'를 순서대로 조회 작성하시오.(단, 손익계산서 조회 작성 시 상단부 [기능모음]의 '추가'를 이용하여 '손익대체분개'를 수행할 것.)

평가문제 ••• 실무수행평가(62점)

입력자료 및 회계정보를 조회하여 [평가문제]의 답안을 입력하시오.

평가문제 답안입력 유의사항

❶ 답안은 지정된 단위의 숫자로만 입력해 주십시오.
* 한글 등 문자 금지

	정답	오답(예)
(1) 금액은 원 단위로 숫자를 입력하되, 천 단위 콤마(,)는 생략 가능합니다.	1,245,000 1245000	1.245.000 1,245,000원 1,245,0000 12,45,000 1,245천원
(1-1) 답이 0원인 경우 반드시 "0" 입력 (1-2) 답이 음수(-)인 경우 숫자 앞에 " - " 입력 (1-3) 답이 소수인 경우 반드시 " . " 입력		
(2) 질문에 대한 답안은 숫자로만 입력하세요.	4	04 4건, 4매, 4명 04건, 04매, 04명
(3) 거래처 코드번호는 5자리 숫자로 입력하세요.	00101	101 00101번

❷ 더존 프로그램에서 조회되는 자료를 복사하여 붙여넣기가 가능합니다.
❸ 수행과제를 올바르게 입력하지 않고 작성한 답과 모범답안이 다른 경우 오답처리됩니다.

번호	평가문제	배점
11	평가문제 [거래처등록 조회] 금융 거래처별 계좌번호로 옳지 않은 것은? ① 국민은행(보통) 096-24-0094-123 ② 신한은행(보통) 308-24-374555 ③ 농협은행(보통) 112-42-562489 ④ 하나은행(보통) 527-910004-22456	3
12	평가문제 [거래처원장 조회] 12월 말 거래처별 '253.미지급금' 잔액으로 옳지 않은 것은? ① 성진빌딩(주) 7,000,000원 ② (주)더존소프트 2,000,000원 ③ (주)은비까비 2,970,000원 ④ (주)우리자동차 16,000,000원	3
13	평가문제 [거래처원장 조회] 12월 말 '103.보통예금' 신한은행(코드: 98002)의 잔액은 얼마인가? ( )원	3
14	평가문제 [거래처원장 조회] 12월 말 '253.미지급금' 삼성카드(코드: 99605)의 잔액은 얼마인가? ( )원	3
15	평가문제 [거래처원장 조회] 12월 말 은행별 예금잔액으로 옳은 것은? ① 신협은행(보통) 62,009,000원 ② 국민은행(보통) 89,824,000원 ③ 신한은행(보통) 37,000,000원 ④ 우리은행(당좌) 13,000,000원	4
16	평가문제 [예적금현황 조회] 9월(9/1~9/30) 동안의 전표 중 '전표: 1.일반, 선택: 1.출금' 전표의 건수는? ( )건	3
17	평가문제 [일/월계표 조회] 8월에 발생한 '판매관리비'의 계정과목 중 현금지출이 가장 큰 계정과목의 코드번호 세자리를 입력하시오. ( )	3
18	평가문제 [현금출납장 조회] 6월 말 '현금' 잔액은 얼마인가? ( )원	3
19	평가문제 [현금출납장 조회] 8월(8/1~8/31)의 '현금' 출금액은 얼마인가? ( )원	2
20	평가문제 [손익계산서 조회] 당기에 발생한 '상품매출' 금액은 얼마인가? ( )원	4
21	평가문제 [손익계산서 조회] 당기에 발생한 '판매비와관리비'의 계정별 금액으로 옳은 것은? ① 도서인쇄비 288,000원 ② 사무용품비 28,000원 ③ 소모품비 2,640,000원 ④ 광고선전비 5,000,000원	3

번호	평가문제	배점
22	**평가문제 [손익계산서 조회]** 당기에 발생한 '상품매출원가' 금액은 얼마인가?　　　　(　　　　)원	4
23	**평가문제 [손익계산서 조회]** 당기에 발생한 '복리후생비' 금액은 얼마인가?　　　　(　　　　)원	4
24	**평가문제 [손익계산서 조회]** 당기에 발생한 '세금과공과금' 금액은 얼마인가?　　　　(　　　　)원	2
25	**평가문제 [손익계산서 조회]** 당기에 발생한 '영업외비용' 금액은 얼마인가?　　　　(　　　　)원	3
26	**평가문제 [재무상태표 조회]** 12월 말 '단기매매증권' 잔액은 얼마인가?　　　　(　　　　)원	3
27	**평가문제 [재무상태표 조회]** 12월 말 '단기대여금' 잔액은 얼마인가?　　　　(　　　　)원	4
28	**평가문제 [재무상태표 조회]** 12월 말 '소모품' 잔액은 얼마인가?　　　　(　　　　)원	4
29	**평가문제 [재무상태표 조회]** 12월 말 '소프트웨어' 잔액은 얼마인가?　　　　(　　　　)원	3
30	**평가문제 [재무상태표 조회]** 12월 말 재무상태표의 '자본금' 금액은 얼마인가? ① 515,250,570원　　　　② 515,540,570원 ③ 522,904,570원　　　　④ 523,935,370원	1
	총 점	62

평가문제 ••• 회계정보분석 (8점)

회계정보를 조회하여 [답안수록] 메뉴에 해당문제의 답안을 입력하시오.

31.
재무상태표 조회 (4점)

유동비율이란 기업의 단기 지급능력을 평가하는 지표이다. 전기분 유동비율은 얼마인가?(단, 소숫점 이하는 버림 할 것.)

$$유동비율(\%) = \frac{유동자산}{유동부채} \times 100$$

① 18% ② 20%
③ 530% ④ 540%

32.
손익계산서 조회 (4점)

매출총이익률은 매출로부터 얼마의 이익을 얻느냐를 나타내는 지표이다. 전기분 매출총이익률은 얼마인가?(단, 소숫점 이하는 버림 할 것.)

$$매출총이익률(\%) = \frac{매출총이익}{매출액} \times 100$$

① 30% ② 36%
③ 39% ④ 42%

기출문제 주토피아(회사코드 4173) 73회

홈페이지 자료실에서 '2025 FAT2grade DB'를 다운받아 설치한 후 풀이할 것.

● 실무 이론 평가

아래 문제에서 특별한 언급이 없으면 기업의 보고기간(회계기간)은 매년 1월 1일부터 12월 31일까지입니다. 또한 기업은 일반기업회계기준 및 관련 세법을 계속적으로 적용하고 있다고 가정하고 물음에 가장 합당한 답을 고르시기 바랍니다.

[1]
다음 중 아래 거래요소의 결합관계에 해당하는 거래는 무엇인가?

(차변) ──────── (대변)
자산의 증가 ──────── 자산의 감소

① 투자자로부터 시가 6,000,000원의 건물을 기증받았다.
② 단기차입금 300,000원을 현금으로 상환하였다.
③ 대여금 500,000원이 만기가 되어 현금으로 상환받았다.
④ 종업원급여 2,000,000원을 보통예금 계좌에서 지급하였다.

[2]
다음 중 회계상 거래에 해당하지 <u>않는</u> 것은?
① 기계장치를 50,000,000원에 취득하고 현금을 지급하였다.
② 창고에 보관중이던 상품 10,000,000원을 분실하였다.
③ 20,000,000원인 업무용차량을 구입하기 위해 거래처에 주문서를 발송하였다.
④ 종업원에게 5,000,000원의 급여를 지급하였다.

[3]
다음 중 재무상태표에 표시되지 <u>않는</u> 계정은?
① 매출채권   ② 선수수익
③ 선급비용   ④ 경상개발비

[4]

다음 대화 중 선생님의 질문에 대하여 바르게 대답한 학생으로 묶은 것은?

① 영수, 진우
② 영수, 민지
③ 민지, 혜민
④ 진우, 혜민

[5]

다음 자료를 토대로 유형자산처분이익을 계산하면 얼마인가?

차변	원면	계정과목	대변
⋮		⋮	⋮
10,000,000	생략	건　　물	
		감가상각누계액	2,000,000

잔액시산표
2024. 1. 1.
(주)한공(단위: 원)

- 2024. 6. 30. 처분시까지 인식한 감가상각비는 500,000원이다.
- 2024. 6. 30. 건물을 9,000,000원에 처분하다.

① 500,000원
② 600,000원
③ 1,000,000원
④ 1,500,000원

[6]
다음 중 재고자산에 대한 설명으로 옳지 <u>않은</u> 것은?
① 재고자산은 판매를 위하여 보유하고 있는 자산이다.
② 재고자산 매입원가는 매입과정에서 정상적으로 발생한 부대원가를 포함한다.
③ 재고자산의 수량결정방법은 실지재고조사법과 계속기록법이 있다.
④ 재고자산 매입과 관련된 할인, 에누리는 영업외비용으로 처리한다.

[7]
다음 자료를 토대로 매출액을 계산하면 얼마인가?

• 당기 총매출액　　　　　90,000원	• 당기 매출할인　　　　　10,000원
• 당기 매출에누리와 환입　5,000원	

① 75,000원　　　　　　　　　　　　② 80,000원
③ 85,000원　　　　　　　　　　　　④ 90,000원

[8]
회사의 업무용 승용차에 주유를 하고 신용카드로 결제한 경우 차변 계정과목으로 옳은 것은?
① 차량유지비　　　　　　　　　　　② 접대비
③ 복리후생비　　　　　　　　　　　④ 광고선전비

[9]
다음의 오류가 당기 손익계산서에 미치는 영향으로 옳은 것은?

• 기말 재고자산을 150,000원으로 계상하였으나 정확한 기말재고금액은 120,000원이다.

	매출원가	당기순이익
①	과대	과대
②	과대	과소
③	과소	과소
④	과소	과대

[10]

다음 자료를 토대로 손익계산서에 반영될 대손상각비를 계산하면 얼마인가?

대손충당금			
			(단위: 원)
5/31 외상매출금	XXX	1/ 1 전기이월	100,000
12/31 차기이월	120,000	12/31 대손상각비	XXX
	XXX		XXX

• 당기중 회수가 불가능한 것으로 판명되어 대손처리된 외상매출금은 30,000원이다.

① 10,000원 ② 20,000원
③ 30,000원 ④ 50,000원

실무 수행 평가

주토피아(회사코드 4173)는 반려동물용품 도소매업을 운영하는 개인기업으로, 회계기간은 제7기 (2024.1.1. ~ 2024.12.31.)이다. 제시된 자료와 [자료설명]을 참고하여 [수행과제]를 완료하고 [평가문제]의 물음에 답하시오.

실무수행 유의사항	1. 타계정 대체와 관련된 적요는 반드시 코드를 입력하여야 한다. 2. 채권·채무, 예금거래 등 관리대상 거래자료에 대하여는 거래처코드를 반드시 입력한다. 3. 자금관리 등 추가 작업이 필요한 경우 문제의 요구에 따라 추가 작업하여야 한다. 4. 등록된 계정과목 중 가장 적절한 계정과목을 선택한다. 5. 부가가치세는 고려하지 않는다.

실무수행 ••• 기초정보관리의 이해

회계관련 기초정보는 입력되어 있다. [자료설명]을 참고하여 [수행과제]를 수행하시오.

1 거래처등록

자료설명	통신요금 자동이체 할인을 위한 신용카드를 신규로 발급받았다.
수행과제	거래처등록을 하시오. ('코드: 99607, 카드명: 국민카드, 구분: 매입, 카드 결제일: 25일'로 할 것.)

② 거래처별초기이월 등록 및 수정

장기차입금 명세서

코드	거래처명	금액	비 고
98004	농협은행(차입)	40,000,000원	만기일 2026.10.31.
98006	카카오뱅크(차입)	50,000,000원	만기일 2026.11.30.
	합계	90,000,000원	

자료설명	주토피아의 전기분 재무제표는 이월 받아 입력되어 있다.
수행과제	장기차입금에 대한 거래처별초기이월을 입력하시오.

실무수행 ••• 거래자료입력

실무프로세스 자료이다. [자료설명]을 참고하여 [수행과제]를 수행하시오.

① 통장사본에 의한 거래입력

■ 보통예금(기업은행) 거래내역

번호	거래일	내용	찾으신금액	맡기신금액	잔액	거래점
		계좌번호 221-311-456789 주토피아				
1	2024-1-14	대여금 원리금		2,300,000	***	***

자료설명	(주)몰리스펫 단기대여금 원금 2,000,000원과 이자 300,000원을 기업은행 보통예금 계좌로 입금 받았다.
수행과제	거래자료를 입력하시오.

② 증빙에 의한 전표입력

NO.	영 수 증 (공급받는자용)		
	주토피아		귀하

공급자	사업자등록번호	251-29-13424		
	상 호	선일인쇄	성명	한영걸
	사업장소재지	서울특별시 강남구 논현로 6		
	업 태	제조업	종목	인쇄

작성일자	공급대가총액	비고
2024.2.5.	₩ 20,000	

공 급 내 역

월/일	품명	수량	단가	금액
2/5	명함			20,000

합 계	₩ 20,000

위 금액을 (영수)청구)함

자료설명	신규 입사한 영업부 직원 명함 인쇄대금을 현금으로 지급하였다.
수행과제	거래자료를 입력하시오. (단, '도서인쇄비'로 처리할 것.)

③ 재고자산의 매입거래

거래명세서 (공급받는자 보관용)

공급자	등록번호	214-21-54323		
	상호	헬로댕댕이	성명	이경규
	사업장주소	서울특별시 서초구 사평대로 106		
	업태	제조업	종사업장번호	
	종목	반려동물용품		

공급받는자	등록번호	318-12-37852		
	상호	주토피아	성명	강형욱
	사업장주소	서울특별시 강남구 강남대로 246, 1층		
	업태	도소매업	종사업장번호	
	종목	반려동물용품		

거래일자	미수금액	공급가액	세액
2024.3.10.		40,000,000	

NO	월	일	품목명	규격	수량	단가	공급가액	세액
1	3	10	강아지 이동가방		1,000	30,000	30,000,000	
2	3	10	강아지 방수신발		1,000	10,000	10,000,000	

자료설명	헬로댕댕이에서 상품을 매입하고 대금 중 10,000,000원은 현금으로 지급하고, 잔액은 외상으로 하였다.
수행과제	거래자료를 입력하시오.

4 기타 일반거래

영수증 (입금증, 영수증, 계산서, 전자통장거래확인증 등 겸용)

타행 송금의뢰 확인증

2024년 4월 20일

입금 은행 : 국민은행
입금 계좌 : 151810-125-9110
수 취 인 : 폴리파크
적 요 :
의 뢰 인 : 주토피아

대 체 : 5,500,000
─────────────────
합 계 : 5,500,000
송금수수료 : 0

유성지점   (☎ 1544-9999)   국민은행

자료설명	[4월 20일] 상품을 매입하기 위해 폴리파크에 국민은행 보통예금 계좌에서 계약금을 이체지급하였다.
수행과제	거래자료를 입력하시오.

5 통장사본에 의한 거래입력

자료 1. 신용카드 이용대금 명세서

4월 이용대금 명세서   결제일: 2024.5.13. / 실제출금일: 2024.5.13.   결제계좌: 하나은행

결제하실 금액	이달의 할인혜택	포인트 및 마일리지
2,151,000원	0 원	포인트리 15,400
	할인 서비스 0 원 무이자 혜택금액 0 원	

하나카드

자료 2. 보통예금(하나은행) 거래내역

번호	거래일	내용	찾으신금액	맡기신금액	잔액	거래점
			계좌번호 112-420-556641 주토피아			
1	2024-5-13	하나카드	2,151,000		***	***

자료설명	하나카드 4월 사용분 결제대금이 하나은행 보통예금 계좌에서 이체되었음을 확인하였다.
수행과제	거래자료를 입력하시오.

6 기타일반거래

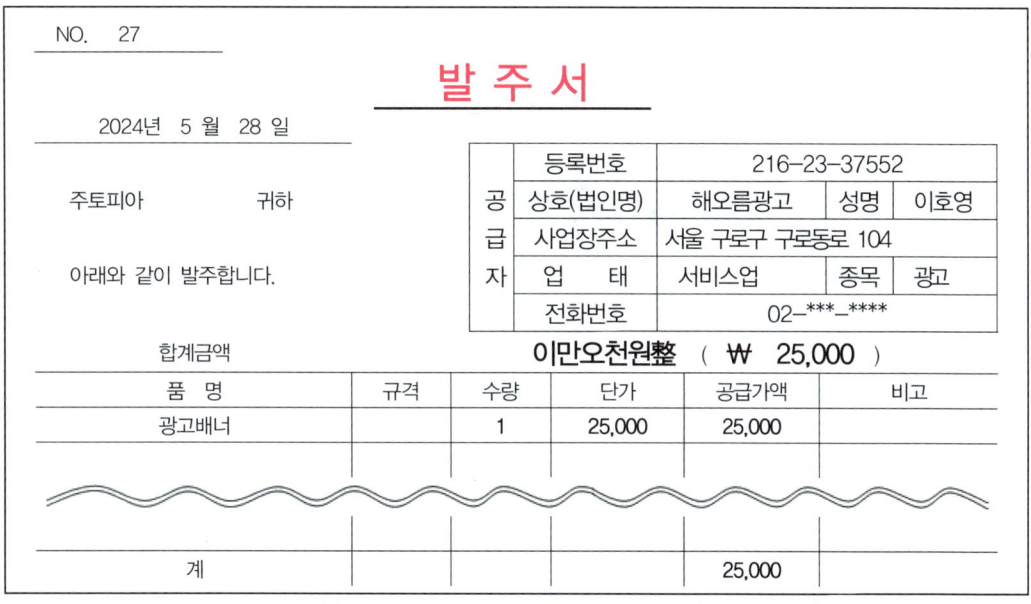

자료설명	[5월 28일] 신제품 홍보목적으로 광고배너를 제작하고, 대금은 현금으로 지급하였다.
수행과제	거래자료를 입력하시오.

7 기타일반거래

2024년 6월 급여대장

팀명	성명	급여	공제액			차감지급액
			소득세 등	건강보험료 등	공제액합계	
회계팀	손흥민	3,000,000원	81,780원	282,120원	363,900원	2,636,100원
영업팀	류현진	4,000,000원	215,550원	376,160원	591,710원	3,408,290원
합계		7,000,000원	297,330원	658,280원	955,610원	6,044,390원

■ 보통예금(토스뱅크) 거래내역

번호	거래일	내용	찾으신금액	맡기신금액	잔액	거래점
			계좌번호 1251-1510-12510 주토피아			
1	2024-6-30	급여	6,044,390		***	***

자료설명	6월분 급여를 토스뱅크 보통예금 계좌에서 이체하여 지급하였다.
수행과제	거래자료를 입력하시오.(공제액합계는 '예수금'으로 처리 할 것.)

8 기타 일반거래

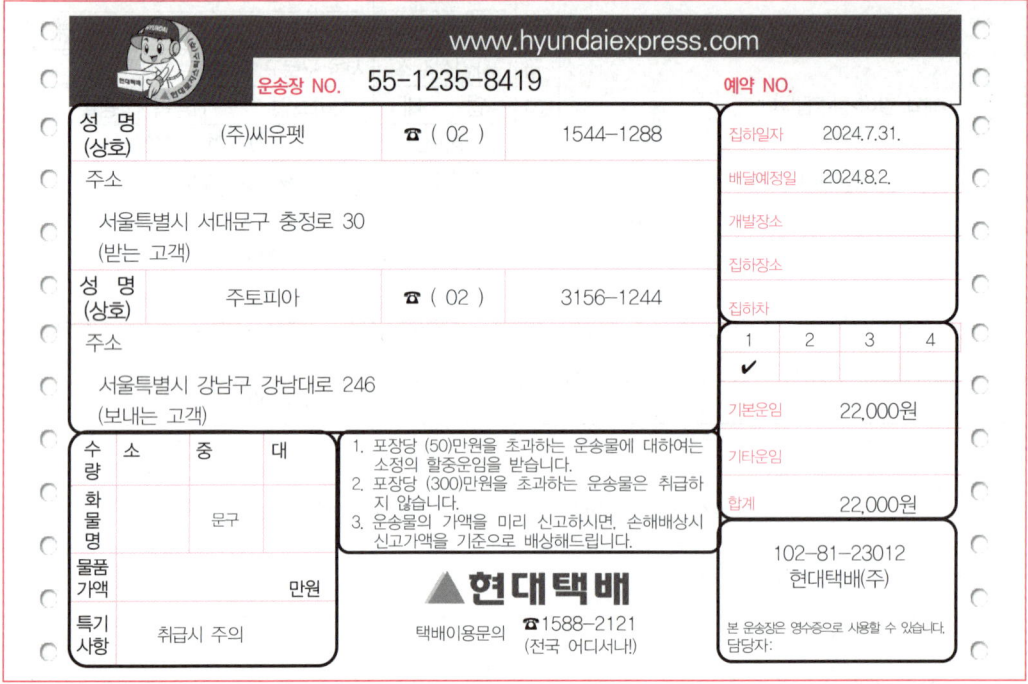

자료설명	[7월 31일] (주)씨유펫에 판매 상품을 발송하고, 당사부담 운반비를 현금으로 지급하였다.
수행과제	거래자료를 입력하시오.

실무수행 ••• 전표수정

실무프로세스 자료이다. [자료설명]을 참고하여 [수행과제]를 수행하시오.

1 입력자료 수정

```
                    **현금영수증**
                      (지출증빙용)

  사업자등록번호   : 220-19-24312 김꽃님
  사업자명         : 천년플라워
  가맹점주소       : 서울특별시 강남구 강남대로 125-1

  현금영수증 회원번호
  318-12-37852 주토피아
  승인번호         : 45457878      (PK)
  거래일시         : 2024년 8월 15일
  -------------------------------------------
  공급금액                            100,000원
  부가세금액
  총합계                              100,000원
  -------------------------------------------
  휴대전화, 카드번호 등록
  http://현금영수증.kr
  국세청문의(126)
  38036925-GCA10106-3870-U490
           《《《《《이용해 주셔서 감사합니다.》》》》》
```

자료설명	거래처 확장이전 축하선물용 화환을 현금으로 구입하고 발급받은 현금영수증이다.
수행과제	거래자료를 확인하고 올바르게 수정하시오.

2 입력자료수정

```
NO 20240920    입 금 표  (공급자용)
                (주)에이스가구    귀하
```

공급자	사업자등록번호	318-12-37852		
	상 호	주토피아	성명	강형욱
	사업장소재지	서울특별시 강남구 강남대로 246,1층		
	업 태	도소매업	종목	반려동물용품

작성일	공급대가총액	비고
2024.9.20.	350,000	

공 급 내 역

월/일	품명	수량	단가	금액
9/20	중고가구	5	70,000	350,000
합 계			350,000	

위 금액을 영수(청구)함

자료설명	사무용 가구(비품)를 당근마켓에 중고로 판매하고 발생한 미수금을 현금으로 받고 발급한 입금표이다.
수행과제	9월 20일 거래자료를 참고하여 입력 자료를 적절하게 수정하시오.

실무수행 ••• 결산

[결산자료]를 참고하여 결산을 수행하시오.(단, 제시된 자료 이외의 자료는 없다고 가정함.)

1 수동결산 및 자동결산

자료설명	1. 받을어음 잔액에 대하여 1%의 대손충당금을 설정하시오.(보충법을 적용할 것.) 2. 기말 상품재고액은 5,600,000원이다.
수행과제	1. 수동결산 또는 자동결산 메뉴를 이용하여 결산을 완료하시오. 2. 12월 31일을 기준으로 '손익계산서 ➔ 재무상태표'를 순서대로 조회 작성하시오. (단, 손익계산서 조회 작성 시 상단부 [기능모음]의 '추가'를 이용하여 '손익대체분개'를 수행할 것.)

평가문제 • • • 실무수행평가(62점)

입력자료 및 회계정보를 조회하여 [평가문제]의 답안을 입력하시오.

평가문제 답안입력 유의사항

❶ 답안은 지정된 단위의 숫자로만 입력해 주십시오.
* 한글 등 문자 금지

	정답	오답(예)
(1) 금액은 원 단위로 숫자를 입력하되, 천 단위 콤마(,)는 생략 가능합니다.	1,245,000 1245000	1.245.000 1,245,000원 1,245,0000 12,45,000 1,245천원
(1-1) 답이 0원인 경우 반드시 "0" 입력 (1-2) 답이 음수(-)인 경우 숫자 앞에 " - " 입력 (1-3) 답이 소수인 경우 반드시 " . " 입력		
(2) 질문에 대한 답안은 숫자로만 입력하세요.	4	04 4건, 4매, 4명 04건, 04매, 04명
(3) 거래처 코드번호는 5자리 숫자로 입력하세요.	00101	101 00101번

❷ 더존 프로그램에서 조회되는 자료를 복사하여 붙여넣기가 가능합니다.
❸ 수행과제를 올바르게 입력하지 않고 작성한 답과 모범답안이 다른 경우 오답처리됩니다.

번호	평가문제	배점
11	**평가문제 [거래처등록 조회]** [거래처등록] 관련 내용으로 옳지 않은 것은? ① 우리카드는 매출카드이다. ② 매출카드는 1개이고 매입카드는 4개이다. ③ 국민카드의 결제일은 25일이다. ④ 하나카드의 결제계좌는 하나은행(보통)이다.	4
12	**평가문제 [예적금현황 조회]** 12월 말 은행별 예금 잔액으로 옳지 않은 것은? ① 98000.기업은행(보통) 100,000,000원 ② 98001.신한은행(보통) 45,192,620원 ③ 98002.하나은행(보통) 15,849,000원 ④ 98003.국민은행(보통) 4,500,000원	4
13	**평가문제 [거래처원장 조회]** 12월 말 농협은행(차입)(코드 98004)의 장기차입금 잔액은 얼마인가? ( )원	3
14	**평가문제 [거래처원장 조회]** 12월 말 하나카드(코드 99601)의 미지급금 잔액은 얼마인가? ① 0원 ② 1,860,000원 ③ 2,151,000원 ④ 6,872,000원	4
15	**평가문제 [거래처원장 조회]** 12월 말 외상매입금 잔액이 가장 큰 거래처는? ① 폴리파크 ② (주)씨유펫 ③ 헬로댕댕이 ④ 야옹아멍멍	3
16	**평가문제 [현금출납장 조회]** 8월 말 '현금' 잔액은 얼마인가? ( )원	3
17	**평가문제 [일/월계표 조회]** 4월 중 '선급금' 증가액은 얼마인가? ( )원	2
18	**평가문제 [일/월계표 조회]** 8월 중 '접대비(기업업무추진비)'의 현금 지출액은 얼마인가? ( )원	3
19	**평가문제 [총계정원장 조회]** 다음 중 '146.상품' 매입 금액이 가장 많은 달은 몇 월인가? ① 1월 ② 3월 ③ 5월 ④ 8월	3
20	**평가문제 [손익계산서 조회]** 당기에 발생한 판매관리비(판매비와관리비)의 계정별 금액으로 옳지 않은 것은? ① 급여 253,139,000원 ② 복리후생비 14,241,200원 ③ 여비교통비 1,324,600원 ④ 광고선전비 5,325,000원	3
21	**평가문제 [손익계산서 조회]** 당기 '상품매출원가' 금액은 얼마인가? ( )원	3
22	**평가문제 [손익계산서 조회]** 판매비와관리비 계정 중 '운반비'의 전기(6기)대비 증가액은 얼마인가? ( )원	3

번호	평가문제	배점
23	**평가문제 [손익계산서 조회]** 다음 당기 판매비와관리비 계정 중 발생액이 가장 큰 계정과목은? ① 운반비　　　　　　　　　　② 도서인쇄비 ③ 사무용품비　　　　　　　　④ 잡비	3
24	**평가문제 [손익계산서 조회]** 당기에 발생한 '영업외수익' 금액은 얼마인가?　　　　　　　　(　　　　)원	3
25	**평가문제 [재무상태표 조회]** 12월 말 '보통예금' 잔액으로 옳은 것은? ① 249,850,000원　　　　　　② 241,750,000원 ③ 247,550,000원　　　　　　④ 249,701,000원	2
26	**평가문제 [재무상태표 조회]** 12월 말 '받을어음의 장부금액(받을어음 - 대손충당금)'은 얼마인가? (　　　　)원	4
27	**평가문제 [재무상태표 조회]** 12월 말 계정별 잔액으로 옳지 않은 것은? ① 단기대여금　50,000,000원　　② 미수수익　　600,000원 ③ 미수금　　　 1,100,000원　　④ 선급금　　9,200,000원	4
28	**평가문제 [재무상태표 조회]** 12월 말 '미지급금' 잔액은 얼마인가?　　　　　　　　　　　(　　　　)원	3
29	**평가문제 [재무상태표 조회]** 12월 말 '예수금' 잔액은 얼마인가?　　　　　　　　　　　　(　　　　)원	3
30	**평가문제 [재무상태표 조회]** 12월 말 '자본금' 금액은 얼마인가? ① 510,660,120원　　　　　　② 512,480,120원 ③ 514,188,500원　　　　　　④ 523,610,510원	2
	총 점	62

평가문제 • • • 회계정보분석 (8점)

회계정보를 조회하여 [회계정보분석] 답안을 입력하시오.

31.

재무상태표 조회 (4점)

부채비율은 기업의 지급능력을 측정하는 비율로 높을수록 채권자에 대한 위험이 증가한다. 전기 부채비율은 얼마인가?(단, 소숫점 이하는 버림 할 것.)

$$부채비율(\%) = \frac{당좌자산}{자기자본(자본총계)} \times 100$$

① 55%   ② 58%
③ 60%   ④ 63%

32.

손익계산서 조회 (4점)

영업이익률은 기업의 주된 영업활동에 의한 성과를 판단하는 비율로 판매활동과 직접 관계없는 영업외손익을 제외한 순수 영업활동의 수익성을 나타내는 비율이다. 전기 영업이익률은 얼마인가? (단, 소숫점 이하는 버림 할 것.)

$$영업이익률(\%) = \frac{영업이익}{매출액} \times 100$$

① 48%   ② 58%
③ 62%   ④ 65%

기출문제 모든스포츠(회사코드 4175)

75회 Financial Accounting Technicians

홈페이지 자료실에서 '2025 FAT2grade DB'를 다운받아 설치한 후 풀이할 것.

● 실무 이론 평가

> 아래 문제에서 특별한 언급이 없으면 기업의 보고기간(회계기간)은 매년 1월 1일부터 12월 31일까지입니다. 또한 기업은 일반기업회계기준 및 관련 세법을 계속적으로 적용하고 있다고 가정하고 물음에 가장 합당한 답을 고르시기 바랍니다.

[1]

다음 거래에 대한 거래 요소의 결합 관계를 나타낸 것으로 옳은 것은?

• 한공상사는 기계장치를 50,000,000원에 취득하고 현금을 지급하였다.

① (차) 자산의 증가 　　　　　(대) 수익의 발생
② (차) 자산의 증가 　　　　　(대) 부채의 증가
③ (차) 비용의 발생 　　　　　(대) 자산의 감소
④ (차) 자산의 증가 　　　　　(대) 자산의 감소

[2]

다음 중 당좌자산으로 분류되지 <u>않는</u> 것은?
① 만기가 1년 이내에 도래하는 정기예금
② 판매목적으로 보유하고 있는 상품
③ 상품을 판매하고 받은 어음
④ 단기간 내에 매매차익을 얻을 목적으로 구입한 시장성 있는 주식

[3]
(주)한공은 종업원기숙사로 사용하기 위해 건물을 취득하였다. 취득한 건물과 관련된 지출이 다음과 같을 때 건물의 취득원가는 얼마인가?

- 취득대금　　　　　　80,000,000원　　• 취득 관련 중개수수료　1,000,000원
- 취득세　　　　　　　 3,600,000원　　• 재산세　　　　　　　　100,000원

① 80,000,000원　　　　　　　　　② 81,000,000원
③ 84,600,000원　　　　　　　　　④ 84,700,000원

[4]
다음은 (주)한공의 사업용 토지 처분에 관한 대화이다. 이에 대한 회계처리 시 대변 계정과목은?

① 토지　　　　　　　　　　　② 가수금
③ 건설중인자산　　　　　　　④ 선수금

[5]
다음 자료를 토대로 2024년 3월 31일의 대손충당금 잔액을 계산하면 얼마인가?

- 2024년 1월 1일: 대손충당금 잔액 200,000원
- 2024년 3월 31일: 거래처 파산으로 매출채권 150,000원이 회수불능으로 판명되어 대손처리하다.

① 　50,000원　　　　　　　　　② 100,000원
③ 150,000원　　　　　　　　　④ 200,000원

[6]

다음 중 재무상태표의 계정과목을 모두 고른 것은?

| 가. 매출채권 | 나. 매입채무 | 다. 광고선전비 |
| 라. 수수료수익 | 마. 선수수익 | |

① 가, 나, 다
② 가, 나, 마
③ 나, 다, 라
④ 다, 라, 마

[7]

다음 자료를 토대로 매출원가를 계산하면 얼마인가?

- 기초상품 재고액   200,000원
- 매입에누리   40,000원
- 당기 총매입액   400,000원
- 기말상품 재고액   150,000원

① 410,000원
② 450,000원
③ 500,000원
④ 600,000원

[8]

다음은 (주)한공이 판매대리점으로 사용할 사무실 임대차계약서의 일부이다.
(주)한공이 임대인에게 지급하는 보증금으로 (주)한공의 재무제표에 표시되는 계정과목은?

(사무실) 임 대 차 계 약 서

□ 임 대 인 용
■ 임 차 인 용
□ 사무소보관용

부동산의 표시	소재지	서울 용산구 한강로3가 16-49 삼구빌딩 1층 104호					
	구 조	철근콘크리트조	용도	사무실	면적	82㎡
전 세 보 증 금		금 50,000,000원정				

제 1 조   위 부동산의 임대인과 임차인 합의하에 아래와 같이 계약함.
제 2 조   위 부동산의 임대차에 있어 임차인은 보증금을 위와 같이 지불키로 함.

① 임대보증금
② 임차료
③ 임대료
④ 임차보증금

[9]

한공상사는 2024년 4월 1일에 임대료 1년분 2,400,000원을 현금으로 받고 전액임대료수익으로 인식하였다. 2024년 12월 31일 결산 시 계상할 선수수익은 얼마인가?(월할계산하기로 한다.)

①   600,000원
② 1,200,000원
③ 1,400,000원
④ 1,800,000원

[10]
다음 중 손익계산서에 표시되는 계정과목은?
① 개발비 ② 미지급비용
③ 선수수익 ④ 단기매매증권처분손실

실무 수행 평가

모든스포츠(회사코드 4175)는 스포츠용품 도소매업을 운영하는 개인기업으로, 회계기간은 제7기 (2024.1.1. ~ 2024.12.31.)이다. 제시된 자료와 [자료설명]을 참고하여, [수행과제]를 완료하고 [평가문제]의 물음에 답하시오.

실무수행 유의사항	1. 타계정 대체와 관련된 적요는 반드시 코드를 입력하여야 한다. 2. 채권·채무, 예금거래 등 관리대상 거래자료에 대하여는 거래처코드를 반드시 입력한다. 3. 자금관리 등 추가 작업이 필요한 경우 문제의 요구에 따라 추가 작업하여야 한다. 4. 등록된 계정과목 중 가장 적절한 계정과목을 선택한다. 5. 부가가치세는 고려하지 않는다.

실무수행 ••• 기초정보관리의 이해

회계관련 기초정보는 입력되어 있다. [자료설명]을 참고하여 [수행과제]를 수행하시오.

① 사업자등록증에 의한 거래처등록

사 업 자 등 록 증
(일반과세자)
등록번호: 110-81-02129

상　　　　호: (주)세방기계
대　표　자　명: 장은호
개 업 년 월 일: 2019년 1월 24일
사업장　소재지: 서울특별시 강남구 강남대로 246
　　　　　　　 (도곡동, 다림빌딩)
사 업 의 종 류: 업태 제조업 종목 운동기구

교　부　사　유: 정정

사업자단위과세 적용사업자여부: 여(　) 부(✔)
전자세금계산서 전용 메일주소: sebang@naver.com

2024년 3월 15일
역삼 세무서장 (인)

🌀 국세청

자료설명	거래처 (주)세방기계의 사업자등록증 내용 중 '종목'과 '메일주소'가 변경되어 사업자등록증 사본을 받았다.
수행과제	사업자등록증을 확인하여 변경사항을 수정하시오.

② 거래처별 초기이월 등록

계정과목	거래처 코드	거래처명	금액	비 고
외상매출금	00106	건강지킴이	47,500,000원	
	00120	금강기술	22,000,000원	
	03004	클라우드	25,500,000원	
	합 계		95,000,000원	
미지급금	00110	한얼회계법인	1,700,000원	
	02507	(주)소호상사	8,000,000원	
	합 계		9,700,000원	

자료설명	거래처별 초기이월 자료는 등록되어 있다.
수행과제	외상매출금, 미지급금에 대한 거래처별 초기이월사항을 등록 및 수정하시오.

실무수행 ・・・ 거래자료입력

실무프로세스 자료이다. [자료설명]을 참고하여 [수행과제]를 수행하시오.

① 증빙에 의한 전표입력

영 수 증

2024/2/6

우리모터스 (T.02-823-1234)

서울특별시 강남구 일원로 2
(대치동)

130-30-88639

품 목	수 량	단 가	금 액
요소수	1	25,000	25,000

합계: 25,000원

감사합니다.

자료설명	사무실 확장을 위하여 계약했던 건물의 보증금을 신한은행 보통예금 계좌에서 이체한 내역이다.
수행과제	거래자료를 입력하시오. (단, '차량유지비'로 처리할 것.)

2 기타 일반거래

자료 1. 사무실 월세계약서 내역

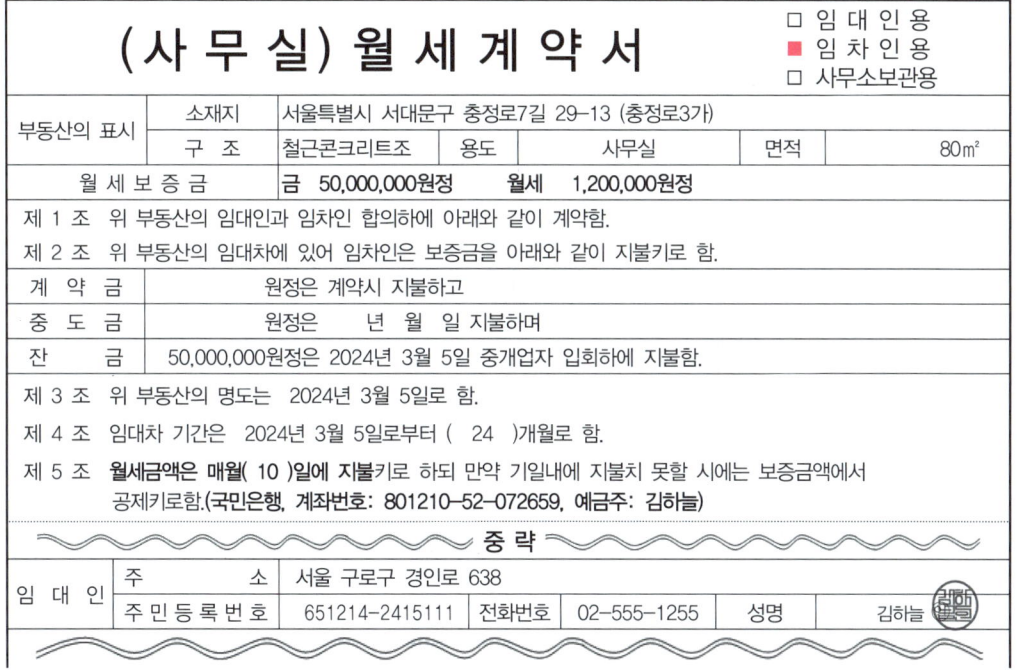

자료 2. 보통예금(신한은행) 거래내역

번호	거래일	내용	찾으신금액	맡기신금액	잔액	거래점
		계좌번호 308-24-374555 모든스포츠				
1	2024-3-5	김하늘	50,000,000		***	***

자료설명	사무실 확장을 위하여 계약했던 건물의 보증금을 신한은행 보통예금 계좌에서 이체한 내역이다.
수행과제	거래자료를 입력하시오.

3 기타 일반거래

출장비 정산서

일자	출발지	도착지	교통비(SRT)	숙박비	식대	계
2024.4.18.	서울	부산	47,500원	120,000원	30,000원	197,500원
2024.4.21.	부산	서울	47,500원	-	20,000원	67,500원
합 계			95,000원	120,000원	50,000원	265,000원

자료설명	[4월 22일] 출장을 마친 직원 민경진의 출장비 내역을 보고 받고, 잔액은 현금으로 회수하였다.
수행과제	4월 17일의 거래를 확인하여 거래자료를 입력하시오. (단, 출장비 지출내역은 '여비교통비'로 처리하고, '가지급금'은 거래처를 입력할 것.)

4 약속어음 수취거래

전 자 어 음

모든스포츠 귀하   00420240514123456789

금 오백만원정   5,000,000원

위의 금액을 귀하 또는 귀하의 지시인에게 지급하겠습니다.

지급기일 2024년 7월 13일   발행일 2024년 5월 14일
지 급 지 국민은행   발행지 서울특별시 서대문구
지급장소 강남지점   주 소 홍제내2나길 29
                              발행인 클라우드

자료설명	[5월 14일] 클라우드의 상품 외상매출대금 일부를 전자어음으로 수취하였다.
수행과제	1. 거래자료를 입력하시오. 2. 자금관련정보를 입력하여 받을어음현황에 반영하시오.

5 기타 일반거래

■ 보통예금(기업은행) 거래내역

번호	거래일	내용	찾으신금액	맡기신금액	잔액	거래점
		계좌번호 764502-01-047720 모든스포츠				
1	2024-6-7	주식매입	3,012,000		***	***

자료설명	단기매매차익을 목적으로 거래소에 상장된 (주)바이오로직스의 주식 100주(주당 액면금액 10,000원)를 주당 30,000원에 매입하면서 취득수수료 12,000원을 포함한 대금은 기업은행 보통예금 계좌에서 이체하였다.
수행과제	거래자료를 입력하시오.(취득수수료는 '영업외비용' 범위의 계정으로 처리할 것.)

6 유·무형자산의 구입

거래명세서 (공급받는자 보관용)

공급자	등록번호	140-81-11779			공급받는자	등록번호	109-09-67470		
	상호	(주)우리전자	성명	조성진		상호	모든스포츠	성명	김혜수
	사업장주소	서울특별시 서대문구 충정로7길 19-70 (충정로2가)				사업장주소	서울특별시 서대문구 충정로7길 29-13 (충정로3가)		
	업태	제조업		종사업장번호		업태	도소매업		종사업장번호
	종목	전자기기				종목	스포츠용품		

거래일자	미수금액	공급가액	총 합계금액
2024.7.20.		1,800,000	1,800,000

NO	월	일	품목명	규격	수량	단가	공급가액	합계
1	7	20	디지털 복합기		1		1,800,000	1,800,000

자료설명	사무실에서 사용할 디지털 복합기를 구입하고, 구입대금은 다음달 말일에 지급하기로 하였다.
수행과제	거래자료를 입력하시오.(자산으로 처리할 것.)

7 증빙에 의한 전표입력

매출전표

카드종류	거래일자
신한카드	2024.8.10.10:13:42

카드번호(CARD NO)
4658-1232-****-45**

승인번호
20240810101234

일반	할부		백	천	원
일시불		금액 AMOUNT	2 4 0 0 0 0		
		부가세 V.A.T			
	전단지	봉사료 CASHBACK			
거래유형					
		합계 TOTAL	2 4 0 0 0 0		

가맹점명
예솔광고

대표자명	사업자번호
임예솔	216-23-37552
전화번호	가맹점번호
02-439-7248	84566611

주소
서울특별시 구로구 구로동로 104

상기의 거래 내역을 확인합니다.   서명 모든스포츠

자료설명	신제품 판매촉진을 위한 광고전단지를 제작하고, 결제한 신용카드매출전표 이다.
수행과제	거래자료를 입력하시오.

8 통장사본에 의한 거래입력

자료 1. 견적서

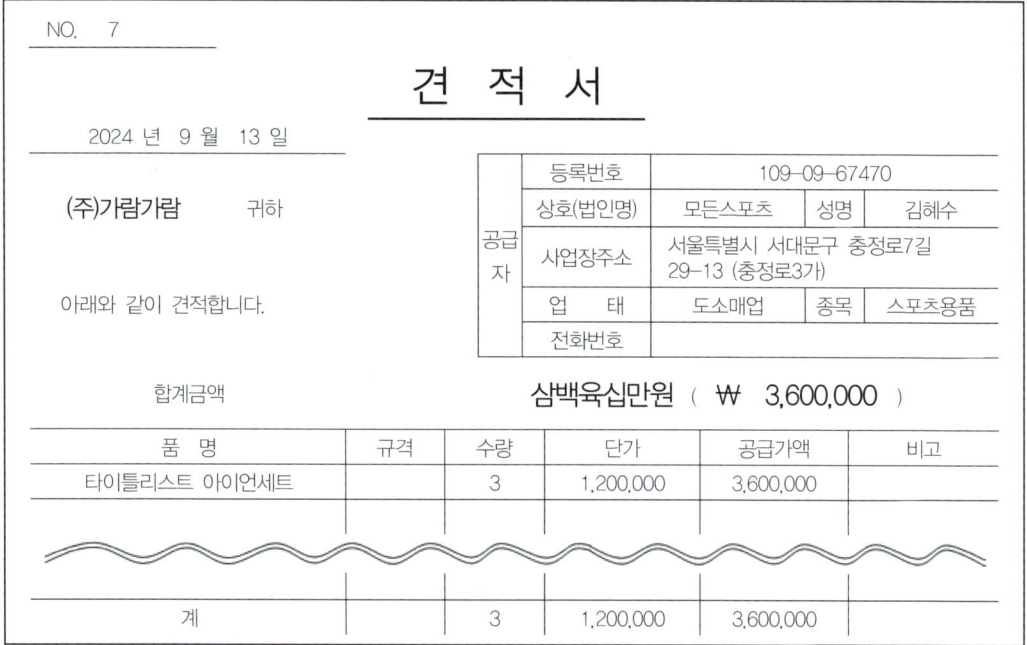

자료 2. 보통예금(국민은행) 거래내역

		내용	찾으신금액	맡기신금액	잔액	거래점
번호	거래일	계좌번호 096-24-0094-123 모든스포츠				
1	2024-9-13	(주)가람가람		360,000	***	***

자료설명	1. 자료 1은 (주)가람가람에 상품을 판매하기 위해 발급한 견적서이다. 2. 자료 2는 공급가액의 10%(계약금)를 국민은행 보통예금 계좌로 입금 받은 내역이다.
수행과제	거래자료를 입력하시오.

실무수행 ••• 전표수정

실무프로세스 자료이다. [자료설명]을 참고하여 [수행과제]를 수행하시오.

1 입력자료 수정

■ 보통예금(신한은행) 거래내역

번호	거래일	내용	찾으신금액	맡기신금액	잔액	거래점
		계좌번호 308-24-374555 모든스포츠				
1	2024-10-15	에코전자		300,000	***	***

자료설명	에코전자의 단기대여금에 대한 이자를 신한은행 보통예금 계좌에 입금받은 내역이다.
수행과제	거래자료를 수정하시오.

2 입력자료 수정

자료설명	11월 4일에 입력된 거래는 영업부에서 사용하고 있는 업무용 승용차에 대한 자동차세를 납부한 거래이다.
수행과제	거래자료를 수정하시오.

실무수행 ••• 결산

[결산자료]를 참고하여 결산을 수행하시오.(단, 제시된 자료 이외의 자료는 없다고 가정함.)

1 수동결산 및 자동결산

자료설명	1. 단기대여금에 대한 당기 기간경과분 미수이자 420,000원을 계상하다. 2. 기말상품재고액은 29,000,000원이다.
수행과제	1. 수동결산 또는 자동결산 메뉴를 이용하여 결산을 완료하시오. 2. 12월 31일을 기준으로 '손익계산서 → 재무상태표'를 순서대로 조회 작성하시오. (단, 손익계산서 조회 작성 시 상단부 [기능모음]의 '추가'를 이용하여 '손익대체분개'를 수행할 것.)

> **평가문제** • • • **실무수행평가(62점)**

입력자료 및 회계정보를 조회하여 [평가문제]의 답안을 입력하시오.

평가문제 답안입력 유의사항

❶ 답안은 지정된 단위의 숫자로만 입력해 주십시오.
* 한글 등 문자 금지

	정답	오답(예)
(1) 금액은 원 단위로 숫자를 입력하되, 천 단위 콤마(,)는 생략 가능합니다.	1,245,000 1245000	1.245.000 1,245,000원 1,245,0000 12,45,000 1,245천원
(1-1) 답이 0원인 경우 반드시 "0" 입력 (1-2) 답이 음수(-)인 경우 숫자 앞에 " - " 입력 (1-3) 답이 소수인 경우 반드시 " . " 입력		
(2) 질문에 대한 답안은 숫자로만 입력하세요.	4	04 4건, 4매, 4명 04건, 04매, 04명
(3) 거래처 코드번호는 5자리 숫자로 입력하세요.	00101	101 00101번

❷ 더존 프로그램에서 조회되는 자료를 복사하여 붙여넣기가 가능합니다.
❸ 수행과제를 올바르게 입력하지 않고 작성한 답과 모범답안이 다른 경우 오답처리됩니다.

번호	평가문제	배점
11	평가문제 [거래처등록 조회] (주)세방기계(코드: 03100)의 거래처등록사항으로 옳지 않은 것은? ① (주)세방기계의 대표자명은 '장은호'이다. ② 메일주소는 'health@naver.com'이다. ③ 업태는 '제조업'이다. ④ 종목은 '운동기구'이다.	4
12	평가문제 [일/월계표 조회] 1/4분기(1월~3월) 동안 발생한 '차량유지비' 금액은 얼마인가?　(2,119,400)원	3
13	평가문제 [계정별원장 조회] 9월 말 '259.선수금' 잔액은 얼마인가?　(5,810,000)원	4
14	평가문제 [거래처원장 조회] 5월 말 거래처별 '108.외상매출금' 잔액으로 옳은 것은? ① 건강지킴이　47,500,000원　② 금강기술　31,230,000원 ③ 클라우드　20,500,000원　④ (주)프라하　5,000,000원	3
15	평가문제 [거래처원장 조회] 6월 말 '134.가지급금' 잔액이 있는 거래처의 코드번호 5자리를 입력하시오. (　　　)	4
16	평가문제 [거래처원장 조회] 7월 말 거래처별 '253.미지급금' 잔액으로 옳은 것은? ① 00110.한얼회계법인　1,700,000원　② 01016.(주)우리전자　3,000,000원 ③ 02507.(주)소호상사　8,500,000원　④ 99601.신한카드　1,500,000원	3
17	평가문제 [현금출납장 조회] 2월 말 '현금' 잔액은 얼마인가?　(　　　)원	4
18	평가문제 [재무상태표 조회] 6월 말 '기타비유동자산'의 금액은 얼마인가?　(　　　)원	4
19	평가문제 [재무상태표 조회] 6월 말 '단기매매증권' 금액은 얼마인가?　(　　　)원	3
20	평가문제 [재무상태표 조회] 6월 말 '장기차입금' 금액은 얼마인가?　(　　　)원	3

번호	평가문제	배점
21	평가문제 [재무상태표 조회] 9월 말 '외상매입금' 금액은 얼마인가? ( )원	3
22	평가문제 [재무상태표 조회] 12월 말 '받을어음의 장부금액(받을어음 - 대손충당금)'은 얼마인가? ( )원	3
23	평가문제 [재무상태표 조회] 12월 말 '선급금' 금액은 얼마인가? ( )원	3
24	평가문제 [재무상태표 조회] 12월 말 '자본금' 잔액은 얼마인가? ① 406,290,000원　　　② 510,079,000원 ③ 626,920,570원　　　④ 838,525,900원	2
25	평가문제 [손익계산서 조회] 당기 '상품매출원가' 금액은 얼마인가? ( )원	2
26	평가문제 [손익계산서 조회] 당기에 발생한 '판매비와관리비'의 계정별 금액으로 옳은 것은? ① 복리후생비　17,573,000원　　② 통신비　1,650,000원 ③ 운반비　6,930,000원　　④ 광고선전비　5,540,000원	3
27	평가문제 [손익계산서 조회] 당기에 발생한 '세금과공과금' 금액은 얼마인가? ( )원	3
28	평가문제 [손익계산서 조회] 당기에 발생한 '이자수익' 금액은 전기 대비 얼마나 증가하였는가? ( )원	2
29	평가문제 [예적금현황 조회] 12월 말 은행별 보통예금 잔액으로 옳은 것은? ① 신협은행(보통)　115,654,000원　　② 국민은행(보통)　40,022,000원 ③ 신한은행(보통)　98,000,000원　　④ 기업은행(보통)　30,988,000원	2
30	평가문제 [받을어음현황 조회] 만기일이 2024년에 도래하는 '받을어음'의 보유금액 합계는 얼마인가? ( )원	4
총 점		62

평가문제 ••• 회계정보분석 (8점)

회계정보를 조회하여 [회계정보분석] 답안을 입력하시오.

31.
손익계산서 조회 (4점)

매출총이익률은 매출로부터 얼마의 이익을 얻느냐를 나타내는 비율로 높을수록 판매, 매입활동이 양호한 편이다. 전기 매출총이익률은 얼마인가?(단, 소수점 이하는 버림할 것.)

$$매출총이익률(\%) = \frac{매출총이익}{매출액} \times 100$$

① 28% ② 40%
③ 252% ④ 254%

32.
손익계산서 조회 (4점)

영업이익률은 기업의 주된 영업활동에 의한 성과를 판단하는 비율로 판매활동과 직접 관계없는 영업외손익을 제외한 순수 영업활동의 수익성을 나타내는 지표이다. 전기 영업이익률을 계산하면 얼마인가?(단, 소수점 이하는 버림할 것.)

$$영업이익률(\%) = \frac{영업이익}{매출액} \times 100$$

① 20% ② 26%
③ 537% ④ 576%

기출문제 빙글빙글(회사코드 4176) 76회

Financial Accounting Technicians

홈페이지 자료실에서 '2025 FAT2grade DB'를 다운받아 설치한 후 풀이할 것.

● 실무 이론 평가

아래 문제에서 특별한 언급이 없으면 기업의 보고기간(회계기간)은 매년 1월 1일부터 12월 31일까지입니다. 또한 기업은 일반기업회계기준 및 관련 세법을 계속적으로 적용하고 있다고 가정하고 물음에 가장 합당한 답을 고르시기 바랍니다.

[1]
다음 거래에 대한 거래 요소의 결합 관계를 나타낸 것으로 옳은 것은?

• 한공상사는 거래처에 빌려준 대여금 10,000,000원을 보통예금 계좌로 송금받았다.

① (차) 자산의 증가   (대) 수익의 감소
② (차) 자산의 증가   (대) 수익의 발생
③ (차) 수익의 감소   (대) 자산의 감소
④ (차) 자산의 증가   (대) 자산의 감소

[2]

다음 대화에 나타난 거래를 회계처리 시 대변 계정과목의 분류로 옳은 것은?
(단, 회사의 업종은 도소매업을 가정한다.)

① 매출
② 영업외비용
③ 영업외수익
④ 판매비와 관리비

[3]

다음은 신문기사의 일부이다. (㉮)에 들어갈 내용으로 가장 적절한 것은?

> 외부감사인이 회계감사 대상 회사의 재무제표 작성 지원을 금지하며 회사가 자체 결산 능력을 갖추고 (㉮)의 책임하에 재무제표를 작성하도록 했다.
> (XX신문, 2024년 10월 31일)

① 경영자
② 공인회계사
③ 내부감사인
④ 주주

[4]

다음은 한공상사의 상품 관련 자료이다. 상품의 취득원가를 계산하면 얼마인가?

- 상품 매입액   100,000원
- 매입운임   30,000원
- 보험료   5,000원 (상품 매입 관련)
- 판매운임   10,000원 (판매된 상품 택배비)

① 100,000원
② 120,000원
③ 130,000원
④ 135,000원

[5]

다음 중 재무상태표 계정과목에 해당하지 <u>않는</u> 것은?

① 매출채권 ② 선급비용
③ 임대보증금 ④ 기부금

[6]

다음 중 손익계산서 작성기준으로 옳지 <u>않은</u> 것은?

① 수익·비용 대응의 원칙 ② 유동성배열법
③ 수익과 비용항목의 구분표시 ④ 발생주의

[7]

다음 자료를 토대로 결산 시 추가로 계상할 대손충당금은 얼마인가?

- 결산 시 매출채권 잔액에 대하여 1%의 대손충당금을 설정하다.
- 결산 시 잔액시산표 상의 매출채권 및 대손충당금 잔액
  - 매출채권   5,000,000원
  - 대손충당금   10,000원

① 20,000원 ② 40,000원
③ 60,000원 ④ 80,000원

[8]

다음 거래에 대한 회계처리 오류 내용이 재무제표에 미치는 영향으로 옳은 것은?

[거래] 업무용 승용차에 주유를 하고 60,000원을 현금으로 지급하다.
[분개] (차) 차량운반구   60,000원   (대) 현금   60,000원

① 자산의 과소 계상 ② 자본의 과소 계상
③ 비용의 과소 계상 ④ 수익의 과소 계상

[9]

다음 자료에 의한 2024년 12월 31일의 결산분개로 옳은 것은?
(이자비용은 월할계산하기로 한다.)

- 2024년 4월 1일 은행으로부터 1,000,000원을 차입하였다.
- 이자율은 연 6%이며, 1년분 이자는 2025년 3월 31일 전액 지급예정이다.

① (차) 이자비용   45,000원   (대) 미지급비용   45,000원
② (차) 이자비용   15,000원   (대) 미지급비용   15,000원
③ (차) 이자비용   45,000원   (대) 선급비용   45,000원
④ (차) 이자비용   15,000원   (대) 선급비용   15,000원

[10]
직원들의 야근식대를 지출하고 다음 증빙을 수취한 경우 올바른 분개는?

```
          ** 현금영수증 **
             (RECEIPT)

사업자등록번호    : 214-09-12321 강기열
사업자명         : 천국피자
단말기ID         : 73453259(tel :02-345-4546)
가맹점주소       : 서울 노원구 노원로 16길 2
현금영수증 회원번호 : 211-23-11111
승인번호         : 83746302    (PK)
거래일시         : 2024년 08월 05일 18시28분21초
------------------------------------------
포테이토 피자 (L)                    50,000원
콜라 (6잔)                           10,000원
총합계                               60,000원
------------------------------------------
휴대전화, 카드번호 등록
http://현금영수증.kr
국세청문의(126)
38036925-GCA10106-3870-U490
      〈〈〈〈〈이용해 주셔서 감사합니다.〉〉〉〉〉
```

① (차) 기 부 금 60,000원   (대) 현   금 60,000원
② (차) 급   여 60,000원   (대) 현   금 60,000원
③ (차) 광고선전비 60,000원   (대) 현   금 60,000원
④ (차) 복리후생비 60,000원   (대) 현   금 60,000원

실무 수행 평가

빙글빙글(회사코드 4176)은 안경용품 도소매업을 운영하는 개인기업으로, 회계기간은 제7기(2024.1.1.~2024.12.31.)이다. 제시된 자료와 자료설명을 참고하여, [수행과제]를 완료하고 [평가문제]의 물음에 답하시오.

실무수행 유의사항	1. 타계정 대체와 관련된 적요는 반드시 코드를 입력하여야 한다. 2. 채권·채무, 예금거래 등 관리대상 거래자료에 대하여는 거래처코드를 반드시 입력한다. 3. 자금관리 등 추가 작업이 필요한 경우 문제의 요구에 따라 추가 작업하여야 한다. 4. 등록된 계정과목 중 가장 적절한 계정과목을 선택한다. 5. 부가가치세는 고려하지 않는다.

 기초정보관리의 이해

회계관련 기초정보는 입력되어 있다. [자료설명]을 참고하여 [수행과제]를 수행하시오.

① 거래처등록

아래와 같이 계좌가 개설되어 있음을 확인합니다.

예 금 주 : 나미 (빙글빙글) 님
계좌종류 : 입출금통장
계좌번호 : 428-10106-32458
개 설 일 : 2024년 1월 1일
과세구분 : 일반과세

이 예금은 예금자보호법에 따라 원금과 소정의 이자를 합하여 1인당 "5천만원까지"(본 은행의 여타 보호상품과 합산) 보호됩니다.

(주)카카오뱅크

자료설명	(주)카카오뱅크에서 모바일뱅킹으로 사업용 계좌를 개설하였다.
수행과제	통장사본을 참고하여 거래처등록을 하시오.(코드: 98005, 금융기관명: 카카오뱅크(보통), 구분: 0.일반으로 할 것.)

② 거래처별초기이월 등록 및 수정

예수금 명세서

코드	거래처명	금액	비 고
32014	국민연금공단	1,500,000원	국민연금 예수금
32015	국민건강보험공단	1,000,000원	건강보험 예수금
32016	근로복지공단	250,000원	고용보험 예수금
32017	서대문세무서	1,500,000원	근로소득세 예수금
32018	서대문구청	150,000원	지방소득세 예수금
	합계	4,400,000원	

자료설명	빙글빙글의 전기분 재무제표는 이월받아 등록되어 있다.
수행과제	예수금에 대한 거래처별 초기이월사항을 추가입력하시오.

실무수행 ••• 거래자료입력

실무프로세스 자료이다. [자료설명]을 참고하여 [수행과제]를 수행하시오.

① 증빙에 의한 전표입력

```
[기후동행카드 충전 영수증]

역  사  명 : 청량리(서울시립대입구)
장 비 번 호 : 152
카 드 번 호 : 2151-2415-5288-9512
결 제 방 식 : 현금
충 전 일 시 : 2024-02-12 15:02:04
---------------------------------------
투 입 금 액 :        30,000원
충 전 금 액 :        30,000원
거 스 름 돈 :             0원
이 용 구 간 :    기후동행카드(따릉이 미포함)
대표자명     서울교통공사 사장
사업자번호   698-87-00598
주소         서울특별시 성동구 천호대로 346
```

자료설명	사무실 직원들의 시내출장용으로 사용하는 교통카드를 충전하고, 대금은 현금으로 지급하였다.
수행과제	거래자료를 입력하시오.(단, '여비교통비'로 처리할 것.)

② 증빙에 의한 전표입력
■ 등록면허세 영수증

등록면허세 (신고분)영수증

출금계좌번호: 011-2020486-014
납 부 기 관: 하나은행
납부일: 2024.02.20

납부내역

납부자명	나미 (빙글빙글)	세목	등록면허세
전자납부번호	1165012102451121	거래일시	2024.02.20. 13:56:49
청구기관	서울특별시	납부금액	40,500

서울특별시

자료설명	[2월 20일] 통신판매업 신고에 따른 등록면허세를 하나은행 보통예금 계좌에서 이체 납부하였다.
수행과제	거래자료를 입력하시오. (단, '세금과공과금'으로 처리할 것.)

③ 통장사본에 의한 거래입력
■ 보통예금(하나은행) 거래내역

		내용	찾으신금액	맡기신금액	잔액	거래점
번호	거래일	계좌번호 011-2020486-014 빙글빙글				
1	2024-03-05	(주)다봄안경	10,000,000		***	***

자료설명	거래처 (주)다봄안경에 10,000,000원(상환일: 2025년 2월 28일)을 대여하기로 하고 하나은행 보통예금 계좌에서 이체하였다.
수행과제	거래자료를 입력하시오.

4 재고자산의 매입거래

거래명세서 (공급받는자 보관용)

공급자					공급받는자			
등록번호	121-81-12646				등록번호	109-09-67470		
상호	베네치아(주)	성명	최민석		상호	빙글빙글	성명	나미
사업장 주소	서울특별시 강남구 강남대로 584				사업장 주소	서울특별시 서대문구 충정로7길 29-13 (충정로3가)		
업태	도소매업		종사업장번호		업태	도소매업		종사업장번호
종목	안경외				종목	안경외		

거래일자	미수금액	공급가액	총 합계금액
2024.3.20.		5,000,000	5,000,000

NO	월	일	품목명	규격	수량	단가	공급가액	합계
1	3	20	안경테		100	50,000	5,000,000	5,000,000

자료설명	1. 상품을 구입하고 발급받은 거래명세서이다. 2. 3월 8일 지급한 계약금을 차감한 잔액은 월말에 지급하기로 하였다.
수행과제	거래자료를 입력하시오.

5 증빙에 의한 전표입력

신용카드매출전표

🛒 상점 정보

```
가 맹 점 명    (주)99플라워  TEL 1588-5899
사업자번호    125-81-65451
대 표 자 명    윤공순
주      소    서울 서초구 언남길 35, 201호
U    R    L    https://www.99flower.co.kr
```

📋 결제 정보

```
삼 성 카 드                              신용승인
거 래 일 시      2024-4-12 오전 10:11:05
카 드 번 호              7445-8841-****-30**
유 효 기 간                           **/**
가맹점번호                           5114812
매  입  사 : 삼성카드(전자서명전표)
```

판 매 금 액	150,000원
합 계	150,000원

📍 결제대행사 정보

```
상호                           나이스페이먼츠 주식회사
대표자명                                    황윤정
```

자료설명	거래처의 개업 축하 화환을 인터넷으로 주문하고 대금은 신용카드(삼성카드)로 결제하였다.
수행과제	거래자료를 입력하시오.

6 단기매매증권 구입 및 매각

자료 1. 주식매매 내역서

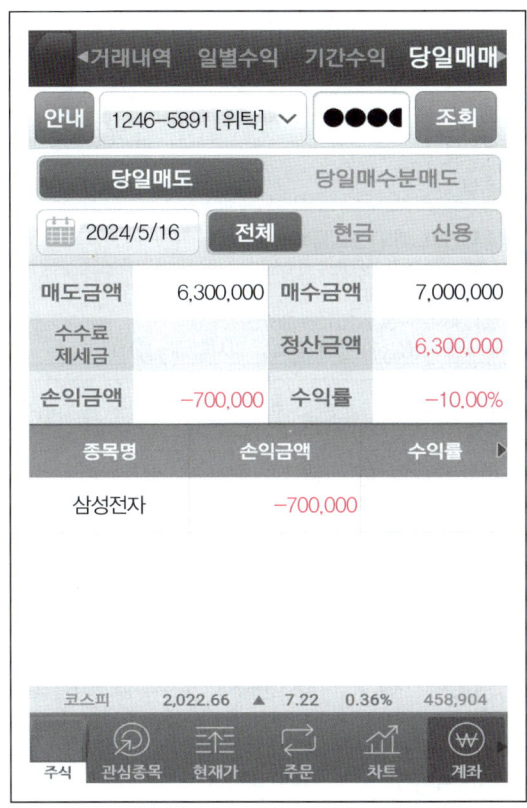

자료 2. 보통예금(신한은행) 거래내역

번호	거래일	내용	찾으신금액	맡기신금액	잔액	거래점
		계좌번호 2512-18512-106 빙글빙글				
1	2024-05-16	주식매각대금 입금		6,300,000	***	***

자료설명	단기매매목적으로 보유하고 있는 삼성전자 주식(장부금액: 7,000,000원)을 6,300,000원에 매각하고 받은 내역이다.
수행과제	주식 매각과 관련된 거래자료를 입력하시오.

7 증빙에 의한 전표입력

현금영수증
(지출증빙용)

사업자등록번호 : 807-09-01631
사업자명 : 홍보물닷컴
가맹점주소 : 서울특별시 강남구 테헤란로 423

현금영수증 회원번호
109-09-67470 빙글빙글
승인번호 : 25457923 (PK)
거래일시 : 2024년 06월 22일

공급금액 1,760,000원
총합계 1,760,000원

휴대전화, 카드번호 등록
http://현금영수증.kr
국세청문의(126)
38036925-GCA10106-3870-U490
《《《《《이용해 주셔서 감사합니다.》》》》》》

자료설명	상품을 홍보할 목적으로 홍보용 물티슈를 제작하고 수취한 현금영수증이다.
수행과제	거래자료를 입력하시오.(단, '광고선전비'로 처리 할 것.)

8 통장사본에 의한 거래입력

■ 보통예금(농협은행) 거래내역

번호	거래일	내용	찾으신금액	맡기신금액	잔액	거래점
		계좌번호 201-6611-04712 빙글빙글				
1	2024-9-15	법률자문수수료	800,000		***	***

자료설명	법무법인으로부터 티몬·위메프 대금정산지연 사태와 관련된 법률자문을 제공받고 수수료를 농협은행 보통예금 계좌에서 이체하여 지급하였다.
수행과제	거래자료를 입력하시오.

실무수행 ••• 전표수정

실무프로세스 자료이다. [자료설명]을 참고하여 [수행과제]를 수행하시오.

1 입력자료 수정

■ 보통예금(토스뱅크) 거래내역

번호	거래일	내용	찾으신금액	맡기신금액	잔액	거래점
			계좌번호 1144-561-5121564 빙글빙글			
1	2024-10-14	(주)다보여안경	21,320,000		***	***

자료설명	(주)다보여안경에 지급해야 할 외상매입금을 토스뱅크 보통예금 계좌에서 이체하여 지급하였다.
수행과제	통장 거래내역을 확인하고 올바르게 수정하시오.

2 입력자료 수정

자료설명	[9월 22일] 대표자가 인출한 대표자 동창의 결혼축의금 회계처리가 9월 22일자로 중복 입력되어 있음을 확인하였다.
수행과제	오류자료를 수정하시오.

실무수행 ••• 결산

[결산자료]를 참고하여 결산을 수행하시오.(단, 제시된 자료 이외의 자료는 없다고 가정함.)

1 수동결산 및 자동결산

자료설명	1. 10월 1일 지급된 보험료 1,800,000원 중 기간 미경과분 1,350,000원을 계상하다. 2. 기말 상품재고액은 35,800,000원이다.
수행과제	1. 수동결산 또는 자동결산 메뉴를 이용하여 결산을 완료하시오. 2. 12월 31일 기준으로 '손익계산서 ➡ 재무상태표'를 순서대로 조회 작성하시오.(단, 손익계산서 조회 작성 시 상단부 [기능모음]의 '추가'를 이용하여 '손익대체분개'를 수행할 것.)

평가문제 ••• 실무수행평가(62점)

입력자료 및 회계정보를 조회하여 [평가문제]의 답안을 입력하시오.

평가문제 답안입력 유의사항

❶ 답안은 지정된 단위의 숫자로만 입력해 주십시오.
* 한글 등 문자 금지

	정답	오답(예)
(1) 금액은 원 단위로 숫자를 입력하되, 천 단위 콤마(,)는 생략 가능합니다.	1,245,000 1245000	1.245.000 1,245,000원 1,245,0000 12,45,000 1,245천원
(1-1) 답이 0원인 경우 반드시 "0" 입력 (1-2) 답이 음수(-)인 경우 숫자 앞에 " - " 입력 (1-3) 답이 소수인 경우 반드시 "."입력		
(2) 질문에 대한 답안은 숫자로만 입력하세요.	4	04 4건, 4매, 4명 04건, 04매, 04명
(3) 거래처 코드번호는 5자리 숫자로 입력하세요.	00101	101 00101번

❷ 더존 프로그램에서 조회되는 자료를 복사하여 붙여넣기가 가능합니다.
❸ 수행과제를 올바르게 입력하지 않고 작성한 답과 모범답안이 다른 경우 오답처리됩니다.

번호	평가문제	배점
11	평가문제 [거래처등록 조회] 금융 거래처별 계좌번호로 옳지 않은 것은? ① 하나은행(보통) 1122-098-123143　② 신한은행(보통) 2512-18512-106 ③ 카카오뱅크(보통) 428-10106-32458　④ 농협은행(보통) 201-6611-04712	3
12	평가문제 [거래처원장 조회] 12월 말 거래처별 '131.선급금' 잔액으로 옳지 않은 것은? ① 무지개안경　1,000,000원　　② 소나기안경　1,200,000원 ③ (주)다비치안경　500,000원　　④ 베네치아(주)　3,000,000원	3
13	평가문제 [거래처원장 조회] 12월 말 거래처별 '254.예수금' 잔액으로 옳지 않은 것은? ① 국민연금공단　2,100,000원　② 국민건강보험공단　1,300,000원 ③ 서대문세무서　320,000원　　④ 서대문구청　180,000원	3
14	평가문제 [거래처원장 조회] 12월 말 '103.보통예금' 신한은행(코드: 98002)의 잔액은 얼마인가? (　　　　)원	3
15	평가문제 [거래처원장 조회] 12월 말 '253.미지급금' 삼성카드(99605)의 잔액은 얼마인가? (　　　　)원	4
16	평가문제 [예적금현황 조회] 12월 말 은행별 예금잔액으로 옳지 않은 것은? ① 토스뱅크(보통)　2,470,000원　② 하나은행(보통)　80,708,500원 ③ 농협은행(보통)　3,000,000원　④ 우리은행(당좌)　13,250,000원	3
17	평가문제 [분개장 조회] 9월(9/1~9/30) 동안의 전표 중 '전표: 1.일반, 선택: 1.출금' 전표의 건수는 몇 건인가? (　　　　)건	3
18	평가문제 [일/월계표 조회] 6월에 발생한 '판매관리비'의 계정과목 중 현금지출이 가장 큰 계정과목의 코드번호 3자리를 입력하시오. (　　　　)	3
19	평가문제 [현금출납장 조회] 2월 말 '현금' 잔액은 얼마인가?　　　　　　　　　　(　　　　)원	2
20	평가문제 [현금출납장 조회] 6월(6/1~6/30)의 '현금' 출금액 월계는 얼마인가?　(　　　　)원	4

번호	평가문제	배점
21	평가문제 [손익계산서 조회] 당기에 발생한 '판매비와관리비'의 계정별 금액으로 옳지 않은 것은? ① 여비교통비 1,274,600원 ② 운반비 459,000원 ③ 소모품비 2,000,000원 ④ 수수료비용 3,990,000원	3
22	평가문제 [손익계산서 조회] 당기에 발생한 '상품매출원가' 금액은 얼마인가? ( )원	4
23	평가문제 [손익계산서 조회] 당기에 발생한 '접대비(기업업무추진비)' 금액은 얼마인가? ( )원	4
24	평가문제 [손익계산서 조회] 당기에 발생한 '세금과공과금' 금액은 얼마인가? ( )원	2
25	평가문제 [손익계산서 조회] 당기에 발생한 '영업외비용' 금액은 얼마인가? ( )원	3
26	평가문제 [합계잔액시산표 조회] 6월 말 '단기매매증권' 잔액은 얼마인가? ① 70,000,000원 ② 77,000,000원 ③ 3,000,000원 ④ 2,500,000원	3
27	평가문제 [합계잔액시산표 조회] 6월 말 '단기대여금' 잔액은 얼마인가? ( )원	4
28	평가문제 [재무상태표 조회] 12월 말 '선급비용' 잔액은 얼마인가? ( )원	4
29	평가문제 [재무상태표 조회] 12월 말 '외상매입금' 잔액은 얼마인가? ( )원	3
30	평가문제 [재무상태표 조회] 12월 말 재무상태표의 '자본금' 금액은 얼마인가? ① 412,250,370원 ② 413,540,370원 ③ 415,716,570원 ④ 417,935,370원	1
총 점		62

> **평가문제** ••• 회계정보분석 (8점)

회계정보를 조회하여 [답안수록] 메뉴에 해당문제의 답안을 입력하시오.

31.
재무상태표 조회 (4점)

당좌비율은 유동자산 중 현금화할 수 있는 당좌자산으로 단기채무를 충당할 수 있는 정도를 나타내는 비율이다. 전기말 당좌비율을 계산하면 얼마인가?(단, 소숫점 이하는 버림 할 것.)

$$당좌비율\,(\%) = \frac{당좌자산}{유동부채} \times 100$$

① 478% ② 652%
③ 678% ④ 694%

32.
손익계산서 조회 (4점)

영업이익률은 기업의 주된 영업활동에 의한 성과를 판단하는 비율로 판매활동과 직접 관계없는 영업외손익을 제외한 순수 영업활동의 수익성을 나타내는 지표이다. 전기 영업이익률을 계산하면 얼마인가?(단, 소숫점 이하는 버림 할 것.)

$$영업이익률(\%) = \frac{영업이익}{매출액} \times 100$$

① 13% ② 15%
③ 18% ④ 20%

기출문제 별별유통(회사코드 4178) 78회

홈페이지 자료실에서 '2025 FAT2grade DB'를 다운받아 설치한 후 풀이할 것.

실무 이론 평가

아래 문제에서 특별한 언급이 없으면 기업의 보고기간(회계기간)은 매년 1월 1일부터 12월 31일까지입니다. 또한 기업은 일반기업회계기준 및 관련 세법을 계속적으로 적용하고 있다고 가정하고 물음에 가장 합당한 답을 고르시기 바랍니다.

[1]

"기업은 그 목적과 의무를 이행하기에 충분할 정도로 장기간 존속한다"는 재무제표의 기본가정은 무엇인가?

① 기업실체의 가정
② 계속기업의 가정
③ 기간별 보고의 가정
④ 발생주의 회계의 가정

[2]

다음과 같은 거래 요소의 결합관계에 해당하는 거래로 옳은 것은?

(차) 자산의 증가	(대) 부채의 증가

① 상품 100,000원을 외상으로 판매하다.
② 종업원 급여 3,000,000원을 현금으로 지급하다.
③ 은행으로부터 10,000,000원을 1년간 차입하여 보통예금으로 입금하다.
④ 단기차입금 5,000,000원과 그 이자 300,000원을 현금으로 지급하다.

[3]

다음은 한공상사의 건물 취득과 관련된 자료이다. 다음 자료를 토대로 건물의 취득원가를 계산하면 얼마인가?

• 건물 구입 금액: 10,000,000원	• 구입 시 중개수수료: 200,000원
• 취득세: 500,000원	• 건물취득 후 납부한 화재 보험료: 50,000원

① 10,000,000원
② 10,200,000원
③ 10,700,000원
④ 10,750,000원

[4]
다음 (주)한공의 거래에 대한 회계처리 시 차변 계정과목으로 옳은 것은?

• 사무실에서 사용하고 있던 책상을 장부금액으로 처분하고 대금은 거래처 발행 약속어음으로 받다.

① 비품 ② 미수금
③ 받을어음 ④ 외상매출금

[5]
다음은 (주)한공의 사업용 토지 처분에 관한 대화이다. 이에 대한 회계처리 시 대변 계정과목은?

① 토지 ② 가수금
③ 선수금 ④ 건설중인자산

[6]
다음에서 설명하는 계정과목에 해당하는 것은?

• 물리적 형체는 없지만 식별가능하고 기업이 통제하고 있으며 미래 경제적효익이 있는 비화폐성자산이다.

① 건물 ② 재고자산
③ 매출채권 ④ 특허권

[7]

다음은 도매업을 영위하는 한공상사의 손익계산서 일부이다. 당기 발생 비용을 반영한 후 (가)의 금액은 얼마인가?

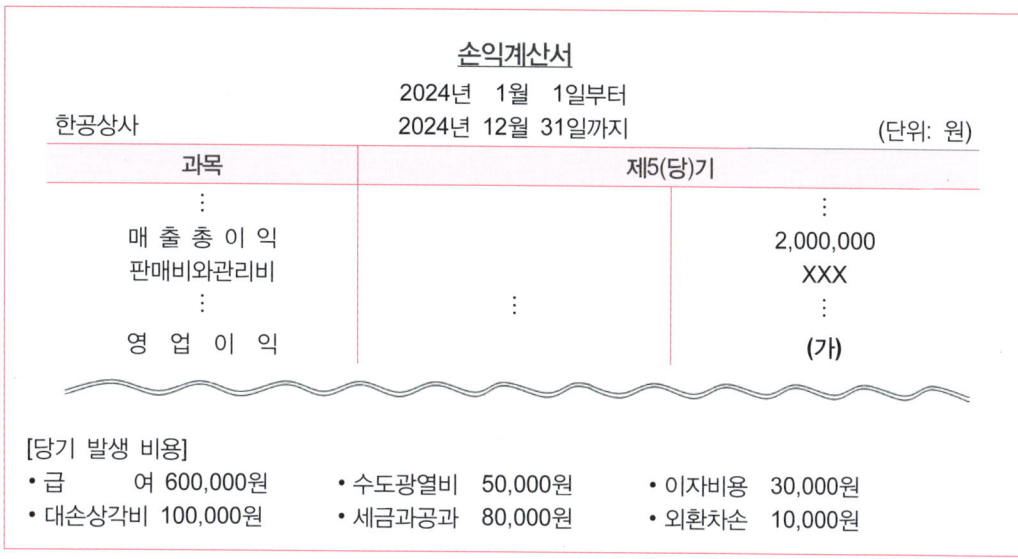

① 1,130,000원 ② 1,140,000원
③ 1,170,000원 ④ 1,270,000원

[8]

다음의 오류가 당기 매출원가와 당기순이익에 미치는 영향으로 옳은 것은?

• 기말 재고자산을 120,000원으로 계상하였으나 정확한 기말재고금액은 100,000원이다.

	매출원가	당기순이익
①	과대	과대
②	과대	과소
③	과소	과소
④	과소	과대

[9]

다음에 해당하는 계정과목은?(단, 전자제품 도매업을 영위하고 있다.)

• 기업의 판매활동과 관리활동에서 발생하는 비용이다.
• 매출원가에 속하지 않는 영업비용이다.

① 이자비용 ② 단기매매증권처분손실
③ 급여 ④ 유형자산처분손실

[10]
다음 중 결산정리사항에 해당하지 <u>않는</u> 것은?
① 미지급이자의 계상　　　② 감가상각비의 계상
③ 대손충당금의 계상　　　④ 차입금의 상환

실무 수행 평가

별별유통(회사코드 4178)은 생활용품 도·소매업을 운영하는 개인기업으로, 회계기간은 제7기(2024.1.1. ~ 2024.12.31.)이다. 제시된 자료와 [자료설명]을 참고하여 [수행과제]를 완료하고 [평가문제]의 물음에 답하시오.

실무수행 유의사항	1. 타계정 대체와 관련된 적요는 반드시 코드를 입력하여야 한다. 2. 채권·채무, 예금거래 등 관리대상 거래자료에 대하여서는 거래처코드를 반드시 입력한다. 3. 자금관리 등 추가 작업이 필요한 경우 문제의 요구에 따라 추가 작업하여야 한다. 4. 등록된 계정과목 중 가장 적절한 계정과목을 선택한다. 5. 부가가치세는 고려하지 않는다.

실무수행 ··· 기초정보관리의 이해

회계관련 기초정보는 입력되어 있다. [자료설명]을 참고하여 [수행과제]를 수행하시오.

1 사업자등록증에 의한 회사등록 수정

자료설명	별별유통은 사업자등록증의 기재사항이 변경되어 서대문세무서로부터 변경된 사업자등록증을 발급받았다.
수행과제	회사등록메뉴에서 사업자등록증의 변경된 사항을 확인하고 반영하시오.

② 계정과목 추가 및 적요등록 수정

자료설명	별별유통은 프랜차이즈 본사와의 계약조건에 따라 매월 지급할 가맹점 수수료를 계정과목으로 등록하여 사용하려고 한다.
수행과제	'850.회사설정계정과목'을 '850.가맹점수수료'로 수정하고, 표준재무제표용 표준코드와 현금적요를 등록하시오. - 계정구분: 4.경비, 표준코드: 047.지급수수료 - 현금적요: 01.가맹점 수수료 현금 지급

실무수행 ••• 거래자료입력

실무프로세스 자료이다. [자료설명]을 참고하여 [수행과제]를 수행하시오.

① 증빙에 의한 전표입력

```
            신용카드매출전표
------------------------------------
  카드종류: 국민카드
  회원번호: 7445-8841-****-3**1
  거래일시: 2024.02.21.  13:25:12
  거래유형: 신용승인
  매    출: 120,000원
  합    계: 120,000원
  결제방법: 일시불
  승인번호: 26785995
------------------------------------
     가맹점명: (주)올품인쇄(125-81-28548)
              - 이 하 생 략 -
```

자료설명	봄맞이 프로모션 행사 홍보용 전단지를 제작하면서 국민카드로 결제하고 받은 신용카드매출전표이다.
수행과제	거래자료를 입력하시오.

② 통장사본에 의한 거래입력
■ 보통예금(기업은행) 거래내역

번호	거래일	내용	찾으신금액	맡기신금액	잔액	거래점
		계좌번호 1122-098-123143 별별유통				
1	2024-3-31	차입금이자	426,000		***	***

자료설명	차입금에 대한 이자비용을 기업은행 보통예금 계좌에서 이체하여 지급하였다.
수행과제	거래자료를 입력하시오.

③ 약속어음 발행거래

전 자 어 음

(주)우리안전 귀하 00420240511123456789

금 팔백만원정 8,000,000원

위의 금액을 귀하 또는 귀하의 지시인에게 지급하겠습니다.

지급기일 2024년 7월 10일 발행일 2024년 5월 11일
지 급 지 국민은행 발행지 서울특별시 서대문구 충정로7길
지급장소 충정로지점 주 소 29-8 (충정로3가)
 발행인 별별유통

자료설명	[5월 11일] (주)우리안전의 상품 외상매입 대금 중 일부를 전자어음을 발행하여 지급하였다.
수행과제	1. 거래자료를 입력하시오. 2. 자금관련 정보를 입력하여 지급어음 현황에 반영하시오.(단, 등록된 어음을 사용할 것.)

4 증빙에 의한 전표입력

		영 수 증 (공급받는자용)		
NO.				
		별별유통		귀하

공급자	사업자등록번호	120-12-33526		
	상호	배송365	성명	도태경
	사업장소재지	서울특별시 강남구 광평로 220		
	업태	서비스업	종목	포장, 배송

작성일자	공급대가총액	비고
2024.6.20.	₩ 28,000원	

공 급 내 역

월/일	품명	수량	단가	금액
6/20	배송비			28,000
합 계				₩ 28,000원

위 금액을 (영수)청구)함

자료설명	포장 및 배송 전문업체인 배송365에 판매상품 배송을 요청하고 당사부담 배송비를 현금으로 지급하였다.
수행과제	거래자료를 입력하시오.

5 기타 일반거래

자료 1. 급여 및 상여대장

2024년 7월 급상여대장					
직급	성명	급여	공제액			차감지급액
		상여	소득세 등	건강보험료 등	공제액합계	
과장	신봉규	3,800,000원	186,720원	301,760원	488,480원	4,311,520원
		1,000,000원				
대리	조성진	3,200,000원	134,260원	237,520원	371,780원	3,828,220원
		1,000,000원				
합계		7,000,000원	320,980원	539,280원	860,260원	8,139,740원
		2,000,000원				

자료 2. 보통예금(국민은행) 거래내역

번호	거래일	내용	찾으신금액	맡기신금액	잔액	거래점
		계좌번호 103-55-998876 별별유통					
1	2024-7-31	급상여	8,139,740		***	***

자료설명	7월분 급여와 상여를 국민은행 보통예금 계좌에서 이체하여 지급한 내역이다.
수행과제	거래자료를 입력하시오.(단, 급여와 상여는 구분하여 회계처리하고 공제액합계는 '예수금'으로 처리할 것.)

6 유·무형자산의 매각

자료설명	[8월 10일] 1. 사무실에서 사용하던 냉난방기를 일산재활용센터에 매각하고, 매각대금 1,800,000원은 성능점검 후 8월 말에 받기로 하였다. 2. 매각직전의 해당 자산내역은 다음과 같다. | 계정과목 | 자산명 | 취득원가 | 감가상각누계액 | |---|---|---|---| | 비품 | 냉난방기 | 3,000,000원 | 1,200,000원 |
수행과제	거래자료를 입력하시오.

7 증빙에 의한 전표입력

자료설명	회사는 추석 명절을 맞이하여 회사 인근에 있는 보육원 아동들의 단체 영화관람을 위해 입장권을 현금으로 구매 후 기부하였다.
수행과제	거래자료를 입력하시오.

8 재고자산의 매출거래

거래명세서 (공급자 보관용)

<table>
<tr><th rowspan="5">공급자</th><th>등록번호</th><td colspan="3">211-42-21212</td><th rowspan="5">공급받는자</th><th>등록번호</th><td colspan="3">101-12-42117</td></tr>
<tr><th>상호</th><td>별별유통</td><th>성명</th><td>김성렬</td><th>상호</th><td>서울용역</td><th>성명</th><td>백수인</td></tr>
<tr><th>사업장 주소</th><td colspan="3">서울특별시 서대문구 충정로7길 29-11 (충정로3가)</td><th>사업장 주소</th><td colspan="3">서울특별시 서대문구 통일로 131 (충정로2가, 공화당빌딩)</td></tr>
<tr><th>업태</th><td>도소매업 외</td><th>종사업장번호</th><td></td><th>업태</th><td>서비스업</td><th>종사업장번호</th><td></td></tr>
<tr><th>종목</th><td colspan="3">잡화</td><th>종목</th><td colspan="3">청소</td></tr>
</table>

거래일자	미수금액	공급가액	총 합계금액
2024.10.15.		1,200,000	1,200,000

NO	월	일	품목명	규격	수량	단가	공급가액	합계
1	10	15	멀티 세정제		20	60,000	1,200,000	1,200,000

자료설명	서울용역에 상품(멀티 세정제)을 판매하고 대금 중 200,000원은 현금으로 받았으며, 잔액은 외상으로 하였다.
수행과제	거래자료를 입력하시오.

실무수행 ••• 전표수정

실무프로세스 자료이다. [자료설명]을 참고하여 [수행과제]를 수행하시오.

1 입력자료 수정

```
                    ** 현금영수증 **
                      (지출증빙용)

    사업자등록번호  : 102-81-23012 조영래
    사업자명       : (주)서울유통
    단말기ID       : 73453259(tel:02-349-5545)
    가맹점주소     : 서울특별시 강남구 광평로 220(수서동)

    현금영수증 회원번호
    211-42-21212    별별유통
    승인번호       : 83746302    (PK)
    거래일시       : 2024년 6월 26일
    ------------------------------------------------
    공급금액                            1,500,000원
    부가세금액                                  원
    총합계                              1,500,000원
    ------------------------------------------------
    휴대전화, 카드번호 등록
    http://현금영수증.kr
    국세청문의(126)
    38036925-GCA10106-3870-U490
         〈〈〈〈〈〈이용해 주셔서 감사합니다.〉〉〉〉〉〉
```

자료설명	6월 26일에 입력된 거래는 판매용 상품을 매입하고 현금영수증을 수취한 거래이다.
수행과제	거래자료를 수정하시오.

② 입력자료 수정

자료 1. 보험증권

화재보험증권

증권번호	2557466	계약일	2024년 7월 1일
보험기간	2024년 7월 1일 00:00부터		2025년 7월 1일 24:00까지
보험계약자	별별유통	주민(사업자)번호	211-42-21212
피보험자	별별유통	주민(사업자)번호	211-42-21212

보험료 납입사항

총보험료	126만원	납입보험료	126만원	미납입 보험료	0 원

자료 2. 보통예금(국민은행) 거래내역

번호	거래일	내용	찾으신금액	맡기신금액	잔액	거래점
		계좌번호 103-55-998876 별별유통				
1	2024-7-1	삼성화재(주)	1,260,000		***	***

자료설명	사업장에 대한 화재보험을 가입하고 국민은행 보통예금 계좌에서 이체한 거래가 입력 누락 되었다.
수행과제	거래내역을 확인 후 추가 입력하시오.('자산'으로 처리할 것.)

실무수행 ••• 결산

[결산자료]를 참고하여 결산을 수행하시오.(단, 제시된 자료 이외의 자료는 없다고 가정함.)

① 수동결산 및 자동결산

자료설명	1. 구입 시 비용처리한 소모품 중 기말현재 미사용 소모품은 300,000원으로 확인되었다. 2. 기말상품재고액은 138,000,000원이다.
수행과제	1. 수동결산 또는 자동결산 메뉴를 이용하여 결산을 완료하시오. 2. 12월 31일을 기준으로 '손익계산서 → 재무상태표'를 순서대로 조회 작성하시오. (단, 손익계산서 조회 작성 시 상단부 [기능모음]의 '추가'를 이용하여 '손익대체분개'를 수행할 것.)

[평가문제] • • • **실무수행평가(62점)**

입력자료 및 회계정보를 조회하여 [평가문제]의 답안을 입력하시오.

평가문제 답안입력 유의사항

❶ 답안은 지정된 단위의 숫자로만 입력해 주십시오.
* 한글 등 문자 금지

	정답	오답(예)
(1) 금액은 원 단위로 숫자를 입력하되, 천 단위 콤마(,)는 생략 가능합니다.	1,245,000 1245000	1.245.000 1,245,000원 1,245,0000 12,45,000 1,245천원
(1-1) 답이 0원인 경우 반드시 "0" 입력 (1-2) 답이 음수(-)인 경우 숫자 앞에 " - " 입력 (1-3) 답이 소수인 경우 반드시 " . " 입력		
(2) 질문에 대한 답안은 숫자로만 입력하세요.	4	04 4건, 4매, 4명 04건, 04매, 04명
(3) 거래처 코드번호는 5자리 숫자로 입력하세요.	00101	101 00101번

❷ 더존 프로그램에서 조회되는 자료를 복사하여 붙여넣기가 가능합니다.
❸ 수행과제를 올바르게 입력하지 않고 작성한 답과 모범답안이 다른 경우 오답처리됩니다.

번호	평가문제	배점
11	**평가문제 [회사등록 조회]** 회사등록과 관련된 내용 중 옳지 않은 것은? ① 과세유형은 '일반과세'이다. ② 사업장세무서는 '역삼'이고 세무서 코드는 '220'이다. ③ 업태는 도소매업, 통신판매업이다. ④ 사업장주소는 '서울특별시 서대문구 충정로7길 29-11(충정로3가)'이다.	4
12	**평가문제 [계정과목및적요등록 조회]** '850.가맹점수수료' 계정과 관련된 내용으로 옳지 않은 것은? ① 구분은 '4.경비'이다. ② 표준재무제표항목의 표준코드 '048.판매수수료'를 사용하고 있다. ③ 현금적요는 1개를 사용하고 있다. ④ 대체적요는 사용하고 있지 않다.	4
13	**평가문제 [계정별원장 조회]** 8월 말 '120.미수금' 잔액은 얼마인가?　　　　　　　　　　　　　　(　　　　　)원	3
14	**평가문제 [거래처원장 조회]** 2월 말 '99605.국민카드'의 '253.미지급금' 잔액은 얼마인가?　　(　　　　　)원	3
15	**평가문제 [거래처원장 조회]** 6월 말 거래처별 '251.외상매입금' 잔액으로 옳지 않은 것은? ① 00120.(주)우리안전　1,500,000원　② 00123.콜롬보스　23,315,000원 ③ 00125.바른손펜시(주)　2,000,000원　④ 01121.(주)한려수도　13,472,500원	3
16	**평가문제 [거래처원장 조회]** 10월 말 거래처별 '108.외상매출금' 잔액으로 옳지 않은 것은? ① 00102.한성에스이　10,713,500원　② 00108.(주)라모리타　16,325,000원 ③ 00177.서울용역　500,000원　④ 00240.파도소리(주)　6,500,000원	3
17	**평가문제 [지급어음현황 '지급은행별' 조회]** 지급은행이 '98005.국민은행(당좌)'이면서 '만기일이 2024년에 도래하는 지급어음 합계는 얼마인가?　　　　　　　　　　　　　　　　　　　　　　(　　　　　)원	3
18	**평가문제 [일/월계표 조회]** 2월 한 달 동안 발생한 '광고선전비' 금액은 얼마인가? ①　120,000원　　　　　　　　② 　800,000원 ③ 1,200,000원　　　　　　　　④ 1,320,000원	4
19	**평가문제 [일/월계표 조회]** 상반기(1월 ~ 6월) 발생한 '이자비용' 금액은 얼마인가?　　(　　　　　)원	3

번호	평가문제	배점
20	평가문제 [합계잔액시산표 조회] 7월 말까지 발생한 '급여' 금액은 얼마인가? ① 29,550,000원　　　　② 31,550,000원 ③ 38,550,000원　　　　④ 40,550,000원	4
21	평가문제 [합계잔액시산표 조회] 12월 말 기준 '소모품' 잔액은 얼마인가?　　　　　　　　(　　　　　)원	3
22	평가문제 [손익계산서 조회] 당기에 발생한 '상품매출'은 얼마인가?　　　　　　　　　(　　　　　)원	4
23	평가문제 [손익계산서 조회] 당기분 '판매비와관리비'의 금액으로 옳지 않은 것은? ① 임차료　　6,400,000원　　② 운반비　　694,000원 ③ 도서인쇄비　240,000원　　④ 건물관리비　3,450,000원	3
24	평가문제 [손익계산서 조회] 당기에 발생한 '기부금'은 얼마인가?　　　　　　　　　　(　　　　　)원	3
25	평가문제 [재무상태표 조회] 12월 말 계정별 잔액으로 옳지 않은 것은? ① 선급금　　1,600,000원　　② 선급비용　780,000원 ③ 미지급금　5,026,500원　　④ 선수금　　1,244,000원	2
26	평가문제 [재무상태표 조회] 12월 말 '재고자산' 계정 중 '상품' 잔액은 얼마인가?　(　　　　　)원	4
27	평가문제 [재무상태표 조회] 12월 말 '유동부채' 계정 중 잔액이 가장 적은 계정과목 코드 3자리를 입력하시오. (　　　　　)	3
28	평가문제 [재무상태표 조회] 12월 말 '유형자산' 금액은 얼마인가?　　　　　　　　　(　　　　　)원	2
29	평가문제 [재무상태표 조회] 12월 말 '자본금' 잔액은 얼마인가?　　　　　　　　　　(　　　　　)원	1
30	평가문제 [예적금현황 조회] 12월 말 은행별 예금 잔액으로 옳지 않은 것은? ① 기업은행(보통)　100,175,740원　　② 국민은행(보통)　156,199,260원 ③ 신한은행(보통)　12,439,000원　　④ 우리은행(보통)　61,500,000원	3
총 점		62

평가문제 ••• 회계정보분석 (8점)

회계정보를 조회하여 [회계정보분석] 답안을 입력하시오.

31.
재무상태표 조회 (4점)

유동비율이란 기업의 단기 지급능력을 평가하는 지표이다. 전기 유동비율은 얼마인가?(단, 소숫점 이하는 버림 할 것.)

$$유동비율(\%) = \frac{유동자산}{유동부채} \times 100$$

① 175%　　　　　　　　② 180%
③ 187%　　　　　　　　④ 192%

32.
재무상태표 조회 (4점)

부채비율은 타인자본의 의존도를 표시하며, 기업의 건전성 정도를 나타내는 지표이다. 전기말 부채비율은 얼마인가?(단, 소숫점 이하는 버림 할 것.)

$$부채비율(\%) = \frac{부채총계}{자본총계} \times 100$$

① 64%　　　　　　　　② 75%
③ 84%　　　　　　　　④ 92%

Accounting Technicians
FAT 2급

Chapter 04

부록

제1장 _ 이론 문제 풀이
     – 예제 문제 풀이
     – 연습 문제 풀이
제2장 _ 기출 문제 풀이

FAT 2급
Accounting **T**echnicians

PART 01
이론문제풀이

제1절 예제 문제 풀이
제2절 연습 문제 풀이

01 이론 문제 풀이

제1절 _ 예제 문제 풀이

예제 ···· 1

1.

구 분	차 변	대 변
분 개	현금　　　　　　　500,000 상품　　　　　　　500,000 건물　　　　　10,000,000	자본금　　　　　11,000,000
거래의 8요소	자산의 증가	자본의 증가

2.

구 분	차 변	대 변
분 개	현금　　　　　　1,000,000	단기차입금　　　　1,000,000 (거래처: 여유은행)
거래의 8요소	자산의 증가	부채의 증가

3.

구 분	차 변	대 변
분 개	접대비(기업업무추진비)(판)　100,000	미지급금　　　　　　100,000 (거래처: 국민카드)
거래의 8요소	비용의 발생	부채의 증가

4.

구 분	차 변	대 변
분 개	복리후생비(판)　　　200,000	현금　　　　　　　200,000
거래의 8요소	비용의 발생	자산의 감소

5.

구 분	차 변	대 변
분 개	소모품비(판)　　　　100,000 * '사무용품비(판)'도 많이 쓰임	현금　　　　100,000
거래의 8요소	비용의 발생	자산의 감소

6.

구 분	차 변	대 변
분 개	기부금　　　　2,000,000	현금　　　　2,000,000
거래의 8요소	비용의 발생	자산의 감소

7.

구 분	차 변	대 변
분 개	비품　　　　100,000	미지급금　　　　100,000 (거래처: 성민가구)
거래의 8요소	자산의 증가	부채의 증가

8.

구 분	차 변	대 변
분 개	이자비용　　　　10,000	현금　　　　10,000
거래의 8요소	비용의 발생	자산의 감소

9.

구 분	차 변	대 변
분 개	현금　　　　5,100,000	장기대여금　　　　5,000,000 (거래처: 한진상사) 이자수익　　　　100,000
거래의 8요소	자산의 증가	자산의 감소, 수익의 발생

10.

구 분	차 변	대 변
	분 개 없 음	

11.

구 분	차 변	대 변
분 개	세금과공과금(판)　　　　170,000	현금　　　　170,000
거래의 8요소	비용의 발생	자산의 감소

12.

구 분	차 변	대 변
분 개	임차료(판)　　　　200,000	현금　　　　200,000
거래의 8요소	비용의 발생	자산의 감소

13.

구 분	차 변	대 변
분 개	외상매출금　　　　300,000 (거래처: (주)새벽)	상품매출　　　　300,000
거래의 8요소	자산의 증가	수익의 발생

14.

구 분	차 변	대 변
분 개	현금　　　　100,000	외상매출금　　　　100,000 (거래처: (주)새벽)
거래의 8요소	자산의 증가	자산의 감소

15.

구 분	차 변	대 변
분 개	보험료(판)　　　　150,000	현금　　　　150,000
거래의 8요소	비용의 발생	자산의 감소

16.

구 분	차 변	대 변
분 개	광고선전비(판)　　　　100,000	현금　　　　100,000
거래의 8요소	비용의 발생	자산의 감소

17.

구 분	차 변	대 변
분 개	차량유지비(판)　　　　60,000	현금　　　　60,000
거래의 8요소	비용의 발생	자산의 감소

18.

구 분	차 변	대 변
분 개	전력비(판)　　　　400,000 * '수도광열비(판)'도 많이 쓰임	현금　　　　400,000
거래의 8요소	비용의 발생	자산의 감소

19.

구 분	차 변	대 변
분 개	통신비(판) 88,000	현금 88,000
거래의 8요소	비용의 발생	자산의 감소

20.

구 분	차 변	대 변
분 개	임차료(판) 200,000	현금 200,000
거래의 8요소	비용의 발생	자산의 감소

21.

구 분	차 변	대 변
분 개 없 음		

22.

구 분	차 변	대 변
분 개	상품　　　　　1,000,000	현금　　　　　800,000 외상매입금　　200,000 (거래처: 재천상사)
거래의 8요소	자산의 증가	자산의 감소, 부채의 증가

23.

구 분	차 변	대 변
분 개	외상매입금　　200,000 (거래처: 재천상사)	보통예금　　　200,000 (거래처: 기업은행)
거래의 8요소	부채의 감소	자산의 감소

24.

구 분	차 변	대 변
분 개	도서인쇄비(판) 50,000	현금 50,000
거래의 8요소	비용의 발생	자산의 감소

25.

구 분	차 변	대 변
분 개	보통예금　　　300,000 (거래처: 수협은행)	선수금　　　　300,000 (거래처: 성진유통)
거래의 8요소	자산의 증가	부채의 증가

예제 2

1) [20x1년 5월 1일] 현금 계정 잔액은 현재 1,000,000원이지만 현금 실제보유액은 970,000원인 것으로 조사되었다. 그 차이의 원인은 현재 알 수 없다.

   (차) 현금과부족　　　　　30,000　　(대) 현금　　　　　　　　30,000

2) [20x1년 7월 6일] 현금 계정 잔액과 실제보유액의 차이 중에서 25,000원은 영업부 출장사원 박서영에게 지출된 교통비가 회계처리 되지 않은 것으로 밝혀졌다.

   (차) 여비교통비(판)　　　25,000　　(대) 현금과부족　　　　　25,000

3) 결산일까지 차액 5,000원의 원인은 밝혀지지 않았다.

   (차) 잡손실*　　　　　　 5,000　　(대) 현금과부족　　　　　 5,000

* 손익계산서상 영업외비용 항목임

예제 3

1) 국민은행에 당좌예금구좌를 개설하고 현금 650,000원을 예입하였으며, 당좌차월 한도는 2,000,000원이다.

   (차) 당좌예금　　　　　650,000　　(대) 현금　　　　　　　650,000
   　　 (거래처: 국민은행)

2) 비품을 구입하고 대금 900,000원을 국민은행 당좌수표를 발행하여 지급하다.

   (차) 비품　　　　　　　900,000　　(대) 당좌예금　　　　　650,000
   　　　　　　　　　　　　　　　　　　　　 (거래처: 국민은행)
   　　　　　　　　　　　　　　　　　　　단기차입금　　　　　250,000
   　　　　　　　　　　　　　　　　　　　　 (거래처: 국민은행)

3) (주)영준로부터 외상매출금 150,000원을 당좌수표로 회수하여 국민은행 당좌예금계좌에 예입하다.

   (차) 단기차입금　　　　150,000　　(대) 외상매출금　　　　150,000
   　　 (거래처: 국민은행)　　　　　　　　　(거래처: (주)영준)

예제 4

1) (주)민지는 건호상사에게 상품 800,000원을 매출하고 대금 중 300,000원은 현금으로 수령하고, 나머지는 3개월 후 만기가 도래하는 어음을 받았다.

(차) 현금	300,000	(대) 상품매출	800,000
받을어음	500,000		
(거래처: 건호상사)			

2) (주)민지는 혜진상사에게 받은 어음이 만기가 되어 건호상사 발행 수표로 받다.

(차) 현금	500,000	(대) 받을어음	500,000
		(거래처: 건호상사)	

3) (주)민지는 (주)지수에게 건물 1,000,000원을 매입하고 대금은 어음으로 지급하다.

(차) 건물	1,000,000	(대) 미지급금	1,000,000
		(거래처: ㈜지수)	

4) (주)지수에게 지급한 어음이 만기가 도래하여 국민은행 당좌수표를 발행하여 지급하다.

(차) 미지급금	1,000,000	(대) 당좌예금	1,000,000
(거래처: (주)지수)		(거래처: 국민은행)	

5) ㈜민지는 지인전자에게 사무실에서 사용할 에어컨을 600,000원에 구입하고 외상으로 하다.

(차) 비품	600,000	(대) 미지급금	600,000
		(거래처: 지인전자)	

6) 지인전자의 외상대금을 현금으로 결제하다.

(차) 미지급금	600,000	(대) 현금	600,000
(거래처: 지인전자)			

예제 5

1. [20x1년 12월 31일] 외상매출금 잔액 100,000,000원에 대하여 1% 대손을 예상하다.

(차) 대손상각비	1,000,000	(대) 대손충당금	1,000,000

2. [20x2년 2월 4일] (주)부실의 파산으로 인하여 외상매출금 300,000원을 대손처리하다.

(차) 대손충당금	300,000	(대) 외상매출금	300,000
		(거래처: (주)부실)	

3. [20x2년 9월 2일] 오래상사의 파산으로 인하여 외상매출금 500,000원을 대손처리하다.

  (차) 대손충당금   500,000   (대) 외상매출금   500,000
                     (거래처: 오래상사)

4. [20x2년 12월 31일] 외상매출금 잔액 150,000,000원에 대하여 1% 대손을 예상하다.

  (차) 대손상각비   1,300,000   (대) 대손충당금   1,300,000

5. [20x3년 5월 2일] 강훈상사의 파산으로 인하여 외상매출금 2,000,000원을 대손처리하다.

  (차) 대손충당금   1,500,000   (대) 외상매출금   2,000,000
     대손상각비   500,000   (거래처: 강훈상사)

6. [20x3년 12월 31일] 외상매출금 잔액 210,000,000원에 대하여 1% 대손을 예상하다.

  (차) 대손상각비   2,100,000   (대) 대손충당금   2,100,000

예제 6

(주)은영은 20x1년 동안 다음과 같은 상품매매거래를 하였다. 각 방법에 따라 20x1년도의 기말재고액, 매출원가, 매출총이익을 구하시오. 단, 기말에 실사를 한 결과 기말재고수량은 200개인 것으로 확인되었다.

구분	선입선출법	평균법	후입선출법
기말재고액	164,000원	156,000원	120,000원
매출원가	1,552,000원	1,560,000원	1,596,000원
매출총이익	848,000원	840,000원	804,000원

- 선입선출법:
  - 기말재고액 = 200개 × @820원 = 164,000원
  - 매출원가 = 400개 × @600원 + 1,600개 × @820원 = 1,552,000원
  - 매출총이익 = 매출액 - 매출원가 = 2,400,000원 - 1,552,000원 = 848,000원
- 평균법:
  - 평균단가 = (120,000원 + 1,476,000원) ÷ (400개 + 1,800개) = @780원
  - 기말재고액 = 200개 × @780원 = 156,000원
  - 매출원가 = 2,000개 × @780원 = 1,560,000원
  - 매출총이익 = 매출액 - 매출원가 = 2,400,000원 - 1,560,000원 = 840,000원
- 후입선출법:
  - 기말재고액 = 200개 × @600원 = 120,000원
  - 매출원가 = (1,800개 × @820원) + (200개 × @600원) = 1,596,000원

· 매출총이익 = 매출액 - 매출원가 = 2,400,000원-1,596,000원 = 804,000원

예제 ... 7

1. [20x1년 8월 1일] 단기시세차익을 목적으로 (주)지수에서 발행한 주식 100주(액면: 주당 1,000원)를 1주당 2,000원에 취득하였다. 취득시 수수료 20,000원은 현금으로 지급하였다.

    (차) 단기매매증권　　　　　　200,000　　(대) 현금 220,000
    　　수수료비용(영업외비용)　　 20,000

    * 단기매매증권을 취득한 경우 취득원가는 공정가치인 거래금액으로 측정한다.

2. [20x1년 12월 2일] 보유 중인 단기매매증권 중 50주를 주당 2,300원에 양도하고 대금은 현금으로 받다.

    (차) 현금　　　　　　　　　　115,000　　(대) 단기매매증권　　　　　100,000
    　　　　　　　　　　　　　　　　　　　　　　단기매매증권처분이익　 15,000

    * 단기매매증권: 50주 * 2,000원 = 100,000원

3. [20x1년 12월 31일] 보유 중인 단기매매증권이 주당 1,800원으로 평가되다.

    (차) 단기매매증권평가손실　　 10,000　　(대) 단기매매증권　　　　　 10,000

    * 50주 * 2,000원 – 50주 * 1,800원 = 10,000원

4. [20x2년 3월 5일] 보유 중인 단기매매증권을 @2,000원에 전량 양도하였다. 대금은 신한은행 보통예금으로 받았다.

    (차) 보통예금 100,000 (거래처: 신한은행)　　(대) 단기매매증권　　　　　 90,000
    　　　　　　　　　　　　　　　　　　　　　　　　단기매매증권처분이익　 10,000

    * 단기매매증권: 50주 * 1,800 (전기말 평가금액=장부금액)

예제 ···8

회계연도 감가상각방법	20x1년	20x2년	20x3년
정액법	600,000원	600,000원	600,000원
정률법	1,000,000원	500,000원	300,000원
내용연수법	900,000원	600,000원	300,000원
생산량비례법	360,000원	810,000원	630,000원

1. 정액법:

   20x1년: $\dfrac{2,000,000원 - 200,000원}{3}$ = 600,000원

   20x2년: $\dfrac{2,000,000원 - 200,000원}{3}$ = 600,000원

   20x3년: $\dfrac{2,000,000원 - 200,000원}{3}$ = 600,000원

2. 정률법:

   20x1년: (2,000,000원 - 0원) × 0.5 = 1,000,000원

   20x2년: (2,000,000원 - 1,000,000원) × 0.5 = 500,000원

   20x3년: (2,000,000원 - 1,500,000원) × 0.5 = 300,000원*

   * 1,800,000원(전체 상각대상금액) - 1,500,000원(직전년도 감가상각누계액)
     정률 0.5는 가정된 것으로 내용연수의 마지막 해에는 '잔존가액'에 맞춰서 조절해야 함)

3. 내용연수법:

   20x1년: (2,000,000원 - 200,000원) × $\dfrac{3}{3+2+1}$ = 900,000원

   20x2년: (2,000,000원 - 200,000원) × $\dfrac{2}{3+2+1}$ = 600,000원

   20x3년: (2,000,000원 - 200,000원) × $\dfrac{1}{3+2+1}$ = 300,000원

4. 생산량비례법

   20x1년: (2,000,000원 - 200,000원) × $\dfrac{20,000}{100,000}$ = 360,000원

   20x2년: (2,000,000원 - 200,000원) × $\dfrac{45,000}{100,000}$ = 810,000원

   20x3년: (2,000,000원 - 200,000원) × $\dfrac{35,000}{100,000}$ = 630,000원

예제 9

1. 기계장치를 900,000원에 처분할 경우 분개를 하시오.

   (차) 감가상각누계액　　　1,200,000　　(대) 기계장치　　　　　2,000,000
   　　　현　　　　금　　　　　 900,000　　　　유형자산처분이익　 100,000

2. 기계장치를 750,000원에 처분할 경우 분개를 하시오.

   (차) 감가상각누계액　　　1,200,000　　(대) 기계장치　　　　　2,000,000
   　　　현　　　　금　　　　　 750,000
   　　　유형자산처분손실　　　 50,000

   ※ 감가상각누계액

   20x1년: $\dfrac{2,000,000원 - 200,000원}{3}$ = 600,000원

   20x2년: $\dfrac{2,000,000원 - 200,000원}{3}$ = 600,000원

   600,000원 + 600,000원 = 1,200,000원

예제 10

1. 회계팀 사원 김영찬의 2월분 급여 3,000,000원 중 근로소득세 100,000원, 국민연금 150,000원, 건강보험료 50,000원)을 차감한 후 현금 2,700,000원을 지급하였다.

   (차) 급여(판)　　　　　　3,000,000　　(대) 예수금　　　　　　 300,000
   　　　　　　　　　　　　　　　　　　　　　　현금　　　　　　　2,700,000

2. 회계팀 사원 김영찬의 건강보험료 100,000원을 현금으로 납부하였다.(회사부담분에 대해서 '복리후생비' 계정과목을 사용한다.)

   (차) 예수금　　　　　　　　50,000　　(대) 현금　　　　　　　 100,000
   　　　복리후생비(판)　　　　50,000

3. 출장중인 영업팀 사원 추연주로부터 1,000,000원이 국민은행 보통예금에 입금 된 사실을 확인하였다.

   (차) 보통예금　　　　　　1,000,000　　(대) 가수금　　　　　　1,000,000
   　　　(거래처: 국민은행)　　　　　　　　　　(거래처: 추연주)

4. 영업팀 사원 추연주로부터 보통예금된 1,000,000원은 (주)소희의 받을어음의 회수금이었다.

   (차) 가수금　　　　　　　1,000,000　　(대) 받을어음　　　　　1,000,000
   　　　(거래처: 추연주)　　　　　　　　　　　(거래처: (주)소희)

예제 11

1. 사업주 박우영이 업무와 관련 없는 신발을 170,000원에 구입하고 회사 국민카드로 결제하다.
    (차) 인출금   170,000   (대) 미지급금   170,000
                                          (거래처: 국민카드)

예제 11

1. [20x1년 5월 1일] (주)서연은 수민전자로부터 1년 상환 조건으로 현금 1,000,000원(연이자율: 12%)을 차입하다. 이자는 상환시 주기로 하다.
    (차) 현금   1,000,000   (대) 단기차입금   1,000,000
                                          (거래처: 수민전자)

2. [20x1년 6월 1일] (주)서연은 1년분 보험료 1,200,000원을 현금으로 지급하다.(비용으로 처리할 것)
    (차) 보험료(판)   1,200,000   (대) 현금   1,200,000

3. [20x1년 7월 31일] (주)서연은 소모품 800,000원을 구입하고 비용으로 처리하다.
    (차) 소모품비(판)   800,000   (대) 현금   800,000

4. [20x1년 12월 31일] 이자에 대한 결산정리를 하시오.
    (차) 이자비용   80,000   (대) 미지급비용   80,000
    * 1,000,000원 x 12%(연이자율) = 120,000원 x 8/12

5. [20x1년 12월 31일] 보험료에 대한 결산정리를 하시오.
    (차) 선급비용   500,000   (대) 보험료(판)   500,000
    * 선급비용 = 1,200,000원 x 5/12

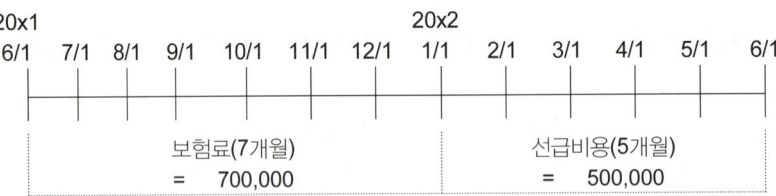

6. [20x1년 12월 31일] 결산시 소모품 사용액은 500,000원으로 파악되다.
    (차) 소모품   300,000   (대) 소모품비(판)   300,000

제2절 _ 연습 문제 풀이

제1장 회계의 기본개념

1.	①	2.	①	3.	①	4.	④	5.	③
6.	②	7.	②	8.	④	9.	②	10.	①

1. 기업의 외부 이해관계자는 주주와 채권자, 정부, 노동조합, 잠재적 투자자, 일반대중 등으로 다양하다.
2. ②번은 재무회계, ③번은 관리회계, ④번은 세무회계에 관한 내용이다.
3. 재무회계의 목적은 외부 이해관계자에게 유용한 정보를 제공하는 것이다.
4. 종업원의 업무 배치에 필요한 정보제공은 재무회계의 목적에 해당하지 않는다.
5. 재무제표는 특정 기업실체에 관한 정보를 제공하며, 산업 또는 경제 전반에 관한 정보를 제공하지는 않는다.
6. 현금흐름표도 재무제표에 포함된다.
7. 기업실체의 가정에 대한 설명이다.
8. 기간별 보고의 가정에 대한 설명이다.
9. 기간별 보고의 가정이란 기업실체의 존속기간을 일정한 기간 단위로 분할하여 각 기간별로 재무제표를 작성하는 것을 말한다.
10. 경영자는 기업실체 외부의 이해관계자에게 재무제표를 작성하고 보고할 일차적인 책임을 진다.

제2장 재무제표

1.	③	2.	②	3.	②	4.	④	5.	②
6.	②	7.	①	8.	②	9.	②	10.	②
11.	③	12.	③	13.	③	14.	④	15.	③
16.	③	17.	①	18.	①	19.	④	20.	①

1. 재무상태표는 일정 시점 현재 기업의 자산, 부채, 자본에 대한 정보를 제공하는 보고서로서, 유동성이 큰 항목부터 배열하는 것을 원칙으로 한다.
2. 부채는 미래에 자원의 유출 또는 사용이 예상되는 의무이다.
3. 자산 = 유동자산 + 비유동자산
4. ① 자산과 부채는 1년 또는 정상적인 영업주기를 기준으로 유동과 비유동으로 구분한다.
   ② 자산과 부채는 유동성이 큰 항목부터 배열한다.
   ③ 자산과 부채는 상계하지 않고 총액으로 표시하는 것이 원칙이다.
5. 기부금은 손익계산서 계정과목이다.
6. 재화를 판매하는 경우 일반적으로 재화가 인도될 때 수익을 인식한다
7. 유동성배열법은 재무상태표의 작성기준이다.
8. 재무상태표에는 자산, 부채, 자본 계정과목만 나타난다.
9. 자산: 선급비용, 장기대여금
   부채: 임대보증금, 미지급비용
10. 이자비용은 손익계산서 계정과목이다.
11. 판매비와관리비 1,090,000원 = 교육훈련비 300,000원 + 도서인쇄비 150,000원
    + 여비교통비 200,000원 + 기업업무추진비 440,000원

    이자비용, 기부금은 영업외비용에 해당한다.
12. 현금및현금성자산, 미수금은 유동자산이다.
13. 업무용 승용차에 대한 주유비는 차량유지비로 처리해야함. 차량유지비 비용계정이 누락되고 자산계정인 차량운반구가 증가하였으므로, 비용의 과소계상 및 자산의 과대계상이 나타난다.
14. 사회복지시설에 지급한 기부금은 영업외비용이다.
15. 순매출액 = 매출총이익 + 매출원가 = 120,000원 + 80,000원 = 200,000원
    총매출액 = 순매출액 + 매출환입 + 매출에누리
            = 200,000원 + 20,000원 + 10,000원 = 230,000원
16. 순매출액 = 총매출액 - 매출에누리와 환입 - 매출할인
            = 90,000원 - 10,000원 - 5,000원 = 75,000원
    매출 운반비는 판매비와관리비임
17. 영업이익: 매출액 - 매출원가 - 판매비와관리비(급여, 차량유지비)

= 600,000원 - 400,000원 - 30,000원 - 40,000원 = 130,000원

기부금과 이자비용은 영업외비용이다.

18. 상품매출원가: 기초상품재고액 1,000,000원 + (당기상품매입액 4,300,000원 - 매입에누리 및 매입환출 150,000원) - 기말상품재고액 2,100,000원 = 3,050,000원

19. 기말 재고자산이 과대계상되면 매출원가는 30,000원 과소계상되고 당기순이익은 30,000원 과대계상된다.

20. 당기 추가 출자액 = 기말자본 - 기초자본 - 당기순이익 + 인출금
= 130,000원 - 60,000원 - 30,000원 + 10,000원 = 50,000원

제3장 회계의 기록과 증빙관리

1.	②	2.	②	3.	④	4.	①	5.	④
6.	③	7.	②	8.	③	9.	③	10.	②

1. 거래의 발생을 인식하고 분개장에 기록하는 절차를 분개라 하며, 분개한 내용을 총계정원장에 옮기는 절차를 전기라 한다.
2. 근로계약의 체결은 회계상 거래가 아니다.
3. 상품의 도난은 기업의 자산을 감소시키는 회계상 거래이다.
4. 자산의 감소와 수익의 발생은 둘 다 대변거래이므로 동시에 나타날 수 없다.
5. (차) 보통예금   3,000,000원   (대) 단기차입금   3,000,000원
     (자산의 증가)   (부채의 증가)
6. (차) 현금   500,000원   (대) 선수금   500,000원
     (자산의 증가)   (부채의 증가)
7. 상품체결계약은 회계상 거래가 아니다.
8. 차변에 자산(예금)이 증가하고 대변에 수익(이자)이 발생한다.
9. ① 자산의 증가 - 자산의 감소
   ② 자산의 증가 - 자본의 증가
   ③ 자본의 감소 - 자산의 감소
   ④ 자산의 증가 - 자산의 감소
      수익의 발생(자본의 증가)
10. 1월 14일 분개: (차) 현금   30,000원   (대) 외상매출금   30,000원
    외상매출금 계정원장의 대변에 전기해야 한다.

제4장 자산

제1절 유동자산 – 당좌자산

| 1. | ② | 2. | ④ | 3. | ② | 4. | ① | 5. | ③ |
| 6. | ③ | 7. | ① | 8. | ④ | 9. | ③ | 10. | ② |

1. 당좌차월은 단기차입금이고, 1년 만기 정기예금은 현금성자산이 아닌 단기 금융상품으로 분류한다.
   현금성자산 = 100,000원 + 300,000원 + 500,000원 = 900,000원
3. 매출채권 = 외상매출금 + 받을어음 = 6,000,000원 + 3,000,000원 = 9,000,000원
4. 미수금, 받을어음, 외상매출금은 대손충당금 설정대상이나 단기매매증권은 대손충당금 설정대상이 아니다
5. 결산 후 재무상태표상 대손충당금은 매출채권 기말잔액에 대한 대손추정액이 된다.
   * 대손추정액 = 3,000,000원 X 2% = 60,000원
6.   4월 3일 (차) 대손충당금   150,000원   (대) 매출채권   150,000원
   12월 31일 (차) 대손상각비   120,000원   (대) 대손충당금   120,000원
   20X1년 대손상각비 = 170,000원 − (200,000원 − 150,000원) = 120,000원
7. 5월 13일의 회계처리
   (차) 대손충당금   50,000원   (대) 매출채권   100,000원
       대손상각비   50,000원
8. 대손충당금 설정액: 매출채권 5,000,000원 × 2% = 100,000원
   대손충당금 추가계상액: 100,000원 − 20,000원 = 80,000원
10.

외상매출금			
전기이월	1,000,000원	현금 등	2,600,000원
상품매출	3,100,000원	차기이월	1,500,000원
계	4,100,000원	계	4,100,000원

제2절 유동자산 - 재고자산

1.	③	2.	①	3.	②	4.	④	5.	②
6.	②	7.	④	8.	①	9.	②	10.	③

1. 재고자산 매입과 관련된 할인, 에누리는 매입원가에서 차감한다.
2. 상품매입액(80,000원) + 매입운반비(20,000원) = 100,000원
3. 기말상품재고액 = 800,000원 + (1,500,000원 - 150,000원) - 1,200,000원 = 950,000원
4. 매출환입은 총매출액을 감소시키는 요인이다.
5. 순매입액 = 총매입액 + 매입운임 - 매입에누리액 - 매입환출액
   = 100,000원 + 500원 - 2,000원 - 3,000원 = 95,500원
6. (차) 상품   1,050,000원   (대) 현금   1,050,000원
8. 선입선출법은 먼저 매입한 상품을 먼저 인도하는 형식으로 인도 단가를 결정하는 방법이다.
   6월말 재고수량은 100, 매입단가는 @3,000원이며, 기말상품재고액은 300,000원이다.
9. 선입선출법은 먼저 매입한 상품이 먼저 판매되는 것을 가정하여 단가를 결정하는 방법이다.
   6월 25일 판매된 400개의 상품은 6월 1일 이월된 수량 200개(@2,000원)와 6월 10일 매입한 수량 200(@3,000원)가 판매된 것이므로 월말에 남은 상품의 수량은 100개(@3,000원)의 재고금액은 300,000원이다.
10. 3월 판매된 상품의 매출원가 = 500,000원 = 200개 × @1,000원 + 100개 × @3,000원

제3절 유가증권과 투자자산

1.	③	2.	③	3.	①	4.	④	5.	②
6.	④	7.	③	8.	②				

1. 단기매매증권의 취득부대비용은 취득원가에 포함하지 아니하고, 당기 비용으로 처리한다.
   취득원가 = 100주 × 8,000원 = 800,000원
2. 500주 × 12,000원 = 6,000,000원
   단기매매증권 매입 시 수수료는 취득금액에 포함하지 않고 영업외비용(수수료비용)으로 처리한다.
3. 단기매매증권 취득원가는 15,000,000원이고, 취득 시 발생한 거래수수료는 영업외비용으로 처리한다.
4. 단기매매증권평가손실 3,000,000원(*)이 발생한다.
   * (15,000원 - 12,000원) × 1,000주
   단기매매증권 매입 수수료는 영업외비용에 해당하므로 단기매매증권의 취득원가는 15,000,000

원이다.
5. 주식 처분거래는 일반적인 상거래가 아니므로 대금을 지급받기 전까지 미수금으로 계상한다.
6. ① 업무용 토지는 유형자산으로 분류한다.
   ② 판매를 목적으로 하는 자산은 재고자산으로 분류한다.
   ③ 업무용으로 사용하는 물리적 형체가 있는 자산은 유형자산으로 분류한다.
7. 단기매매증권 취득 시 발생하는 부대비용은 수수료비용으로 회계처리 한다.
   처분금액 800,000원 - 장부금액 700,000원 = 100,000원(단기매매증권처분이익)
8. 시장성이 있으면서 단기적인 시세차익을 얻을 목적으로 취득한 단기매매증권은 당좌자산으로 분류한다.

제4절 비유동자산 - 유형자산

1.	③	2.	②	3.	②	4.	④	5.	③
6.	②	7.	②	8.	③	9.	④	10.	③

1. 건물 구입 시 지급하는 중개수수료, 취득세는 건물 취득원가에 포함된다.
   건물 취득원가 = 건물 구입금액(100,000,000원) + 중개수수료(2,500,000원) + 취득세(5,000,000원) = 107,500,000원
2. 영업활동(도소매) 외의 거래에서 발생한 채권은 미수금으로 처리한다.
3. 냉난방기 수리비, 도색비는 유형자산의 원상회복 및 능률유지를 위한 지출이므로 수익적지출로 처리한다.
4. 건물 내 엘리베이터 설치는 자본적 지출에 해당한다.
5. 자본적지출을 수익적지출로 회계처리하면, 자산은 과소계상, 비용은 과대계상, 당기순이익은 과소계상 되며, 감가상각누계액은 과소계상 된다.
6. 토지는 일반적으로 내용연수가 무한하므로 감가상각 대상이 아니다.
7. 20X1년 감가상각비 = (취득원가 - 잔존가치) ÷ 내용연수
   = (5,500,000원 - 500,000원) ÷ 5년 = 1,000,000원
8. 정률법에 의한 감가상각비 = 6,000,000원 × 0.45 = 2,700,000원
9. 20X0년 감가상각비 = 5,000,000원 ÷ 5년 × 6개월/12개월 = 500,000원
   20X2년 감가상각비 = 5,000,000원 ÷ 5년 = 1,000,000원
   20X2년 감가상각누계액 = 500,000원 + 1,000,000원 = 1,500,000원
10. (차) 감가상각누계액   8,000,000원   (대) 차량운반구   20,000,000원
    미수금   13,000,000원   유형자산처분이익   1,000,000원

제5절 비유동자산 - 무형자산과 기타비유동자산

| 1. | ② | 2. | ② | 3. | ④ | 4. | ③ | 5. | ④ |
| 6. | ① | 7. | ④ | | | | | | |

1. 무형자산에 대한 설명이다.
2. ①③④는 판매비와관리비에 해당한다
3. 임차보증금은 기타비유동자산에 해당한다.
4. 임차보증금은 기타비유동자산이고, 나머지는 무형자산이다.
5. 무형자산의 상각방법은 경제적 효익이 소비되는 행태를 반영한 합리적인 방법이여야 하며, 이러한 상각방법에는 정액법, 체감잔액법(정률법 등), 연수합계법, 생산량비례법 등이 있다.
6. 임차인이 임대인에게 지급하는 보증금은 임차보증금으로 회계처리한다.
7. 무형자산의 상각 방법은 유형자산의 상각 방법처럼 정액법, 체감잔액법(정률법, 연수합계법), 생산량 비례법이 있는데 추정내용연수동안 체계적인 방법을 사용하기 곤란할 경우에는 정액법을 사용한다.

제5장 부채

| 1. | ③ | 2. | ③ | 3. | ② | 4. | ② | 5. | ③ |

1. 퇴직급여충당부채는 비유동부채에 속한다.
2. 상품 매입 주문 시 지급한 계약금은 선급금으로 유동자산 계정이다.
3. 상품판매 계약금을 받으면 선수금으로 처리하고, 상품을 판매하면 상품매출로 인식한다.
4. 회사 부담분 건강보험료는 복리후생비로 처리한다.
5. 유동부채 합계액 = 단기차입금 + 외상매입금 + 미지급비용 + 예수금
   = 3,000,000원 + 1,000,000원 + 800,000원 + 1,500,000원
   = 6,300,000원
   퇴직급여충당부채는 비유동부채에 해당한다.

제7장 결산

제1절 결산정리분개

1.	①	2.	③	3.	④	4.	②	5.	②
6.	③	7.	③	8.	②	9.	①	10.	④

1. 차입금의 상환은 결산정리사항이 아니다.
2. 가지급금은 금전의 지급이 있었으나 그 계정과목이나 금액이 확정되지 않았을 경우 사용하는 일시적 계정과목이므로 적절한 계정으로 대체하여 재무상태표에는 나타나지 않아야 한다.
3. 결산시 분개 (차) 여비교통비 40,000원   (대) 현금과부족   100,000원
                    잡손실   60,000원

    현금 부족액은 현금과부족 계정 차변에 잔액이 나타나고, 원인이 밝혀지면 현금과부족 계정 대변에 기재하고, 결산 시까지 원인이 밝혀지지 않으면 잡손실로 회계처리한다.
4. 당기 중 소모품 구매에 대해 전액 비용처리하였으므로, 소모품 미사용액을 자산(소모품)으로 계상하는 수정분개가 필요하다.
5. 1월 1일: (차) 소모품비   100,000원   (대) 현 금   100,000원
   12월 31일: (차) 소모품   20,000원   (대) 소모품비   20,000원
6. 20X1년 귀속분: 3,600,000원 × 9개월/12개월 = 2,700,000원이다.
7. 20X1년 1~3월에 해당하는 보험료 30,000원(120,000원 × 3개월/12개월)을 선급비용으로 계상한다.
8. 당기에 비용으로 계상될 금액은 5개월분(20X1년 8월 1일 ~ 12월 31일)이다.
   3,600,000원 × 5개월/12개월 = 1,500,000원
9. 선급비용 = 1,200,000원 × 6개월/12개월 = 600,000원
10. ①, ②는 부채, ③은 자산 계정으로서 다음 연도로 이월되는 재무상태표 항목이고, ④ 기부금은 비용계정으로서 손익(집합손익)계정으로 대체되는 손익계산서 항목이다.

제2절 정산표 작성 종합예제

1. 기중에 발생한 거래의 분개

풀이

일자	차변		대변	
1/1	현금 건물	50,000,000 150,000,000	장기차입금(국민) 자본금	30,000,000 170,000,000
2/1	상품	30,000,000	지급어음 (㈜예원유통)	30,000,000
3/1	현금 받을어음 ((주)예빈팬시)	40,000,000 40,000,000	상품매출	80,000,000
4/1	보험료(판)	2,400,000	현금	2,400,000
5/1	광고선전비(판)	200,000	현금	200,000
6/1	보통예금 (하나은행)	4,800,000	임대료	4,800,000
7/1	접대비(판)	500,000	미지급금 (신한카드)	500,000
9/1	단기대여금 (승래물류)	10,000,000	현금	10,000,000
12/1	복리후생비(판)	400,000	미지급금 (신한카드)	400,000
12/15	소모품	1,000,000	보통예금 (하나은행)	1,000,000

* 2024 회계연도부터 '접대비'는 '기업업무추진비'로 계정과목명 변경되었으나 회계프로그램에서는 '접대비(기업업무추진비)'로 병행하거나 '기업업무추진비'로 변경 예정

2. 수정전시산표 작성

풀이

정산표

용빈패션 2025.12.31.현재 (단위: 원)

계정과목	수정전시산표(1)		수정분개		수정후시산표		재무상태표		포괄손익계산서	
	차변	대변	차변	대변	차변	대변	차변	대변	차변	대변
현금	77,400,000									
건물	150,000,000									
상품	30,000,000									
받을어음	40,000,000									
보통예금	3,800,000									
단기대여금	10,000,000									
소모품	1,000,000									
장기차입금		30,000,000								
지급어음		30,000,000								
미지급금		900,000								
자본금		170,000,000								
상품매출		80,000,000								
임대료		4,800,000								
보험료	2,400,000									
광고선전비	200,000									
접대비	500,000									
복리후생비	400,000									
합계	315,700,000	315,700,000								

3. 결산수정분개(12/31)와 정산표 작성

풀이

정산표
용빈패션
2025.12.31.현재
(단위: 원)

계정과목	수정전시산표 차변	수정전시산표 대변	수정분개(2) 차변	수정분개(2) 대변	수정후시산표 차변	수정후시산표 대변	재무상태표 차변	재무상태표 대변	포괄손익계산서 차변	포괄손익계산서 대변
현금	77,400,000									
건물	150,000,000									
(건물)감.누				3,000,000						
상품	30,000,000			18,000,000						
받을어음	40,000,000									
(받.어)대.충				400,000						
보통예금	3,800,000									
단기대여금	10,000,000									
소모품	1,000,000			600,000						
장기차입금		30,000,000								
지급어음		30,000,000								
미지급금		900,000								
자본금		170,000,000								
상품매출		80,000,000								
임대료		4,800,000	2,000,000							
보험료	2,400,000			600,000						
광고선전비	200,000									
접대비	500,000									
복리후생비	400,000									
선급비용			600,000							
선수수익				2,000,000						
미수수익			200,000							
이자수익				200,000						
급여			2,000,000							
미지급비용				2,300,000						
상품매출가			18,000,000							
대손상각비			400,000							
감가상각비			3,000,000							
소모품비			600,000							
이자비용			300,000							
합계	315,700,000	315,700,000	27,100,000	27,100,000						

	차변		대변	
1	선급비용	600,000	보험료(판)	600,000
2	임대료	2,000,000	선수수익	2,000,000
3	미수수익	200,000	이자수익	200,000
4	급여(판)	2,000,000	미지급비용	2,000,000
5	상품매출원가	18,000,000	상품	18,000,000
6	대손상각비(판)	400,000	(받을어음)대손충당금	400,000
7	감가상각비(판)	3,000,000	(건물)감가상각누계액	3,000,000
8	소모품비(판)	600,000	소모품	600,000
9	이자비용	300,000	미지급비용	300,000

4. 정산표: 수정후시산표 작성

풀이

정 산 표
용빈패션
2025.12.31.현재
(단위: 원)

계정과목	수정전시산표		수정분개		수정후시산표(3)		재무상태표		포괄손익계산서	
	차변	대변	차변	대변	차변	대변	차변	대변	차변	대변
현금	77,400,000				77,400,000					
건물	150,000,000				150,000,000					
(건물)감.누				3,000,000		3,000,000				
상품	30,000,000			18,000,000	12,000,000					
받을어음	40,000,000				40,000,000					
(받.어)대.충				400,000		400,000				
보통예금	3,800,000				3,800,000					
단기대여금	10,000,000				10,000,000					
소모품	1,000,000			600,000	400,000					
장기차입금		30,000,000				30,000,000				
지급어음		30,000,000				30,000,000				
미지급금		900,000				900,000				
자본금		170,000,000				170,000,000				
상품매출		80,000,000				80,000,000				
임대료		4,800,000	2,000,000			2,800,000				
보험료	2,400,000			600,000	1,800,000					
광고선전비	200,000				200,000					
접대비	500,000				500,000					
복리후생비	400,000				400,000					
선급비용			600,000		600,000					
선수수익				2,000,000		2,000,000				
미수수익			200,000		200,000					
이자수익				200,000		200,000				
급여			2,000,000		2,000,000					
미지급비용				2,300,000		2,300,000				
상품매출원가			18,000,000		18,000,000					
대손상각비			400,000		400,000					
감가상각비			3,000,000		3,000,000					
소모품비			600,000		600,000					
이자비용			300,000		300,000					
합계	315,700,000	315,700,000	27,100,000	27,100,000	321,600,000	321,600,000				

5. 정산표: 재무상태표와 포괄손익계산서 작성(1)

풀이

정 산 표

용빈패션   2025.12.31.현재   (단위: 원)

계정과목	수정전시산표 차변	수정전시산표 대변	수정분개 차변	수정분개 대변	수정후시산표 차변	수정후시산표 대변	재무상태표(4-1) 차변	재무상태표(4-1) 대변	포괄손익계산서(4-1) 차변	포괄손익계산서(4-1) 대변
현금	77,400,000				77,400,000		77,400,000			
건물	150,000,000				150,000,000		150,000,000			
(건물)감.누				3,000,000		3,000,000		3,000,000		
상품	30,000,000			18,000,000	12,000,000		12,000,000			
받을어음	40,000,000				40,000,000		40,000,000			
(받.어)대.충				400,000		400,000		400,000		
보통예금	3,800,000				3,800,000		3,800,000			
단기대여금	10,000,000				10,000,000		10,000,000			
소모품	1,000,000			600,000	400,000		400,000			
장기차입금		30,000,000				30,000,000		30,000,000		
지급어음		30,000,000				30,000,000		30,000,000		
미지급금		900,000				900,000		900,000		
자본금		170,000,000				170,000,000		170,000,000		
상품매출		80,000,000				80,000,000				80,000,000
임대료		4,800,000	2,000,000			2,800,000				2,800,000
보험료	2,400,000			600,000	1,800,000				1,800,000	
광고선전비	200,000				200,000				200,000	
접대비	500,000				500,000				500,000	
복리후생비	400,000				400,000				400,000	
선급비용			600,000		600,000		600,000			
선수수익				2,000,000		2,000,000		2,000,000		
미수수익			200,000		200,000		200,000			
이자수익				200,000		200,000				200,000
급여			2,000,000		2,000,000				2,000,000	
미지급비용				2,300,000		2,300,000		2,300,000		
상품매출원가			18,000,000		18,000,000				18,000,000	
대손상각비			400,000		400,000				400,000	
감가상각비			3,000,000		3,000,000				3,000,000	
소모품비			600,000		600,000				600,000	
이자비용			300,000		300,000				300,000	
합계	315,700,000	315,700,000	27,100,000	27,100,000	321,600,000	321,600,000				
합계액:							294,400,000	238,600,000	27,200,000	83,000,000
차이액:								55,800,000	55,800,000	

* 손익계산서의 대변(수익) 합계액이 83,000,000원이고 차변(비용) 합계액이 27,200,000원으로 당기순이익 55,800,000원이 계상됨을 확인할 수 있다.
  이 차이액만큼 재무상태표의 대변(자본)의 합계액이 부족하면 정산표가 제대로 작성되었다고 할 수 있다.

[기말자본 = 기초자본 + 당기순이익]

6. 정산표: 재무상태표와 손익계산서 작성(2)

[풀이]

정 산 표
용빈패션 2025.12.31.현재 (단위: 원)

계정과목	수정전시산표 차변	수정전시산표 대변	수정분개 차변	수정분개 대변	수정후시산표 차변	수정후시산표 대변	재무상태표(4-2) 차변	재무상태표(4-2) 대변	포괄손익계산서(4-2) 차변	포괄손익계산서(4-2) 대변
현금	77,400,000				77,400,000		77,400,000			
건물	150,000,000				150,000,000		150,000,000			
(건물)감.누				3,000,000		3,000,000		3,000,000		
상품	30,000,000			18,000,000	12,000,000		12,000,000			
받을어음	40,000,000				40,000,000		40,000,000			
(받.어)대.충				400,000		400,000		400,000		
보통예금	3,800,000				3,800,000		3,800,000			
단기대여금	10,000,000				10,000,000		10,000,000			
소모품	1,000,000			600,000	400,000		400,000			
장기차입금		30,000,000				30,000,000		30,000,000		
지급어음		30,000,000				30,000,000		30,000,000		
미지급금		900,000				900,000		900,000		
자본금		170,000,000				170,000,000		170,000,000		
상품매출		80,000,000				80,000,000				80,000,000
임대료		4,800,000	2,000,000			2,800,000				2,800,000
보험료	2,400,000			600,000	1,800,000				1,800,000	
광고선전비	200,000				200,000				200,000	
접대비	500,000				500,000				500,000	
복리후생비	400,000				400,000				400,000	
선급비용			600,000		600,000		600,000			
선수수익				2,000,000		2,000,000		2,000,000		
미수수익			200,000		200,000		200,000			
이자수익				200,000		200,000				200,000
급여			2,000,000		2,000,000				2,000,000	
미지급비용				2,300,000		2,300,000		2,300,000		
상품매출원가			18,000,000		18,000,000				18,000,000	
대손상각비			400,000		400,000				400,000	
감가상각비			3,000,000		3,000,000				3,000,000	
소모품비			600,000		600,000				600,000	
이자비용			300,000		300,000				300,000	
당기순이익								55,800,000	55,800,000	
합계	315,700,000	315,700,000	27,100,000	27,100,000	321,600,000	321,600,000	294,400,000	294,400,000	83,000,000	83,000,000
합계액:							294,400,000	238,600,000	27,200,000	83,000,000
차이액:								55,800,000	55,800,000	

PART

02

기출문제풀이

02 기출 문제 풀이

기출문제 비젼커피(회사코드 4171) 71회

실무 이론 평가

1.	②	2.	②	3.	④	4.	③	5.	③
6.	②	7.	④	8.	①	9.	④	10.	②

1. (차) 여비교통비(비용의 발생)   50,000원 (대) 현금및현금성자산(자산의 감소)   50,000원
2. 경영자는 기업실체 외부의 이해관계자에게 재무제표를 작성하고 보고할 일차적인 책임을 진다.
3. 기업의 경영활동에서 발생한 거래를 분개장에 분개한 후 총계정원장에 전기하는데 전기가 정확한지 확인하기 위하여 작성되는 표를 시산표라고 한다.
4. 매출채권 = 외상매출금 + 받을어음 = 4,000,000원 + 3,000,000원 = 7,000,000원
5. 상품 매입금액 300,000원 + 매입운반비 20,000원 = 320,000원
6. 건물에 엘리베이터를 설치하여 건물의 가치가 증가된 경우에는 자본적 지출에 해당한다. 그러나 유리창교체, 외벽도색, LED전등 교체는 수익적 지출에 해당한다.
7. • 매출액 350,000원 − 매출원가 150,000원 = 매출총이익 200,000원
   • 매출총이익 200,000원 − 판매비와관리비(급여, 복리후생비, 임차료비용) 90,000원
     = 영업이익 110,000원
8. • 배당금수익은 영업외수익으로 손익계산서에 표시된다. 미수수익은 자산이고, 선수수익과 미지급비용은 부채로 재무상태표에 표시된다.
9. • 당기말 대손충당금 잔액 = 40,000원 − 15,000원 + 10,000원 = 35,000원
10. • 본 문제는 현금 및 3개월 이내에 현금으로 교환이 가능한 금융자산 금액을 계산하는 문제임.

1. 현금
2. 요구불예금: 당좌예금, 보통예금
3. 현금성자산: 3개월 이내 현금화가 가능한 금융자산

- 현금 50,000원 + 당좌예금 150,000원 + 보통예금 200,000원 = 400,000원

실무 수행 평가

실무수행 ••• 기초정보관리의 이해

① 거래처등록

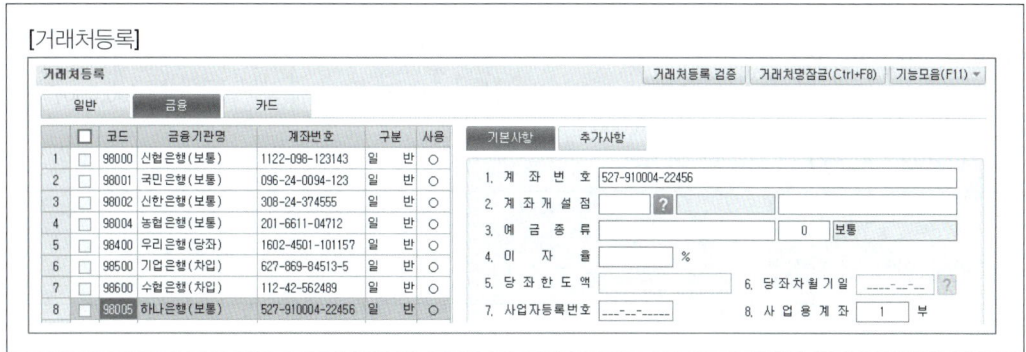

② 거래처별초기이월 등록 및 수정

[거래처별초기이월]
- 253.미지급금 계정: 거래처별 금액 입력

실무수행 ••• 거래자료입력

① 증빙에 의한 전표입력

[일반전표입력] 6월 10일
(차) 829.사무용품비   28,000원   (대) 101.현금   28,000원
또는 (출) 829.사무용품비   28,000원

2 증빙에 의한 전표입력

[일반전표입력] 6월 30일
(차) 817.세금과공과금　　345,000원　　(대) 101.현금　　345,000원
또는 (출) 817.세금과공과금　　345,000원

3 통장사본에 의한 거래입력

[일반전표입력] 7월 10일
(차) 114.단기대여금　　50,000,000원　　(대) 103.보통예금　　50,000,000원
　　(08707.(주)비발디커피)　　　　　　　　　　(98001.국민은행(보통))

4 재고자산의 매출거래

[일반전표입력] 7월 20일
(차) 101.현금　　2,000,000원　　(대) 401.상품매출　　3,000,000원
　　108.외상매출금　　1,000,000원
　　(00105.커피엔쿡)

5 증빙에 의한 전표입력

[일반전표입력] 8월 10일
(차) 811.복리후생비　　1,500,000원　　(대) 253.미지급금　　1,500,000원
　　　　　　　　　　　　　　　　　　　　　(99605.삼성카드)

6 단기매매증권 구입 및 매각

[일반전표입력] 8월 20일
(차) 103.보통예금　　7,000,000원　　(대) 107.단기매매증권　　8,000,000원
　　(98002.신한은행(보통))
　　938.단기매매증권처분손　　1,000,000원

7 증빙에 의한 전표입력

[일반전표입력] 8월 25일
(차) 821.보험료　　1,870,000원　　(대) 101. 현금　　1,870,000원
또는 (출) 821.보험료　　1,870,000원

⑧ 유·무형자산의 구입

[일반전표입력] 9월 29일
(차) 240.소프트웨어   3,000,000원   (대) 253.미지급금   3,000,000원
    (50013.(주)더존소프트)

실무수행 ••• 전표수정

① 입력자료 수정

[일반전표입력] 12월 10일
- 수정전: (차) 251.외상매입금   26,810,000원   (대) 103.보통예금   26,810,000원
          (01121.(주)망고식스)   (98002.신한은행(보통))
- 수정후: (차) 251.외상매입금   26,810,000원   (대) 103.보통예금   26,810,000원
          (01121.(주)망고식스)   (98000.신협은행(보통))

② 입력자료 수정

[일반전표입력] 9월 20일
[일반전표입력] 9월 20일 전표 중 한 건 삭제
(차) 826.도서인쇄비   24,000원   (대) 101.현금   24,000원

실무수행 ••• 결산

① 수동결산 및 자동결산

[일반전표입력] 12월 31일
(차) 172.소모품   500,000원   (대) 830.소모품비   500,000원

[결산자료입력] 1월 ~ 12월
- 기말상품재고액 43,000,000원을 입력한다.
- 상단부 전표추가(F3) 를 클릭하면 [일반전표입력] 메뉴에 분개가 생성된다.
  (차) 451.상품매출원가   202,715,000원   (대) 146.상품   202,715,000원
  [기초상품재고액 48,000,000원 + 당기상품매입액 197,715,000원 - 기말상품재고액 43,000,000원]
  = 상품매출원가 202,715,000원

[재무제표 작성]
- 손익계산서([기능모음]의 '추가' 클릭) → 재무상태표를 조회 작성한다.

평가문제 ••• 실무수행과제 (62점)

번호	평가문제	배점
11	평가문제 [거래처등록 조회] 금융 거래처별 계좌번호로 옳지 않은 것은? ① 국민은행(보통) 096-24-0094-123　② 신한은행(보통) 308-24-374555 ③ 농협은행(보통) 112-42-562489　④ 하나은행(보통) 527-910004-22456	3
12	평가문제 [거래처원장 조회] 12월 말 거래처별 '253.미지급금' 잔액으로 옳지 않은 것은? ① 성진빌딩(주)　7,000,000원　② (주)더존소프트　2,000,000원 ③ (주)은비까비　2,970,000원　④ (주)우리자동차　16,000,000원	3
13	평가문제 [거래처원장 조회] 12월 말 '103.보통예금' 신한은행(코드: 98002)의 잔액은 얼마인가? (37,000,000)원	3
14	평가문제 [거래처원장 조회] 12월 말 '253.미지급금' 삼성카드(코드: 99605)의 잔액은 얼마인가? (7,998,200)원	3
15	평가문제 [예적금현황 조회] 12월 말 은행별 예금잔액으로 옳은 것은? ① 신협은행(보통)　62,009,000원　② 국민은행(보통)　89,824,000원 ③ 신한은행(보통)　37,000,000원　④ 우리은행(당좌)　13,000,000원	4
16	평가문제 [분개장 조회] 9월(9/1~9/30) 동안의 전표 중 '전표: 1.일반, 선택: 1.출금' 전표의 건수는? (34)건	3
17	평가문제 [일/월계표 조회] 8월에 발생한 '판매관리비'의 계정과목 중 현금지출이 가장 큰 계정과목의 코드번호 세자리를 입력하시오. (821)	3
18	평가문제 [현금출납장 조회] 6월 말 '현금' 잔액은 얼마인가?　(19,456,810)원	3
19	평가문제 [현금출납장 조회] 8월(8/1~8/31)의 '현금' 출금액은 얼마인가?　(6,528,500)원	2
20	평가문제 [손익계산서 조회] 당기에 발생한 '상품매출' 금액은 얼마인가?　(792,751,000)원	4

번호	평가문제	배점
21	평가문제 [손익계산서 조회] 당기에 발생한 '판매비와관리비'의 계정별 금액으로 옳은 것은? ① 도서인쇄비 288,000원 ② 사무용품비 28,000원 ③ 소모품비 2,640,000원 ④ 광고선전비 5,000,000원	3
22	평가문제 [손익계산서 조회] 당기에 발생한 '상품매출원가' 금액은 얼마인가? (202,715,000)원	4
23	평가문제 [손익계산서 조회] 당기에 발생한 '복리후생비' 금액은 얼마인가? (16,073,000)원	4
24	평가문제 [손익계산서 조회] 당기에 발생한 '세금과공과금' 금액은 얼마인가? (1,701,500)원	2
25	평가문제 [손익계산서 조회] 당기에 발생한 '영업외비용' 금액은 얼마인가? (10,661,000)원	3
26	평가문제 [재무상태표 조회] 12월 말 '단기매매증권' 잔액은 얼마인가? (70,000,000)원	3
27	평가문제 [재무상태표 조회] 12월 말 '단기대여금' 잔액은 얼마인가? (160,000,000)원	4
28	평가문제 [재무상태표 조회] 12월 말 '소모품' 잔액은 얼마인가? (500,000)원	4
29	평가문제 [재무상태표 조회] 12월 말 '소프트웨어' 잔액은 얼마인가? (3,000,000)원	3
30	평가문제 [재무상태표 조회] 12월 말 재무상태표의 '자본금' 금액은 얼마인가? ① 515,250,570원 ② 515,540,570원 ③ 522,904,570원 ④ 523,935,370원	1
	총 점	62

평가문제 • • • 회계정보분석 (8점)

31. 재무상태표 조회 (4점)

④ (414,300,000원 / 76,600,000원) × 100 ≒ 540%

32. 손익계산서 조회 (4점)

③ (229,000,000원 / 583,000,000원) × 100 ≒ 39%

기출문제 주토피아(회사코드 4173)

Financial Accounting Technicians 73회

실무 이론 평가

1.	③	2.	③	3.	④	4.	②	5.	④
6.	④	7.	①	8.	①	9.	④	10.	④

1. (차) 현금(자산 증가)   500,000원   (대) 대여금(자산 감소)   500,000원

2. 회계상의 거래는 기업의 자산, 부채, 자본의 증감을 가져오거나 수익, 비용을 발생시키는 모든 활동을 말한다. 업무용차량을 구입하기 위해 거래처에 주문서를 발송한 것은 자산, 부채, 자본의 증감을 초래하지 않으므로 회계상의 거래가 아니다.

3. 경상개발비는 비용이므로 손익계산서에 표시되는 계정이다.

4. • 진우: 외상매출금은 매출채권으로 처리한다.
   • 혜민: 단기매매차익을 목적으로 구입한 주식은 단기매매증권으로 처리한다.

5. 2024년 6월 30일 현재 건물의 장부금액:
   취득원가(10,000,000원) - 감가상각누계액(2,000,000원 + 500,000원) = 7,500,000원
   유형자산처분이익 = 처분금액(9,000,000원) - 장부금액(7,500,000원)
   = 유형자산처분이익(1,500,000원)

6. 재고자산 매입과 관련된 할인, 에누리는 매입원가에서 차감한다.

7. 매출액 = 총매출액 - 매출에누리와 환입 - 매출할인
   = 90,000원 - 5,000원 - 10,000원 = 75,000원

8. 업무용 차량에 지출된 유류비는 차량유지비 계정으로 처리한다.

9. 기말 재고자산이 과대계상되면 매출원가는 30,000원 과소계상되고 당기순이익은 30,000원 과대계상된다.

10. • 기말 대손충당금 = 전기이월액 - 당기 대손발생액 + 당기 대손상각비
        120,000원 = 100,000원 - 30,000원 + 당기 대손상각비
    • 당기 대손상각비 = 50,000원

실무 수행 평가

실무수행 ••• 기초정보관리의 이해

1 거래처등록

[거래처등록]
- [카드] 탭에 코드, 카드명, 카드번호, 구분, 결제일 입력

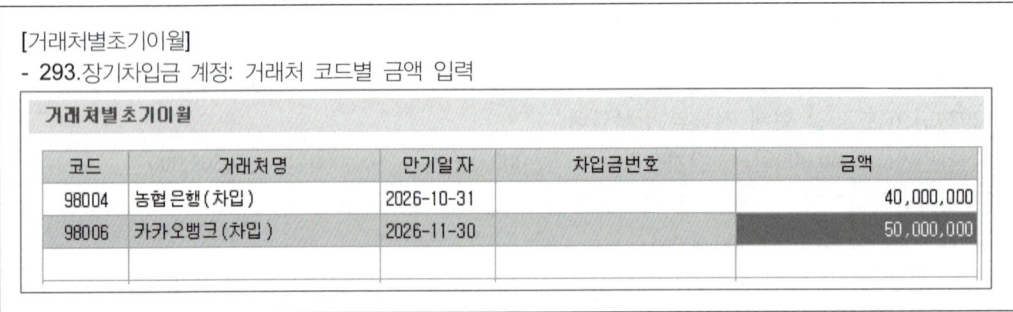

2 거래처별 초기이월 등록 및 수정

[거래처별초기이월]
- 293.장기차입금 계정: 거래처 코드별 금액 입력

코드	거래처명	만기일자	차입금번호	금액
98004	농협은행(차입)	2026-10-31		40,000,000
98006	카카오뱅크(차입)	2026-11-30		50,000,000

실무수행 ••• 거래자료입력

1 통장사본에 의한 거래입력

[일반전표입력] 1월 14일
(차) 103.보통예금   2,300,000원   (대) 901.이자수익   300,000원
     (98000.기업은행(보통))   114.단기대여금   2,000,000원
                                                (00102.(주)몰리스펫)

② 증빙에 의한 전표입력

[일반전표입력] 2월 5일
(차) 826.도서인쇄비   20,000원   (대) 101.현금   20,000원
또는 (출) 826.도서인쇄비   20,000원

③ 재고자산의 매입거래

[일반전표입력] 3월 10일
(차) 146.상품   40,000,000원   (대) 101.현금   10,000,000원
                                                251.외상매입금   30,000,000원
                                                (02003.헬로댕댕이)

④ 기타 일반거래

[일반전표입력] 4월 20일
(차) 131.선급금   5,500,000원   (대) 103.보통예금   5,500,000원
     (00167.폴리파크)   (98003.국민은행(보통))

⑤ 통장사본에 의한 거래입력

[일반전표입력] 5월 13일
(차) 253.미지급금   2,151,000원   (대) 103.보통예금   2,151,000원
     (99601.하나카드)   (98002.하나은행(보통))

⑥ 기타일반거래

[일반전표입력] 5월 28일
(차) 833.광고선전비   25,000원   (대) 101.현금   25,000원
또는 (출) 833.광고선전비   25,000원

⑦ 기타일반거래

[일반전표입력] 6월 30일
(차) 801.급여   7,000,000원   (대) 254.예 수 금   955,610원
                                                103.보통예금   6,044,390원
                                                (98007.토스뱅크(보통))

⑧ 기타 일반거래

[일반전표입력] 7월 31일
(차) 824.운반비   22,000원   (대) 101.현금   22,000원
또는 (출) 824.운반비   22,000원

실무수행 ••• 전표수정

① 입력자료 수정

[일반전표입력] 8월 15일
- 수정 전: (출) 811.복리후생비   100,000원
- 수정 후: (출) 813.접대비(기업업무추진비)   100,000원
         또는 (차) 813.접대비(기업업무추진비) 100,000원   (대) 101.현금   100,000원

② 입력자료 수정

[일반전표입력] 9월 20일
- 수정전: (입) 108.외상매출금   350,000원
         (00107.(주)에이스가구)
- 수정후: (입) 120.미수금   350,000원
         (00107.(주)에이스가구)

실무수행 ••• 결산

① 수동결산 및 자동결산

[결산자료입력1]
- 대손상각의 받을어음에 369,000원을 입력하고 상단부 전표추가(F3) 를 클릭하여 자동분개 생성
  ※ 대손충당금 추가설정액: 받을어음 잔액 56,900,000원 × 1% − 설정전 대손충당금 잔액 200,000원
    = 369,000원
    (차) 835.대손상각비   369,000원   (대) 111.대손충당금   369,000원

[결산자료입력2]
- 기말상품재고액 5,600,000원을 입력하고 상단부 전표추가(F3) 를 클릭하여 자동분개 생성
    (차) 451.상품매출원가   214,795,000원   (대) 146.상품   214,795,000원
    상품매출원가: 기초상품재고액 + 당기상품매입액 − 기말상품재고액 = 214,795,000원
                (4,200,000원)   (216,195,000원)   (5,600,000원)

[재무상태표 등 작성]
- 손익계산서 [기능모음]의 '추가' 클릭 ➔ 재무상태표 조회 작성

평가문제 ••• 실무수행과제 (62점)

번호	평가문제	배점
11	평가문제 [거래처등록 조회] [거래처등록] 관련 내용으로 옳지 않은 것은? ① 우리카드는 매출카드이다. ② 매출카드는 1개이고 매입카드는 4개이다. ③ 국민카드의 결제일은 25일이다. ④ 하나카드의 결제계좌는 하나은행(보통)이다.	3
12	평가문제 [예적금현황 조회] 12월 말 은행별 예금 잔액으로 옳지 않은 것은? ① 98000.기업은행(보통) 100,000,000원 ② 98001.신한은행(보통) 45,192,620원 ③ 98002.하나은행(보통) 15,849,000원 ④ 98003.국민은행(보통) 4,500,000원	3
13	평가문제 [거래처원장 조회] 12월 말 농협은행(차입)(코드 98004)의 장기차입금 잔액은 얼마인가? (50,000,000)원	4
14	평가문제 [거래처원장 조회] 12월 말 하나카드(코드 99601)의 미지급금 잔액은 얼마인가? ① 0원 ② 1,860,000원 ③ 2,151,000원 ④ 6,872,000원	3
15	평가문제 [거래처원장 조회] 12월 말 외상매입금 잔액이 가장 큰 거래처는? ① 폴리파크 ② (주)씨유펫 ③ 헬로댕댕이 ④ 야옹아멍멍	3
16	평가문제 [현금출납장 조회] 8월 말 '현금' 잔액은 얼마인가? (66,609,000)원	3
17	평가문제 [일/월계표 조회] 4월 중 '선급금' 증가액은 얼마인가? (6,700,000)원	3
18	평가문제 [일/월계표 조회] 8월 중 '접대비(기업업무추진비)'의 현금 지출액은 얼마인가? (150,000)원	3
19	평가문제 [총계정원장 조회] 다음 중 '146.상품' 매입 금액이 가장 많은 달은 몇 월인가? ① 1월 ② 3월 ③ 5월 ④ 8월	3

번호	평가문제	배점
20	평가문제 [손익계산서 조회] 당기에 발생한 판매관리비(판매비와관리비)의 계정별 금액으로 옳지 않은 것은? ① 급여 253,139,000원 ② 복리후생비 14,241,200원 ③ 여비교통비 1,324,600원 ④ 광고선전비 5,325,000원	3
21	평가문제 [손익계산서 조회] 당기 '상품매출원가' 금액은 얼마인가? (214,795,000)원	4
22	평가문제 [손익계산서 조회] 판매비와관리비 계정 중 '운반비'의 전기(6기)대비 증가액은 얼마인가? (140,000)원	3
23	평가문제 [손익계산서 조회] 다음 당기 판매비와관리비 계정 중 발생액이 가장 큰 계정과목은? ① 운반비 ② 도서인쇄비 ③ 사무용품비 ④ 잡비	3
24	평가문제 [손익계산서 조회] 당기에 발생한 '영업외수익' 금액은 얼마인가? (10,020,000)원	3
25	평가문제 [재무상태표 조회] 12월 말 '보통예금' 잔액으로 옳은 것은? ① 249,850,000원 ② 241,750,000원 ③ 247,550,000원 ④ 249,701,000원	2
26	평가문제 [재무상태표 조회] 12월 말 '받을어음의 장부금액(받을어음 - 대손충당금)'은 얼마인가? (56,331,000)원	3
27	평가문제 [재무상태표 조회] 12월 말 계정별 잔액으로 옳지 않은 것은? ① 단기대여금 50,000,000원 ② 미수수익 600,000원 ③ 미수금 1,100,000원 ④ 선급금 9,200,000원	4
28	평가문제 [재무상태표 조회] 12월 말 '미지급금' 잔액은 얼마인가? (36,195,000)원	4
29	평가문제 [재무상태표 조회] 12월 말 '예수금' 잔액은 얼마인가? (5,495,490)원	3
30	평가문제 [재무상태표 조회] 12월 말 '자본금' 금액은 얼마인가? ① 510,660,120원 ② 512,480,120원 ③ 514,188,500원 ④ 523,610,510원	2
	총 점	62

> **평가문제** • • • 회계정보분석 (8점)

31. 재무상태표 조회

③ (146,500,000원 / 242,490,000원) × 100 ≒ 60%

32. 손익계산서 조회

② (114,770,000원 / 196,000,000원) × 100 ≒ 58%

기출문제 모든스포츠(회사코드 4175) 75회

실무 이론 평가

1.	④	2.	②	3.	③	4.	④	5.	①
6.	②	7.	①	8.	④	9.	①	10.	④

1. 거래를 분개 시 차변의 기계장치는 자산의 증가이고, 대변의 현금은 자산의 감소에 해당한다.
2. 판매목적으로 보유하고 있는 상품은 재고자산에 속한다.
3. • 80,000,000원 + 1,000,000원 + 3,600,000원 = 84,600,000원
   • 유형자산의 취득원가는 구입대금에 부대비용(중개수수료, 취득세)을 가산하나 재산세는 당기비용으로 처리한다.
4. 유형자산을 처분하기로 하고 계약금을 받을 경우 선수금 계정으로 회계처리한다.
5. 대손충당금 잔액 = 대손충당금(200,000원) - 매출채권 회수불능액(150,000원)
   = 50,000원
6. 광고선전비와 수수료수익은 손익계산서 계정과목이다.
7. 매출원가 = 기초상품 재고액 + 당기 총매입액 - 매입에누리 - 기말상품 재고액
   = 200,000원 + 400,000원 - 40,000원 - 150,000원 = 410,000원
8. 임대인에게 지급하는 보증금은 임차보증금으로 회계처리한다.
9. 선수수익: 2,400,000원 × 3/12 = 600,000원
10. 단기매매증권처분손실은 손익계산서에 나타나지만, 개발비는 자산 항목, 미지급비용, 선수수익은 부채 항목으로서 재무상태표에 표시된다.

실무 수행 평가

실무수행 ···기초정보관리의 이해

① 사업자등록증에 의한 거래처등록

[거래처등록]
- 종목: '기계제작'에서 '운동기구'으로 수정
- 담당자메일주소: 'health@naver.com'에서 'sebang@naver.com'으로 수정

② 거래처별 초기이월 등록

[거래처별초기이월]
- 108. 외상매출금 계정: 거래처 코드별 금액 입력

	코드	계정과목	전기분재무상태표	차 액	거래처합계금액		코드	거래처	금액
1	101	현금	10,000,000	10,000,000			00106	건강지킴이	47,500,000
2	103	보통예금	254,780,000		254,780,000		00120	금강기술	22,000,000
3	108	외상매출금	95,000,000		95,000,000		03004	클라우드	25,500,000
4	109	대손충당금	9,500,000	9,500,000					

- 253. 미지급금 계정: 거래처 코드별 금액 입력

	코드	계정과목	전기분재무상태표	차 액	거래처합계금액		코드	거래처	금액
1	101	현금	10,000,000	10,000,000			00110	한얼회계법인	1,700,000
2	103	보통예금	254,780,000		254,780,000		02507	(주)소호상사	8,000,000
3	108	외상매출금	95,000,000		95,000,000				
4	109	대손충당금	9,500,000	9,500,000					
5	110	받을어음	12,928,000		12,928,000				
6	111	대손충당금	129,000	129,000					
7	146	상품	57,000,000	57,000,000					
8	208	차량운반구	60,000,000	60,000,000					
9	209	감가상각누계액	12,000,000	12,000,000					
10	212	비품	12,000,000	12,000,000					
11	251	외상매입금	29,900,000	16,200,000	13,700,000				
12	252	지급어음	5,300,000		5,300,000				
13	253	미지급금	9,700,000		9,700,000				

실무수행 ···거래자료입력

① 증빙에 의한 전표입력

[일반전표입력] 2월 6일
(차) 822.차량유지비   25,000원   (대) 101.현금   25,000원
또는 (출) 822.차량유지비   25,000원

② 기타 일반거래

[일반전표입력] 3월 5일
(차) 962.임차보증금   50,000,000원   (대) 103.보통예금   50,000,000원
    (00107.김하늘)   (98002.신한은행(보통))

③ 기타 일반거래

[일반전표입력] 4월 22일
(차) 812.여비교통비   265,000원   (대) 134.가지급금   300,000원
    101.현금   35,000원   (02020.민경진)

④ 약속어음 수취거래

[일반전표입력] 5월 14일
(차) 110.받을어음   5,000,000원   (대) 108.외상매출금   5,000,000원
    (03004.클라우드)   (03004.클라우드)

[받을어음 관리]

어음상태	1 보관	어음종류	6 전자	어음번호	00420240514123456789	수취구분	1 자수
발행인	03004	클라우드		발행일	2024-05-14	만기일	2024-07-13	배서인	
지급은행	100	국민은행	지점	강남	할인기관		지점	할인율(%)	
지급거래처					* 수령된 어음을 타거래처에 지급하는 경우에 입력합니다.		

⑤ 기타 일반거래

[일반전표입력] 6월 7일
(차) 107.단기매매증권   3,000,000원   (대) 103.보통예금   3,012,000원
    958.수수료비용   12,000원   (98005.기업은행(보통))

⑥ 유·무형자산의 구입

[일반전표입력] 7월 20일
(차) 212.비품   1,800,000원   (대) 253.미지급금   1,800,000원
                                             (01016.(주)우리전자)

⑦ 증빙에 의한 전표입력

[일반전표입력] 8월 10일
(차) 833.광고선전비   240,000원   (대) 253.미지급금   240,000원
                                             (99601.신한카드)

⑧ 통장사본에 의한 거래입력

[일반전표입력] 9월 13일
(차) 103.보통예금   360,000원   (대) 259.선수금   360,000원
    (98001.국민은행(보통))   (00108.(주)가람가람)

실무수행 ••• 전표수정

① 입력자료수정

[일반전표입력] 10월 15일
- 수정전: (차) 103.보통예금   300,000원   (대) 114.단기대여금   300,000원
         (98002.신한은행(보통))   (00102.에코전자)
- 수정후: (차) 103.보통예금   300,000원   (대) 901.이자수익   300,000원
         (98002.신한은행(보통))

② 입력자료수정

[일반전표입력] 11월 4일
- 수정전: (차) 208.차량운반구   460,000원   (대) 103.보통예금   460,000원
                                                  (98001.국민은행(보통))
- 수정후: (차) 817.세금과공과금   460,000원   (대) 103.보통예금   460,000원
                                                  (98001.국민은행(보통))

실무수행 ••• 결산

① 수동결산 및 자동결산

[일반전표입력] 12월 31일
(차) 116.미수수익   420,000원   (대) 901.이자수익   420,000원

[결산자료입력]
- 기말상품재고액 29,000,000원을 입력하고 상단부 전표추가(F3) 를 클릭하여 자동분개 생성
  (차) 451.상품매출원가   225,715,000원   (대) 146.상품   225,715,000원

  [기초상품재고액 57,000,000원 + 당기상품매입액 197,715,000원 - 기말상품재고액 29,000,000원
   = 상품매출원가 225,715,000원]

[재무제표 작성]
- 손익계산서([기능모음]의 '추가' 클릭) ➜ 재무상태표를 조회 작성한다.

평가문제 • • • 실무수행과제 (62점)

번호	평가문제	배점
11	평가문제 [거래처등록 조회] (주)세방기계(코드: 03100)의 거래처등록사항으로 옳지 않은 것은? ① (주)세방기계의 대표자명은 '장은호'이다. ② 메일주소는 'health@naver.com'이다. ③ 업태는 '제조업'이다. ④ 종목은 '운동기구'이다.	4
12	평가문제 [일/월계표 조회] 1/4분기(1월~3월) 동안 발생한 '차량유지비' 금액은 얼마인가? (2,119,400)원	3
13	평가문제 [계정별원장 조회] 9월 말 '259.선수금' 잔액은 얼마인가? (5,810,000)원	4
14	평가문제 [거래처원장 조회] 5월 말 거래처별 '108.외상매출금' 잔액으로 옳은 것은? ① 건강지킴이 47,500,000원 ② 금강기술 31,230,000원 ③ 클라우드 20,500,000원 ④ (주)프라하 5,000,000원	3
15	평가문제 [거래처원장 조회] 6월 말 '134.가지급금' 잔액이 있는 거래처의 코드번호 5자리를 입력하시오. (03050)	4
16	평가문제 [거래처원장 조회] 7월 말 거래처별 '253.미지급금' 잔액으로 옳은 것은? ① 00110.한얼회계법인 1,700,000원 ② 01016.(주)우리전자 3,000,000원 ③ 02507.(주)소호상사 8,500,000원 ④ 99601.신한카드 1,500,000원	3
17	평가문제 [현금출납장 조회] 2월 말 '현금' 잔액은 얼마인가? (26,950,700)원	4
18	평가문제 [재무상태표 조회] 6월 말 '기타비유동자산'의 금액은 얼마인가? (130,350,000)원	4
19	평가문제 [재무상태표 조회] 6월 말 '단기매매증권' 금액은 얼마인가? (11,000,000)원	3
20	평가문제 [재무상태표 조회] 6월 말 '장기차입금' 금액은 얼마인가? (25,000,000)원	3

번호	평가문제	배점
21	평가문제 [재무상태표 조회] 9월 말 '외상매입금' 금액은 얼마인가? (147,405,000)원	3
22	평가문제 [재무상태표 조회] 12월 말 '받을어음의 장부금액(받을어음 – 대손충당금)'은 얼마인가? (9,571,000)원	3
23	평가문제 [재무상태표 조회] 12월 말 '선급금' 금액은 얼마인가? (1,600,000)원	3
24	평가문제 [재무상태표 조회] 12월 말 '자본금' 잔액은 얼마인가? ① 406,290,000원　　　　② 510,079,000원 ③ 626,920,570원　　　　④ 838,525,900원	2
25	평가문제 [손익계산서 조회] 당기 '상품매출원가' 금액은 얼마인가? (225,715,000)원	2
26	평가문제 [손익계산서 조회] 당기에 발생한 '판매비와관리비'의 계정별 금액으로 옳은 것은? ① 복리후생비　17,573,000원　　② 통신비　1,650,000원 ③ 운반비　6,930,000원　　　　④ 광고선전비　5,540,000원	3
27	평가문제 [손익계산서 조회] 당기에 발생한 '세금과공과금' 금액은 얼마인가? (1,814,000)원	3
28	평가문제 [손익계산서 조회] 당기에 발생한 '이자수익' 금액은 전기 대비 얼마나 증가하였는가? (1,670,000)원	2
29	평가문제 [예적금현황 조회] 12월 말 은행별 보통예금 잔액으로 옳은 것은? ① 신협은행(보통)　115,654,000원　② 국민은행(보통)　40,022,000원 ③ 신한은행(보통)　98,000,000원　　④ 기업은행(보통)　30,988,000원	2
30	평가문제 [받을어음현황 조회] 만기일이 2024년에 도래하는 '받을어음'의 보유금액 합계는 얼마인가? (8,000,000)원	4
총 점		62

평가문제 ••• 회계정보분석 (8점)

31. 손익계산서 조회 (4점)

② (238,000,000원 / 583,000,000원) × 100 ≒ 40%

32. 손익계산서 조회 (4점)

① (117,530,000원 / 583,000,000원) × 100 ≒ 20%

기출문제 빙글빙글 (회사코드 4176)   76회

Financial Accounting Technicians

실무 이론 평가

1.	④	2.	③	3.	①	4.	④	5.	④
6.	②	7.	②	8.	③	9.	①	10.	④

1. 거래를 분개 시 차변의 보통예금은 자산의 증가이고, 대변의 대여금은 자산의 감소에 해당한다.
2. 단기대여금에 대한 이자는 이자수익 계정으로 영업외수익으로 분류한다.
3. 경영자는 기업실체 외부의 이해관계자에게 재무제표를 작성하고 보고할 일차적인 책임을 진다.
4. 상품의 취득원가에는 상품매입과 관련하여 발생하는 운반비와 보험료를 포함하며, 상품판매에 대한 운임은 판매비와관리비로 처리한다.
   상품취득원가 = 100,000원 + 30,000원 + 5,000원 = 135,000원
5. 기부금은 손익계산서 계정과목이다.
6. 유동성배열법은 재무상태표의 작성기준이다.
7. 대손충당금 설정액: 매출채권 5,000,000원 × 1% = 50,000원
   대손충당금 추가계상액: 50,000원 - 10,000원 = 40,000원
8. • 위 거래에 대한 옳은 분개 내용은 (차) 차량유지비 60,000원 (대) 현 금 60,000원
   • 오류 분개 결과 차량유지비 비용계정이 누락되고 차량운반구 자산계정이 증가하였으므로, 비용의 과소 계상 및 자산의 과대 계상이 나타난다.
9. 미지급비용: 1,000,000원 × 6% × 9개월/12개월 = 45,000원
10. 직원들의 야근식대는 복리후생비에 해당한다.

실무 수행 평가

실무수행 ••• 기초정보관리의 이해

① 거래처등록

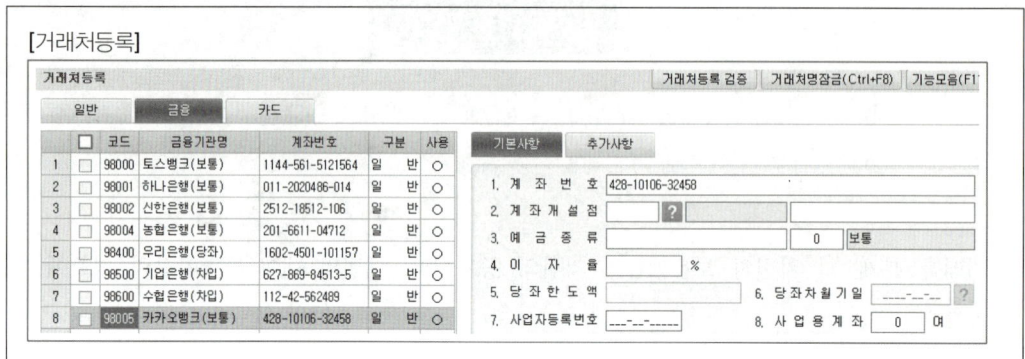

② 거래처별초기이월 등록 및 수정

[거래처별초기이월]
- 254.예수금 계정: 거래처별 금액 입력

실무수행 ••• 거래자료입력

① 증빙에 의한 전표입력

[일반전표입력] 2월 12일
(차) 812.여비교통비   30,000원   (대) 101.현금   30,000원
또는 (출) 812.여비교통비   30,000원

② 증빙에 의한 전표입력

[일반전표입력] 2월 20일
(차) 817.세금과공과금   40,500원   (대) 103.보통예금   40,500원
                                          (98001.하나은행(보통))

③ 통장사본에 의한 거래입력

[일반전표입력] 3월 5일
(차) 114.단기대여금　　　　　10,000,000원　　(대) 103.보통예금　　　　　　10,000,000원
　　　(08707.(주)다봄안경)　　　　　　　　　　　　　(98001.하나은행(보통))

④ 재고자산의 매입거래

[일반전표입력] 3월 20일
(차) 146.상품　　　　　　　　5,000,000원　　(대) 131.선급금　　　　　　　2,500,000원
　　　　　　　　　　　　　　　　　　　　　　　　　(31112.베네치아(주))
　　　　　　　　　　　　　　　　　　　　　　　251.외상매입금　　　　　 2,500,000원
　　　　　　　　　　　　　　　　　　　　　　　　　(31112.베네치아(주))

⑤ 증빙에 의한 전표입력

[일반전표입력] 4월 12일
(차) 813.접대비(기업업무추진비)　150,000원　　(대) 253.미지급금　　　　　　150,000원
　　　　　　　　　　　　　　　　　　　　　　　　　(99605.삼성카드)

⑥ 단기매매증권 구입 및 매각

[일반전표입력] 5월 16일
(차) 103.보통예금　　　　　　6,300,000원　　(대) 107.단기매매증권　　　　7,000,000원
　　　(98002.신한은행(보통))
　　　938.단기매매증권처분손　　700,000원

⑦ 증빙에 의한 전표입력

[일반전표입력] 6월 22일
(차) 833.광고선전비　　　　　1,760,000원　　(대) 101. 현금　　　　　　　 1,760,000원
또는 (출) 833.광고선전비　　　1,760,000원

⑧ 통장사본에 의한 거래입력

[일반전표입력] 9월 15일
(차) 831.수수료비용　　　　　　800,000원　　(대) 103.보통예금　　　　　　800,000원
　　　　　　　　　　　　　　　　　　　　　　　　　(98004.농협은행(보통))

실무수행 ••• 전표수정

① 입력자료 수정

[일반전표입력] 10월 14일
- 수정전: (차) 251.외상매입금   21,320,000원   (대) 103.보통예금   21,320,000원
          (01121.(주)다보여안경)   (98002.신한은행(보통))
- 수정후: (차) 251.외상매입금   21,320,000원   (대) 103.보통예금   21,320,000원
          (01121.(주)다보여안경)   (98000.토스뱅크(보통))

② 입력자료 수정

[일반전표입력] 9월 22일
[일반전표입력] 9월 22일 전표 중 한 건 삭제
(차) 338.인출금   200,000원   (대) 101.현금   200,000원

실무수행 ••• 결산

① 수동결산 및 자동결산

[일반전표입력] 12월 31일
(차) 133.선급비용   1,350,000원   (대) 821.보험료   1,350,000원

[결산자료입력] 1월 ~ 12월
- 기말상품재고액 35,800,000원을 입력한다.
- 상단부 전표추가(F3) 를 클릭하면 [일반전표입력] 메뉴에 분개가 생성된다.
  (차) 451.상품매출원가   214,915,000원   (대) 146.상품   214,915,000원

  [기초상품재고액 48,000,000원 + 당기상품매입액 202,715,000원 − 기말상품재고액 35,800,000원]
  = 상품매출원가 214,915,000원

[재무제표 작성]
- 손익계산서([기능모음]의 '추가' 클릭) ➜ 재무상태표를 조회 작성한다.

평가문제 ••• 실무수행과제 (62점)

번호	평가문제	배점
11	평가문제 [거래처등록 조회] 금융 거래처별 계좌번호로 옳지 않은 것은? ① 하나은행(보통) 1122-098-123143　② 신한은행(보통) 2512-18512-106 ③ 카카오뱅크(보통) 428-10106-32458　④ 농협은행(보통) 201-6611-04712	3
12	평가문제 [거래처원장 조회] 12월 말 거래처별 '131.선급금' 잔액으로 옳지 않은 것은? ① 무지개안경　　1,000,000원　　② 소나기안경　　1,200,000원 ③ (주)다비치안경　500,000원　　④ 베네치아(주)　3,000,000원	3
13	평가문제 [거래처원장 조회] 12월 말 거래별 '254.예수금' 잔액으로 옳지 않은 것은? ① 국민연금공단　2,100,000원　② 국민건강보험공단　1,300,000원 ③ 서대문세무서　　320,000원　④ 서대문구청　　　　180,000원	3
14	평가문제 [거래처원장 조회] 12월 말 '103.보통예금' 신한은행(코드: 98002)의 잔액은 얼마인가? (36,300,000)원	3
15	평가문제 [거래처원장 조회] 12월 말 '253.미지급금' 삼성카드(99605)의 잔액은 얼마인가? (6,648,200)원	4
16	평가문제 [예적금현황 조회] 12월 말 은행별 예금잔액으로 옳지 않은 것은? ① 토스뱅크(보통)　2,470,000원　② 하나은행(보통)　80,708,500원 ③ 농협은행(보통)　3,000,000원　④ 우리은행(당좌)　13,250,000원	3
17	평가문제 [분개장 조회] 9월(9/1~9/30) 동안의 전표 중 '전표: 1.일반, 선택: 1.출금' 전표의 건수는 몇 건인가? (36)건	3
18	평가문제 [일/월계표 조회] 6월에 발생한 '판매관리비'의 계정과목 중 현금지출이 가장 큰 계정과목의 코드번호 3자리를 입력하시오. (833)	3
19	평가문제 [현금출납장 조회] 2월 말 '현금' 잔액은 얼마인가?　(50,581,700)원	2
20	평가문제 [현금출납장 조회] 6월(6/1~6/30)의 '현금' 출금액 월계는 얼마인가?　(8,031,700)원	4

번호	평가문제	배점
21	평가문제 [손익계산서 조회] 당기에 발생한 '판매비와관리비'의 계정별 금액으로 옳지 않은 것은? ① 여비교통비　1,274,600원　　　② 운반비　　459,000원 ③ 소모품비　2,000,000원　　　　④ 수수료비용　3,990,000원	3
22	평가문제 [손익계산서 조회] 당기에 발생한 '상품매출원가' 금액은 얼마인가?　　　　(214,915,000)원	4
23	평가문제 [손익계산서 조회] 당기에 발생한 '접대비(기업업무추진비)' 금액은 얼마인가?　(11,718,000)원	4
24	평가문제 [손익계산서 조회] 당기에 발생한 '세금과공과금' 금액은 얼마인가?　　　　　(7,997,000)원	2
25	평가문제 [손익계산서 조회] 당기에 발생한 '영업외비용' 금액은 얼마인가?　　　　　　(10,361,000)원	3
26	평가문제 [합계잔액시산표 조회] 6월 말 '단기매매증권' 잔액은 얼마인가? ① 70,000,000원　　　　　　② 77,000,000원 ③ 3,000,000원　　　　　　　④ 2,500,000원	3
27	평가문제 [합계잔액시산표 조회] 6월 말 '단기대여금' 잔액은 얼마인가?　　　　　　　　(110,000,000)원	4
28	평가문제 [재무상태표 조회] 12월 말 '선급비용' 잔액은 얼마인가?　　　　　　　　　(1,500,000)원	4
29	평가문제 [재무상태표 조회] 12월 말 '외상매입금' 잔액은 얼마인가?　　　　　　　　(164,005,000)원	3
30	평가문제 [재무상태표 조회] 12월 말 재무상태표의 '자본금' 금액은 얼마인가? ① 412,250,370원　　　　　② 413,540,370원 ③ 415,716,570원　　　　　④ 417,935,370원	1
총 점		62

평가문제 ••• 회계정보분석 (8점)

31. 재무상태표 조회 (4점)

① (366,300,000원 / 76,600,000원) × 100 ≒ 478%

32. 손익계산서 조회 (4점)

③ (108,530,000원 / 583,000,000원) × 100 ≒ 18%

기출문제 별별유통(회사코드 4178) 78회
Financial Accounting Technicians

실무 이론 평가

| 1. | ② | 2. | ③ | 3. | ③ | 4. | ② | 5. | ③ |
| 6. | ④ | 7. | ③ | 8. | ④ | 9. | ③ | 10. | ④ |

1. 계속기업의 가정이란 기업실체는 그 목적과 의무를 이행하기에 충분할 정도로 장기간 존속한다고 가정하는 것을 말한다. 즉, 기업실체는 그 경영활동을 청산하거나 중대하게 축소시킬 의도가 없을 뿐 아니라 청산이 요구되는 상황도 없다고 가정된다.

2. (차) 보통예금   10,000,000원   (대) 단기차입금   10,000,000원
      (자산의 증가)   (부채의 증가)

3. • 건물 구입 시 지급하는 중개수수료, 취득세는 건물 취득원가에 포함된다.
   • 건물 취득원가 = 건물구입금액(10,000,000원) + 중개수수료(200,000원) + 취득세(500,000원)
     = 10,700,000원

4. (차) 미수금   ×××   (대) 비품   ×××

5. 유형자산을 처분하기로 하고 계약금을 받을 경우 선수금 계정으로 회계처리한다.

6. 무형자산에 대한 설명이다.

7. • 영업이익: 매출총이익 - 판매비와관리비*
     2,000,000원 - 830,000원 = 1,170,000원
       * 판매비와관리비 = 급여(600,000원) + 대손상각비(100,000원) + 수도광열비(50,000원)
         + 세금과공과(80,000원) = 830,000원
   • 이자비용과 외환차손은 영업외비용에 해당한다.

8. 기말 재고자산이 과대계상되면 매출원가는 20,000원 과소계상되고 당기순이익은 20,000원 과대계상된다.

9. 판매비와관리비에 대한 설명이고, 급여는 판매비와관리비에 해당한다.
   유형자산처분손실, 단기매매증권처분손실, 이자비용은 영업외비용이다.

10. 차입금의 상환은 결산정리사항이 아니다.

실무 수행 평가

실무수행 ··· 기초정보관리의 이해

① 사업자등록증에 의한 회사등록 수정

[회사등록]
- 사업장주소: 서울특별시 강남구 강남대로 252 (도곡동)
  ➔ 서울특별시 서대문구 충정로7길 29-11 (충정로3가)로 변경
- 업태: 도소매업 ➔ 도소매업, 통신판매업으로 변경
- 사업장세무서: 220.역삼 ➔ 110.서대문으로 변경

② 계정과목 추가 및 적요등록 수정

[계정과목및적요등록]
- 850.회사설정계정과목을 850.가맹점수수료(계정구분: 4.경비)로 계정과목 수정
- 표준코드: 047.지급수수료 등록
- 현금적요: 01.가맹점 수수료 현금 지급 등록

실무수행 ··· 거래자료입력

① 증빙에 의한 전표입력

[일반전표입력] 2월 21일
(차) 833.광고선전비   120,000원   (대) 253.미지급금   120,000원
                                      (99605.국민카드)

② 통장사본에 의한 거래입력

[일반전표입력] 3월 31일
(차) 931.이자비용   426,000원   (대) 103.보통예금   426,000원
                                      (98000.기업은행(보통))

③ 약속어음 발행거래

[일반전표입력] 5월 11일
(차) 251.외상매입금　　　　8,000,000원　　(대) 252.지급어음　　　　8,000,000원
　　　(00120.(주)우리안전)　　　　　　　　　　　　(00120.(주)우리안전)

[지급어음관리]

어음상태	2 발행	어음번호	00420240511123456789	어음종류	4 전자	발행일	2024-05-11
만 기 일	2024-07-10	지급은행	98005 국민은행(당좌)	지　점			

④ 증빙에 의한 전표입력

[일반전표입력] 6월 20일
(차) 824.운반비　　　　　　28,000원　　(대) 101.현금　　　　　　28,000원
또는 (출) 824.운반비　　　28,000원

⑤ 기타 일반거래

[일반전표입력] 7월 31일
(차) 801.급여　　　　　　7,000,000원　　(대) 254.예 수 금　　　　860,260원
　　803.상여금　　　　　2,000,000원　　　　103.보통예금　　　8,139,740원
　　　　　　　　　　　　　　　　　　　　　　(98001.국민은행(보통))

⑥ 유·무형자산의 매각

[일반전표입력] 8월 10일
(차) 120.미수금　　　　　1,800,000원　　(대) 212.비품　　　　　3,000,000원
　　　(00185.일산재활용센터)
　　213.감가상각누계액　1,200,000원

⑦ 증빙에 의한 전표입력

[일반전표입력] 9월 22일
(차) 933.기부금　　　　　　120,000원　　(대) 101.현금　　　　　　120,000원
또는 (출) 933.기부금　　　120,000원

⑧ 재고자산의 매출거래

[일반전표입력] 10월 15일
(차) 101.현금   200,000원   (대) 401.상품매출   1,200,000원
     108.외상매출금   1,000,000원
     (00177.서울용역)

실무수행 ••• 전표수정

① 입력자료 수정

[일반전표입력] 6월 26일
- 수정전: (차) 212.비품   1,500,000원   (대) 101.현금   1,500,000원
- 수정후: (차) 146.상품   1,500,000원   (대) 101.현금   1,500,000원
    또는 (출) 146.상품   1,500,000원

② 입력자료 수정

[일반전표입력] 7월 1일
(차) 133.선급비용   1,260,000원   (대) 103.보통예금   1,260,000원
                                                   (98001.국민은행(보통))

실무수행 ••• 결산

① 수동결산 및 자동결산

[일반전표입력] 12월 31일
(차) 172.소모품   300,000원   (대) 830.소모품비   300,000원

[결산자료입력]
- 기말상품재고액 138,000,000원을 입력하고 상단부 전표추가(F3) 를 클릭하여 자동분개 생성
  (차) 451.상품매출원가   601,265,000원   (대) 146.상품   601,265,000원

  [기초상품재고액 190,000,000원 + 당기상품매입액 549,265,000원 - 기말상품재고액 138,000,000원]
  = 상품매출원가 601,265,000원

[재무제표 작성]
- 손익계산서([기능모음]의 '추가' 클릭) ➔ 재무상태표를 조회 작성한다.

평가문제 • • • 실무수행과제 (62점)

번호	평가문제	배점
11	평가문제 [회사등록 조회] 회사등록과 관련된 내용 중 옳지 않은 것은? ① 과세유형은 '일반과세'이다. ② 사업장세무서는 '역삼'이고 세무서 코드는 '220'이다. ③ 업태는 도소매업, 통신판매업이다. ④ 사업장주소는 '서울특별시 서대문구 충정로7길 29-11(충정로3가)'이다.	4
12	평가문제 [계정과목및적요등록 조회] '850.가맹점수수료' 계정과 관련된 내용으로 옳지 않은 것은? ① 구분은 '4.경비'이다. ② 표준재무제표항목의 표준코드 '048.판매수수료'를 사용하고 있다. ③ 현금적요는 1개를 사용하고 있다. ④ 대체적요는 사용하고 있지 않다.	4
13	평가문제 [계정별원장 조회] 8월 말 '120.미수금' 잔액은 얼마인가? (5,000,000)원	3
14	평가문제 [거래처원장 조회] 2월 말 '99605.국민카드'의 '253.미지급금' 잔액은 얼마인가? (120,000)원	3
15	평가문제 [거래처원장 조회] 6월 말 거래처별 '251.외상매입금' 잔액으로 옳지 않은 것은? ① 00120.(주)우리안전 1,500,000원 ② 00123.콜롬보스 23,315,000원 ③ 00125.바른손펜시(주) 2,000,000원 ④ 01121.(주)한려수도 13,472,500원	3
16	평가문제 [거래처원장 조회] 10월 말 거래처별 '108.외상매출금' 잔액으로 옳지 않은 것은? ① 00102.한성에스이 10,713,500원 ② 00108.(주)라모리타 16,325,000원 ③ 00177.서울용역 500,000원 ④ 00240.파도소리(주) 6,500,000원	3
17	평가문제 [지급어음현황 '지급은행별' 조회] 지급은행이 '98005.국민은행(당좌)'이면서 '만기일이 2024년에 도래하는 지급어음 합계는 얼마인가? (8,000,000)원	3
18	평가문제 [일/월계표 조회] 2월 한 달 동안 발생한 '광고선전비' 금액은 얼마인가? ① 120,000원 ② 800,000원 ③ 1,200,000원 ④ 1,320,000원	4
19	평가문제 [일/월계표 조회] 상반기(1월 ~ 6월) 발생한 '이자비용' 금액은 얼마인가? (2,731,000)원	3

번호	평가문제	배점
20	평가문제 [합계잔액시산표 조회] 7월 말까지 발생한 '급여' 금액은 얼마인가? ① 29,550,000원　　　　② 31,550,000원 ③ 38,550,000원　　　　④ 40,550,000원	4
21	평가문제 [합계잔액시산표 조회] 12월 말 기준 '소모품' 잔액은 얼마인가?　　　　　　　　　　(300,000)원	3
22	평가문제 [손익계산서 조회] 당기에 발생한 '상품매출'은 얼마인가?　　　　　　　　　(913,541,000)원	4
23	평가문제 [손익계산서 조회] 당기분 '판매비와관리비'의 금액으로 옳지 않은 것은? ① 임차료　　6,400,000원　　② 운반비　　　694,000원 ③ 도서인쇄비　240,000원　　④ 건물관리비　3,450,000원	3
24	평가문제 [손익계산서 조회] 당기에 발생한 '기부금'은 얼마인가?　　　　　　　　　　(620,000)원	3
25	평가문제 [재무상태표 조회] 12월 말 계정별 잔액으로 옳지 않은 것은? ① 선급금　　1,600,000원　　② 선급비용　　780,000원 ③ 미지급금　5,026,500원　　④ 선수금　　1,244,000원	2
26	평가문제 [재무상태표 조회] 12월 말 '재고자산' 계정 중 '상품' 잔액은 얼마인가?　(138,000,000)원	4
27	평가문제 [재무상태표 조회] 12월 말 '유동부채' 계정 중 잔액이 가장 적은 계정과목 코드 3자리를 입력하시오. 　　　　　　　　　　　　　　　　　　　　　　　　　　(254)	3
28	평가문제 [재무상태표 조회] 12월 말 '유형자산' 금액은 얼마인가?　　　　　　　　　(61,011,000)원	2
29	평가문제 [재무상태표 조회] 12월 말 '자본금' 잔액은 얼마인가?　　　　　　　　　　(368,510,000)원	1
30	평가문제 [예적금현황 조회] 12월 말 은행별 예금 잔액으로 옳지 않은 것은? ① 기업은행(보통)　100,175,740원　② 국민은행(보통)　156,199,260원 ③ 신한은행(보통)　 12,439,000원　④ 우리은행(보통)　 61,500,000원	3
총 점		62

평가문제 • • • 회계정보분석 (8점)

31. 재무상태표 조회 (4점)

② (370,890,000원 / 205,420,000원) × 100 ≒ 180%

32. 재무상태표 조회 (4점)

③ (205,420,000원 / 243,270,000원) × 100 ≒ 84%

❖ 저자약력

■ 김재준
(현) 안산대학교 세무회계과 교수
한국세무사회 전산세무회계자격시험 출제위원
대학수학능력시험 출제위원(직업탐구영역 회계원리)
교육인적자원부 한국회계기준제정 자문위원
더존경영연구소 연구위원
안산세무서 이의신청위원회 위원
한국세무회계학회 부회장, 한국관리회계학회 이사

■ 김성중
(현) 안산대학교 세무회계과 교수
안산시 중기재정운영계획 평가위원
(주)드림익스큐션 경영자문위원
안산세무서 고충처리위원
부가가치세법(2002, 탑21) 공저
국세청도 가르쳐주지 않는 급여세금과 연말정산실무
(2012, 지식만들기) 공저
K-IFRS 회계원리의 이해(2023, 삼영사) 공저

■ 조문기
(현) 안산대학교 세무회계과 조교수
(전) 시흥세무서 국세심사위원
한국능률협회경영인증원 경영평가 전문위원
경인지방노동청 직업능력개발훈련 사전실무심사위원
지식경제부 지식경제 기술혁신 평가단 평가위원
경영지도사 출제위원
한국회계학회 국가회계분과위원회 이사
한국회계학회 경영분석분과위원회 이사
한국국제경상교육학회 부회장
한국정부회계학회 편집위원
한국세무회계학회 편집위원
2022 안산대 강의향상평가분야 우수상 수상

■ 안형태
(현) 대림대학교 경영학과 조교수
제주연구원 비상임 연구위원
(재)안양산업진흥원 중소벤처기업 육성 및
지역 경제발전 전문가
국가미래기술경영연구소 기술경영 편집위원
피터드러커 소사이어티 창조와혁신 편집위원
(사)한국회계정책학회 이사

■ 이정이
(현) 안산대학교 경영학과 겸임교수
숭실대학교 대학원 회계학과 박사
한국공학대학교 경영학과 겸임교수
연성대학교 유통물류과 겸임교수
정부회계학회 섭외이사
광명세무서 국세심사위원회 위원
안산시 계약심의위원회 위원
한국지식경영교육협회 교육이사
한국지식경영교육협회 회계세무경진대회 출제위원
부천시 소상공인 산학협력 위원
(전) 부천대학교 경영과 겸임교수
숭실대학교 회계학과 겸임교수
한국방송통신대학교 프라임칼리지 재직자기초과정 교수
더존TV AT 자격시험 인터넷강의
한국회계정책학회 이사
(전) 한국폴리텍2대학 실업자 대상 회계실무 강사
2021 숭실대 베스트티쳐상 수상
2021 안산대 강의향상평가분야 우수상 수상

■ 이유선
(현) 안산대학교 경영학과 겸임교수
숭실대학교 대학원 회계학과 박사
숭실대학교 회계학과 겸임교수
부천대학교 경영과 겸임교수
대림대학교 경영과 시간강사
배화여자대학교 경영과 외래교수

■ 김민희
(현) 안산대학교 사무행정학과 겸임교수
숭실대학교 대학원 회계학과 박사
숭실대학교 회계학과 겸임교수
부천대학교 경영과 겸임교수

2025 스터디 FAT 2급

발행일 2025년 02월 24일

지은이 김재준 · 김성중 · 조문기 · 안형태 · 이정이 · 이유선 · 김민희
발행처 도서출판 배움 | **발행인** 박성준 | **등록번호** 제2017-000124호
주소 경기도 성남시 분당구 성남대로 2번길 6 LG트윈하우스 120호
대표전화 031-712-9750 | **팩스** 031-712-9751 | **홈페이지** www.BOBOOK.co.kr
ISBN 979-11-89986-56-8 13320

가격 20,000원

도서출판 배움의 발행도서는 정확하고 권위있는 해설을 제공하고자 노력을 다하고 있습니다. 그럼에도 불구하고 본서가 모든 경우에 그 완전성을 항상 보장하는 것은 아니므로 실제 적용에 있어서는 최대한 주의를 기울이시고 필요한 경우 전문가와 사전논의를 거치시길 바랍니다. 또한 본서의 수록 내용은 특정사안에 대한 구체적인 의견제시가 될 수 없으므로 본서의 적용결과에 대하여 당사는 책임지지 아니합니다.

◆ 파본은 구입하신 서점이나 출판사에서 교환해 드립니다.